U0749529

增强大学生思想政治理论课获得感研究

陈寿灿　崔　杰　郑根成　著

浙江工商大学出版社
ZHEJIANG GONGSHANG UNIVERSITY PRESS
·杭州·

图书在版编目(CIP)数据

增强大学生思想政治理论课获得感研究 / 陈寿灿,崔杰,郑根成
著. —杭州：浙江工商大学出版社，2021.9
ISBN 978-7-5178-4641-3

Ⅰ．①增… Ⅱ．①陈… Ⅲ．①大学生－思想政治教育
－教学研究－中国 Ⅳ．①G641

中国版本图书馆 CIP 数据核字(2021)第 167391 号

增强大学生思想政治理论课获得感研究

ZENGQIANG DAXUESHENG SIXIANG ZHENGZHI LILUNKE HUODEGAN YANJIU

陈寿灿　崔　杰　郑根成　著

责任编辑	沈明珠
封面设计	沈　婷
责任印制	包建辉
出版发行	浙江工商大学出版社
	(杭州市教工路 198 号　邮政编码 310012)
	(E-mail:zjgsupress@163.com)
	(网址:http://www.zjgsupress.com)
	电话:0571－88904980,88831806(传真)
排　　版	杭州朝曦图文设计有限公司
印　　刷	广东虎彩云印刷有限公司绍兴分公司
开　　本	710 mm×1000 mm　1/16
印　　张	23
字　　数	398 千
版 印 次	2021 年 9 月第 1 版　2021 年 9 月第 1 次印刷
书　　号	ISBN 978-7-5178-4641-3
定　　价	88.00 元

版权所有　侵权必究

如发现印装质量问题,影响阅读,请与营销与发行中心联系调换

联系电话　0571－88904970

代序　增强获得感：提高思想政治理论课程实效性的关键路径

思想政治理论课承担着对大学生进行系统的马克思主义理论教育的任务，是巩固马克思主义在高校意识形态领域指导地位、坚持社会主义办学方向的重要阵地，是全面贯彻党的教育方针、落实立德树人根本任务的主干渠道和核心课程，是加强和改进高校思想政治工作、实现高等教育内涵式发展的灵魂课程。党的十八大以来，以习近平同志为核心的党中央高度重视思想政治理论课建设，做出一系列重大决策部署，思想政治理论课建设在改进中不断加强，课堂教学状况显著改善，大学生学习思想政治理论课的获得感明显增强。高校思想政治理论课的课程价值也得到了充分的体现。

一、思想政治理论课程的历史沿革

中国共产党自成立以来就一直非常重视青年群体的思想政治工作，这一传统在中华人民共和国成立以后更是得到了充分发扬。从中央到地方，从学校到社会，各级教育机构与各地行政部门都围绕高校思想政治教育做了大量的工作，也取得了极大成绩。毫无疑问，当代中国特色社会主义事业的伟大成就与当代中国高校思想政治教育的成功有着极为密切的关联。一方面，当代中国特色社会主义事业的伟大成就是彰显了人民群众在历史创造中的决定者地位与作用；另一方面，高校输送的有共产主义信仰与情怀的人才承担了当代中国特色社会主义事业的最前沿的技术创新与社会主义事业建设者的重任。在当代中国的教育体系中，各教育单位则是以教育教学为主要途径，以公共必修课程为基本载体，坚持对青年学生进行马克思主义理论教育、革命历史教育、党的路线方针政策教育，逐步建构了系统的思想政治教育的理论体系与实践框架,确立了高校思想政治理论教育的基本方向:第一,思想政治理论课是赢得青年的"重要阵地";第二,思想政治理论课是社会主义人才培养的"政治关口";第三,思想政治理论课是当代中国马克思主义理论传播的"主要渠道"。这一理论体系与实践框架的建立经历了以下几个主要阶段。

(一)新中国高校思想政治理论课程体系的创构(1949—1956)

中国共产党自成立以来就在马克思主义的指导下,进行了一系列的思想政治理论建设工作,并取得了辉煌的成就。党的群众路线、党的建设理论等就是最为典型的代表。在国内革命战争即将取得胜利之前,第一届党的领导集体睿智地看到中华人民共和国成立之后,新的社会主义建设时期,思想政治理论工作仍将发挥极其重要的作用。故,在中华人民共和国成立前夕,《中华人民共和国政治协商会议共同纲领》中就明确地提出了新中国的教育方针:中华人民共和国的文化教育为新民主主义的,即民族的、科学的、大众的文化教育。人民政府的文化教育工作,应以提高人民文化水平、培养国家建设人才、肃清封建的、买办的、法西斯主义的思想、发展为人民服务的思想为主要任务。1949 年 12 月,教育部召开第一次全国教育工作会议,明确要对全国的教育制度、课程教材等进行一个全新的变革。按照这一要求,教育部集中多次开展座谈调研,根据第一次全国高等教育会议精神讨论通过了《关于实施高等学校课程改革的决定》,并于 1950 年 8 月 2 日正式公布。《关于实施高等学校课程改革的决定》共计十一条,具体规定了中国高等教育的办学宗旨、课程改革的目标与方向、课程改革的方法与途径、高等教育的修业年限与时间、师资培养与提高的渠道与方法、高等学校教材编写的原则与方法等多方面的内容。

《关于实施高等学校课程改革的决定》中明确提出,全国高等学校应根据《共同纲领》第四十一条和四十七条的规定,废除政治上的反动课程,开设新民主主义的革命的政治课程,借以肃清封建的、买办的、法西斯主义的思想,发展为人民服务的思想。会议通过的另一个文件《高等学校暂行规程》(教育部 1950 年 8 月 14 日颁布)也重申了这一要求。《关于实施高等学校课程改革的决定》与《高等学校暂行规程》开启了中华人民共和国高校思想政治理论课建设的全新历程。

随后,各高校根据全国教育工作会议和全国高等教育工作会议精神,先后开设了"社会发展史""新民主主义论"2门课程，部分文科院校则加开了"政治经济学"课程，标志着高校思政课的初步建立。在高校思想政治理论课程设置初期，为了解决人们对课程性质的疑问，教育部下发了《关于各校拟定1951年度教学计划时应注意的几项原则的指示》，指出政治课是各系科的基本课程，与其他业务课程一样，应着重于系统的理论知识的讲授，同时结合实际有重点地解决学生的主要思想问题。1951年9月10日，教育部又在《关于华北地区各高等学校1951年度上学期进行"辩证唯物论与历史唯物论"等课教学工作的指示》中明确指出："社会发展史""新民主主义论"和"政治经济学"等3门课程，是改造学生的思想，树立科学的世界观、革命的人生观和全心全意为人民服务的最基本课程，各高等学校必须重视并注意建立正规的和完备的教学组织，丰富系统的理论讲授内容，以克服过去有些学校将革命的思想政治教育与一般业务课程对立起来片面进行、不相联系的现象。并进一步强调，各系主任在拟定本系教学计划时，不应单纯地从业务课着眼，而应把思想政治科目作为本系业务课的重要部分，并与其他业务课统一计划，并负责督导检查其进行。为了纠正政治课与业务课对立的错误认识和只有政治课才进行思想政治教育的不正确看法，指示中提出取消"政治课"名称，将"社会发展史"改为"辩证唯物论与历史唯物论"，与"新民主主义论""政治经济学"都作为独立的科目；现有的政治课教学委员会改为各该课目的教学研究指导组，由教务长负责计划、组织与督导检查。

不难看出，在高校思想政治理论课程建设之初，教育部及课程建设领导层就已经认识到了思想政治理论课程的学科性质，即通过学科课程或理论知识的学习帮助学生形成对马克思主义基本立场、观点和方法的认识。同时，也意识到了正确处理思想政治理论课程同业务课程的关系，意识到了纠正忽视思想政治理论课，把思想政治理论课程与业务课程对立起来的倾向等问题的重要性。事实上，这一时期的思想政治教育（包括高校思想政治教育）在同旧社会遗留下来的封建的、买办的、法西斯主义及唯心主义的思想进行斗争，从根本上改造和转变人们的世界观上居功至伟，同时，也为中华人民共和国政权的巩固、国家建设和新民主主义社会向社会主义社会过渡奠定坚实的思想基础。

1952年10月7日，教育部发出《关于全国高等学校马克思列宁主义、毛泽东思想课程的指示》，更进一步明确了全国高等学校思想政治理论课的建设方案。1956 年 9 月 9 日，教育部下发《关于高等学校政治理论课程的规定（试行方案）》。至此，中华人民共和国成立以后的我国高校思想政治理论课程体系得以正式确立，"马列主义基础""中国革命史""政治经济学""辩证唯物主义与历史唯物主义"4 门课程成为高校思想教育的骨干课程，与之同时明确的还有相关课程的培养方案。

整体地看，从 1949 年 10 月 1 日到 1956 年 9 月，高校思想政治理论课程是在批判、克服旧社会高校反动课程、克服剥削阶级思想和唯心主义影响的基础上，创建了全新的马克思主义课程体系，积极倡导和鼓励马克思列宁主义理论和毛泽东思想的学习，不但为转变知识分子和青年学生的思想，引导知识分子和青年学生树立为人民服务的思想和科学的世界观做出了积极的贡献，也为中华人民共和国的巩固、发展和向社会主义的过渡做出了极为重要贡献。

（二）高校思想政治理论课程建设的深化与转折（1957—1977）

1956 年，社会主义三大改造的基本完成标志着我国正式步入社会主义初级阶段，全面建设社会主义的恢宏事业由此拉开序幕。在这个时期，我国高校思想政治教育为社会主义建设事业培养了一大批具有马克思主义理论基础、社会主义理想与信仰的劳动者。应该说，这一时期的高校思想政治教育与毛泽东在《关于正确处理人民内部矛盾的问题》（1957 年 2 月）中所提出的教育方针是一致的。在《关于正确处理人民内部矛盾的问题》一文中，毛泽东指出，"我们的教育方针，应该使受教育者在德育、智育、体育几方面都得到发展，成为有社会主义觉悟的有文化的劳动者。"

然而，由于对当时国内外形势的判断出现了偏差，再加上受到了当时国内阶级斗争扩大化的影响，高校思想政治教育业务多次受到冲击：首先，马克思主义理论学习被"社会主义教育"和"阶级斗争主课"所取代。1957 年 10 月 12 日，高等教育部、教育部联合下发《关于在全国高等学校开设社会主义教育课程的指示》，规定在全国范围内高等学校都要开展"社会主义教育"，全体学生必须参加，各班级在学习社会主义教育课程期间，原有的 4 门政治课一律停开。其次，高校思想政治教育业务被政治挂帅所冲击。1958 年 9 月，教育方针变为"教育为无产阶级政治服务，教育与生产劳动相结合"，政治挂帅的基本方向严重冲击了正常的高校思政课教学。再次，高校思想政治教育被干扰与破坏。虽然，1962 年 5 月、1963 年 8 月，教育部分别下发《改进高等学校共同政治理论课程教学的意见》《关于高等学校共同政治理论课教学安排的几点意见》《试行〈关于高等学校研究生政治理论课的规定（草案）〉的通知》，调整、恢复、充实、发展了高校思政课。但是，"文化大革命"期间，在社会主义建设事业、高等教育事业受到严重影响的形势下，高校思想政治教育也严重干扰和破坏。

骆郁廷、秦玉娟等学者把这一阶段的高校思想政治教育阶段解读为曲折发展阶段，既强调了这一阶段前期高校思想政治教育的发展与成果，又体现了对这一阶段后期高校思想政治教育的反思。

（三）高校思想政治理论课程的恢复与兴盛（1978—2012）

"文化大革命"期间，高校思想政治教育受到严重冲击，高考停招，高校思想政治教育也因此停滞。1978年12月18—22日，党的十一届三中全会召开，由此结束了1976年10月粉碎"四人帮"以后党的工作反复徘徊局面。在批判"两个凡是"错误方针的同时，充分肯定了必须完整地、准确地掌握毛泽东思想的科学体系，并进而确定了解放思想、开动脑筋、实事求是、团结一致向前看的指导方针，党的工作重心也从阶级斗争转至社会主义现代化建设。党的十一届三中全会的召开，也为高校思想政治教育内容的改革指明了方向。这既是我国实行改革开放政策的历史标志，也是高校思想政治工作的一个新的开端。在党的十一届三中全会精神指引下，高等学校开展了对真理标准问题的学习，推动了思想解放。广大青年学生思想活跃，高校思想政治教育开始出现生动活泼的局面。

1978年4月召开的全国教育工作会议中，教育部办公厅颁发的《关于加强高等学校马列主义理论教育的意见（征求意见稿）》明确提出：高等学校的马列主义理论课程，一般开设"辩证唯物主义和历史唯物主义""政治经济学""中国共产党党史"和"国际共产主义运动史"等4门课。并明确了马列主义理论课的目的和任务，对教材、教学方法、教师队伍建设、领导体制等问题做了明确的指示。它标志着在新的历史条件下，思想政治理论课的全面恢复。同年6月，教育部组织有关专家学者编写了这4门课程的教学大纲，经讨论修订后，于1980年正式出版发行，各地则根据新的大纲重新编写政治理论课教材。新的教学大纲和教材澄清了理论是非问题，恢复了马克思主义的科学体系。

1980年4月29日，教育部、共青团中央在《关于加强高等学校学生思想政治工作的意见》中提出高等学校学生的思想政治教育必须坚持又红又专的方向,使受教育者在德智体几方面都得到发展,成为有社会主义觉悟的专门人才。思想政治工作要旗帜鲜明地对学生进行系统的马克思列宁主义、毛泽东思想基本原理的教育,革命理想教育,共产主义道德品质教育,培养学生运用马列主义的立场、观点、方法分析问题和解决问题的能力,逐步树立辩证唯物主义和历史唯物主义的世界观。1980 年 7 月 7 日,教育部制定并印发了《改进和加强高等学校马列主义课的试行办法》,规定高校本科开设中共党史、政治经济学、哲学,文科还要加开国际共产主义运动史,也可试开科学社会主义。

1981 年 6 月 27 日,党的十一届六中全会审议通过了中国共产党中央委员会《关于建国以来党的若干历史问题的决议》,标志着中国共产党在指导思想上胜利完成了拨乱反正的历史任务。《关于建国以来党的若干历史问题的决议》的核心问题是确立毛泽东的历史地位和毛泽东思想的指导地位,这为统一和提高大学生的认识提供了思想基础,也为高校思想政治教育进行新的探索指明了方向。《关于建国以来党的若干历史问题的决议》明确了思想政治工作是经济工作和其它一切工作的生命线。

1982 年到 1984 年,教育部密集发文。1982 年 10 月 9 日,教育部发布《关于在高等学校逐步开设共产主义思想品德课程的通知》;1984 年 9 月 4 日,中央宣传部、教育部颁布了《关于印发〈关于加强和改进高等院校马列主义理论教育的若干规定〉的通知》;紧接着,9 月 12 日,教育部发布《关于印发〈关于高等学校开设共产主义思想品德课的若干规定〉的通知》。3 个通知都明确了高校思想政治理论课(高校思想品德课、高校马列主义理论课)必修课的重要地位,以及高校思想政治教育的目标是培养具有正确人生观、世界观与价值观的合格的社会主义事业接班人。

从 1978 年到 1982 年的 5 年,是高校思想政治理论课程从受到严重冲击到重新恢复的阶段.在这一阶段,高校思想政治理论教育顺应我国改革开放的历史潮流,不但全面恢复了其在高校课程体系中的重要地位与作用,同时还在承继社会主义三大改造时期高校思想政治理论课的课程体系的基础上,进行了相应的改革与创新。

随后,1985 年 8 月 1 日颁布的《中共中央关于改革学校思想品德和政治理论课课程教学的通知》明确了新时期的"两课体系"。1986 年,国家教育委员会下发了关于在高等学校贯彻《中共中央关于改革学校思想品德和政治理论课程教学的通知》的意见。1987年,针对学生普遍关心的形势、政策、人生、理想、道德、价值、民主、法制等方面的问题,国家教育委员会颁发了《关于高等学校思想教育课程建设的意见》,规定设置如下5门课程:"形势与政策""法律基础"2门为必修课,"大学生思想修养""人生哲理""职业道德"3门可因校制宜有选择地开设。1987年6月15日,国家教育委员会下发了《关于高等学校研究生马克思主义理论课(公共课)教学的若干规定》,对博士、硕士研究生思政课的整体建设做出了规定。1994年8月31日,《中共中央关于进一步加强和改进学校德育工作的若干意见》1998年6月10日,中共中央宣传部、教育部印发《关于普通高等学校"两课"课程设置的规定及其实施工作的意见》对思政课规范性建设做出了系统规定。2004年8月26日,中共中央、国务院颁布《关于进一步加强和改进大学生思想政治教育的意见》,指出要按照充分体现当代马克思主义最新成果的要求,全面加强思想政治理论课的学科建设、课程建设、教材建设和教师队伍建设。2005年2月7日,中共中央宣传部、教育部颁布了《关于进一步加强和改进高等学校思想政治理论课的意见》,将大学本科思政课必修课程正式整合调整为"马克思主义基本原理概论""毛泽东思想、邓小平理论和'三个代表'重要思想概论""中国近现代史纲要""思想道德修养与法律基础"4门课程,并决定单独设立马克思主义理论一级学科,为思政课提供学理和学科支撑。

整体地看,这一时期的高校思想政治理论课建设是在实践中探索,在改革中发展,适应了改革开放和社会主义市场经济发展的需要,适应了社会大变革时期青年学生思想困惑、价值迷茫的青年学生科学引领的需要,适应了经济全球化进程中辨别、抵御西方社会思潮和价值观念的需要,适应了思政课对马克思主义理论学科建设的需要,较好地发挥了大学生思想政治教育主渠道作用。

(四)深化创新阶段(2013年至今)

这一时期,党中央、国务院立足新时代培养担当民族复兴大任的时代新人的需要,加强高校思政课建设的战略谋划,提出了改革创新的整体思路,推出了一系列重大举措,为深入推进高校思政课的创新发展,开创新时代高校思政课建设的新局面,指明了方向,增强了动力。

2013年6月,教育部颁布《普通高等学校思想政治理论课教师队伍培养规划(2013—2017年)》,提出了高校思想政治理论课教师队伍培养的基本目标:进一步完善教育部、地方、高校三级既分工负责又相互衔接的思想政治理论课教师培养培训体系,以加强师德建设和提高教师业务水平为中心,以提高理论素养为基础,以创新方法为载体,以强化科研能力为支撑,以完善制度措施为保障,以提高教育教学质量为目的,通过全员培训、骨干研修、在职攻读学位、国内考察、国外研修、以项目选人和选人给项目等多种途径,努力造就数百名政治坚定、理论功底扎实、善于联系实际、具有较高教学水平和科研能力的领军人物、中青年学术带头人;培养数千名思想政治理论素质高、业务精湛、具有发展潜力的教学一线骨干教师;建设数万名坚持正确方向、师德高尚、业务熟练、结构合理的专业化教师队伍,为加强和改进大学生思想政治教育,培养德智体美全面发展的中国特色社会主义事业合格建设者和可靠接班人做出贡献。其目的在加强高校思想政治理论课程的师资培训,打造高质量的教师队伍。2015年7月27日,中共中央宣传部、教育部印发的《普通高校思想政治理论课建设体系创新计划》指出,实施高校思想政治理论课建设体系创新计划的目标在于:整体推进教材、教师、教学等方面综合改革创新,编写充分反映马克思主义中国化最新成果、教师好用学生爱读的系列教材,建设一支对马克思主义理论真学、真懂、真信、真用的教师队伍,培育推广理论联系实际、富有吸引力感染力的多种教学方法,重点建设一批教学科研皆强的马克思主义学院,逐步构建重点突出、载体丰富、协同创新的思想政治理论课建设体系,不断深化中国特色社会主义和中国梦教育,深入开展社会主义核心价值观教育,加强法治教育,坚持不懈地推动中国特色社会主义理论体系进教材、进课堂、进头脑,不断改善思想政治理论课教学状况,努力把思想政治理论课建设成为学生真心喜爱、终身受益、毕生难忘的优秀课程。2016年12月9日,习近平总书记在全国高校思想政治工作会议上指出,高校思想政治工作涉及"培养什么人、怎样培养人、为谁培养人"这一根本问题;2017年12月5日,中共教育部党组颁发《高校思想政治工作质量提升工程实施纲要》,明确提出了"课程育人、科研育人、实践育人、文化育人、网络育人、心理育人、管理育人、服务育人、资助育人、组织育人"的十大育人体系,不仅把课程育人置于高校思想政治工作质量提升工程之首,而且把2017年定为高校思政课建设质量年,还开展了广泛的调查研究,总结了建设经验,提出了加强改进的措施,强调把"思政课程"与"课程思政"紧密结合起来,协同推进;2018年

4 月 26 日，教育部印发《新时代高校思想政治理论课教学工作基本要求》，2019 年 3 月 18 日，习近平总书记主持召开学校思想政治理论课教师座谈会；2019 年 8 月 14 日，中共中央办公厅、国务院办公厅印发《关于深化新时代学校思想政治理论课改革创新的若干意见》。

总之，中华人民共和国成立以来，中国共产党的领导集体一直十分重视我国高校思想政治理论教育工作，在早期的工作思路中，高校思想政治教育工作始终围绕"为中国特色社会主义建设培养具有高水平理论素养的合格人才，同时，又在高校青年群体的思想政治教育工作中彰显中国特色社会主义的优越性、科学性与先进性"这一目标，在其现实层面就体现为获得感的增强。虽然，作为一个衡量高校思想政治教育实践效果的语汇，"获得感"一词的提出只是晚近的事，但从中华人民共和国成立以来中国共产党关于高校思想政治理论课的顶层设计思路看，其实我国高校思想政治理论教育的核心工作其实一直是围绕高校学生的思政理论课获得感而展开的：一方面，真正合格的社会主义事业接班人一定是那些在高校思想政治理论课中有较强获得感的人。在高校思想政治理论教育中，他们收获了对马克思列宁主义、毛泽东思想、邓小平理论、"三个代表"重要思想、科学发展观，以及习近平新时代中国特色社会主义思想的深刻认识，充分了解了当代中国特色社会主义道路的历史必然性、科学性与革命性及其优越性，从而积极地投身于中国特色社会主义的建设队伍中去。另一方面，中华人民共和国成立以来，中国共产党一系列加强高校思想政治理论教育的举措为增加高校青年群体的思想政治理论课获得感提供了持续的政策支持与实践保障，这也是中国特色社会主义事业取得持续发展与辉煌成就的重要条件之一。

二、思想政治理论课程的现实价值

在不同的历史时期，高校思想政治理论课的课程，在塑造党员队伍和改造社会群众思想方面都发挥了非常重要的作用，思政课程的价值也得到了充分的体现。对于个体来说，思政课程的效果，主要体现在学员的知识提升、价值培育和和精神升华等方面的获得和转化上。思想政治理论课程在现实性上具体升华知识、超越功利、实现人生的价值导向。

（一）精神获得：升华知识的课程

德国哲学家雅斯贝尔斯对教育下了一个经典定义："所谓教育，不过是人对人的主体间灵肉交流活动，包括知识内容的传授、生命内涵的领悟、意志行为的规范，并通过文化传递功能，将文化遗产教给年轻一代。"①可见，教育需要传递给学生知识，但也需要增加学生的精神获得感，使他们能够自由地发挥内在潜能，达致生命的高度和远度。

西方新教育思潮代表人物怀特海指出："我们的目的是要造就这样的人，他们既有一般文化修养，又有特定的专业知识。专业知识给他们以发展的基础，文化修养使他们如哲学般的深邃、艺术般的高雅。"②然而，当下大学教育中不同程度地存在重知识技能、轻情感态度价值现象。雅斯贝尔斯不无预见性地指出："学校应为每一个人创建一个智力和精神的基础，这一基础对掌握其它的知识和技能是必不可少的。但今天在大学和技术学院则渗透着——无休止地招收学生，增加所谓必需的讲座和练习，像填鸭般地用那些诸如形而下之'器'的东西，塞满学生的头脑，而对本真存在之'道'却一再失落而不顾，这无疑阻挡了学生通向自由精神之通衢。"③

中国思政课承担着中国特色社会主义文化教养功能——思政课中有理论知识，但重要的是掌握基本理论，培养理论理性，以及用理论指导实际行动，培养实践理性。譬如，马克思主义基本原理（"原理"课）通过"讲道理"，帮助学生看世界；中国近现代史纲要（"纲要"课）通过"讲事理"，与学生一道说历史；思想道德修养与法律基础（"基础"课）通过"讲情理""讲法理"，与学生一起谈人生；毛泽东思想和中国特色社会主义理论体系概论（"概论"课）通过"讲正理"，在与学生对话中立国家。同时，更强调精神感染与灵魂塑造，帮助当代大学生以理性平和的健康心态，在党的领导下勇敢地肩负起时代赋予的重任，努力在实现民族复兴中国梦的伟大实践中放飞青春梦想，在为中国特色社会主义事业的不懈奋斗中书写人生绚丽的华章。如是，在思政课程中，当代大学生体验的是一种精神获得感。

① 雅斯贝尔斯.什么是教育[M].邹进，译.北京：生活·读书·新知三联书店，1991：3.
② 吴式颖，任钟印.外国教育思想通史：第二卷[M].长沙：湖南教育出版社，2002：128.
③ 雅斯贝尔斯.什么是教育[M].邹进，译.北京：生活·读书·新知三联书店，1991：33.

(二)德性获得:超越功利的课程

大学教育因与就业相衔接,导致"以就业为导向"的教育观盛行。殊不知,在从辩证发展的眼光来审视,大学生所"就"之"业"是变动不居的。正如有学者指出:"以往那种狭隘的职业训练已变得不那么重要了。狭窄的专业化只能适应静态社会,只有基础扎实、适应能力强,才能迎合动态社会的需要。"①只有正确处理"就业"与"精业"、"精业"与"敬业"、"敬业"与"乐业"的辩证关系,才能帮助大学生成就一生的事业。如此看来,在"实用""应用""管用"等课程编制理念的背后,还有根本性价值之维需要探究。

亚里士多德曾把课程分为两种类型:作为逐生达命的手段的实用课程与作为操持闲暇的理性自由的课程,他指出:"任何职业、工技或学课,凡可影响一个自由人的身体、灵魂或心理,使之降格而不复适合于善德操修者,都属'卑陋';所以那些有害于人们身体的工艺或技术,以及一切受人雇佣、赚取金钱、劳瘁并毁坏意志的活计,我们就称之为'卑陋'的行为。"②如果我们扬弃其阶级狭隘性,便可获致其真义:"实用课程"无非是谋生的手段,"闲暇课程"才指向人生的终极目的——幸福。杜威也指出:"职业的对立面既不是闲暇,也不是文化修养。它的对立面,在个人方面,是盲目性、反复无常和缺乏经验的积累;在社会方面,是无根据的炫耀自己和依赖他人过寄生生活。职业是一个表示有连续性的具体名词。它既包括专业性的和事物性的职业,也包括任何一种艺术能力、特殊的科学能力以及有效的公民品德的发展,更不必说机械劳动或从事有受益的工作了。"③杜威还将职业与幸福联系起来:在一个人的生活中职业居于举足轻重的地位,一个人满意于职业,就会醉心于工作,职业就成为他发展的轴心,亦成为他生活美满幸福的源泉。

在很长一段时期,思政课成为被边缘化的"闲暇课程"。然而,真正意义上的"闲暇课程"是探寻幸福的必需品,所以思政课是关乎学生一生成长发展的课程。专业课教我们做某种人,政治课教我们如何做好人、过好生活、参与好的治理、建构好的共同体。正如著名教育家别林斯基曾言:"最初的教育决不应当把孩子看成未来的官吏、诗人、匠师,而要把他看成一个

---

① 施良方.课程理论:课程的基础原理与问题[M].北京:教育科学出版社,1996:306.
② 吴式颖,任钟印.外国教育思想通史:第二卷[M].长沙:湖南教育出版社,2002:324.
③ 约翰·杜威.民主主义与教育[M].王承绪,译.北京:人民教育出版社,2001:326.

人。他日后可能成为这种人,也可能成为那种人,但他总归是一个人。"[1]思政课程促成人的职业与幸福感相勾连,帮助大学生学会将职业训练与价值养成结合在一起"乐业"。如是,思政课理应成为实用课程之根基,成为构建幸福生活的德性之源泉。

(三)价值获得:建构生命意义的课程

爱因斯坦曾言:我们切莫忘记,仅凭知识和技巧并不能给人类生活带来幸福和尊严。人类完全有理由把高尚的道德标准和价值观置于客观"真理"的发现者之上。杜威进而对"良好的教育"提出了两条衡量标准:第一,一个教育目的必须根据受教育者的特定个人的固有活动和需要;第二,一个教育目的必须能转化为与受教育者的活动进行合作的方法。基于上述标准,他痛彻地指出当下亦可见的教学之弊:"从外面强加的教育目的的缺陷,根子很深。教师从上级机关接受这些目的,上级机关又社会上流行的目的中接受这些目的……教师很难免于受官厅督学、教学法指导书和规定的课程等等的支配,使他的思想不能和学生的思想以及教材紧密相联。这种对于教师经验的不信任,又反映了对学生的反应缺乏信心。学生通过由外面双重或三重的强迫接受他们的目的,他们经常处于两种目的的冲突之中,无所适从。一种是符合他们当时自己经验的目的,另一种是别人要他们默认的目的。"[2]杜威的结论——"教育者必须警惕所谓一般的和终极的目的"或许值得商榷,但是他所指出的要帮助学生实现真正的获得感而非虚假的获得感值得反思。

人类生活世界既是具有物质自然属性的世界,也是具有人的社会意义世界。正因如此,在"分数""数量""量化"等课程评价指标、评价方式的背后,还有更为终极性的价值之维需要探究。然而,正如有学者指出:"随着社会机制日益发达,尤其是现代的生产、分配和传播制造了大量的表面目标和利益而掩盖了生活的真实意义,各种体制和标准把生活规划为盲目的机械行为,人们在利益的昏迷中失去了幸福,在社会规范中遗忘了生活,就好像行为仅仅是为实现体制的规范目标的行为,而不是为了达到某种生活意义。"[3]马尔库塞则批判了"技术至上主义"思维方式,认为其忽视了价值

---

①　吴式颖,任钟印.外国教育思想通史:第二卷[M].长沙:湖南教育出版社,2002:373.
②　吴式颖,任钟印.外国教育思想通史:第二卷[M].长沙:湖南教育出版社,2002:120.
③　赵汀阳.论可能生活[M].2版.北京:中国人民大学出版社,2010:8.

理性，只能造就"单向度的人"。科学管理和劳动分工提高了效率，提高了生活水准，但也产生了反人性的思维方式：操作主义和量化—数学思维把作为观察和测量基点的人与伦理、审美、政治的人分开。技术合理性要求客观、中立，但它的中立性具有非人性的倾向性：科学技术成为适用于一切目的的工具，把人类行为量化，把人工具化；技术优先权成了政治优先权，控制了自然也就控制了人。结果，人服从于机构的控制，造成了人的不自由的合理性。著名德育学者鲁洁进而将科技至上、经济至上、消费至上概括为物质主义的时代顽症，并认为："每一历史时代的德育都有其时代意义……对物质主义的超越，表现为当代德育的使命。"[①]

物质主义式的"生存"教育必需被葆有理想的生活德育所超越。在此意义上，思政课是建构生命意义的课程。具言之，"原理课"探究存在之道，探究人类社会历史发展之道；"基础课"探索人生之道，探索如何过上美善生活之道；"概论课"探求中国发展进步之道，探求党带领人民过上幸福生活之道；"纲要课"探寻近现代史兴衰治乱之由，探寻中华民族复兴之道。而配套的高校思想政治理论课，终归是要探寻安身立命之本、为人处世之要、社会发展之纲、和谐共生之道。因此，思政课程需要由量性课程评价走向质性课程评价，如此才能揭示出思政课程对于学生生命长效获得之意义。正如有课程学者指出："全面充分地阐释对象的各种特质，以彰显其意义，促进理解。"[②]如此，思政课真正成为指引人的全面发展价值引领。

三、提高思想政治理论课程实效性的关键路径

自习近平总书记提出"获得感"这一概念以来，社会各界热议当代中国特色社会主义的改革、开放如何惠及更多人。从其实质看，"获得感"从人们的生活实际与心理感受方面指明了新时代中国特色社会主义建设的目标、任务与方向，也明确了新时代中国特色社会主义建设的评价标准问题。因此，"获得感"概念的提出实乃有其重大的理论与现实意义。在社会各界热议这一概念的同时，我国高校思想政治理论界也在高校思想政治理论教育的维度上深入阐释这一概念的理论与现实意义，并以获得感为基石，探究了增强高校学生思想政治理论课获得感的理论与现实意义。从理论上

①　鲁洁，朱小蔓.道德教育论丛[M].南京：南京师范大学出版社，2000：16.
②　钟启泉.现代课程论[M].新版.上海：上海教育出版社，2003：393

看,它在获得感概念的阐释中指明了高校思想政治理论课教学与改革的应然方向。思想政治理论课学习获得感是指学生通过参与思想政治理论课教学过程所引起的积极体验与行为变化,由知识掌握、情感激励、行为导向这个三个相互联系的要素构成。从获得感特点看,思想政治理论课学习获得感有具体化维度,各维度获得感具有相关性、层次性、差异性。学者张梦哲认为,学生获得感主要是指学生学习知识和能力的主观心理感受,这与学生的学习体验有很大的相关性。学者陈兴中表示,学生获得感是指学生在学习生活中对获知、获能、获德经历与结果的心理体验与感受。我们认为,"学生获得感"是指学生在教学活动中经过亲身体验后"发现"知识、得到知识,然后将其运用到实践当中解决实际问题,从而产生的心理满足感与个人成就感。学生获得感一方面来源于学生对知识的获得与掌握,比如知道了原来无法理解的现象中蕴含的科学原理,或是在考核测试中取得好成绩;另一方面来源于理论知识与日常生活实践有效链接的过程及产物,即以内化了的知识去指导实践,在此过程中进一步形成和构建个人的思维逻辑体系,促进自身世界观、价值观、人生观的完善。这二者与学生的体验是分不开的。不难发现,尽管上述关于获得感概念的阐释尚存一些需要进一步深化的方面,但明确了知识掌握、情感激励、行为导向这三个高校思想政治理论课教学的基本内容与效果目标。从现实的角度看,增强高校思想政治理论课获得感则明确了当前的高校思想政治理论课建设尚任重而道远。深入分析影响高校思想政治理论课获得感的因素,并研究进一步提升的路径就成了当下高校思想政治理论教育界的重要使命。事实上,学者们已经关注了这些问题,并积累了较为丰厚的成果。有学者就提出,影响学生获得感的因素主要有三个方面:一是学生自身能力水平和兴趣度的高低。学者周海涛等人在对民办高校学生获得感的调查进行分析后提出,学生获得感与学习能力高度相关,学习能力强的学生分析能力也较强,对教学内容的掌握程度高,对于成功学习有自信心,学习效果和获得感也较好;相反,学习能力较弱的学生获得感会相对弱一些。此外,学生对任务越感兴趣,就越有动力、越愿意投入到任务中,完成任务后的获得感也就越强。二是教师采用的教学方法能否使学生的参与度有效提高。只有学生全身心地参与到教学活动中,并在教师的指导下从实践中发现问题,通过自己的探索和努力解决问题,才能在这个过程中更好地锻炼自身能力、增强自我效能感、提高学生获得感。三是师生间能否建立互动型的关系模式。良好而健康的师生关系有助于学生在轻松的氛围中自主学习，师生间平等互动的沟通对于学生增强积极心理体验、提升获得感有很大的帮助。

　　整体地看，大学思政理论课主要是通过课堂讲授，引导学生运用马克思主义的立场、观点和方法理解和思考实际生活中的重大理论问题，引导学生树立正确的世界观、人生观和价值观，起到教育学生的作用。因此，课堂教学是最重要的环节，首先必须通过提高课堂教学质量，增强思想政治理论课教学的获得感和实效性。对于本书强调的获得感，学界进行了一些研究。学界认为可以通过提升大学生思想政治理论课教学质量，提升大学生思想政治理论课课堂参与感、满意度、实效性来提升思想政治理论课学习的获得感。主要观点包括：第一，教育主体说。教育主体指教育过程中教育者。学界多从教师的角度出发，要求教师必须不断更新教学理念、提高教学能力，丰富教学内容，改变教学策略，创新考核机制，增强教学效果等，提高学生的获得感。第二，教育客体说。教育客体指教育过程中受教育的对象。学界认为，教育客体主观能动性的发挥，是提升其获得感的关键，其本身应树立正确的认知态度，积极参与思想政治理论课教学与实践。第三，教育介体说。教育的内容和方法称之为教育介体。目前，学界关于教育介体的讨论非常多，学者普遍认为，良好的教学教育方法是教师把思想政治理论课上好的"不二法门"，互动式教学法、翻转课堂、课程实践教学、案例教学、课题制教学法、问题引导式教学法、基于作业的教学互动法、"互联网＋"视域下教学法等均是教师在思想政治理论课教学中，根据实际需要可采取的有效方法。除了教学方法外，教学内容也属于教育介体的另一个重要方面，学者王淑荣、王英洁把提升思想政治理论课亲和力作为解提升学生思想政治理论课获得感的突破口，而亲和力要依靠于教师的教学内容，教学内容必须与现实生活紧密联系，解学生之所惑，目前学界也多持此观点。第四，教育环体说。教育环体是指社会环境及其所提供的教育支撑条件。学者张艳丽、何祥林认为，党和国家对高校思想政治工作的高度重视，能为思想政治理论课建设提供更好的发展环境以及新的机遇。

　　不难看出，高校思想政治理论课获得感概念，既在增强高校学生思想政治理论课获得感的维度上指明了高校思想政治理论课教学与课程建设的目标与任务，也从问题研究与实践解决的维度上指明了反思当代中国高校思想政治理论课教学与建设的有益视角。有学者在验证影响高校思想政治理论课获得感因素假设模型时发现，自身因素才是影响其获得感高低最为关键的因素,社会环境是重要性因素,教师因素是基础性因素,家庭环境是间接性因素。社会环境因素、教师因素、家庭环境因素通过个人因素来影响学生思想政治理论课的获得感。以提升大学生获得感为价值目标、核心理念和评价标准,推进思想政治理论课教学改革,满足大学生健康成长的发展需求与期待,已成为思想政治理论课改革发展的时代命题。

增强获得感,是提高思想政治理论课程实效性的关键与根本。只要我们久久为功、绵绵用力,就一定能够把思政课建设成为落实立德树人根本任务的关键课程。

陈寿灿

2021年5月于浙江工商大学

目　录

第一章　增强大学生思想政治理论课获得感的理论思考与路径研究
……………………………………………………………… 001
　　一、获得感概念的缘起及其意义 …………………………… 001
　　二、获得感的内涵 …………………………………………… 004
　　三、高校思想政治理论教育获得感 ………………………… 010

第二章　当代大学生思想政治理论课学习状况 ……………… 024
　　一、大学生思想政治理论课学习状况研究综述 …………… 024
　　二、大学生思想政治理论课学习状况的调查研究 ………… 031
　　三、大学生思想政治理论课学习存在的主要问题 ………… 045

第三章　大学生思想政治理论课学习的影响因素 …………… 052
　　一、大学生思想政治理论课学习影响因素研究综述 ……… 052
　　二、大学生思想政治理论课学习影响因素的调查研究 …… 059
　　三、大学生思想政治理论课学习影响因素的作用机制研究 … 068

第四章　增强大学生思想政治理论课学习获得感的路径 …… 076
　　一、当前思想政治理论课教、学中存在的问题 …………… 076
　　二、促进大学生认知动机的内在性优化 …………………… 080
　　三、促进思想政治理论课教学模式的针对性优化 ………… 088
　　四、促进思想政治理论课教学方法的有效性优化 ………… 094
　　五、促进思想政治理论课教学环境的结构性优化 ………… 100

第五章　增强大学生思想政治理论课获得感的改革实践 …… 109
　　一、强化能力培养，彰显思想政治理论课的育人功能和效果 … 110
　　二、改革考试评价方法，优化思想政治理论课教、学模式 … 120
　　三、改变课堂教学方法，增强思想政治理论课教学的吸引力 … 125

四、改善教学环境,营造思想政治理论课教学的优良氛围 …… 134

五、"一化三改"思想政治理论课综合性改革教学的成效 …… 144

第六章 高校思想政治理论课教学方法的创新探索（一） …… 153

一、传统教学方法如何出彩 …… 153

二、"读写议"教学法的实践 …… 159

三、基于作业的互动教学法 …… 165

四、"翻转课堂"教学模式的应用 …… 183

五、时事评论教学法的实践探索 …… 195

第七章 高校思想政治理论课教学方法的创新探索（二） …… 202

一、问题链教学法初探 …… 202

二、现场教学法的实践和经验 …… 212

三、竞赛教学法的实践探索 …… 217

四、创意视频教学法 …… 225

五、辩论教学法的实践 …… 232

第八章 合理利用中华传统文化中的思想政治理论教育资源 …… 241

一、利用传统文化提升思想政治理论课的时代价值 …… 241

二、传统文化提升思想政治理论课获得感的途径 …… 263

第九章 社会思潮对大学生思政课获得感的影响及其对策 …… 271

一、影响我国高校的社会思潮 …… 271

二、多样化社会思潮对大学生的影响分析 …… 282

三、有效引领大学生思想的路径 …… 288

第十章 形成课程思政及思政课程的协同效应 …… 299

一、课程思政的意义与作用 …… 299

二、"大商科"课程视域下的思政课程与课程思政 …… 303

三、通过"专业定制"对思政课程与课程思政的资源挖掘 …… 312

四、场景时代的思政课教师主题赋能 …… 319

五、思政课程与课程思政的探索案例 …… 330

参考文献 …… 339

后 记 …… 344

第一章　增强大学生思想政治理论课获得感的理论思考与路径研究

自习近平总书记于 2015 年 2 月在中央全面深化改革领导小组第十次会议上的重要讲话中明确提出"获得感"以来，"获得感"逐渐成为社会各界关注的热点议题，人们围绕获得感的内涵、文化意蕴及其实现路径展开了热烈的讨论。2017 年 5 月 11 日，教育部党组审议通过了《2017 年高校思想政治理论课教学质量年专项工作总体方案》，方案提出要打一场提高高校思想政治理论课质量和水平的攻坚战，切实增强大学生对思政理论课获得感的工作目标，获得感这一概念正式被援引到了思想政治理论教育范畴。随后，全国思想政治理论界围绕思想政治理论课获得感的内涵、实现进路等主题进行了深入的研讨，极大地促进了思想政治理论课的教学改革。

一、获得感概念的缘起及其意义

一般来说，获得感表示人们在获取某种利益之后所产生的满足感。在当代中国的语境中，"获得感"是一个有其独特意义的语汇，它是在我国全面深化改革、转变经济社会发展模式、实现共享发展的时代背景下提出来的，意指人们在中国特色社会主义建设中的实际收获、收益以及满足感，它既包含了物质层面的意义，也包含了精神层面的意义。

（一）获得感概念的提出

这一概念最早是由习近平总书记于 2015 年 2 月在中央全面深化改革领导小组第十次会议上的重要讲话中提出来的。在讲话中，习近平总书记强调，要科学统筹各项改革任务，协调抓好党的十八届三中、四中全会改革举措，在法治下推进改革、在改革中完善法治，突出重点，对准焦距，找准穴位,击中要害,推出一批能叫得响、立得住、群众认可的硬招实招,处理好改革"最先一公里"和"最后一公里"的关系,突破"中梗阻",防止不作为,把改革方案的含金量充分展示出来,让人民群众有更多获得感。[①] 2016 年 2 月,在中央全面深化改革领导小组第二十一次会议上,习近平总书记进一步指出,要把是否促进经济社会发展、是否给人民群众带来实实在在的获得感,作为改革成效的评价标准。[②] 在中国共产党第十九次全国代表大会的报告中,习近平总书记又进一步强调,要"保证全体人民在共建共享发展中有更多的获得感",获得感进而成为检验社会改革发展成果与社会治理成效、评价民众社会生活质量的又一把重要标尺。

在习近平总书记的话语体系中,获得感是指人民群众共享各项改革开放成果后产生的满足感。获得感强调一种实实在在的"得到",并使人民得到的利好有了用指标衡量的可能。可见,获得感所体现的实则是中国共产党全心全意为人民服务的宗旨。同时,获得感的实现及其程度还成为衡量、评价当代中国改革开放和现代化建设实际成效的重要标准。这里,获得感所追求的其实是要让人民群众能共享到我国改革开放的成就,让改革开放普惠人民群众。很明显,获得感是人们心中的一种综合感受,如前文所述,它既包含了物质层面的意义,也包含了精神层面的意义;同时,它既有看得见的方面,也有看不见的方面。教育部部长陈宝生在 2017 年全国教育工作会议上指出,获得感是判断我们改革成功与否的根本标准,是衡量我们工作成效的根本标准,也是检验我们工作作风的根本标准。

综合习近平总书记在各种场合关于获得感的重要论述,可以看出,获得感的实践要求包括了三个基本方面:其一,增强人民群众的获得感,要始终坚持以人民为中心的发展思想,坚持发展为了人民、发展依靠人民、发展成果由人民共享,让人民群众从国家发展中获得更多的实惠。其二,增强人民群众的获得感,要全面深化改革,为人民群众创造更多财富和价值。满足人民群众新期待、让人民群众分享改革红利是改革的重要动力,也是改革的主攻方向,更是衡量改革绩效的根本尺度。其三,增加人民群众的获得感,要注重加强以保障人民根本权益为出发点和落脚点的法治建设。获得感不仅仅体现在物质层面、民生领域,而且也体现在精神层面和政治、

---

① 张树军.十八大以来全面深化改革纪事(2012—2017)[M].石家庄:河北人民出版社,2017:385.

② 本书编写组.十九大报告关键词[M].北京:党建读物出版社,2017:105.

文化等各个方面。加强以保障人民根本权益为出发点和落脚点的法治建设，是增加人民群众获得感的重要保障。

（二）当代中国语境下"获得感"的意义

基于"获得感"这一概念的提出背景及使用范围，要阐释"获得感"的含义，就应当且必须将之置于当时我国社会正处于全面深化改革的关键时期这一基本情况之下。"获得感"由"客观获得"与"主观感受"两重维度共同构成。"客观获得"即人民群众在当下以及未来的改革发展中已获得或可获得的"客观收益"，体现在政治、经济、文化、法治等诸多方面，它包括基本收入、社会福利、公共服务等在内的物质利益，社会文化发展、科技进步、生态改善所取得的良好成果，伴随民主法治日渐完善而可充分享有的基本权利，以及参与社会建设、实现个人发展的充足机会，等等；"主观感受"则指人民群众对其"客观获得"符合或能够符合自身需求程度的感受与评估。如今，中国特色社会主义进入新时代，我国社会主要矛盾已经转化为人民日益增长的美好生活需要和不平衡不充分的发展之间的矛盾。基于当前的时代背景，人民对自身"客观获得"的"主观感受"突出体现在"横向公平性"与"纵向时效性"两方面。"横向公平性"即社会成员作为独立个体在将其所得"客观收益"或获得"客观收益"的机会与其他社会个体进行比较时所期许的公平公正待遇，"纵向时效性"即人民群众内心对其当前"客观获得"可持续性的考量和对其未来"客观获得"潜在增长性的评估。

改革开放 40 多年来，我国综合国力迅速提升，人民的物质生活水平与精神文化生活水平都有了极大的提高。然而，正如党的十九大报告所提出的，当前我国面临的最突出问题是发展不平衡、不充分，且这一问题已经严重阻碍了人民日益增长的美好生活需要。在现实生活层面就体现为经济增长水平与国民幸福感之间的"幸福悖论"现象，即公共支出与国民幸福之间呈现倒 U 形的关系。这一倒 U 形的曲线所反映的其实是人们所实际分享到的改革红利与其期待之间存在着明显的差距；与之相关的是，弱势群体还面临不断被边缘化的境地，这使得部分群众心中产生了一种"失落感"。① 从问题解决的角度看，相关学者提出了新的社会评价指标要求，即在既有的 GDP、幸福感等衡量社会发展和民众生活质量的评价指标之外，

---

① 邢占军，牛千.获得感：供需视阈下共享发展的新标杆[J].理论学刊，2017(5)：107-112.

当代中国还需要有一些更有效地反映民众共享社会改革成果及其心理状况的评价指标。

马克思主义的发展观认为,社会发展的根本目的是实现人自由、全面的发展。在这个意义上,社会发展目标与人的发展目标是有机统一的。同时,人们的生活状况和发展过程与社会及社会结构直接联系在一起。故此,作为反映个体与社会互动状况的获得感研究,就不仅是一个学术或理论问题,还是一个实践问题,因为它对协调社会发展与个体发展有着重要的实践意义。一方面,获得感真实地反映了人们现有的生活质量;另一方面,获得感还反映了人们的生活质量状况与社会变化趋势之间的内在逻辑关系。尽管关于生活质量的研究大多只聚焦于个体层面,但是,相关资料及理论建构无疑也会揭示出与个体生活密切相关的社会文化生态。在这种研究的图景中,生活质量的研究将对个体生活状况的关注引向社会文化生态的层面,进而能揭示出生活质量理论所不能反映的社会结构状况等方面的内容。毫无疑问,结合客观指标和主观指标来完善社会发展质量的评价体系是非常必要的。相较于更倾向强调弥散性的主观体验的幸福感,获得感与社会发展和个人成长之间的关联更为密切。在当代中国,获得感反映了人们期待共享发展的公平与正义,以及对美好生活的追求,获得感既是针对这一问题的评价性指标,也为在发展中有效规避过于技术化、商品化等弊端,形成正确的义利观、促进理性平和的积极社会心态、提升政府执政能力和公信力、促进社会程度稳定等提供了有效的实践指导。①

二、获得感的内涵

自习近平总书记明确提出获得感概念以来,获得感就成为我国学界的热点问题。一般来说,人们把获得感解读为在现实生活中由物质层面的收获以及精神层面的满足所带来的主观心理体验。在获得感的解读中要把握的几个基本点是:其一,这种主观心理体验与客观现实的生活状况密切相关;其二,获得感并不完全是一个局限于当下的概念,它既关涉历史的比较,也关涉未来的预期;其三,不同学科对获得感的解读都会因其学科方向与理论维度的不同而有所不同。当然,这里只是说不同学科的解读进路可

---

① 张品.“获得感”的理论内涵及当代价值[J].河南理工大学学报(社会科学版),2016(4):
402-407.

能导致某些问题解读的异趣,并非指不同学科之间对获得感的解读会走向对立面。

(一)获得感内涵研究

在习近平总书记提出"获得感"的独特用法之后,这一概念迅速成为我国社会的热词。2015 年 12 月,语言文字期刊《咬文嚼字》发布的 2015 年度"十大流行语"中,"获得感"排第一。[①] 2015 年,两会顺利闭幕前夕,央视新闻频道盘点两会热词时,"获得感"排名第一;2016 年 5 月,在教育部、国家语言文字工作委员会发布的《中国语言生活状况报告》中,"获得感"入选十大新词。资料检索结果也表明,在 2015 年以前,中国知网中关于"获得感"研究的论文只有 3 篇;2015 年之后,关于获得感的研究成果急剧增加;截至 2016 年,发表的论文 545 篇;截至 2017 年,发表的论文有 841 篇(见图 1-1)。

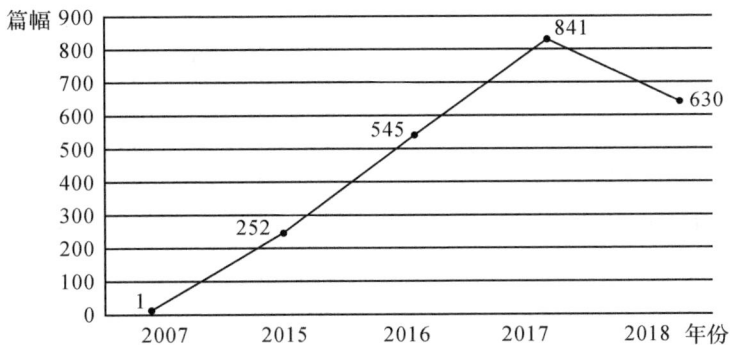

图 1-1　中国知网中关于"获得感"研究的论文数量

学术界积极围绕获得感这一概念展开了深入研究。在获得感的内涵分析上,有的学者把获得感解读为一种情感体验,如邱霞就认为"获得感作为一个复合名词,既有客观行为上的体现,又有主观心理上的体现,是主观与客观的统一,是一种由'获得'而产生的心理情感体验"[②]。在这种解读进路中,获得感不仅是一种心理体验,还是一种遵循了某种特定序列的心理

①　王剑虹.《咬文嚼字》发布 2015 十大流行语"获得感"排第一[EB/OL]. (2015-12-17) http://media.people.com.cn/n1/2015/1217/c40606-27940361.html.

②　邱霞.获得感视角下高校思想政治理论教育实效探究[J].湖北开放职业学院学报,2019,32(10):89-90.

体验,即先有获得或收获,才会产生出相关的体验:"获得感,就是只有获得了才会有的感觉。"①有学者更倾向于把获得感解读为积极的正向效应:"'获得感'是对获得的感受、感知与感悟,是一种正向性、肯定性、积极性的评价。"②"'获得感'是指人民群众因'获得'而产生的正向心理感受。"③但也有学者表示,获得与获得感之间并非一种简单的正相关关系,在现实生活中,并非有了收获或获得就会自然而然地产生某种特定的正向、积极的获得感;尤须注意的是,并不是获得越多,获得感就越强。④ 这显然是考虑到了经济学中的"边际效用递减"规律。在人们的初级要求刚刚得到满足的时候,此时的获得感是极为强烈的;但随着人们生活水平的不断提高,基本生活需求的满足所带来的获得感会产生递减效应,有时甚至会产生一种消极的心理效应。

在获得感的内容方面,学者们大多从客观收益与主观感受两个方面解读获得感。他们认为,获得感不只包括客观的获得方面,还包括主观的感受方面:"首先,'获得感'要以包含物质利益、政治权利以及文化等方面的实际获得为基础。其次,就'主观感觉'来说,'获得感'不能脱离其'客观获得'的基础而存在。"⑤在这种解读中,客观的获得不只包括生活福利,它还包括政治权利、文化等多方面的实际获得。也有学者指出:"从内在心理方面看,获得感可以是人际的、理念的、视野的和知识的等内容;从外在行动来看,获得感必须有助于问题的解决、工作的改进、方向的明确、专业解放和行动的自由。"⑥在这里,获得感还被解读为具有特定现实功能的实际获得。学者们并不只是关注个体现实生活中的收益与心理效应问题,他们还立足于当代中国特色社会主义建设的实际,把获得感与当代中国特色社会主义改革的实际成效、普罗大众在改革中的实际收益与心理体验等问题联系起来综合考察。在这一维度下,共享当代中国改革开放的成就,也就是

① 丁元竹.让居民拥有获得感必须打通"最后一公里"——新时期社区治理创新的实践路径[J].国家治理,2016(2):18-23.
② 刘富胜,赵久烟.增强大学生思想政治理论课获得感要坚持"四个结合"[J].思想理论教育导刊,2017(6):94-97.
③ 蒋永穆,张晓磊.共享发展与全面建成小康社会[J].思想理论教育导刊,2016(3):74-78.
④ 鲁晴,张秋辉.大学生思想政治理论课获得感刍议[J].辽宁工业大学学报(社会科学版),2019,21(6):138-142.
⑤ 曹现强,李烁.获得感的时代内涵与国外经验借鉴[J].人民论坛·学术前沿,2017(2):18-28.
⑥ 涂三广.让每位参训者都有"获得感"[J].中国职业技术教育,2016(30):72-76.

共享发展成为探析人们获得感的重要方面："共享发展,让所有人都能有获得感。获得感是人基于物质或者精神获得而产生的,并且是属于一种正向、积极的感受。"①在这种解读中,获得感获得了一种全新的宏观层面的社会意义——它既是反映并评价当代中国社会改革实际效益的特殊指标,也是反映当代中国人民生活水平及其实际感受的独特指标。有学者就认为,获得感是社会供给对民生需求满足程度的指标,它以人民的基本诉求与反馈为导向,指向具体的社会福祉,并因此成为社会发展的评价指标。② 具体来说,这些评价指标涉及诸多方面,因为获得感就是人们的经济、政治、文化、教育、医疗、环境等诸多方面利益得到维护和实现后产生的一种实实在在的满足感和成就感。③ 也有学者把获得感归之于主体在就业、教育、民主参与、社会治安、食品安全等具体民生问题上的评价和感受,且将满意与否作为衡量尺度。④ 事实上,这也正是习近平总书记提出获得感这一概念时它所内蕴的意义。随着研究的不断深入,"获得感"也溢出了其最初的意义域,而成为一种老百姓喜闻乐见的生活用语乃至网络热词。在这种意义域的扩展中,获得感一词展现出一种质感与温度,并且具有思想性,进而成为一个可以衡量人们生活状况与社会发展质量的具有综合意义的表达方式。

(二)心理学视域下的获得感内涵

随着学界对获得感理论研究的不断深入与拓展,心理学界的学者也开始关注获得感研究,其研究更多地关注心理体验。学者黄艳敏等人就认为,获得感是由实际获得而触发产生的满足感、幸福感等积极心理体验。在心理学的视域中,并非所有的主体需求满足都会达成获得感。精神分析学派心理学家阿尔弗雷德·阿德勒认为,对人格发展起决定作用的是个体的社会性需求——指向优越的奋力,它是生命本身的固有需求,能为我们的所有活动指引方向。但个体追求社会性需求满足的动力并不完全相同。当某一需求对个体而言十分重要,个体对该需求也就愈迫切,便愈会想方

---

①　郑风田,陈思宇.获得感是社会发展最优衡量标准——兼评其与幸福感、包容性发展的区别与联系[J].人民论坛·学术前沿,2017(2):6-17.

②　邢占军.居民文化福祉的研究与提升对策[J].人文天下,2017(9):71-79.

③　田旭明."让人民群众有更多获得感"的理论意涵和现实意蕴[J].马克思主义研究,2018(4).

④　石庆新,傅安洲.获得感、政治信任与政党认同的关系研究——基于湖北6省部属高校大学生的调查数据[J].中南民族大学学报(人文社会科学版),2017(1):91-94.

设法来满足这一需求;反之,个体追求某一需求的动力就会减弱,该需求的实现所产生的满足程度也就会愈低,同样地,由此所产生的获得感也会趋弱。在某些特殊情况下,人们可能在实现某种需求的满足时,不但没有获得感,有时甚至还有空虚感、失落感。因此,不能把获得感等同于满足感。心理学维度下,学者们倾向于把获得感解读为:民众在社会改革发展中对其需求满足过程和结果的主观认知、情感体验和行为经验的综合反应。在内涵方面,心理学主要关注获得内容、获得环境、获得途径、获得体验以及获得共享等子维度。①

在心理学的研究中,"获得感"也有别于"幸福感"。因为一方面获得感首先建立在一种实实在在"得到"的基础之上,如果不讲"获得"而一味强调幸福,就容易流于空泛;另一方面,"获得感"的提出使人民得到的利好有了进行指标衡量的可能,而幸福感则是相对难以衡量的。所以,在当下的中国,"获得感"更加贴近民生、体贴民意。这种"获得感",一般来说能够转化为幸福感。

(三)社会学需要理论的获得感解读

虽然,获得感概念的明确化及其研究是一个当代学术问题,但获得感的内容及其相关研究并非是一个当代学术命题。早在远古时期,人们就已经关注到了相关问题,其研究主要体现在需求满足及其心理体验或心理感受方面。这一问题与当下的获得感问题有着高度的趋同性。毕竟,对于个体而言,"获得感"的核心基础是"需求"的满足,它直接表现为个体在其需求得到满足之后所体验到的心理状态;或者说,在某种程度上,获得感就意味着需求满足之后所伴随的相对稳定的心理体验或心理感受。

关于人的需求问题的明确阐述,古希腊时期的学者们就已经有所关注了。德谟克利特认为,需求在国家和社会的形成和发展中起到了重要的决定作用。在德谟克利特看来,人的需求有生理需求与精神需求之分,虽然,他并没有建构起分析生理需求与精神需求的系统理论,但他仍然认为精神需求要高于生理需求,即他所谓的精神快乐才是持久的快乐。德谟克利特的这一思想被后来许多古希腊贤哲们继承并发扬。伊壁鸠鲁也对人的需求做了相应的区分,他把人的需求区分为享受需求与生存需求,很显然,在

---

① 谭旭运.获得感——一种社会心理分析[M].北京:社会科学文献出版社,2020:5.

他看来,二者反映了人在不同文明阶段的追求。到了 19 世纪,人类对需求的理解更加深刻。黑格尔认为,人"作为各种需要的整体以及自然必然性与任性的混合体来说,他是市民社会的一个原则"①。后来的许多学者也都深入探析了需求理论,为我们理解当下的获得感提供了有益的借鉴,其代表人物有马克思、威廉·莱斯、莱恩·多亚尔和伊恩·高夫。

马克思把需求解读为人的本质规定性之一。在他看来,人是以其需求的无限性和广泛性而区别于其他一切动物的,同时他还认为,人的需求反映了人对物质生活条件和精神生活条件的依赖关系。在需求问题上,马克思创新性地阐释了需求的基本属性:其一,人的需求的社会性。这与马克思对人的本质的理解是一致的,马克思主义既把人看成一切社会关系的总和,也把人的需求看作社会性,是建构需求社会性以及人的社会性的基础。其二,人的需求并不是恒定不变的,而是变动的,而且人的需求还有特定的层次性。一方面,人的需求的变动性是与人自身的进步与发展直接相关,人的进步与发展总是从落后走向文明、从低级走向高级,故人的需求也总是不断地从较低的系统走向较高的系统;另一方面,人的需求是有层次的,既有主体之间的层次区分,也有同一主体在不同历史阶段的层次区分。人的最低层次需求是人的生存或生理需求,其次是人的谋生或占有需求,再次是人的自我实现和全面发展的需求。这一关于需求的层次划分在人本主义心理学家马斯洛的研究中有所发展;不过,马斯洛关于需求的层次理论更为细致,他提出了生理需求、安全需求、归属和爱的需求、尊重的需求、自我实现的需求五层次需求理论,其理论被后来的研究者奉为经典。

威廉·莱斯是西方马克思主义的重要代表人物之一,他一反众学者从宏观层面探究需求问题的进路,转而探究需求的微观内容。他主张将人的需求问题、自然生态系统、具体的社会组织形式纳入一个整体的系统中进行考察,并致力于分析需求的全过程。基于此,莱斯从人的行为特点出发分析人的需求,他把人的需求解读为人在摆脱其动物性之后的社会性存在阶段的现象,作为一个社会性的存在,人的需求从来都是在社会分工并通过交换而得以实现的。进而,莱斯提出了"需求"与"欲求"的区别,他把需求解读为人的客观真实的需求,而欲求则是人的主观欲望。

莱恩·多亚尔和伊恩·高夫在借鉴自由主义的社会主义思想的基础上,

---

① 黑格尔.法哲学原理[M].范扬,张企泰,译.北京:商务印书馆,2010:224.

提出了人的需求理论。与之前的需求理论不同的是,莱恩·多亚尔和伊恩·高夫的需求理论本身具有整合性的特点,一方面,人的需求有个人需求和社会需求之分,二者相互依赖并以对方为前提条件;另一方面,人的需求满足并不是一个完全独立的个体过程,而是在现实社会生活中的动态实现过程。

学术界关于需求理论的研究从多方面揭示了人是如何在与他人及社会系统的互动中实现生活资料的获取与自我实现的。其实质也是在寻求人如何在与他人及社会系统的互动中达成某种获得感。当下我国关于获得感的研究阐明了当代中国语境下人们的需求及其实现。更为重要的是,当代中国语境下的获得感概念不仅仅关注人或人的共同体在现实层面的获取或获得,它还在自身的理论建构中将获得感研究升级为一种方法论,一种衡量人们的现实生活水平以及系统审视当代中国改革开放与社会文化发展的评价指标。这一评价指标明确地展示了当代中国社会需要提升的方面,为未来我国进一步推进改革指明了方向。

三、高校思想政治理论教育获得感

自习近平总书记明确提出获得感概念以后,高校思想政治理论课的获得感也逐渐成为全国高校思想政治理论教育界的热点议题。2017 年 5 月11 日,教育部党组审议通过了《2017 年高校思想政治理论课教学质量年专项工作总体方案》,方案中提出要打一场提高高校思想政治理论课质量和水平的攻坚战,切实增强大学生对思政理论课获得感的工作目标,[①]获得感这一概念正式被援引到了思想政治理论教育范畴。这一总体方案还延续了我国从国家顶层设计关注高校思想政治理论教育的工作,既确保了问题理解的正确方向,也确保了高校思想政治理论教育与改革的正确方向。尽管学者们解读思想政治理论教育获得感的学科视角各有不同,其解读方式也并不完全统一,由此也产生了对高校思想政治理论教育内涵解读的一些分歧。但是,从整体上看,这些相关研究极大地促进了获得感的研究,也极大地促进了高校思想政治理论教育的改革与发展。从既有的研究来看,对于高校思想政治理论教育获得感,学者们主要从内容、过程、主体等不同的

① 陈宝生. 今年要打一场提高思想政治理论课水平和质量的攻坚战[EB/OL]. (2017-03-12). http://news. xinhuanet. com/politics/2017lh/2017- 03/12/c_129507901. htm.

维度加以阐释,相关研究既极大地促进了高校思想政治理论课的教学与改革,也极大地丰富了高校思想政治理论教育获得感的内涵。

(一)高校思想政治理论教育获得感的内涵

主体是解读高校思想政治理论教育获得感的关键点之一,缺失对主体的正确把握,我们既无法阐明获得感的实际内容,也无法确立高校思想政治理论课的目标指向与发展方向。一般来说,主体指的是人。而在高校思想政治理论教育获得感问题上,主体专指作为高校思想政治理论课程的受教育者的高校学生。把高校学生视为唯一主体的积极意义在于,它在人才培养的维度上突出了高校思想政治理论课的效果考量与目标设定,这一效果考量与目标设定应当符合高校学生的实际状况,而不是凭空虚构。

高校思想政治理论课学生获得感的强弱是衡量教学质量好坏与水平高低的试金石,也是检验思想政治理论课教学改革成效的核心指标。理解高校思想政治理论课学生获得感的内容构成是科学的主体思想政治理论课获得感的关键所在。就内容来看,学者们大多把高校思想政治理论教育获得感解读为一个综合性的体系,而不是单一的内容体系。也就是说,高校思想政治理论教育获得感的内容是极为丰富的,它包括了主体的认知、情感、态度、意志、思想、行为等思想品德各个构成要素的主客观获得感。其中,既有看得见的、显性的获得感,又有看不见的、隐性的获得感。学者阎国华把思想政治理论课获得感视为一个包括了国家获得感、社会获得感、学校获得感、教师获得感和学生获得感等内容的综合概念。而大学生思想政治理论课获得感则是大学生们受益于思想政治理论课带来的满足感。阎国华还认为,大学生思想政治理论课获得感有直接性获得感与间接性获得感两个基本构成要素,其中,直接获得感是学生通过思想政治理论课在短期内获得的知识、理论;而间接性获得感则是学生在思想政治理论课影响下长期产生的效果,即逐步形成的信仰、观念。①

从高校思想政治理论课作用于主体素质结构性要素的角度来分析,高校思想政治理论课的获得感包括了三方面的基本内容,即知识性获得感、思想性获得感以及行为性获得感。要说明的是,单就教育环节来说,在这里,主体是高校学生。

---

① 阎国华.高校思想政治理论教育获得感的内在要素与形成机制[J].思想理论教育,2018(1):66-71.

第一，知识性获得感主要指高校思想政治理论课的参与主体在知识层面的获得感，也称客观层面的获得感。相关主体对基本概念、理论、信息、历史与现实的了解、理解和记忆，是知识在大脑中的简单再现。这些客观层面的获得感是最先产生的，也是最为直接的获得感内容。在教学中，知识性获得感是高校思想政治理论课最为基础的目标。与其他专业性课程相比，高校思想政治理论课主要围绕合格的中国特色社会主义接班人的素质培养而展开，其核心内容是道德素质与思想素质，具体的知识性内容也以道德素质与思想素质为中心。

第二，高校思想政治理论课的基本目标之一是帮助大学生树立正确的世界观、人生观与价值观。相较于知识性获得感，思想性获得感是高校思想政治理论课更为核心的获得感。毕竟，高校思想政治理论课并非是纯粹的知识性课程或理论性课程，而是以思想政治素质为核心的课程。因此，没有"思想"的高校思想政治理论课就像失却了灵魂的躯体。而思想性获得感所反映的其实是高校学生对马克思主义理论体系中人的自由而全面的发展理论、解放全人类的思想以及中国共产党关于人民主体性思想和中国特色社会主义的理论自信、制度自信、道路自信和文化自信等思想层面的获得感。

第三，行为性获得感。行为性获得感是学生在知识性获得与思想性获得之后，在行为和实践中所表现出的对自身行动意愿与能力提升的满足感。无论如何，高校学生在其思想政治理论课中的知识习得与思想提升最终都必定会在其行动意愿与行动能力中得到体现；同时，高校学生也只有在其自身改造客观世界的实践中，才有可能切实反映出其对高校思想政治理论课中的知识教育、思想建构认知与认同状况，以及这一认知、认同状况与其行为的关联程度。具体而言，行为性获得感主要体现在以下几个方面：一是方法论层面的获得感。与其他哲学纯粹的抽象思辨不同，马克思主义方法论是大学生在日常生活中认识世界和改造世界的有力武器。学生通过思想政治理论课的课堂讲授和实践教学，不仅可以取得人际关系适应、心理健康维护等具体方法上的收获，更重要的是从思维方式和思考方法上有根本性的提升，能够学会自觉用马克思主义的立场、观点、方法来观察问题和解决问题，从历史唯物主义和辩证唯物主义的高度，学习运用辩证的、系统的思维方法思考人生和解决问题。二是具体实践层面的获得感。实践层面的获得感是高校学生实践中所表现出来的反映其思想意识的行为。

在知识性、思想性以及行为性获得感三者之中，知识性获得感是基础，思想性获得感是核心，行为性获得感则处于最高层，是获得感的终端结构。而思想性获得感一方面深化了知识性获得感，它能助益于高校学生更加全面、深刻地认识和了解思想政治理论课程的内容体系及其内蕴的文化意义；另一方面，又助益于刺激、催化高校学生在认知的基础上达到价值认同，并进而指引其行为。三个层面的获得感互为支撑，相互促进，共同决定了高校学生思想政治理论课获得感的效用、方向和性质，具有创生性、持久性、整体性特征。故从内容的角度看，高校思想政治理论教育获得感的主要内容既包括一般理论知识、处事方法的获得，又包括人生观、世界观、价值观以及理想信念等的积极体验或获得，还包括理论与实际相结合层面的问题分析能力与解决方法的提升。

在当代中国特色社会主义的语境下，所有的这些方面又必须与当代中国特色社会主义的理论认知与建构实践相关。高校思想政治理论教育获得感所指引的课程建设与教学都须大力提升高校学生对中国特色社会主义制度、道路，以及对中国特色社会主义核心价值和共产主义信仰的认知、认同与实际践履。陈灿芬等人也提出，在当代中国语境下，高校思想政治理论教育获得感有其特殊的指向，它并不是一个泛指的概念，而是特指与中国特色社会主义理论与实践方面的理论、思想与行动力的获得以及共产主义德行能力的成长："大学生思想政治理论课获得感主要有三方面内容。其一，树立共产主义理想信念，科学的世界观、人生观和价值观；其二，坚定中国特色社会主义'四个自信'；其三，满足学生成长发展需要。"[①]在这个意义上，当代中国语境下的高校思想政治理论教育获得感又有其意识形态的独特气质。韩一凡就提出："思想政治理论教育获得感是一种意识形态层面的获得，指世界观、方法论、价值观多层面的获得。"[②]

从获得感生成论的角度看，高校思想政治理论教育获得感还有其特定的过程性体系。高校思想政治理论教育获得感的生成并非一蹴而就，而是一个循序渐进、螺旋式上升的过程。具体来说，它包括了萌生阶段、形成阶段、认同阶段以及最后的自我升华阶段等，这既是一个教育效果显现的过

---

① 陈灿芬.聚焦大学生思政课获得感内容及途径的探析[J].江苏高教,2018(3):82-85.
② 韩一凡.日常生活视阈下的思想政治获得感研究[J].学校党建和思想教育,2017(13):42-45.

程,也是一个主体自我证成与自我升华的过程。也有学者把这个过程解读为教师期望、教育资源整合、教育环境优化、参与主体协同的过程。在这个过程解读中,高校思想政治理论获得感不仅是主体的自我证成与自我升华过程,也是一个教学过程优化的过程。

在高校思想政治理论教育获得感这一主题的研究中,学者们还大多把获得感解读为一种积极的、正向的体验或收获。黄冬霞和吴满意从生成视角认为:"思想政治理论教育获得感是教育对象在教育活动参与过程之中因真切的获得感知而产生的持续正向的心理体验。"[①]程仕波从过程视角出发,认为:"思想政治理论教育获得感意指教育对象对自身在接受思想政治理论教育的过程中或过程后获得的精神利益及其对该获得内容的积极主观体验,它是教育者的'供给'与教育对象'求取'双边互动的结果,是'获得过程'与'获得结果'的双重结果。"[②]虽然,获得感本身并不一定直接指向积极的、正向的体验或收益,在人们的生活实践中,人们时常会有负面的、痛苦的体验或收获。但是这些负面的、痛苦的体验或收获并不代表着消极的生活意义,因为,人们在这种负面的、痛苦的生活体验或收获中时常会得到关于生活深层意义的反思。故而,从语义上看,高校思想政治理论教育获得感也可能并不全部指向积极的、正向的体验或收获。然而,把高校思想政治理论教育获得感解读为一种积极的、正向的心理体验或收获,突出了当代中国特色社会主义语境下高校思想政治理论教育的任务与目标指向,也道出了当下我国高校思想政治理论教育的使命与担当。

综而观之,所谓高校思想政治理论教育获得感,指高校学生在参与思想政治理论课教学活动中或活动后,因满足了自身的现实需求或潜在的发展期待而产生的正向、持续的实际效能和积极、乐观的主观感受,也是高校学生在参与高校思想政治理论教育过程之中或之后对其自身思想素质与能力发展需求的预期满足程度所做出的客观实在与主观知觉维度上的感知与评判。高校思想政治理论教育获得感,既是看得见摸得着的物质层面上的获得,又是大学生理想信念、道德追求、价值判断等精神层面的满足。具体表现为学生在接受思想政治理论教育活动后表现出来的坚定的理想

---

① 黄冬霞,吴满意.思想政治教育获得感:内涵、构成和形成机理[J].思想教育研究,2017(6):28-32.

② 程仕波.高校思想政治教育获得感的基本特征和提升路径[J].思想理论教育,2017(12):57-62.

信念、时代责任担当、对中国特色社会主义的"四个自信"，以及对中国共产党的信任和中华民族伟大复兴中国梦的信心等。就思想政治理论课本身来看，其所要传播的世界观、方法论、价值观等都属于上层建筑的社会意识范畴，师生互动、学生参与是高校思想政治理论教育获得感生成的前提，提供高质量的教学内容是满足学生对获得感需求的关键。

（二）思想政治理论课获得感的多学科维度审视

思想政治理论教育获得感的生成与发展是一个极其复杂和多变的过程。在教育对象接受和认同思想政治理论教育内容的过程中，其主体认同情绪的生成，会受到教育对象自身原有价值观的冲击，从而影响思想政治理论教育获得感的持续性和稳定性生成。而在教育对象实际参与思想政治理论教育的过程中，受不同阶段教育环境和教育氛围的特殊性，以及多种教育方法相互作用的影响，其获得感生成会呈现出动态发展、多维变化的特点。总之，获得感的生成状态并不是单一的，从不同的维度考查，学者们会得出对思想政治理论教育获得感的不同理解。

1.罗杰斯"以学生为中心"的教育观视野下的高校思想政治理论教育获得感

人本主义心理学创始人之一的卡尔·兰塞姆·罗杰斯认为，教育的终极目标是培养"完整的人"和"自我实现的人"，应以"真实问题"为主要教学内容，让学生在解决问题的过程中养成自身的健全人格，并且强调学生"自主评价"的重要性。所谓"真实问题"，即指与学生切身利益相关联、对其个人有实在意义和价值的问题。罗杰斯认为，真正有意义的学习必须以学生为中心，即学生自发学习、自我探讨，通过连续不断的讨论与思考自己找到问题答案的过程。此外，罗杰斯还主张不由教师对学生进行考核打分，而应由学生负起自我考核的责任，进行"自我评定"，学生自己设定评价标准，并以此来衡量自己的行为是否达到了预定目标。罗杰斯提出的"以人为中心"的治疗方法是继弗洛伊德之后在心理治疗领域影响最大的理论之一。威斯康星大学及芝加哥大学对其进行了实验性的教学实践，并在之后被世界各地的许多学校相继引入教学。大学生思想政治理论教育获得感培育的最终目标指向受教育者全面发展的实现，强调受教育者积极参与思想政治理论教育实践是获得感生成的前提条件，主张获得感是学生从自身需求出发，对在教学活动中的客观所得和主观体验与内心需要的拟合程度进行判定的结果。这同罗杰斯以"完整的人"为教育的终极目标,强调学生真正实践,并主张推行"自我评定"的人本主义心理学宗旨相契合,都是"以学生为中心"、关注学生切实获得、尊重学生主体性的表现。

2.桑代克成人学习"三大学习定律"视野下的高校思想政治理论教育获得感

教育心理学体系的创始人、心理学联结主义的建立者爱德华·李·桑代克提出了关于成人学习的三大定律。心理学家鲍尔·希尔加德曾评价道:"在近半个世纪里,有一种学习理论,虽然受到了许多攻击,树立了许多敌对的理论,但是它却支配着美国的心理学界,这就是桑代克的学习理论。"桑代克的成人学习理论包括"准备律""练习律"和"效果律"三部分。"准备律"强调学习者原有的内部准备状态对学习的重要性以及学习需求对学习效果的影响。而大学生思想政治理论教育的获得感也在很大程度上受学生自身原本思想道德素质水平的影响;"练习律"指出,通常情况下,只有当学习者认为重复的练习能够使其获得满意的效果时,练习才会有助于学习;"效果律"则指出在成人的学习过程中,"凡是在一定的情境内引起满意之感的动作,就会和那一情境发生联系,其结果是当这种情境再现时,这一动作就会比以前更易于重现。反之,凡是在一定的情境内引起不适之感的动作,就会与那一情境发生分裂,其结果是当这种情境再出现时,这一动作就会比以前更难于重现"。同理,大学生在思想政治理论教育中真真切切地感受到获得,是其愿意继续积极主动参与到思想政治理论教育实践中的根本动因。大学生思想政治理论教育获得感关注学生的切实需求和对教育获得的主观体验,与桑代克"三大学习定律"理论中对学习者"满意之感"的强调以及对于教育对象学习需求的重视等方面有着异曲同工之处。

3.康斯坦茨学派接受美学视野下的高校思想政治理论教育获得感

西方思想界对"接受"问题的研究始于古希腊时期的解释学,伽达默尔哲学解释学是近代接受美学的直接理论渊源。伽达默尔的学生汉斯·罗伯特·尧斯在出任康斯坦茨大学教授时的就职演讲——《文学史作为文学科学的挑战》标志着康斯坦茨学派观点的树立。康斯坦茨学派认为,在"作者—文本—读者"的文学总体关系上,读者的能动性是至关重要的,是读者的阅读使得作品从静态的物质符号中解放出来,从而得以成为真正的审美对象,成为一种当代的存在。在《文学史作为文学科学的挑战》一书中,尧斯提出:"一部文学作品并不是一个自身独立、向每一时代的每一读者均提供同样的观点的客体。它不是一座纪念碑,形而上学地展示其超时代的本质,而更像是一本管弦乐谱,不断地在它的读者中激起新的回响,并将作品本意从词语材料中解放出来,赋予其以现实的存在。"除此之外,接受美学理论还提出了"期待视野"(Horizon of Expectations)的概念,即读者阅读一部文学作品前,由其全部相关的生活经验和审美经验之总和所构成的对作品预定的鉴赏趋向和心理定式。它形成了读者的内在审美,潜在地支配着读者对作品的接受程度和方式,起着习惯性的定向期待和求新求异的创新期待的双重作用。大学生思想政治理论教育获得感亦是强调学生的能动作用在教育实践中的关键意义。同对文学文本信息的接受过程一样,大学生在思想政治理论教育实践中同样经历了"从简单接受到批判性的理解,从消极的到积极的接受,从公认的审美规范到超越这些规范的新创造的永恒转变"。在此过程中,学生产生的"期待视野"决定着其对思想政治理论教育内容与形式的预期,同时对学生在思想政治理论教育实践中的接受程度与接受方式有着至关重要的影响。对思想政治理论教育获得感的重视,即是关注学生在教育实践中的中心地位,从学生的"期待视野"出发,通过在教育中激发与捕捉学生的兴趣点,来推动教育者与受教育者、学生需求与社会要求之间的"视野融合"。

4. 教育学视域下的高校思想政治理论教育获得感

教育学理论作为为"教者"和"受教者"的实践互动提供策略指导的理论,也为思想政治理论教育获得感的生成实践提供了珍贵的理论资源。在皮亚杰和维果斯基等理论基础上形成的建构主义认为,知识是建构的,而学习者只有主动参与到知识和学习建构的社会文化情境中去,才会产生良好的学习效果。在建构主义影响下形成的一整套认知学习理论,对20世纪后半期的教育界产生了重大影响。建构主义学习理论的基本内容主要是围绕如何进行学习和如何获取知识展开的。建构主义学习理论认为,知识的获得是建构的,而不是靠外在的行为和语言进行传输和记录的,人们会运用已有的知识和经验进行经验解释和推论,从而进行一定的意义建构以获取知识。教学是始终以学生为中心和主体的,教师则充当了帮助学生进行经验和情境建构的引导者角色,根据学生已有的知识结构和经验以及不同的知识类型,帮助他们创造良好的外部条件。而知识获取的最终成就取决于学习者建构和参与的主动性、知识构建方式的有效性等,人本主义学习理论与建构主义学习理论在某些基本原则有着较为一致的认识。人本主义学习理论是以人本主义心理学为理论来源。20 世纪六七十年代，人本心理学家马斯洛、罗杰斯等人对忽视学生主体性的美国传统教育进行了批评的同时，积极推动人本主义心理学在教育中的应用，并在教育界引起了巨大反响。有学者从三个角度对人本主义学习理论进行了总结，即"学习是一个情感与认知相统一的精神活动""学习是对学习者个人有价值、有意义的学习""学习的主体是学生，学生的全面发展是学习活动的中心"。总之，人本主义学习理论认为，教育的宗旨和原则应始终围绕着学生的成长和发展，以学生为中心，尊重学生的主体性，激发学生潜在的能力和动机，使他们进行有意义、有情感的学习。但是反观现代思想政治理论教育中过度强调理论思想的注入，而不重视对教育对象思维方式、价值观认识的启迪；过度强调对学生进行所谓"合规则"行为模式的培养，而不重视对学生内在价值情感的养成等现象，需要思想政治理论教育者借鉴人本主义学习理论进行深刻的自我反思。

4. 方法论视域下的高校思想政治理论教育获得感

高校思想政治理论教育获得感的提出、研究及其实现机制本身有其重要的方法论意义。换句话说，这一概念的提出与研究不只提出了一个具有现实性与急迫性的时代命题，还在问题的分析与解决中提供了审视当下我国高校思想政治理论课程建设与教学改革的有价值的方法论指导。

高校思想政治理论教育获得感概念的提出本身内蕴了一个批判性反思的视角，即中华人民共和国成立以来，我国上至党中央、国务院、教育部各部门，下至各地方教育主管部门及各高校都十分重视高校思想政治理论教育工作，也取得了极为丰硕的成果，但仍存在着一些值得反思的问题。从课程的角度看，存在的主要问题是：其一，课程的亲和力问题。习近平总书记在论及课堂教学的主渠道作用以后，专门论述了思想政治理论课的问题。他认为思想政治理论课的主要问题在于亲和力不够和针对性不强，并强调要在改进中"提升亲和力和针对性，满足学生成长发展需求和期待"。其二，高校各类专业课程与思想政治理论课程的协同性问题，即所谓的课程问题。因此，在当代中国特色社会主义新时代，各专业课也应发挥好课程育人的作用，即各专业教学在"守好一段渠、种好责任田"之余，还应在育人方针、原则及教学内容方面与思想政治理论课同向同行，形成协同效应。习近平总书记于 2016 年 12 月在全国高校思想政治工作会议上提出，要实行全程育人、全方位育人，即强调要加强高校课程的思政建设，在思政课程与课程思政的大融合中树立高校思想政治理论教育的宏大气象,并在此基础上营造高校思想政治理论课的亲和力。其三,学科定位问题。有学者指出,思想政治教育学科建设的问题中最重要、最基础的在于学科定位问题,其他问题都是由这个问题派生出来的。① 确实,学科定位不明确导致了学科建设中的一系列问题,主要表现为研究对象不明确、内涵模糊、外延过宽,甚至还引起了更为严重的对学科持怀疑态度、信仰不坚定等问题。在增强高校思想政治教育获得感理论与实践的探讨中,这些问题日渐引起了各界的关注,无疑迈出了极为重要的一大步。

高校思想政治教育获得感的提出,还为高校思想政治理论教育教学改革指明了方向。首先,加强文化育人,以创新文化育人的教育理念引领高校思想政治教育获得感的提升。习近平总书记专门阐述了文化育人的作用,指出"要更加注重以文化人,以文育人,广泛开展文明校园创建,开展形式多样、健康向上、格调高雅的校园文化活动……"②2017 年 2 月,中共中央、国务院印发的《关于加强和改进新形势下高校思想政治工作的意见》强调,要坚持全员全过程全方位育人,把思想价值引领贯穿教育教学全过程和各环节,形成教书育人、文化育人的长效机制,文化育人再一次被高调论及。事实上,在我国的高校思想政治教育体系中,文化力量从来都被视为其精神内核而受到高度重视。在这个问题上,习近平总书记有明确的阐述,他指出文化的力量,或者我们称为构成综合竞争力的文化软实力,总是"润物细无声"地融入经济力量、政治力量、社会力量,成为经济发展的"助推器"、政治文明的"导航灯"、社会和谐的"黏合剂",要化解人与自然、人与人、人与社会之间的各种矛盾,必须依靠文化的熏陶、教化、激励作用,发挥先进文化的凝聚、润滑、整合作用。高校思想政治教育应当在坚持文化育人方针的指导下,不断强化中华民族优秀历史文化与当代中国特色社会主义文化的教育,并培养高校学生的文化自信,促进他们对我国历史文化、中国特色社会主义文化的认知、认同与执守。在当代中国特色社会主义的语境下,我国的高校思想政治教育工作是一项政治性、科学性、人文性高度统一的系统工程,也是一项富有文化底蕴、体现文化内涵的系统工程,并因此表现出强烈的渗透性、融入性、过程性特点。高校思想政治教育应结合当

---

① 周珊,郝毅.思想政治教育学导论[M].成都:电子科技大学出版社,2016:17.
② 习近平.把思想政治工作贯穿教育教学全过程,形成我国高等教育事业发展新局面[N].人民日报,2016-12-09.

代大学生的思想活动与价值取向日趋独立、多样的时代特点,不断加强精神文化、制度文化、行为文化和物质文化的教育与培育,从凝聚价值理念、完善制度安排、注重日常养成、丰富文化载体等方面入手,着力增强高校思想政治工作的文化力量,并在文化力量的强化中,不断提升高校思想政治工作的有效性和针对性。

其次,加强实践育人。回顾改革开放 40 多年来我国高校思想政治理论教育的发展历程可以发现,我国高校思想政治理论工作理念从来都是在实践中不断升华、在创新中不断丰富发展,并取得了丰硕的理论与实践成果。然而,在高校的思想政治理论课教育中,也曾经有那么一段时间,因过于强调"以人为本""素质教育""全面发展""文化育人"以及"坚持教育与自我教育相结合""坚持教育与管理相结合"等思想政治工作理念,有意无意、自觉不自觉地因过于追求教学理念的创新与教学内容的细分与深度阐释,而在某种程度上忽视了实践育人的基本精神。好在随着课程改革的持续深入推进,人们已经意识到了其中存在的问题,又重新回到了重视、强化实践育人的进路当中。2017 年 12 月 5 日,中共教育部党组颁发了《高校思想政治工作质量提升工程实施纲要》,明确提出了课程育人、科研育人、实践育人、文化育人、网络育人、心理育人、管理育人、服务育人、资助育人、组织育人的十大育人体系,其中课程育人被置于高校思想政治工作质量提升工程之首,而实践育人的思想政治教育理念再次受到了关注与强调。事实上,20 世纪 90 年代以来,特别是进入 21 世纪以来,在高校思想政治理论教育体系中,实践育人已经成为强调课程育人效果,加强高校学生对当代中国特色社会主义的道路自信、理论自信、制度自信、文化自信的最有效途径。1992 年,中宣部、国家教委、共青团中央下发《关于广泛深入持久地开展高等学校学生社会实践活动的意见》的通知,要求把社会实践活动列入高等学校的教育计划;1996 年,中宣部、国家教委、共青团中央又下发了《关于深入持久开展大学生社会实践活动的几点意见》,社会实践成为大学生思想政治教育的重要途径。近年来,中宣部、教育部等多部委合作,坚持每年都组织大中专学生开展科技、文化、卫生"三下乡"社会实践活动,并评选和表彰"三下乡"先进个人和先进单位;2003 年,团中央、教育部正式启动"大学生志愿服务西部计划",截至 2018 年,已招募 27 万多名大学生到中西部 22 个省区市及新疆生产建设兵团的 2100 多个县市区旗基层服务,主要从事教育、卫生、农技、扶贫等多个项目的服务,其中多人选择了留在西部,彰显了实践育人的魅力；2008 年北京奥运会期间，赛会志愿者有 10 万余人；2010 年上海世博会期间，志愿者总人数达到了惊人的 200 万，其中，园区志愿者达到了 7.7 万人，城市志愿者有 13 万人。在上述重大活动的志愿者队伍中，高校学生是主力军，他们的良好服务和精神风貌，在国内外产生了重大影响，获得了一致赞誉。党的十七届六中全会提出，志愿服务是学雷锋活动的良好载体，要把学雷锋志愿服务活动常态化。在贯彻这一精神时，教育部等部门联合下发了《关于进一步加强高校实践育人工作的若干意见》，着手立项建设多个国家级大学生校外社会实践教育基地，许多高校也形成了实践育人的长效机制。从目前的情况看，实践育人的教育理念已经成为高校思想政治理论教育工作者的共识。

再次，加强心理育人。在教育部发布的《高校思想政治工作质量提升工程实施纲要》中，明确提出要大力促进心理育人，即要在坚持育心与育德相结合的基础上，深入构建"教育教学、实践活动、咨询服务、预防干预、平台保障"五位一体的心理健康教育工作格局。《高校思想政治工作质量提升工程实施纲要》还明确要把心理健康教育课程纳入学校整体教学计划，按照师生比不低于 1∶4000 配备心理健康教育专业教师，建立"学校、院系、班级、宿舍"四级预警防控体系，研制高校师生心理健康教育指导意见，培育建设一批"高校心理健康教育示范中心"。早在 2001 年，教育部就发布了《关于加强普通高等学校大学生心理健康教育工作的意见》，提出以下几点：第一，充分认识当代中国社会转型时期，加强高等学校大学生心理健康教育工作的重要性。《中共中央国务院关于深化教育改革全面推进素质教育的决定》强调，在全面推进素质教育工作中，必须更加重视德育工作，加强学生的心理健康教育。在我国当代的教育体系中，心理健康教育被解读为一个有着德育高度一致性的教育内容与教学体系。在 2011 年由国家教委发行的《中国普通高等学校德育大纲》中明确提出，要把心理健康教育作为高等学校德育的重要组成部分，加强大学生心理健康教育工作是新形势下全面贯彻党的教育方针、实施素质教育的重要举措，是促进大学生全面发展的重要途径和手段，是高等学校德育工作的重要组成部分。第二，明确了高等学校大学生心理健康教育工作的主要任务和内容。高等学校大学生心理健康教育工作的主要任务是根据大学生的心理特点，有针对性地讲授心理健康知识，开展辅导或咨询活动，帮助大学生树立心理健康意识、优化心理品质、增强心理调适能力和社会生活的适应能力、预防和缓解心理问题。帮助他们处理好环境适应、自我管理、学习成才、人际交往、交友恋爱、求职择业、人格发展和情绪调节等方面的困惑,提高健康水平,促进德智体美等全面发展。高等学校大学生心理健康教育工作的主要内容则包括:宣传普及心理健康知识,使大学生认识自身,了解心理健康对成才的重要意义,树立心理健康意识;介绍增进心理健康的途径,使大学生掌握科学、有效的学习方法,养成良好的学习习惯,自觉开发智力潜能,培养创新精神和实践能力;传授心理调适的方法,使大学生学会自我心理调适,有效消除心理困惑,自觉培养坚韧不拔的意志品质和艰苦奋斗的精神,提高承受和应对挫折的能力以及社会生活的适应能力;解析心理异常现象,使大学生了解常见心理问题产生的原因及主要表现,以科学的态度对待各种心理问题。第三,明确了高等学校大学生心理健康教育工作的原则、途径和方法。大学生心理健康教育工作要重在建设、立足教育。心理健康教育要以课堂教学、课外教育指导为主要渠道和基本环节,形成课内与课外、教育与指导、咨询与自助紧密结合的心理健康教育工作的网络和体系。大纲明确提出,各地教育工作部门和高等学校要将心理健康教育的有关内容纳入德育工作计划。要按照中宣部、教育部《关于印发〈关于普通高等学校"两课"课程设置的规定及其实施工作的意见〉的通知》《中国普通高等学校德育大纲(试行)》《思想道德修养教学大纲》的要求,在思想道德修养课中,科学安排有关心理健康教育的内容。各高等学校应创造条件,开设大学生心理健康教育的选修课程或专题讲座、报告等。在中国特色社会主义的高校中,大学生心理健康教育并不是专属辅导员或心理健康中心教职员工的工作,而是高等学校全体教职员工,特别是教师义不容辞的责任。这实际上提出了在我国高校中实行全员、全过程心理健康教育的工作理念与机制,这也是最大限度确保高校学生心理健康的最有效机制。

高校思想政治理论教育的核心要旨乃在于"成人"。这里的"成人"既指个人的知识与德性层面的提升,又指作为中国特色社会主义事业接班人的成长与成熟。在当代中国语境下,高校思想政治理论教育的获得感必须与中国特色社会主义的理论认知与实践践行直接相关。在这个意义上,高校思想政治理论教育的目标就不仅仅是完成知识与德性水平的提升,而且要培养心理健康的有知识、有道德的合格的中国特色社会主义事业接班人。在知识与德性的关系问题上,人们普遍认为:有知识而无德性的人才是危险的,因为他可能利用所学的知识行恶,其知识水平越高,其作恶能力亦越强;而在知识、德性与心理健康问题上,人们也普遍认同——一个心理不健康的人,既无法实现知识与德性成长的目标,也无法成为中国特色社会主义事业的接班人。

综而观之,增强高校思想政治理论教育的获得感,既意味着学生在参与思想政治理论教育的过程中能实现自身的成长,又意味着高校思想政治理论教育的理念、体系与制度也在自身的实践中不断完善。同时,高校思想政治理论教育获得感的增强,还意味着当代中国特色社会主义事业能在这一教育体系及其实践过程中不断前进。从目前的情况来看,我国各界都高度重视高校思想政治理论课教育,特别是中国共产党领导集体也一直关注、关心高校思想政治理论教育,持续颁布了来自顶层的政策、方针、指导,一方面为高校思想政治理论教育指明了正确方向,另一方面也为高校思想政治理论教育提供了足够的制度保障。也正因为如此,一直以来,我国高校思想政治理论教育才得以不断向前、开拓进取,取得了一拨又一拨的成就。从当下的情况看,中国特色社会主义建设事业虽已取得了辉煌的成就,但国际环境仍然严峻,这意味着未来很长一段时间内,我国各方面的事业都将面临来自严峻国际形势的挑战。而现在的高校学生都将是应对这一挑战的主力,如何不断推进高校思想政治理论教育的改革,增加高校学生的思想政治理论教育获得感的意义也就远远超出了单纯的课程教学绩效评价的意义。在某种程度上,它关涉中国特色社会主义事业发展的前途。因此,我们无论在何种程度、以何种方式来强调高校思想政治理论教育的重要性都不为过。同样,我们无论在何种程度、以何种方式来强调增强高校学生的思想政治理论教育获得感的重要性也都不为过。

第二章　当代大学生思想政治理论课学习状况

本章应用可视化知识图谱分析方法来总结之前学者对于大学生思想政治理论课学习状况的研究成果，探究对当代大学生思想政治理论课学习状况研究的发展趋势，以便人们更直观清晰地了解这一主题的发展情况与演变趋势。本章文献综述的数据均来源于 CNKI 数据库，并使用 CiteSpace 5.6.R4 可视化分析软件及 CNKI 可视化分析工具，通过科学计量学对数据进行可视化分析，从而了解知识单元之间的关系。①

一、大学生思想政治理论课学习状况研究综述

在 CNKI 数据库中，以"大学生思想政治理论课"和"现状"为主题，分别搜索期刊及博硕士论文，以检索出的 100 篇期刊及 60 篇博硕士论文作为研究文献。根据样本文献，本研究把"时间分片"设置为 1998 年至 2020 年，把"时间分区"设置为一年，进行可视化分析。

（一）文献总体趋势分析

由图 2-1、图 2-2 可知，以"大学生思想政治理论课现状"为研究主题的论文的发表，总体呈现非常明显的增长趋势。1993 年起，有学者开始对大学生思想道德现状进行综合调查，关一宁等人通过对常州工业技术学院一、二、三年级的问卷抽样调查来了解马列主义理论课和思想品德课理论教学发挥主渠道作用的情况。调查内容涉及"人生价值观、知识能力、情感

---

① 李杰，陈超美.CiteSpace：科技文本挖掘及可视化[M].北京：首都经济贸易大学出版社，2016：3.

社交、职业理想及选择、对政策形势的看法"[①]等,得出大学生思想道德观念主流是好的,但在某些问题的认识与表现上呈现出矛盾的状态。1998年何民良以武警大学生为研究对象,"从大学生的政治观、价值观、道德观、学习观、生活观五个方面"[②]进行了调查。此后对于大学生思政课现状的研究,在相当长的一段时间内一直都比较少,但在2005年发生了转折。这一转折点与国家相关政策的提出有关。2005年1月,中共中央政治局常委会审议通过了《中共中央宣传部　教育部关于进一步加强和改进高等学校思想政治理论课的意见》(教社政〔2005〕5号),标志着高校思想政治理论课"05方案"的诞生。"05方案"的实施可以说是思政理论课研究的开端,学者们开始探究思政理论课的教学现状,对于当时思政理论课缺乏针对性与实效性的现状进行思考,并提出了一些建议。例如,文红梅提出"提高教师素质,建设高水平的思想政治理论课,教师队伍是关键""创新教学模式是重点""强化长效机制建设是保障"。[③] 第二个转折点发生在2016年。当年12月7日至8日,习近平总书记出席了全国高校思想政治工作会议,并在会议上强调:要把思想政治工作贯穿教育教学全过程。2017年5月,教育部党组审议通过了《高校思想政治理论课教学质量年专项工作总体方案》(教社科〔2017〕15号),提出要"紧扣重点环节,切实增强学生思政课获得感",并将2017年定为高校思想政治理论课教学质量年。高校思政理论课的研究迎来了新的热潮,大学生思政课学习现状引起了进一步的关注,无论是期刊论文,还是硕博士论文,相关文章的发表数量都迎来了迅速的增长。

(二)文献互引网络分析

在CNKI计量可视化分析中,将所选文献的参考引用文献按照频次和共现关系进行统计分析,就可以得到图2-3,其中圆圈越大表示被引频次越多,具体被引频次显示在圆圈上;箭头表示文献之间的引用关系。为了更清晰直观地展现文献互引的具体信息,本章将统计数据整理成表2-1。

结合图2-3和表2-1可知,该领域的文献引用呈现出一个非常凸显的

① 关一宁,潘悠佳,吴军,等.从实际出发加强思想道德教育——我院大学生思想道德现状综合调查[J].常州工业技术学院学报,1993(S1):44-48.
② 何民良.武警大学生思想道德现状分析[J].武警学院学报,1998(4):28-30.
③ 文红梅.对思想政治理论课新课程方案及实施现状的思考[J].中国成人教育,2009(12):125-126.

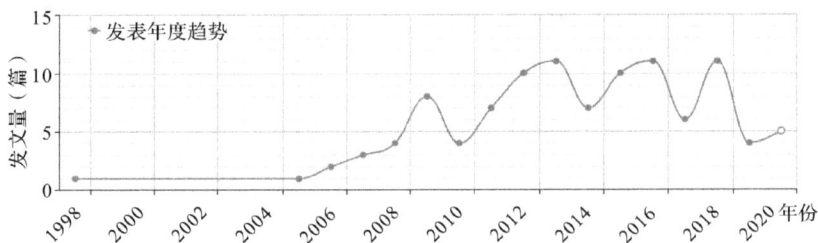

图 2-1   相关期刊论文发表趋势

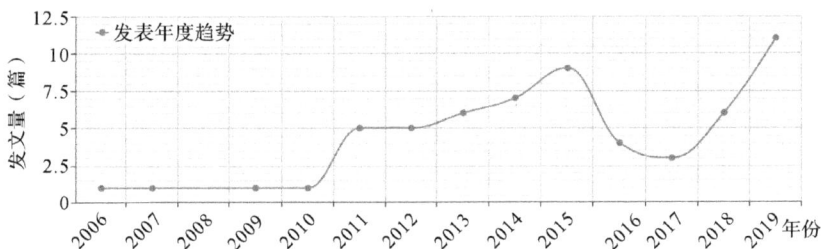

图 2-2   相关硕博士论文发表趋势

特点,即共引文献非常少。由表 2-1 可知,共引最多的是《马克思恩格斯选集》,频次为 3 次,被共引过 2 次的有 5 篇文献。这一特点反映出三个值得关注的问题:第一,从某种视角看,该领域的研究缺乏坚实的理论支撑;第二,现有研究的影响力不够;第三,实证研究缺乏理论基础。

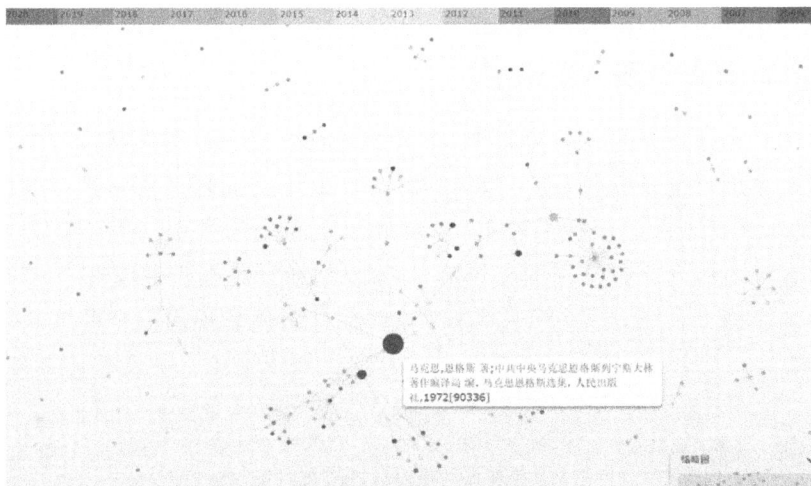

图 2-3   文献互引网络分析

表 2-1　文献共引分析表

序号	频次	作者	年份	文献	文献来源
1	3	马克思、恩格斯	1972	马克思恩格斯选集	人民出版社
2	2	龙湖珊	2015	高校思想政治理论课教学现状分析及对策研究	南昌大学
3	2	陈俊	2015	以中国梦引领高校思想政治理论课教学	中共山西省委党校学报
4	2	列·符·赞科夫	1980	和教师的谈话	教育科学出版社
5	2	刘建军	2000	信仰教育:马克思主义思想理论教育的本质内容	中国人民大学学报
6	2	刘力、李红波	2003	信息技术与课程整合不等同于 CAI	现代教育技术

(三)文献关键词分析

1.关键词共现分析

关键词共现分析就是统计一组文献的关键词两两之间在同一篇文献出现的频率,从而形成一个由这些词对关联所组成的共词网络。对"大学生思想政治理论课现状"相关文献进行关键词共现分析后可得到图 2-4,共有 288 个节点(即关键词)、136 条边(即关键词之间的连线数)。关键词出现的频数越大,在图中所显示的圆圈越大。根据图 2-4,"大学生""思想政治理论课"的圆圈最大,表明这两个词是所涉样本文献使用频率最高的关键词,这一统计分析体现出本章所选文献与分析目标契合,未偏离主题。此外,与其相关的"现状""对策"频数较高。文献的关键词是对文章的高度概括和对核心内容的把握,从中可以看出对大学生思想政治理论课现状的研究主要集中在通过调查研究得出相关对策这一方面,且多以学生认同、教学状况等为研究视角,即研究通过调查大学生对思政课的认同状况和高校思政课教学状况,发现问题并提出相应的对策和建议。

表 2-2 可以进一步揭示关键词的重要性。中介中心性是以经过某个节点的最短路径数目来刻画节点重要性的指标。[1] 同时具备高频数、高中介中心性的节点,就是本领域关键词中的热点。结合表 2-2,可以进一步说明

---

① 汪小帆,李翔,陈关荣.网络科学导论[M].北京:高等教育出版社,2012:160.

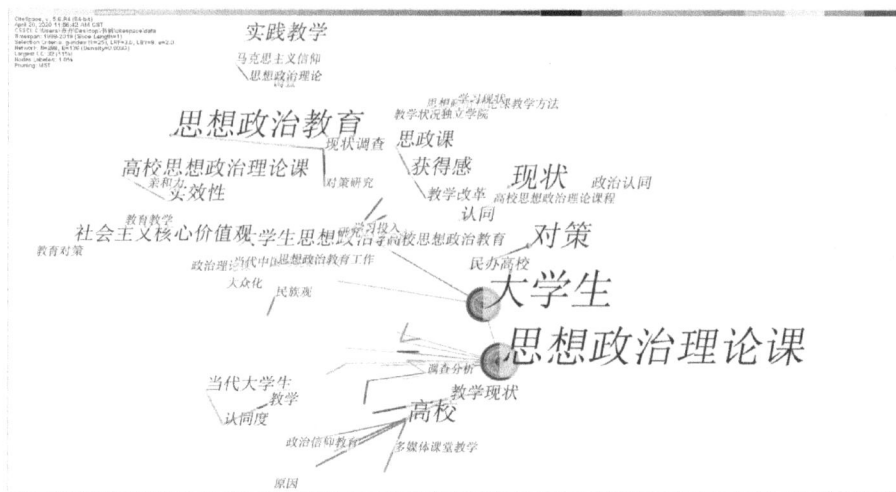

图 2-4 关键词共现图谱

对大学生思想政治理论课现状的研究多采用调查法,且多以地方某高校大学生为调查样本,其研究目的是提出一定的建议和对策。

表 2-2 关键词中介中心性排序表

序号	中介中心性	频次	最早出现年份	关键词
1	1.07	65	2006	大学生
2	0.75	66	2005	思想政治理论课
3	0.41	2	2009	民族观
4	0.36	5	2011	大学生思想政治教育
5	0.34	1	2007	地方高校
6	0.34	4	2007	教学现状
7	0.3	10	2008	高校
8	0.28	17	2009	对策
9	0.28	2	2009	对策研究
10	0.27	3	2006	现状调查

2.关键词时区分析

时区图(见图 2-5)体现了关键词首次出现的年份在时间轴上的演变,可以直观地了解随时间变化而出现的新关键词。

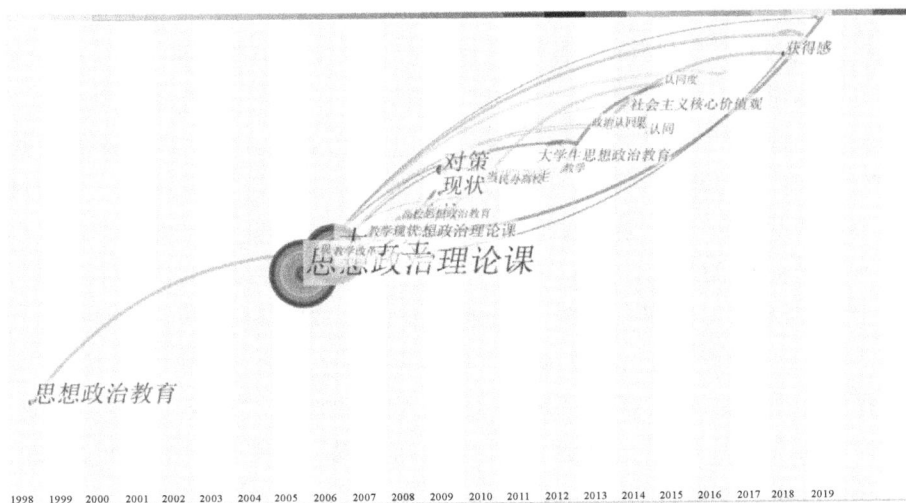

图 2-5　关键词时区图

　　大学生思想政治理论课现状研究的"分水岭"在 2005 年。2005 年之前主要关键词仅集中在"思想政治教育"一词上,2005 年以后新关键词大量涌现。这一关键节点的出现主要是因为"05 方案"的实施,学界开始重视对思想政治理论课学科基础理论研究,并开始对不同类型、不同地区的高校分开研究,对如何加强学科建设、教学改革等方面进行探讨。张宗明、刘东梅通过跨校合作对 23 所高等中医院校思想政治理论课从"重视程度、师资队伍建设、思政课教学、学科建设与科学研究、思政课教学特色几个方面"[①]系统考察了各校思政课自"05 方案"以来的建设现状。陈玲、卢金金、索朗欧珠结合西藏地区高校学生实际情况,提出目前西藏地区思想政治理论课存在的以下问题:部分思政课教师的教学呈现"一味迎合学生"和"死扣教材不放"的两极化趋势;部分学生对思政课的学习存在"四不"现象,即"不接收、不理解、不接受、不行为"[②]。

　　近年来,特别是 2017 年以来出现的新关键词主要集中在"获得感"一词上。2017 年上半年,教育部部长陈宝生带队观摩清华大学思政课时指出,"打赢这场攻坚战要做好思政课建设的顶层设计,坚持思路攻坚、师资

---

　　①　张宗明,刘东梅.高等中医院校思想政治理论课建设的现状、问题与思考[J].思想理论教育导刊,2016(4):113-116.

　　②　陈玲,卢金金,索朗欧珠.西藏高校思想政治理论课"三位一体"教学方法体系探索[J].中国职业技术教育,2017(5):83-85+93.

攻坚、教材攻坚、教法攻坚、机制攻坚,效果看满意度、看学生获得感"①,将习近平总书记提出的"获得感"这一概念引入思想政治理论课之中,把研究视角转换到学生的实际需求。同年,教育部全面启动"高校思想政治理论课教学质量年"专项工作,明确提出要"切实增强大学生对思政课的获得感"。目前,将思想政治理论课获得感作为研究该学科现状的指标成为该领域的热点。邵雅利"从认知度、认同度、吸引力、感染力以及参与度五个层面构建获得感的层次维度,开展大学生对思政课获得感的现状调查"②,得出"对课程认知获得感较高,但功利色彩较浓;对教学内容的认同维度获得感较高,但深度不足;对教师素质表示肯定,但教学方法吸引不足;教学过程能感受到温度,但感染力尚待提升;学生到课率较高,但参与度欠缺,行为层面获得感不足"的结论,对学生获得感现状及在这五个方面存在的问题进行了精准概括。

(四)研究现状述评

对大学生思想政治理论课现状的研究,主要有以下特点:

第一,在研究角度上。2017年之前的文献多从教学效果的角度进行探讨,多从"教师教"的角度出发,主要涉及教学方法、教学方式、教学手段等。2017年之后的文献开始注重从"学生学"的角度出发,特别是"获得感"一词的引入,将学生的需求与满足作为检验和判断思政理论课现状的重要指标,更加突出了学生的主体地位。

第二,在研究方法上。调查法是样本文献的主要研究方法。大多数文献都采用了问卷调查法进行现状研究,但大多只对数据进行了简单的频数统计,没有对数据进行深入分析。

第三,在研究结论上。目前学界对于大学生思想政治理论课学习状况结论并未达成一致。例如,陆秋梅、刘勤认为"大学生思政课学习存在明显的倦怠倾向"③。赵排风也同样得出学生的学习状况存在兴趣较低、没有解

---

① 刘贵芹,《思想理论教育导刊》记者.深入贯彻落实全国高校思想政治工作会议精神 切实增强大学生对思政课的获得感——访教育部社会科学司司长刘贵芹[J].思想理论教育导刊,2017(5):4-8.

② 邵雅利.大学生思想政治理论课获得感现状调查分析[J].学校党建与思想教育,2018(6):34-36.

③ 陆秋梅,刘勤.在校大学生思想政治理论课学习状况调查研究——以G校为例[J].大学教育,2018(1):89-91.

决实际问题的结论,"高校思想政治理论课在实效性方面还存在许多问题亟待解决"①。许传琼则通过问卷分析,得出"部分大学生对思想政治理论课的学习状况较好,但部分学生在该课程学习中的认知和行为存在不合理的消极的一面"②的结论。火星则认为,高校大学生比较重视思想政治理论课,对课程认同度较高,但高校大学生思想政治理论课的课堂学习情况不容乐观。③ 这就说明亟待一个科学的测量标准及合理的题项对大学生思想政治概论课学习状况进行进一步研究。

第四,在研究内容上。学界对于大学生思想政治理论课状况的研究几乎只是从"思想政治理论课"这门课出发,但自"05方案"发布以来,思想政治理论课由"马克思主义基本原理概论""毛泽东思想和中国特色社会主义概论""中国近现代史纲要""思想道德修养与法律基础"这4门课组成,且教学各有特色,学生学习状况也大不相同。研究的最终目的是促进课程提升,将四门课分开研究,从而得出大学生思想政治理论课学习的总体状况,更好地了解不同课程的学习状况,从而提出具有针对性的课程提升路径。

二、大学生思想政治理论课学习状况的调查研究

本研究以"获得感"为衡量指标,通过调查大学生思政理论课获得感现状来反映当代大学生思政理论课的学习状况。分别设计"马克思主义基本原理概论"(以下简称"原理")、"毛泽东思想和中国特色社会主义概论"(以下简称"概论")、"中国近现代史纲要"(以下简称"纲要")、"思想道德修养与法律基础"(以下简称"基础")4门高校思政理论课的学习状况调查问卷,对浙江某高校学习相关课程的大学生进行测量,以此分析当代大学生思想政治理论课的学习现状。

(一)问卷设计与实施

1.问卷编制

经过专家访谈、学生访谈,并通过文献梳理,在已有相关研究成果的基

---

① 赵排风.当前高校思想政治理论课教学状况调查研究[J].学理论,2016(2):218-219.
② 许传琼.大学生思想政治理论课学习状况的调查与分析——以枣庄学院为例[J].重庆工贸职业技术学院学报,2018,14(1):43-48.
③ 火星.大学生思想政治理论课学习状况的调查与思考[J].卫生职业教育,2011,29(6):131-133.

础上，编制了"原理"课、"概论"课、"纲要"课、"基础"课学习现状调查问卷，问卷均包含基本信息部分和量表部分。基本信息共有5个题项，主要为了考查性别、年级、专业、民族、政治面貌不同的学生对思想政治理论课的获得感是否存在差异。高校思想政治理论课学生获得感的调查量表总共分三个维度，即知识掌握、情感激励、行为导向，问卷设计指标体系详见表2-3。量表采用李克特五点量表，从"完全不符合"到"非常符合"，依次记1分至5分。

表2-3　问卷指标体系

一级指标	二级指标	"原理"课	"概论"课	"纲要"课	"基础"课
基本信息	性别	5个题项	5个题项	5个题项	5个题项
	年级				
	专业				
	民族				
	政治面貌				
学生获得感现状	知识掌握	8个题项	6个题项	7个题项	7个题项
	情感激励	7个题项	9个题项	6个题项	6个题项
	行为导向	8个题项	8个题项	13个题项	11个题项

2.问卷施测

调查以实地发放与网络发放相结合的形式进行。施测对象为浙江某高校正在进行或已经完成思想政治理论课学习的大学生。4份问卷回收率为100%，经过筛选，最终获得有效问卷共2949份，其中"原理"课的677份、"概论"课的562份、"纲要"课的831份、"基础"课的879份。各课调查问卷样本结构见表2-4。

表2-4　各课问卷样本结构

	男生	女生	文史类	理工类	经管类	艺术类	其他
"原理"课	202	475	214	186	208	43	26
"概论"课	177	385	144	39	358	6	15
"纲要"课	231	600	134	57	594	46	0
"基础"课	296	583	141	224	434	49	31

3.数据处理

本研究使用 SPSS 19.0 进行数据处理分析。

(1)信度分析。

分别对 4 份高校思想政治理论课学习状况调查问卷进行信度分析,通过 SPSS 19.0 进行统计检验,可得信度系数 Cronbach's Alpha 均大于 0.8 (各课问卷量表 α 系数检验详见表 2-5)。检验结果表明,各问卷的信度指标理想,问卷信度较好。

表 2-5 各课问卷 α 系数检验

	"原理"课	"概论"课	"纲要"课	"基础"课
Cronbach's Alpha	0.965	0.968	0.966	0.961

(2)效度检验。

为了检验问卷的结构效度,运用正交旋转主成分分析法。各量表的 KMO 值详见表 2-6。

表 2-6 各问卷 KMO 值

	"原理"课	"概论"课	"纲要"课	"基础"课
KMO	0.962	0.965	0.962	0.976

量表的效度检验显示,KMO>0.5 时,效度较好,KMO 值越接近 1,表明变量间相关性越强,效度越好。Bartlett 球度检验所对应 P 值为 0.000 (小于 0.01)。因此 Bartlett 球度检验具有显著性,认为量表的效度较好,均适合做因子分析。

(二)大学生思想政治理论课学习的现状

1.总体状况

(1)大学生思政课获得感样本得分分布状态。

为了更直观地反映量表各题项中 5 个选项答题者样本的频率分布,可以将每 1 分设为一个分数区间,将总分区间分成 5 个等距分数组,得分 1 分为一组,得分 2 分为一组,得分 3 分为一组,得分 4 分为一组,得分 5 分为一组。[①] 由于大学生思政各课获得感量表题项均采用李克特五点量

---

① 袁丁.重庆市大学生思想政治理论课心理认同研究[D].重庆:西南政法大学,2017.

表法,所以各题项的水平数值介于 1—5 之间,最大值不能超过 5,最小值不能小于 1。由表 2-7 至表 2-10 和图 2-6 至图 2-9 可知,大学生对于"概论"课、"纲要"课、"基础"课三门课获得感题项得分 4—5 分的样本占比最高,这说明大部分样本对这三门课的获得感处于较高水平,对应量表中题项为"比较符合"。但对于"原理"课,获得感题项得分为 2 分的样本占比最高,且 4—5 分的样本极少,这说明大学生对于"原理"课的获得感还处于较低水平。这一方面要考虑到"原理"课本身的教学内容与性质,另一方面也启示我们要更深入地挖掘造成大学生"原理"课获得感较低的原因。

表 2-7　大学生"原理"课获得感样本得分分布

"原理"分组	频数	频率
1	175.6	0.26
2	265.8	0.39
3	180.7	0.27
4	42.4	0.06
5	12.0	0.02
合计	676.469	0.999

注:因有的题项存在缺失值,频数未达到 677;频率四舍五入存在误差,频率未达到 1。

表 2-8　大学生"概论"课获得感样本得分分布

"概论"分组	频数	频率
1	2.7	0.00
2	13.8	0.02
3	65.2	0.12
4	163.3	0.29
5	316.9	0.56
合计	562	1.00

表 2-9　大学生"纲要"课获得感样本得分分布

"纲要"分组	频数	频率
1	1.16	0.00
2	6.84	0.01
3	62.05	0.07
4	227.16	0.27
5	533.79	0.64
合计	831	1.00

表 2-10　大学生"基础"课获得感样本得分分布

"基础"分组	频数	频率
1	7.3	0.01
2	21.6	0.02
3	188.3	0.21
4	348.3	0.40
5	311.5	0.36
合计	877	0.998

注:因有的题项存在缺失值,频数未达到 879;频率四舍五入存在误差,频率未达到 1。

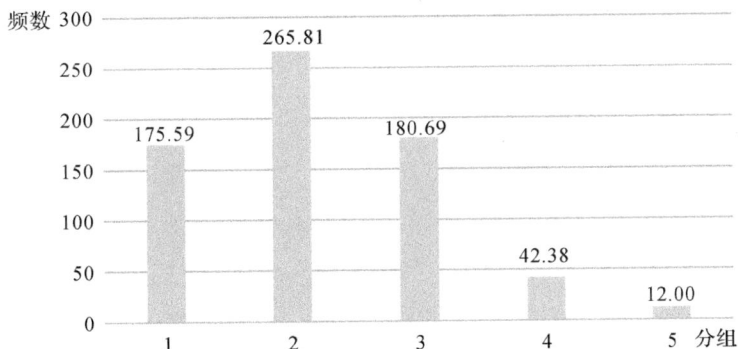

图 2-6　大学生"原理"课获得感样本得分分布柱状图

(2)大学生思政课获得感总量表与各维度的得分分析。

通过 SPSS 19.0 对各课量表的三个维度计算获得感分数,各个维度获得感的分数是这一维度所有题目的平均分,思政课获得感分数是各课量表

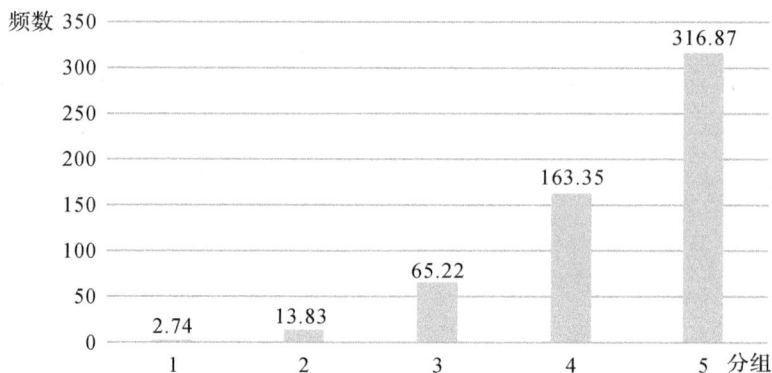

图 2-7　大学生"概论"课获得感样本得分分布柱状图

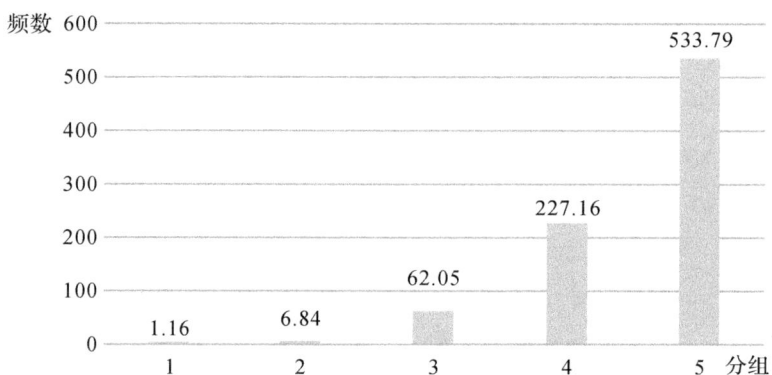

图 2-8　大学生"纲要"课获得感样本得分分布柱状图

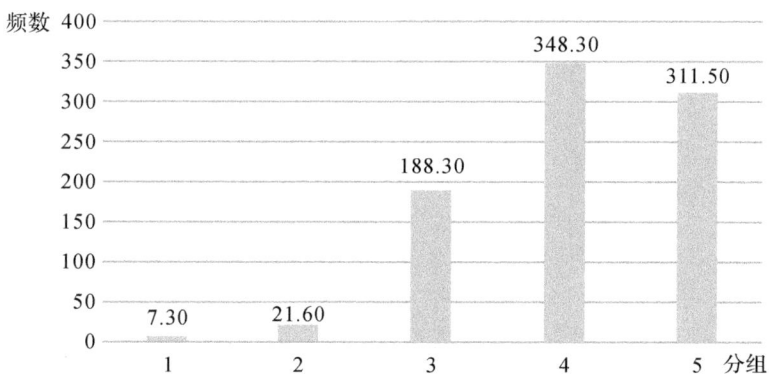

图 2-9　大学生"基础"课获得感样本得分分布柱状图

维度分数的平均分。通过表 2-11,可以得知大学生对思想政治理论课获得感的总分为 4.205 分。在满分为 5 分的条件下,4.205 是比较高的得分,这表明高校思想政治理论课教学改革取得了显著的效果,大学生对思政课的获得感较高,学习状况总体良好。

表 2-11　大学生思想政治理论课学习总体状况

	知识掌握	情感激励	行为导向	获得感总分
"原理"课	3.79	3.83	3.81	3.81
"概论"课	4.17	4.53	4.39	4.38
"纲要"课	4.45	4.60	4.61	4.55
"基础"课	4.02	4.32	3.91	4.08
思政课获得感	4.11	4.32	4.18	4.20

2.课程差异

虽然思想政治理论课学习总体状况良好,不过从调查情况来看,课程之间存在着一定的差距,其中"原理""基础"课获得感得分较低,"纲要""概论"课获得感得分较高。

(1)"原理"课。

"原理"课作为 4 门课程中抽象性和理论性最强的 1 门,其获得感总分为 3.81 分。在 3 个维度的分数上,"情感激励">"行为导向">"知识掌握"。虽然这一调查结果仅基于一所高校的数据,但在某种程度上能反映出一定的普遍性。相对而言,"原理"课的教学内容和教学环境存在比较明显的劣势。一方面,教学内容理论性偏强,且某种程度上存在理论与实践相脱节的现象。课程内容较难理解,且多与大学生的日常生活脱节,难以提起学生的学习兴趣,造成大学生在学习过程中仅仅只是把知识点死记硬背来应付考试,而马克思主义原理是"一个由严密的概念和铁一样的逻辑构成的理论知识的科学体系,要想掌握马克思主义哲学的世界观和方法论,必须进行知识性的学习和认知,在此基础上才能领会马克思主义哲学思维的特点和理论方法的特性"[①]。另一方面,"原理"课面对的是大二或者大三学生。大二、大三学生需要学的专业课更多,而且社会实践活动(包括在外兼职或创业尝试)也更多,与大一学生相比,学习思政课的动力稍显不足。这也影响了学习效果,削弱

---

① 王锦刚."原理课"能"翻转"吗?[J].教育教学论坛,2017(27):209-211.

了获得感。另外,现在的大学生,对马克思主义经典著作的阅读太少①,对所学理论知识的理解没有知识背景的支撑,这也影响了学习效果。

从表2-11还可以看出,"原理"课"知识掌握"维度的得分为3.79分,可见学生在知识层面的获得感较低。此外在"情感激励"维度上的得分为3.83分,"行为导向"维度上的得分为3.81分,虽然较知识维度上的得分稍高一点,但与其他课程相比偏低。大学生在经过"原理"课学习后,无论是在情感激励方面还是行为指导方面的作用未能充分发挥,表明大学生对"原理"课的学习仍有改善的空间。

(2)"概论"课。

"概论"课是对大学生进行国情与党情教育的重要课程,承担着对中国特色社会主义理论体系解读的重大任务。随着大学生对中国特色社会主义的认同度越来越高,对于"概论"课的重视程度也有所增加。大学生"概论"课获得感总分为4.38分,达到了较高水平。在3个维度的分数上,"情感激励">"行为导向">"知识掌握"。由数据可推测,学生通过"概率"课的学习,能够激发比较强烈的爱国主义情怀,并通过爱国主义行为表达出来。这与现实生活中可观察到的社会现象是非常吻合的。比如,现如今许多大学生重拾对传统文化的信心,对传统文化中的诗词歌赋、琴棋书画等产生了浓厚的兴趣,在大学内纷纷举办文学社、围棋社、汉服社等传统文化相关的社团。又比如,在新冠肺炎疫情期间,许多大学生自愿参与疫情防控活动,做好疫情防护宣传,成为疫情防护的一道青春靓丽的风景线。

青年大学生爱国主义情怀的激发,一方面受益于我国近些年来的政治改革和经济发展。党的十八大以来的反腐斗争,打击了一批"老虎"和"苍蝇",让大学生对中国共产党的信任度大大增强;政府治理能力的提升和政府治理体系的完善,特别是诸如"最多跑一次"等的改革措施,让大学生真真切切地感受到了国家的治理能力;中国在国际舞台上影响力的提升,提振了大学生对社会主义制度的信心。另一方面,近些年中国影视行业出品的诸如《战狼2》《流浪地球》《我和我的祖国》等爱国主义影片也深刻地影响了当代大学生的爱国主义情怀。无可否认,这些年大学生通过电影、新闻、社会活动、学校组织的活动等,对于"中国特色社会主义""中国梦"的认同度越来越高,在课程中对于相关的时事热点都能表达出"爱国"的立场,在

---

① 杨德祥,高登营,杨帆.大学生马克思主义信仰形成影响因素研究——基于综合权重法[J].学术论坛,2013,36(5):33-36.

情感激励、行为导向维度的获得感较高。相对而言,大学生对课本上较为枯燥的知识点热情偏低,因此知识掌握维度的获得感得分相对较低。这表明大学生对"概论"课的学习现状总体较好,但对于课程中如何将知识点内化于心、外化于行仍有进一步探讨和加强的空间。

（3）"纲要"课。

"纲要"课主要"帮助学生了解国史、国情,深刻领会历史和人民怎样选择了马克思主义,选择了中国共产党,选择了社会主义道路"[①]。由表 2-11 可知,在 4 门思政课中,"纲要"课无论是在总分上,还是在 3 个维度的得分上都是最高的。这一研究发现与其他学者的研究结果相一致。例如,张文君发现"纲要"课在认知维度上的获得感高于其他课程,[②]发现被调查者中有 42.52% 的人在 6 门思政课中更喜欢"纲要"课。[③] 从教学内容看,相对于"原理"的抽象、"概论"课的概括、"基础"课的平淡,"纲要"课的内容不仅比较具体,而且历史事件扣人心弦的讲述,更能吸引学生的兴趣,激发学生的学习热情。"纲要"课获得感总分达到了 4.55 分,而在 3 个维度的分数上,"行为导向"的得分最高,"情感激励"次之,"知识掌握"最低。"纲要"课的教学目标是:通过学习,大学生认识到近现代中国社会发展和革命、建设、改革的历史进程及其内在的规律性,了解国史、国情,深刻领会历史和人民是怎样选择了马克思主义,选择了中国共产党,选择了社会主义道路,选择了改革开放。换言之,即让大学生明确中国人民为什么选择了马克思主义作为指导思想,为什么选择了中国共产党和社会主义道路。中国改革开放 40 多年的历史,特别是近年来国家从"富起来"到"强起来"的事实,在大学生群体中已然入耳、入脑、入心。从某种程度上看,道路自信和制度自信在大学生群体中已经成为坚定的信念。如果从这个角度去解释为什么大学生"纲要"课获得感最为突出,是比较合情合理的。

由表 2-11 可知,大学生对"纲要"课在认知维度上的得分是最高的,张文军的调查也发现了这一结论。大学生对近代史的知识掌握相对较好,对其他方面的知识记忆随着时间的流逝遗忘较多。这一方面源于历史知识清晰的脉络,易于大学生联想记忆;另一方面也离不开党领导中国从"站起

---

① 王玉.《中国近代史纲要》教学新模式探索[J].新教育时代,2014(5).

② 张文军. 提升大学生思政课获得感的路径研究[D].重庆:重庆工商大学,2019.

③ 吕海滨.高校思想政治理论课教育现状的调查——以贵州某高校为例[J].教育现代化,2017,4(10):159-160.

来"到"富起来"对人们精神的鼓舞,使人们对近现代的历史变化记忆深刻。其他三门课程以思想、理论为主要内容,更侧重于理论,且有一定的思想、理论高度,因而大学生理解记忆起来有一定的难度。这些将影响学生在思政课过程中知识的获得程度和获得感的水平。

(4)"基础"课。

大学生"基础"课获得感总分为 4.08 分,略高于"原理"课,但是低于"纲要"课和"概论"课,这一研究发现与预期的有出入。多年来,思政教育领域有一个得到普遍认可的观点,即"基础"课因其相对比较弱化的"政治性",以及与学生生活比较贴近的教学内容,在 4 门思政课中是最受学生欢迎的课程。本次调查结果呈现的反差,不太可能是因为教师因素形成的,因为从整体水平看,参与调查的学校各门课的教师在专业素养上差异不大。笔者推测有两方面的因素可能造成了这一变化的发生:一方面,教材内容的变化。2018 年版新教材强化了课程的"政治性"。先前教材以思想教育、道德教育和法律教育为主体,尽管教材内容的结构变化不大,但 2018 年版教材将政治教育非常鲜明地贯彻到了上述所有内容之中。另外,新教材进一步强化了"法律教育"部分的内容。对于上述的变化,"基础"课教师可能需要一段时间去适应。另一方面,如上文所述,党的十八大以来无论是在理论宣传上还是在社会实践中,"四个自信"都已经深入人心,从而助力了"纲要"课和"概论"课教学效果的提升。

由表 2-11 还可以看出,样本总体在 3 个维度上的得分存在一定的差异,其中"情感激励"维度的均值最高,高于代表"比较符合"的 4 分,表明样本总体在大学生"基础"课获得感的情感维度上得分相对较高。其次是排在第二位的"知识掌握"维度,也处于代表"比较符合"的 4 分之上,表明样本总体对大学生"基础"课获得感知识层面的获得感也相对较高。最后是"行为导向"维度上获得略低于代表"比较符合"的 4 分,不过,仍高于代表"一般符合"的 3 分,说明样本总体在大学生"基础"课获得感在"行为导向"层面上的表现比较一般,低于"情感激励"和"知识掌握"两个维度。

3.群体差异

(1)性别差异。

通过对量表进行独立样本 T 检验,发现不同性别大学生思想政治理论课获得感不存在显著性差异。大学生思想政治理论课学习现状性别差异详见表 2-12。

表 2-12 大学生思想政治理论课学习现状性别差异

变量	课程	维度	均值方程的 t 检验		描述性统计			
			t	是否显著	分组	人数	均分	标准差
性别	"概论"课	知识掌握	−0.592	否	男	177	4.14	0.81
					女	385	4.18	0.77
		情感激励	−0.692	否	男	177	4.50	0.64
					女	385	4.54	0.61
		行为导向	0.31	否	男	177	4.40	0.69
					女	385	4.38	0.71
	"纲要"课	知识掌握	1.666	否	男	231	4.51	0.57
					女	600	4.43	0.61
		情感激励	0.447	否	男	231	4.61	0.50
					女	600	4.59	0.54
		行为导向	0.916	否	男	231	4.64	0.51
					女	600	4.60	0.54
	"基础"课	知识掌握	−0.592	否	男	296	1.85	0.54
					女	583	1.94	0.52
		情感激励	−0.692	否	男	294	1.88	0.60
					女	583	1.86	0.59
		行为导向	0.31	否	男	296	1.98	0.69
					女	583	2.06	0.69
	"原理"课	知识掌握	−0.453	否	男	202	2.21	0.86
					女	475	2.24	0.81
		情感激励	−1.616	否	男	201	2.11	0.81
					女	470	2.21	0.74
		行为导向	0.042	否	男	200	2.16	0.86
					女	473	2.15	0.80

（2）民族差异。

从表 2-13 可以发现，在思想政治理论课 4 门课中，仅有"概论"课的"知识掌握"与"行为导向"维度在不同民族大学生获得感上存在显著差异,少数民族大学生在"知识掌握"和"行为导向"维度的获得感均低于汉族大学生。其他课程各个维度均不存在显著性差异。

表 2-13　大学生思想政治理论课学习现状民族差异

变量	课程	维度	均值方程的 t 检验		描述性统计			
			t	是否显著	分组	人数	均分	标准差
民族	"概论"课	知识掌握	2.239	是	汉族	523	4.19	0.78
					少数民族	39	3.90	0.77
		情感激励	1.544	否	汉族	523	4.54	0.60
					少数民族	39	4.33	0.85
		行为导向	3.073	是	汉族	523	4.41	0.69
					少数民族	39	4.05	0.86
	"纲要"课	知识掌握	−0.079	否	汉族	733	4.45	0.59
					少数民族	58	4.46	0.63
		情感激励	−0.685	否	汉族	733	4.59	0.53
					少数民族	58	4.64	0.43
		行为导向	−0.84	否	汉族	733	4.61	0.54
					少数民族	58	4.67	0.55
	"基础"课	知识掌握	−0.293	否	汉族	831	1.90	0.53
					少数民族	48	1.93	0.52
		情感激励	−0.338	否	汉族	831	1.86	0.59
					少数民族	48	1.89	0.67
		行为导向	0.823	否	汉族	831	2.03	0.69
					少数民族	48	1.95	0.75
	"原理"课	知识掌握	0.61	否	汉族	658	2.24	0.83
					少数民族	19	2.12	0.87
		情感激励	−0.127	否	汉族	652	2.18	0.76
					少数民族	19	2.20	0.87
		行为导向	−1.12	否	汉族	654	2.15	0.82
					少数民族	19	2.36	0.87

（3）专业差异。

通过对不同专业大学生思想理论课获得感进行单因素 ANOVA 分析，发现专业对大学生思想政治理论课学习的总体水平有较显著的影响，但对于不同课程的影响维度及程度不一。根据表 2-14 可知，对于"原理"课，专业仅对"知识掌握"维度具有显著影响；对于"概论"课，专业对"知识掌握""行为导向"维度具有显著影响，且文史类、经管类专业学生在各维度的获得感均分都较高，艺术类较低；对于"纲要"课，不同专业的大学生在"知识掌握""情感激励"维度上有显著差异，且理工类专业学生在各维度的获得感均低于其他专业学生；对于"基础"课，不同专业的大学生在"情感激励""行为导向"维度上有显著差异，在"知识掌握"维度上未有显著性差异。

表 2-14　大学生思想政治理论课学习现状专业差异

变量	课程	维度	F	是否显著	分组	人数	平均分	标准差
专业	"概论"课	知识掌握	2.624	是	文史类	144	4.33	0.76
					理工类	39	4.01	0.85
					经管类	358	4.11	0.77
					艺术类	6	3.97	1.05
					其他	15	4.33	0.83
		情感激励	0.958	否	文史类	144	4.59	0.61
					理工类	39	4.40	0.69
					经管类	358	4.52	0.61
					艺术类	6	4.37	1.03
					其他	15	4.42	0.72
		行为导向	3.601	是	文史类	144	4.54	0.67
					理工类	39	4.21	0.83
					经管类	358	4.36	0.68
					艺术类	6	3.83	1.20
					其他	15	4.19	0.83

续　表

变量	课程	维度	F	是否显著	分组	人数	平均分	标准差
专业	"纲要"课	知识掌握	3.089	是	文史类	134	4.45	0.62
					理工类	57	4.22	0.68
					经管类	594	4.47	0.58
					艺术类	46	4.52	0.55
					其他	0		
		情感激励	2.647	是	文史类	134	4.54	0.58
					理工类	57	4.46	0.56
					经管类	594	4.61	0.51
					艺术类	46	4.71	0.49
					其他	0		
		行为导向	1.494	否	文史类	134	4.59	0.54
					理工类	57	4.49	0.59
					经管类	594	4.62	0.53
					艺术类	46	4.70	0.55
					其他	0		
	"基础"课	知识掌握	1.821	否	文史类	141	1.81	0.53
					理工类	224	1.89	0.48
					经管类	434	1.94	0.55
					艺术类	49	1.93	0.55
					其他	31	1.86	0.41
		情感激励	3.364	是	文史类	141	1.71	0.61
					理工类	224	1.90	0.57
					经管类	434	1.90	0.61
					艺术类	49	1.88	0.48
					其他	31	1.74	0.57

变量	课程	维度	F	是否显著	分组	人数	平均分	标准差
专业	"基础"课	行为导向	6.886	是	文史类	141	1.81	0.66
					理工类	224	2.10	0.71
					经管类	434	2.10	0.70
					艺术类	49	1.91	0.50
					其他	31	1.79	0.58
	"原理"课	知识掌握	3.491	是	文史类	214	2.16	0.85
					理工类	186	2.33	0.88
					经管类	208	2.31	0.80
					艺术类	43	2.00	0.39
					其他	26	1.88	0.87
		情感激励	1.844	否	文史类	214	2.21	0.79
					理工类	186	2.15	0.81
					经管类	208	2.24	0.73
					艺术类	43	1.99	0.41
					其他	26	1.94	0.80
		行为导向	1.865	否	文史类	214	2.18	0.88
					理工类	186	2.16	0.87
					经管类	208	2.20	0.77
					艺术类	43	1.94	0.37
					其他	26	1.86	0.75

三、大学生思想政治理论课学习存在的主要问题

由上文可知,从获得感这一视角进行评估,大学生思想政治理论课学习状况总体良好,这表明"05方案"实施以来大学生的思政课获得感有了比较显著的提高。但大学生在思想政治理论课学习中还存在着知识掌握不扎实、情感激励不认同、行为导向不理性的问题。

（一）知识掌握不扎实

大学生思想政治理论课知识掌握维度获得感总得分为 4.11 分，与其他各维度相比得分较低。"原理"课、"概论"课、"纲要"课、"基础"课在知识掌握维度的获得感分数分别为 3.79 分、4.17 分、4.45 分、4.02 分。以"原理"课问卷知识掌握维度题项"我了解什么是物质、什么是意识及物质与意识的辩证统一关系"为例，图 2-10 表明，相当多的大学生对一些基础知识的掌握不扎实。

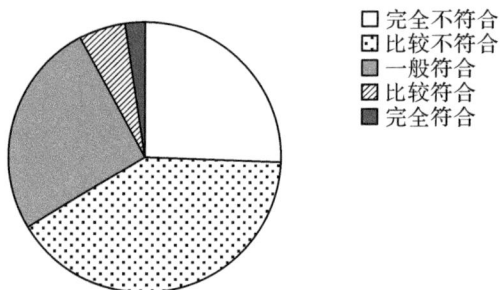

图 2-10 "原理"课问卷"物质观"题项饼图

物质和意识的关系问题，是哲学的基本问题，是马克思唯物辩证法的基石。相对于大学生的心智发展水平而言，对这一辩证关系的理解难度并不是太大，但是调查中有半数以上的大学生并未真正掌握和理解这一个知识点。

再以"基础"课问卷知识掌握维度题项"我对社会主义法律体系有了基本了解，并对婚姻法、继承法、劳动合同法等实体法有一定的认知"为例，根据题项所选频率饼图（图 2-11）可知，大学生通过"基础"课对社会主义法律体系有了基本了解，但是选择"完全符合"的学生仅有 22.3%，大部分大学生选择了"比较符合"与"一般符合"。对于课程中一些具体知识的掌握情况上，总体掌握情况良好，但仍有大学生知识掌握有所欠缺，知识记忆模糊。

同样地，在"概论"课和"纲要"课中，仍然存在类似的问题。例如，马克思主义中国化两大理论成果既是"概论"课的课程名称，也是贯穿课程始终的教学内容，而在"概论"课问卷知识掌握维度题项"通过课程学习，笔者十分清晰地知道了毛泽东思想和中国特色社会主义是马克思主义中国化两大理论成果"中，仍有 21.4% 的大学生选择了"一般符合"；4.3% 的大学生

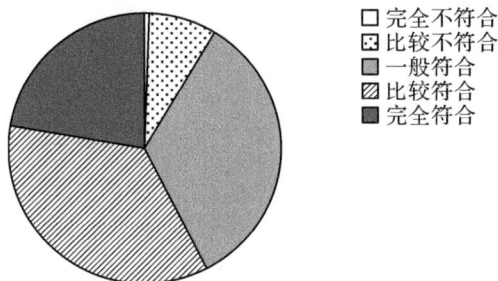

图2-11　"基础"课问卷"对社会主义法律体系有基本了解"题项饼图

选择了"比较不符合";1.1%的大学生选择了"完全不符合"(见图 2-12)。这说明在调查中,将近 1/3 的大学生对于课程基础理论知识的掌握还存在着不扎实的现象。

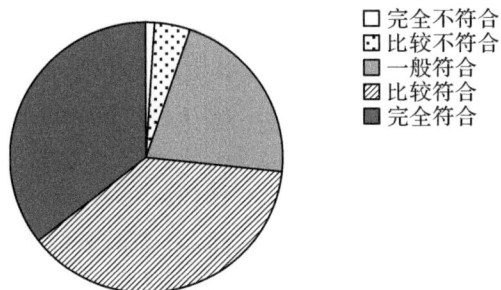

图2-12　"概论"课问卷"知道马中化两大理论成果"题项饼图

从学生的获得感入手,调查结果表面上反映的是学生知识掌握不扎实。学生的学习所获,从某种程度上体现了教师所教。学生知识掌握不扎实折射了高校思政教育中存在的更深层次的两个问题:第一,学生功利性的学习取向。尽管高校思政教育具有促进社会和个人全面发展的价值,但作为教育价值主体的大学生并未意识到其价值,对思政课的学习处于比较被动的状态。邵雅利的调查发现,在思政课开设意义的认知上,有 51.2% 的大学生认为"因必修课拿学分而学习"。[①] 相对而言,大学生学习专业课的动机普遍强于思政课。曾经有位从事思政教育多年的教授说:"学生学习专业课的态度是'我要学',而对思政课的态度则是'要我学'。"这一对比

---

① 邵雅利.大学生思想政治理论课获得感现状调查分析[J].学校党建与思想教育,2018(6):34-36.

切中要害之处。在被动的学习状态中，学生对抽象的理论知识兴趣索然，知识掌握不扎实也在情理之中。第二，教学内容理论与实践相脱节。有调查发现，接近半数的大学生认为学习思政课没有什么用处。[①] 思政课的价值之所以未能实现，教学内容中理论与实践相脱离，起了关键性的影响。习近平总书记在纪念马克思诞辰 200 周年大会上提到马克思的名言："批判的武器当然不能代替武器的批判，物质力量只能用物质力量来摧毁；但是理论一经掌握，群众也会变成物质力量。"[②]理论要说服人，必须体现其指导实践的功能。如果理论与现实生活紧密联系，如果运用理论能行之有效地解决现实生活中出现的困惑，理论就能体现其吸引力和生命力。但目前思想政治理论课教学中普遍存在理论和实践两张皮的现象。学生普遍认为，与专业课相比思政课讲授的理论对自己的将来没有帮助。

(二)情感认同尚须提高

大学生思想政治理论课情感激励维度上的获得感总得分为 4.32 分，"原理"课、"概论"课、"纲要"课、"基础"课在情感激励维度上获得感分数分别为 3.83 分、4.53 分、4.60 分、4.32 分。情感激励维度上得分居于 3 个维度之首，意味着通过思政课的学习，大学生对思政课所传授的思想、政治、道德、法治等理论和观点在情感上是认同的，并激发了大学生对国家制度、中华文化、主流价值观的赞赏和热爱之情。虽然从总体上看，在情感激励这一维度上的得分较高，但是如果进一步仔细分析会发现，仍然有提高的空间和必要性，特别是得分较低的"原理"课。"原理"课问卷情感激励维度有一个题项："通过'马克思主义哲学原理'课的学习，我更信仰马克思主义理论了"，学生的答题结果如图 2-13 所示，表明许多大学生在情感上对于思政理论课具有疏离感。

在"基础"课问卷中，有一个题项"我认为大学生要做忠诚的爱国者和改革创新的生力军，担当起中华民族伟大复兴的历史使命"，根据相关数据，虽然"完全不符合"与"完全符合"的频率仅有 1%，但"一般符合"与"比较符合"的频率占 52.5%。这一方面说明了"基础"课在情感上激励了大多数学生，让他们主动担当起中华民族伟大复兴的历史使命；另一方面，也说

---

① 邵雅利.大学生思想政治理论课获得感现状调查分析[J].学校党建与思想教育,2018(6): 34-36.

② 习近平.在纪念马克思诞辰 200 周年大会上的讲话[N].人民日报,2018-05-08(1).

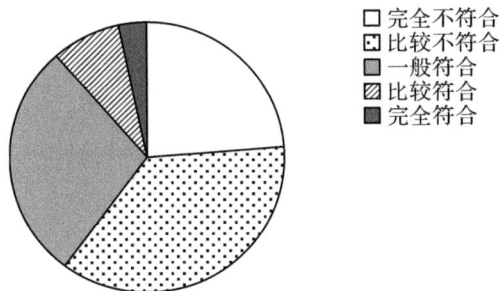

图2-13　"原理"课问卷"更信仰马克思主义"题项饼图

明了有部分学生对于做祖国的主力军,担当起伟大历史使命的责任意识还比较欠缺,对于思政课的情感认同仍须提高。

思想政治理论课未能让大学生体会到情感激励的原因有以下两个方面:第一,学生在思想政治理论课中虽然学到了知识,但无法内化于心,无法与自己的成长经历、日常生活结合,没有丰富内在精神世界;第二,思想政治理论课内容与外在社会环境产生了冲突,信息时代使当今大学生获取知识的途径增多了,大学生的精神世界更加丰富却也容易产生更多矛盾。

(三)实践指导作用不明显

调查结果显示,大学生思政课获得感在行为导向维度上的总得分为4.18分,"原理"课、"概论"课、"纲要"课、"基础"课在行为导向维度上的获得感分数分别为3.81分、4.39分、4.61分、3.91分。行为导向维度指的是大学生通过思政理论课的学习,能让现实生活中的社会实践有了指导,面对现实问题不再迷茫。这是思政理论课的落脚点。但是,调查结果不尽如人意。以"原理"课问卷行为导向维度题项"思政课上学习的理论知识对我的日常行为有规范作用"为例,图2-14表明,与其他维度相比,大学生对于思政课行为导向维度获得感较高,但同样存在着较多大学生行为不理性的问题。

学习思政课规范行为

完全不符合
比较不符合
一般符合
比较符合
完全符合

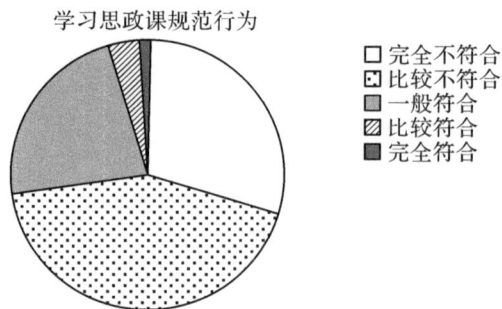

图 2-14　"原理"课问卷"学习思政课规范行为"题项饼图

　　"基础"课在行为导向维度上总分低于 4 分,选择"比较符合"这一选项的大学生在各题项中都最高。以其中"当社会上出现一个重大舆论事件时,我不容易受他人影响,总是能自觉地运用马克思主义的立场和方法做出价值选择和判断"这一题项为例,根据图 2-15 及相关数据,41% 的调查对象选择了"比较符合",而选择"完全不符合""比较不符合""一般符合"的百分比为 32.5% 。这说明"基础"课对于大学生的行为导向起到了一定作用,但还需要进一步加强。

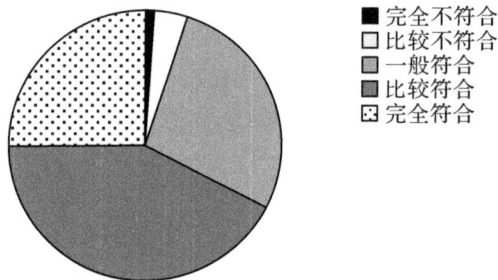

完全不符合
比较不符合
一般符合
比较符合
完全符合

图 2-15　"基础"课问卷"能运用马克思主义立场方法"题项饼图

　　相比于"原理"课与"基础"课,"概论"课与"纲要"课在大学生行为导向维度的获得感得分较高,"完全符合"的频率都过半。以"概论"课行为导向维度题项"在学习这门课之后我会用社会主义核心价值观指导我的行动"为例,随着世界文化朝着越来越多元化的方向发展,大学生作为对各种文化观念最为敏感,而世界观、人生观、价值观都还处于形成期的群体,让大学生正确把握主流意识形态,让大学生既包容多样,又形成共识是"概论"课程中需要解决的重大问题。从图 2-16 及相关数据可以看到,坚定用社会主义核心价值观指导行动的占调查样本的 58.2% ,有 4.1% 的调查对象选择了"完全不符合"与"比较不符合"。

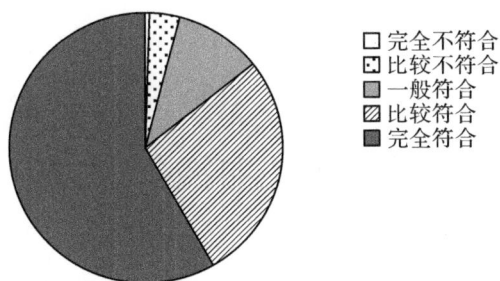

图 2-16 "概论"课问卷"用核心价值观指导行动"题项饼图

思想政治理论课行为导向本质上是马克思主义理论的外化,为了让大学生通过思政课的学习,能够运用马克思主义立场、观点、方法来解决问题并指导社会实践。大学生若是缺乏理性思维和辨别能力,就难以正确看待历史人物和历史事件,难以客观分析现实社会中的矛盾和问题,难以正确认识时代发展趋势,容易被错误的观念所迷惑,导致盲从盲动。具体表现在部分大学生更愿意相信网络上的流言蜚语而非官方的新闻报道;遇到问题更愿意向网络上的"专家"求助,而非教师等。

第三章 大学生思想政治理论课学习的影响因素

本章以 CiteSpace 5.6. R4 可视化分析软件和 CNKI 可视化分析为研究工具，对 2004—2020 年关于大学生思想政治理论课学习的影响因素研究的期刊及硕博士论文进行研究。具体从文献发表时间及数量、高频被引文献、关键词共现、关键词时区等方面进行可视化分析，总结学者对于大学生思想政治理论课学习影响因素的研究成果，探究该领域研究的发展趋势。

一、大学生思想政治理论课学习影响因素研究综述

本章进行文献综述的数据均来源于 CNKI 数据库。在 CNKI 数据库中，以"思想政治理论课"并含"影响因素"为主题，分别高级搜索期刊及硕博士论文，共检索出 164 篇期刊及 55 篇硕博士论文。

（一）文献总体趋势分析

由图 3-1 与图 3-2 可知，有关思想政治理论课影响因素的研究成果自 2004 年开始呈现出波动向上的趋势。2004 年毛海波发表的《影响高校"两课"教育实效性的主、客体方面的不利因素》是对高校思想政治理论课影响因素探索的开端。他提出"影响'两课'教育实效性的因素包括这些方面：有人的因素；环境因素；教育内容、途径、方法因素；评估体系因素；等等"[①]，并针对教师与教育对象这一对因素展开了比较详细的论述。2008 年以后，相关研究成果出现了非常显著的增长，呈现出破浪式发展的趋势，近 3 年发表的论文数量一直处于高位态势。

---

① 毛海波.影响高校"两课"教育实效性的主、客体方面的不利因素[J].辽宁商务职业学院学报(社会科学版),2004(1):53-54＋69.

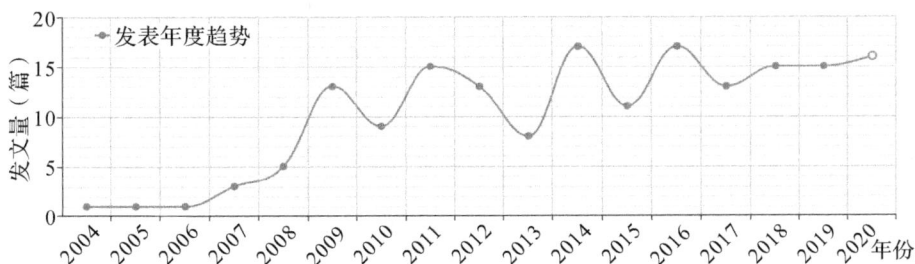

图 3-1　相关期刊论文发表趋势

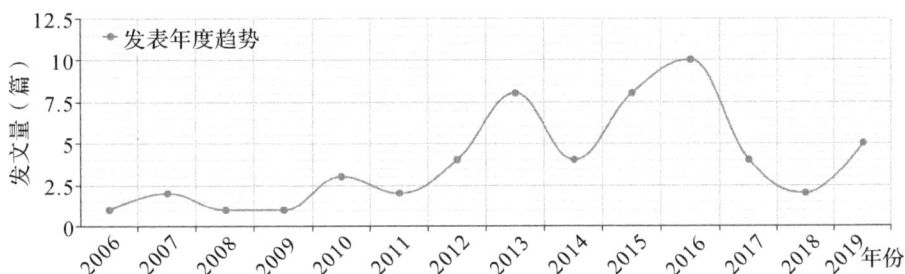

图 3-2　相关硕博士论文发表趋势

（二）文献互引网络分析

考虑到核心期刊和 CSSCI 数据库更集中地展现了当前关于思想政治理论课现状的重要成果，因此对文献进行分析时，将期刊来源类别设定为"核心期刊"和"CSSCI"。截至 2020 年 3 月 28 日，共发现了 28 篇期刊论文。在 CNKI 计量可视化分析中，所选文献的总参考文献数为 153 篇，总被引数为 105 次。扩展与这些文献相关的参考文献及被引文献，可得到文献互引网络图（见图 3-3）与细节图（见图 3-4），其中圆圈越大表示被引频次越多，箭头则表示文献之间的引用关系。高频被引文献表明当前研究者大多认可其观点，也就说明该文献对该领域研究有突出贡献。从图 3-3 中，我们可以看到，与所选文献相关的文献中，出现了一些中心节点，这些节点箭头所指向的数量较多，表明在对思想政治理论课现状的研究中，这些文献被引用的次数较多，与研究主题关系强度大。由图 3-4 可知，《毛泽东选集》《把思想政治工作贯穿教育教学全过程 开创我国高等教育事业发展新局面》（记者张烁于 2016 发表于《人民日报》的全国高校思想政治工作会议报道）、《思想政治教育方法论》（教育部社会科学研究会与思想政治工作司组编、郑永廷主编），以及《马克思恩格斯全集》在相关文献互引网络中处于中心地位，且被引频次较高。此外，鄢奋 2010 年发表的《高校思想政治理论课教学效果与激励机制问题分析》、张春梅 2011 年发表的《影响高校思想政治理论课教学效果的问题因素及对策思考》、徐树森 2012 年发表的《接受理论视阈下提升高校思想政治理论课教学效果的对策》等论文在互引网络图中有较高的被引频次，对于本章研究具有较高的参考价值。

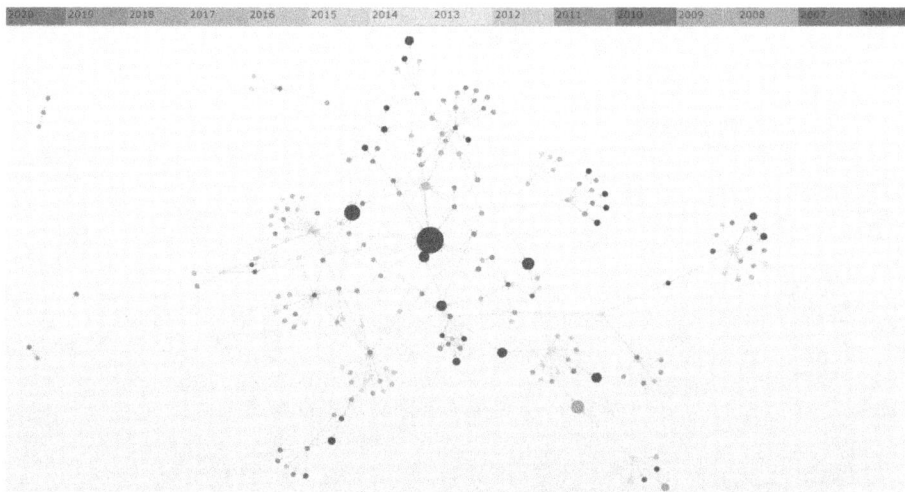

图 3-3　文献互引网络分析

（三）文献关键词分析

将 219 篇与思想政治理论课影响因素相关的文献导入 CiteSpace 5.6.R4 可视化分析软件，根据样本文献设置"时间分片"为 2004—2020 年，"时间分区"设置为 1 年，后开始进行相关文献的关键词可视化分析。

1.关键词共现分析

对"思想政治理论课影响因素"相关文献进行关键词共现分析后得到图 3-5"关键词共现图谱"，共有 312 个节点（即关键词），662 条边（即关键词之间的连线数）。关键词出现的频数越大，在图中所显示的圆圈越大。由图 3-5 可知，"思想政治理论课""影响因素""大学生"的圆圈最大，表明这 3 个词是所涉样本文献使用频率最高的关键词，这一统计分析体现出本章所选文献与分析目标契合，未偏离主题。另外，与其相关的"教学效果""实效性""教师""教学方法"等关键词的频数较高。文献的关键词是对文章的高

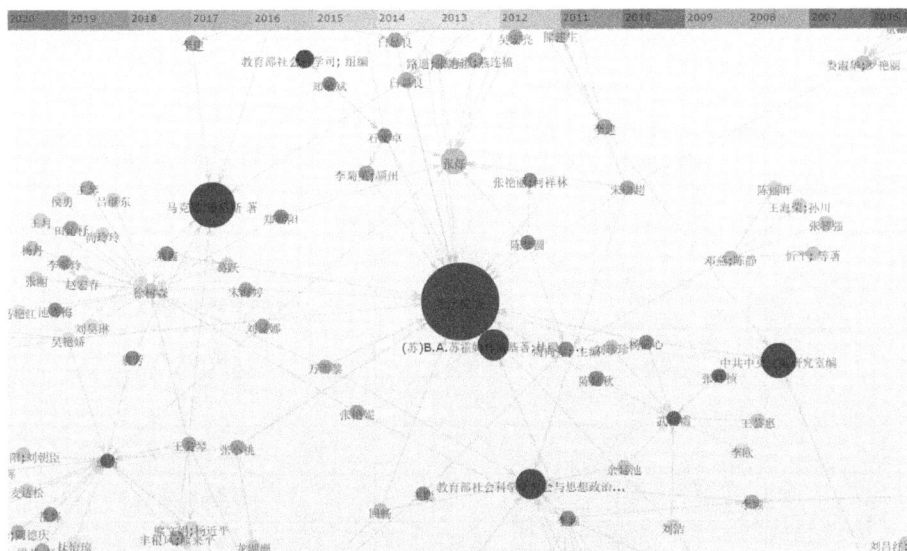

图 3-4 文献互引网络分析细节图

度概括和核心内容的把握,从中可以看出现有的对思想政治理论课影响因素的研究主要通过探究如何提升思想政治理论课的教学效果与实效性,且研究视角多集中于教学主客体、教学方法这两方面。

图 3-5 关键词共现图谱

表 3-1　关键词中介中心性排序表

序号	频率	中介中心性	关键词
1	30	0.56	大学生
2	15	0.56	思想政治教育
3	88	0.52	思想政治理论课
4	5	0.42	实践教学
5	1	0.42	思想政治理论课实践教学
6	7	0.37	思政课
7	1	0.36	改革
8	41	0.3	影响因素
9	12	0.3	教学实效性
10	19	0.24	高校思想政治理论课
11	8	0.24	思想政治理论课教师

结合表 3-1"关键词中介中心性排序表"可以进一步揭示关键词的重要性。"大学生""思想政治理论课教师"是思想政治理论课教学的主体与客体。根据现有文献,这两个关键词既是高频关键词又是具有高中介中心性,可以进一步得出,在影响思想政治理论课的各个因素中,"大学生"与"思想政治理论课教师"是目前学界讨论的热点与关键。对于影响思想政治理论课的主要因素,在学界主要有以下几种不同的看法:首先,以学生的需求与接收为主要因素。窦凌、古继宝以大学生思想政治理论课学习情感为出发点,通过问卷调查法发现"对思想政治理论课的价值认知、课堂学习体验和参加课外活动这三个因素是影响大学生思想政治理论课学习情感的重要因素"[①]。徐树森探讨影响学生接受效果的主要因素,提出"高校思想政治理论课的教学效果并不完全取决于教育者自身的努力,更重要的是受教育者是否接受、认同并践行教育内容"[②]。李光莉从心理学角度分析得出,"大学生对思政课教学内容的心理需要程度是影响其学习效果的重要

① 窦凌,古继宝.大学生思想政治理论课学习情感的影响因素研究[J].国家教育行政学院学报,2017(1):59-66.
② 徐树森.接受理论视阈下提升高校思想政治理论课教学效果的对策[J].思想教育研究,2012(10):63-67.

制约因素",并据此认为,"影响高校思政课教学效果的瓶颈是大学生的学习动机"①。其次,以教师的传导与教法为主要因素。李颖在学生接受与教师传导之间,更强调教师的"主观诠释",她指出"在思想政治教育接受中,教育者作为传导者的身份,在发挥'二传手'功能的过程中,其'主观诠释'行为会影响思想政治教育接受效果"②。戴逢国、魏恋舻认为,"在现实条件下,教师主体性因素是制约教学实效性的关键"③。再次,也有学者认为师生之间的关系对教学效果产生很大的影响。娄淑华、罗艳丽认为,"师生关系作为一种教育要素,其自身蕴含丰富的教育价值。师生关系是思想政治理论课教学活动得以正常进行的基本前提和重要载体,它的状况如何直接影响思想政治理论课的教学效果"④。尽管研究的侧重点不同,但通过关键词共现分析可以得出,学者们对于思想政治理论课影响因素研究的最终目的都是促进思想政治理论课改革,以提高其实效性。

2. 关键词时区分析

关键词时区图(见图 3-6)体现了关键词首次出现的年份在时间轴上的演变,可以直观了解随时间变化出现的新关键词。从图中可以看出,自"05方案"实施以来,学者们从不同角度对思想政治理论课影响因素展开了讨论。

早期对于思政课影响因素的讨论主要集中在学校环境内,包括教学主客体与教学方法等。如,王英姿、贾友军"从思想认识、教育观念、师资队伍、学科建设、教学手段、教学内容和教学管理等七个维度"⑤对新疆高校思政课教学效果做出解读。王聚芹等人提出,"教学环境的改变、教学内容陈旧、教学模式单一、教育者素质不齐"⑥是思政课教学效果不佳的主要原因。随着研究的不断丰富,学者们对思政课影响因素的具体研究范围也在不断

① 李光莉.影响高校思想政治理论课教学效果的瓶颈因素分析[J].山西高等学校社会科学学报,2012,24(6):61-65.

② 李颖.关于思想政治教育者"主观诠释"影响因素的探析[J].探索,2011(6):114-119.

③ 戴逢国,魏恋舻.教师主体性因素对思想政治理论课教学实效性的影响[J].海南师范大学学报(社会科学版),2012,25(7):133-135+144.

④ 娄淑华,罗艳丽.大学生思想政治理论课和谐师生关系的影响因素探究[J].黑龙江高教研究,2016(9):98-102.

⑤ 王英姿,贾友军.新疆高校思想政治理论教学困境的思考[J].世纪桥,2007(1):114-115+118.

⑥ 王聚芹,丁静,邓蕾.思想政治理论课教学效果影响因素及改进路径——基于某大学的调查[J].中国电力教育,2011(2):156-158.

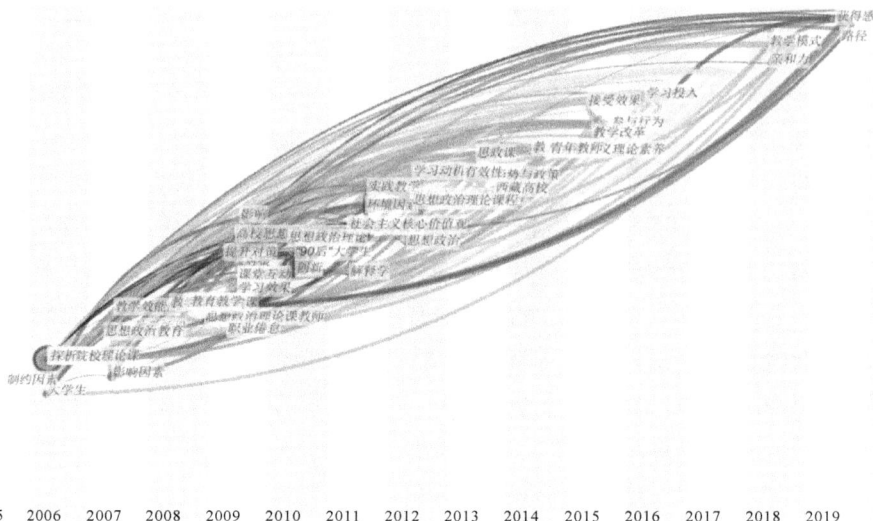

2005 2006 2007 2008 2009 2010 2011 2012 2013 2014 2015 2016 2017 2018 2019

图 3-6 关键词时区图

扩大。向冬梅认为,影响思政课的主要环境因素在于"向市场经济转型过程中人的生活方式的根本改变,社会问题和社会矛盾的集中呈现与多样化社会思潮产生的叠加效应,人文精神和人文价值的失落,西方文化意识形态的冲击"①。近年来,通过实证研究的方法来探究思想政治理论课影响因素的文献也逐渐增多,陈仁涛通过对 H 市高校思想政治理论课教学的调查,发现"社会环境消极、教学模式传统单一、教学内容陈旧滞后、评教制度安排失当、考试制度显失科学等多重因素"②是导致高校思想政治理论课教学状态不乐观的主要因素。马伟珍通过问卷调查得出"学生的受教育环境对教学效果影响高于学生自身因素"③的结论。2017 年后,提高学生获得感、提高思政课亲和力逐渐成为高校思想政治理论课的教学目标,对于影响因素的研究也逐渐开始从学生"获得感"角度出发。

---

① 向冬梅.影响高校思想政治理论课教学实效环境因素的深层思考[J].思想政治教育研究,2014,30(6):84-86.
② 陈仁涛.高校思想政治理论课教学实效性问题及其影响因素透视——基于 H 市七所高校调查数据的实证分析[J].高等农业教育,2017(3):57-62.
③ 马伟珍.思想政治理论课教学效果影响因素测验分析[J].知识经济,2018(14):175-177.

（四）小结

结合可视化分析和学界对思想政治理论课影响因素相关文献的研究，还存在着以下可以进一步研究之处。

首先，在研究方法上，早期对于思想政治理论课影响因素的研究主要是思辨式的理论研究。近年来，实证研究逐步增多，但从总体数量上来说，实证研究成果特别是深度的实证研究仍比较缺乏。

其次，在研究结论上，目前学界对于思想政治理论课影响因素主要集中于教学因素，特别是教师因素，但对于是以学生的接受还是教师的导向为主要因素还存在着分歧，这就亟待一个科学的测量工具对思想政治理论课影响因素进行进一步研究。

最后，现有研究中鲜见对各种影响因素的作用机制的分析，更未见实证研究的尝试。

二、大学生思想政治理论课学习影响因素的调查研究

本研究以标准化调查问卷的方式来探究大学生思政课学习的影响因素，以及各种影响因素的作用机制。

（一）问卷设计与实施

1. 问卷设计

本项目的调查问卷包括三部分，具体构成见表 3-2。基本信息共有 5 个题项，主要为了考察性别、年级、专业、民族、政治面貌不同的学生对思想政治理论课的学习是否存在差异，各个影响因素在人口统计学变量上是否存在差异。问卷包括 5 个量表，即 4 门政治理论课学生获得感量表和 1 份高校思想政治理论课学生获得感影响因素量表。5 个量表均采用李克特五点测量法，从"完全不符合"到"非常符合"，依次记 1 分至 5 分。

表 3-2　调查问卷构成

一级指标	二级指标	"原理"课	"概论"课	"纲要"课	"基础"课
基本信息	性别	5 个题项	5 个题项	5 个题项	5 个题项
	年级				
	专业				
	民族				
	政治面貌				
学生获得感量表	知识掌握	8 个题项	6 个题项	7 个题项	7 个题项
	情感激励	7 个题项	9 个题项	6 个题项	6 个题项
	行为导向	8 个题项	8 个题项	13 个题项	11 个题项
获得感影响因素量表	家庭因素	8 个题项	8 个题项	7 个题项	8 个题项
	教学因素	6 个题项	6 个题项	7 个题项	6 个题项
	社会因素	8 个题项	7 个题项	9 个题项	8 个题项

2. 问卷施测

调查以实地发放与网络发放相结合的形式进行。施测对象为浙江某高校正在进行或已经完成思想政治理论课学习的大学生。4 份问卷回收率为 100%,经过筛选,最终获得有效问卷共 2949 份,其中"原理"课的 677 份、"概论"课的 562 份、"纲要"课的 831 份、"基础"课的 879 份。各课调查问卷样本结构见表 3-3。

表 3-3　各课问卷样本结构

	男生	女生	文史类	理工类	经管类	艺术类	其他
"原理"课	202	475	214	186	208	43	26
"概论"课	177	385	144	39	358	6	15
"纲要"课	231	600	134	57	594	46	0
"基础"课	296	583	141	224	434	49	31

3. 数据处理

本研究使用 SPSS 19.0 进行数据处理分析。

(1)信度分析。

分别对 4 份高校思想政治理论课学习状况调查问卷进行信度分析,通

过 SPSS 19.0 进行统计检验,可得信度系数 Cronbach's Alpha 均大于 0.8
(各课问卷量表 α 系数检验详见表 3-4)。检验结果表明,各问卷的信度指
标理想,问卷信度较好。

表 3-4　各课问卷 α 系数检验

	"原理"课	"概论"课	"纲要"课	"基础"课
获得感量表	0.965	0.968	0.966	0.961

(2)效度检验。

为了检验问卷的结构效度,运用正交旋转主成分分析法。量表的效度
检验显示,KMO>0.5 时效度较好,KMO 值越接近 1,表明变量间相关性越
强,效度越好。Bartlett 球度检验所对应 P 值为 0.000(小于 0.01)。因此
Bartlett 球度检验具有显著性,认为量表的效度较好,均适合做因子分析。

(二)大学生思想政治理论课学习的影响因素分析

1. 家庭因素的影响

家庭对个体思想政治素养及学习态度的影响是非常关键的,这种决定
性的影响几乎受到所有研究者和教育者的重视。例如,王万民将"期待视
野"借鉴到思想政治教育之中,用以解释家庭因素对受教育者的意义,"受
教育者在以前的生活、学习过程中形成的认知水平、思想水平、人生经验和
价值观与当前的教育情境相互作用而产生的对教育过程或结果的预见。
它潜在地支配着受教育者对教育的接受态度及意向"。[1] 家庭作为每个人
人生的第一所学校,影响着大学生对于高校思想政治理论课的学习。本次
调查的结果以实证研究支持了这一得到一致认可的观点。表 3-5 呈现的是
家庭因素对大学生"基础"课学习的影响。从各维度分析摘要表中悉知,
"知识获得""情感获得"和"行动获得"3 个因变量检验的 F 值分别为 16.
111(P=0.000<0.05)、14.431(P=0.000<0.05)、19.313(P=0.000<0.
05),均达到显著水平,表示家庭因素对知识获得、情感获得和行动获得均
存在显著的主效应,说明家庭因素对大学生"基础"课获得感在知识维度、
情感维度和行动维度上有显著的影响。[2]

---

[1]　王万民."期待视野"在思想政治教育中的作用[J].思想教育研究,2006(6):36-39.
[2]　李媛媛.大学生《思想道德修养与法律基础》课获得感的实证研究[D].杭州:浙江工商大学,2019.

表 3-5　家庭因素在大学生"基础"课获得感各维度分析摘要表

	变异来源	SS	Df	MS	F	Sig
知识获得	组间	4241.952	22	192.816	16.111	0
	组内	10148.96	848	11.968		
	总数	14390.912	870			
情感获得	组间	6635.472	22	301.612	14.431	0
	组内	17410.524	833	20.901		
	总数	24045.995	855			
行动获得	组间	29938.894	22	1360.859	19.313	0
	组内	59190.057	840	70.464		
	总数	89128.95	862			

目前家庭因素影响大学生思想政治理论课学习现状主要表现在以下几个方面:首先,家长对于思想政治教育的重要性认知程度不高。由"原理"课问卷中"父母对思政课的态度"题项频率直方图(图 3-7)可知,大多数家长对思想政治理论课呈中立偏向反对态度。

其次,许多家长不重视家庭环境与学生综合能力发展之间的关系,大部分家庭仍旧只重视孩子的智力教育而忽略道德教育;只关注孩子成绩与将来就业问题,而忽略了孩子的思想品德教育、爱国主义教育。由"原理"课问卷中"父母会对我进行思政教育"题项频率直方图(图 3-8)可知,仅有一小部分家长会对孩子进行思想政治教育。

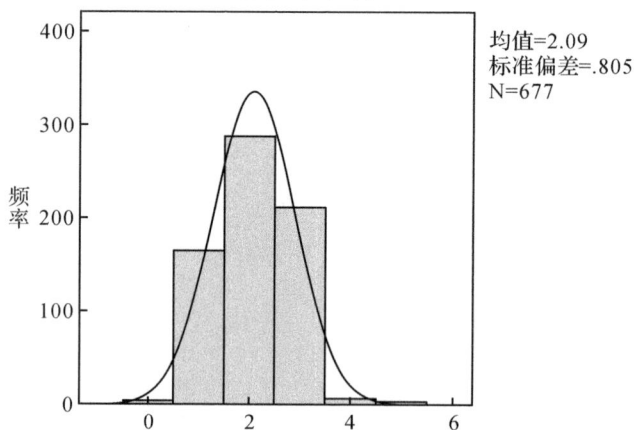

均值=2.09
标准偏差=.805
N=677

图 3-7　"原理"课问卷中"父母对思政课的态度"题项频率直方图

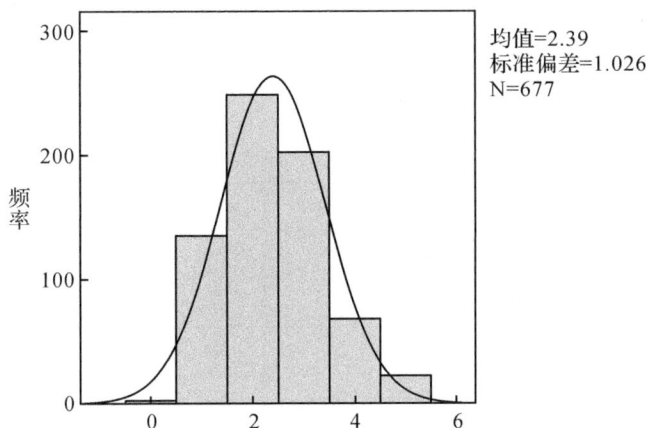

均值=2.39
标准偏差=1.026
N=677

图 3-8　"原理"课问卷中"父母会对我进行思政教育"题项频率直方图

另外,部分家长认为思想政治教育仅仅是政治教育,是国家意识形态教育,对于孩子是否进行了思想政治教育并不关心。由"原理"课问卷中"我的家人有马克思主义的世界观、人生观和价值观"题项频率直方图(图3-9)可知,很多家长自身并没有运用马克思主义的观点看问题。

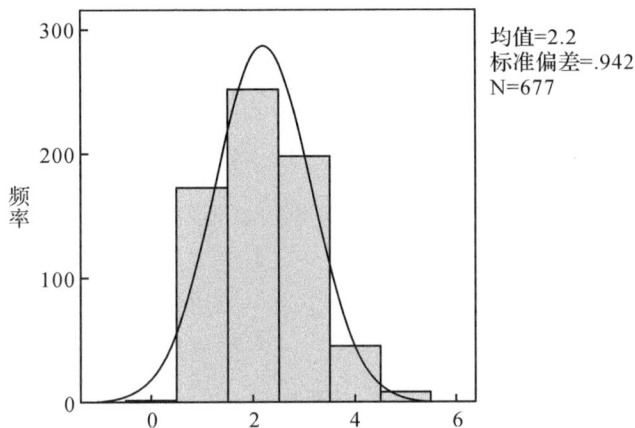

均值=2.2
标准偏差=.942
N=677

图 3-9　"原理"课问卷中"我的家人有马克思主义的世界观、人生观和价值观"题项频率直方图

2.学校因素的影响

上至学校的办学目标,下至具体的教务安排,学校对学生思政课学习的影响无处不在,其影响不言而喻。表 3-7 表现了本次调研所发现的学校因素对大学生"基础"课获得感的影响。

表 3-6　学校因素在大学生"基础"课获得感各维度分析摘要表

	变异来源	SS	Df	MS	F	Sig
知识获得	组间	5335.157	28	190.541	17.708	0
	组内	9070.637	843	10.76		
	总数	14405.794	871			
情感获得	组间	7526.633	28	268.808	13.46	0
	组内	16535.363	828	19.97		
	总数	24061.995	856			
行动获得	组间	46088.284	28	1646.01	31.895	0
	组内	43040.666	834	51.608		
	总数	89128.95	862			

注:* $P<0.05$,*** $P<0.001$。

表 3-6 显示,在变异同质性检验中,知识获得、情感获得、行动获得三个因变化检验的 F 值分别为 17.708($P=0.000<0.05$)、13.46($P=0.000<0.05$)、31.895($P=0.000<0.05$),均达到显著水平,表示学校因素对"知识获得""情感获得"和"行动获得"分量表均存在显著的主效应,说明学校因素对大学生"基础"课获得感在知识维度、情感维度和行动维度上有显著影响。

影响大学生思政课获得感的学校因素包括学校的育人理念、学科建设、教学组织形式、教师的课堂教学水平和教师的个人魅力等。首先,随着我国高校教育教学改革的积极推进,一些院校为贯彻学科课程建设标准,在人才培养模式中过于强调学科本位,对大学生思政课的定位过于简单,在一定程度上只把大学生思政课当作一项"政治任务",从而在教学中忽视了大学生思政课的育人功能,影响学生学习之后的获得感。一些高校为了提高就业率,在课程设置方面更注重对学生技能的培养,故而更注重专业课的建设,思想政治理论课有被边缘化的趋势。这会使学生产生"思想政治理论课没有专业课重要"的想法。其次,部分院校虽然成立了马克思主义学院及相应的机构,但是在人员配置、资金投入、学科建设、师资队伍培养等方面存在认识、管理、落实不到位的情况,在一定程度上会影响大学生对思政课的获得感。再次,大班教学给教学效果带来多方面的负面影响。由于师资队伍有限,目前我国高校思政课基本采用大班教学的模式。而大班教学无论是在纪律管理、教学反馈,还是在师生、生生之间的互动和情感交流等方面,都有着相对不容易克服的困难和障碍,从某种程度上影响了思政课的效果。最后,教师的素养也会影响教学效果。教师的知识储备要能满足大学生对思政课知识的需求。高校思政课教师要读经典、读教材、读学生、读社会热点,应尊重马克思主义的经典原著,并能主动运用马克思主义的基本观点、立场和方法分析现实问题,从而增强大学生思政课的获得感。高校思政课教师应该注重提高个人思想素质,为大学生树立现实的学习榜样,在思政课教学期间,言传身教,以自己的品格魅力感化学生,成为学生学习的典范,增强学生的获得感。[①]

3.社会因素的影响

随着世界经济水平、技术水平的不断发展,各国各地区之间相互依存、相互开放。世界各国各地区的文化和价值观都能比较容易地被当代大学生所了解,而一些消极、利己主义的价值观不断冲击着大学生尚未完全形成的价值观,影响大学生正确价值观的构建。在调查中也充分体现了社会因素对思政课效果的影响(见表3-7)。

表 3-7　社会因素在大学生"基础"课获得感各维度分析摘要表

	变异来源	SS	Df	MS	F	Sig
知识获得	组间	5985.097	31	193.068	19.259	0
	组内	8420.697	840	10.025		
	总数	14405.794	871			
情感获得	组间	9600.332	30	320.011	18.278	0
	组内	14461.664	826	17.508		
	总数	24061.995	856			
行动获得	组间	60969.07	31	1966.744	58.039	0
	组内	28159.88	831	33.887		
	总数	89128.95	862			

注:* $P<0.05$,*** $P<0.001$。

从上述方差分析摘要表中悉知,"知识获得""情感获得"和"行动获得"

[①] 李媛媛.大学生《思想道德修养与法律基础》课获得感的实证研究[D].杭州:浙江工商大学,2019.

3个因变量检验的 F 值分别为 19.259(p=0.000<0.05)、18.278(p=0.000<0.05)、58.039(p=0.000<0.05),都达到了显著水平,表示社会因素对"知识获得""情感获得"和"行动获得"分量表存在显著的主效应,说明社会因素对大学生"基础"课获得感在知识维度、情感维度和行动维度上有显著的影响。

改革开放以来,我国经济快速发展;与此同时也存在着许多矛盾,产生了各种社会问题。在思想道德领域,道德滑坡现象、拜金主义、功利主义、享乐主义等错误的价值观念影响着大学生,与思想政治理论课中所学习的价值观相悖,造成了大学生内在精神世界的迷茫。一些大学生受错误价值观念影响,认为上大学只是为了学习今后的工作技能,仅仅注重专业课学习,在思想上对思想政治理论课产生了抵触、消极情绪。另外,目前我国仍处于社会转型时期,仍然存在一些社会矛盾,如就业困难、社会公平问题,这会导致部分大学生认为思政理论课上所讲的内容与现实存在差距,影响了大学生对思想政治理论课的学习积极性。由"原理"课问卷中"对国家政治环境充满信心"题项频率直方图(图 3-10)可知,目前大学生对国家政策的认同度还不够高,这会导致他们对思想政治理论课存在一定的偏见与误解。

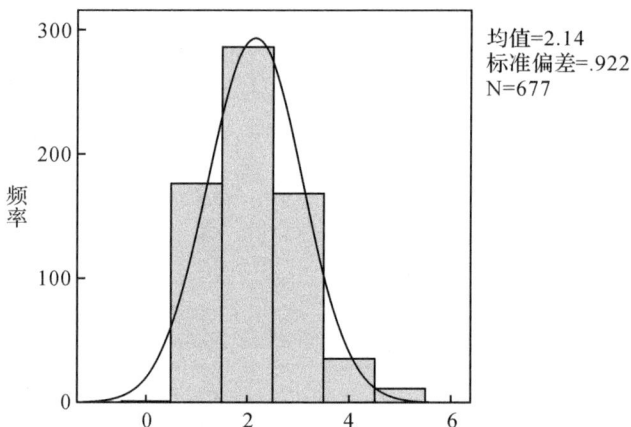

图 3-10 "原理"课问卷中"对国家政治环境充满信心"题项频率直方图

4.个人因素的影响

从大学生获得感视角看,家庭因素、学校因素和社会因素是影响他们获得感的外因,而学生的个体因素则是内因。大学生对思政课学习的意愿是影响思政课获得感的重要因素。影响大学生思政课获得感的个人因素应该包括学生的学习兴趣、学习需求和学习时间。对于大学生思政课的学习,学生的学习兴趣决定了他对这门课投入的多少,也决定了他将会有多少收获,学生对思政课程的投入和获得是成正比的。如果学生本身对这门课比较感兴趣,首先他会花大量的时间与精力在思政课的学习上。同时,会积极参加学校、学院和班级组织的思想政治教育活动,主动关心国家的政策方针和国际社会的动向,从各个渠道和不同方面了解政治生活。当代大学生面对多元文化的挑战,其学习需求也有很大的不同,很多大学生认为思政课的实用性不强。思政课作为高校教育的公共课,学生获得感偏低的一个重要影响因素就是,学生认为它的实用性不强。专业课程复杂的学生,学习任务更重,压力更大,其学习时间大多用于专业课或实验课,往往无暇顾及大学生"基础"课的学习,大多到考试时才会突击应付,这在一定程度上影响了学生自身对"基础"课的获得感。

"愿意"和"喜欢"是激励学生学习的基本动力,如果供给满足了需求,获得感就会油然而生。相反,如果学生本身没有学习意愿,即使教师使出浑身解数,学生也未必能产生获得感。为了解个人因素对大学生思政课获得感的知识层面、情感层面和行动层面的具体影响,以个人因素为自变量,以大学生思政课获得感的各个维度为因变量进行方差分析。

表 3-8　个人因素在大学生"基础"课获得感各维度分析摘要表

	变异来源	SS	Df	MS	F	Sig
知识获得	组间	5245.573	21	249.789	23.189	0
	组内	9145.339	849	10.772		
	总数	14390.912	870			
情感获得	组间	5723.706	21	272.557	12.406	
	组内	18322.29	834	21.969		
	总数	24045.995	855			
行动获得	组间	59463.795	21	2831.609	80.075	0
	组内	29665.155	841	35.274		
	总数	89128.95	862			

注:* $P<0.05$,*** $P<0.001$。

在表 3-8 中,在变异同质性检验中,"知识获得""情感获得"和"行动获得"的 F 值分别为 23.189(P=0.000＜0.05)、12.406(P=0.000＜0.05)、80.075(P=0.000＜0.05)，均达到显著水平，表示个人因素对"知识获得""情感获得"和"行动获得"分量表存在显著的主效应，说明个人因素对大学生"基础"课获得感在知识维度、情感维度和行动维度上有显著的影响。

调查还发现，目前大学生学习思想政治理论课的动机有待加强。"原理"课问卷中"思政课堂可以做更有价值的事"题项频率直方图（图 3-11）表明，目前部分大学生对思政课价值的评价不高，这会导致他们对思想政治理论课重视程度降低，会出现在课堂上玩手机、完成专业课作业，甚至缺课、旷课等现象。

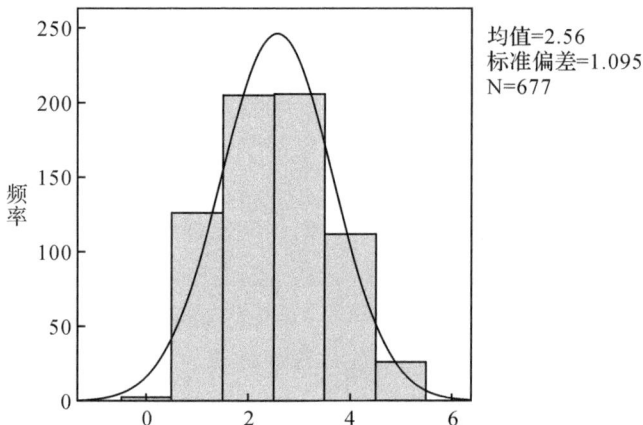

图 3-11　"原理"课问卷中"思政课堂可以做更有价值的事"题项频率直方图

三、大学生思想政治理论课学习影响因素的作用机制研究

（一）影响大学生思政课学习因素的理论分析

影响大学生"基础"课获得感的个人因素、家庭因素、学校因素及社会因素之间的作用机制如何生成，依然要从文献研究说起。黄冬霞、吴满意的《思想政治教育获得感：内涵、构成和形成机理》中认为，大学生"基础"课获得感的形成是一个多因素协同作用的过程，其形成机理包括"期望—参与—满足—认同"的内生机制（教育对象学的期望、教育对象的参与体验、教育对象的需求满足和教育对象的价值认同）和"期望—整合—优化—共

建"的外生机制(教育者教的期望、教育资源的整合、教育环境的优化和教育主体的共建),是内生机制和外生机制深度融合的结果。[①]《思想政治教育获得感:概念、生成和形成机理》中认为,情感预设与期待是大学生"基础"课获得感的生成起点,共情阶段是大学生"基础"课获得感的成长点,有效对话是大学生"基础"获得感的关键点,意义共享是大学生"基础"课获得感的落脚点。可见,学者普遍认为,大学生"基础"课获得感的影响因素分为内因与外因。唯物主义辩证法认为,内因是事物的内在矛盾,是事物存在的基础,是一事物区别于其他事物的内在本质;外因是事物之间的矛盾,是事物发展的外在条件,能加速或延缓事物发展的进程。外因通过内因起作用,不管外因的作用有多大,都必须通过内因才能起作用。同时,在事物发展的过程中,内因与外因同时存在,缺一不可。

根据上述关系,个人因素是内因,是基础性的影响因素,对大学生"基础"课获得感产生决定性影响;学校因素、家庭因素和社会因素是外因。外因通过内因起作用,学校因素、家庭因素和社会因素通过个人因素对大学生"基础"课获得感产生间接影响。在影响学生对"基础"课获得感的生成中,个人因素与家庭、学校和社会因素同时起作用,缺一不可。学校是学生接受教育的主要场所,学校的教学理念、教学方式、教师人格魅力与校园环境等对大学生"基础"课的学习产生影响;家庭是学生成长的重要环境,家庭因素对大学生"基础"课获得感可以产生深远且持久的影响,家庭氛围、家庭传统、父母的价值观等影响学生对"基础"课的学习态度与学习效果。大学生是社会的人,不能脱离社会关系而存在。社会因素对大学生的影响体现在方方面面,对大学生"基础"课获得感的影响也体现在多个方面。影响大学生"基础"课获得感的因素模型假设如图3-12所示。

为了解个人因素、家庭因素、学校因素和社会因素四者对大学生"基础"课获得感总量表及各个维度分量表获得感的预测力,采用逐步多元回归法(Stepwise Multiple Regression Analysis)对这些变量进行预测力检验,根据统计准则依次选取自变量进入回归模型中,从个人因素、家庭因素、学校因素和社会因素四个自变量中找出对效标量最具预测力的自变量以构建一个最佳的回归分析模型。

---

① 黄冬霞,吴满意.思想政治教育获得感:内涵、构成和形成机理[J].思想教育研究,2017(6):28-32.

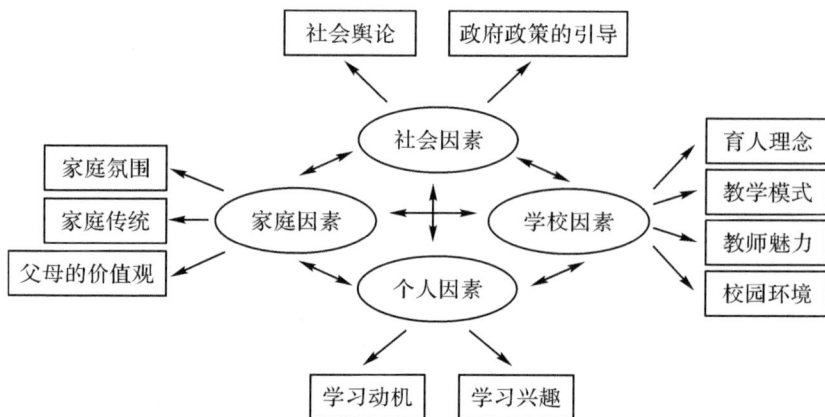

图 3-12　影响大学生"基础"课获得感的因素模型假设

（二）影响大学生思政课学习因素的实证分析——以"基础"课为例

1. 大学生"基础"课获得感的影响因素回归分析

（1）个人、家庭、学校和社会因素对知识获得的回归分析。

以个人因素、家庭因素、学校因素和社会因素为自变量，知识获得为因变量进行多元回归分析，结果如表 3-9 所示。

表 3-9　个人、家庭、学校和社会因素对知识获得的逐步多元回归分析摘要表

投入变项顺序	多元相关系数 R	决定系数 R	增加量（△）	P 值	净 F 值(△F)	B	标准化回归系数 β
截距						36.624	
社会因素	0.569	0.324	0.323	416.087***	146.087***	−0.14	−0.209
个人因素	0.604	0.365	0.364	249.442***	56.312***	−0.159	−0.185
学校因素	0.62	0.384	0.382	180.497***	27.421***	−0.134	−0.202
家庭因素	0.63	0.397	0.394	142.618***	18.225***	−0.124	−0.139

注：* P<0.05，*** P<0.001。

由表 3-9 可知，4 个预测变量都对知识获得有显著的预测力，依序为社会因素、个人因素、学校因素和家庭因素。从每个变量预测力的高低来看，首先对知识获得最具预测力的为"社会因素"，其解释变异量为 32.4%；其次为"个人因素"，其解释变异量为 36.5%；接下来是"学校因素"，其解释变

异量为 38.4%;最后是"家庭因素",其解释变异量为 39.7%。从标准化回归系数来看,回归模型中的预测变量 β 分别是-0.209,-0.185,-0.202,-0.139,均为负数表示对"知识获得"的影响均为负向。

(2)个人、家庭、学校和社会因素对情感获得的回归分析。

把个人因素、家庭因素、学校因素和社会因素作为自变量,情感获得作为因变量进行多元回归分析,其结果如表 3-10 所示。

表 3-10 个人、家庭、学校和社会因素对情感获得的逐步多元回归分析摘要表

投入变项顺序	多元相关系数	决定系数 R	增加量(△)	P 值	净 F 值(△F)	B	标准化回归系数 β
截距						48.324	
社会因素	0.569	0.324	0.323	409.835***	409.835***	-0.381	-0.439
家庭因素	0.586	0.343	0.342	222.872***	24.589***	-0.186	-0.161
学校因素	0.594	0.353	0.35	154.647***	12.294***	-0.161	-0.187
个人因素	0.599	0.359	0.356	119.006***	8.175***	-0.142	-0.127

注:* $P<0.05$,*** $P<0.001$。

由表 3-10 可知,首先进入回归模型的是"社会因素"($\beta=-0.439$),解释量为 32.4%;其次是"家庭因素"($\beta=-0.161$),解释量为 34.3%;接下来是"学校因素"($\beta=-0.187$),解释量为 35.3%;最后是"个人因素"($\beta=0.127$),解释量是 35.9%。按照先后进入回归模型的次序,四个预测变量对因变量情感获得的预测力由强到弱的顺序分别是社会因素、家庭因素、学校因素和个人因素。观察标准化回归系数 β,只有"个人因素"为正,其他 3 个因素皆为负,表示"个人因素"对情感获得的影响为正,"社会因素、家庭因素和学校因素"对情感获得的影响为负。

(3)个人、家庭、学校和社会因素对行动获得的回归分析。

以个人因素、家庭因素、学校因素和社会因素为自变量,行动获得为因变量进行逐步多元回归分析,结果如表 3-11 所示。

表 3-11 个人、家庭、学校和社会因素对行动获得的逐步多元回归分析摘要表

投入变项顺序	多元相关系数	决定系数 R	增加量(△)	P 值	净 F 值(△F)	B	标准化回归系数 β
截距						85.62	
个人因素	0.8	0.641	0.641	1535.592***	1535.592***	-0.954	-0.443

续　表

投入变项顺序	多元相关系数	决定系数 R	增加量（△）	P 值	净 F 值（△F）	B	标准化回归系数 β
社会因素	0.854	0.729	0.088	1155.101***	278.928***	−0.662	−0.393
家庭因素	0.855	0.731	0.002	777.446***	6.733	−0.115	−0.052
学校因素	0.856	0.732	0.001	586.309***	4.202	−0.096	−0.058

注：* $P<0.05$，*** $P<0.001$。

由表 3-12 可知，进入回归模型的预测变量依次是"个人因素"（β＝−0.443），解释变量为 64.1%；其次是"社会因素"（β＝−0.393），解释变量为 72.9%；接下来是"家庭因素"（β＝−0.052），解释变量为 73.1%；最后是"学校因素"（β＝−0.058），解释变量为 73.2%。数据显示，4 个预测变量对"行动获得"具有显著的预测力，且皆为负向，由强到弱依次是个人因素、社会因素、家庭因素和学校因素。

（4）个人、家庭、学校和社会因素对获得感总量表的回归分析。

以个人因素、家庭因素、学校因素和社会因素为自变量，获得感总量表为因变量进行逐步多元回归分析，结果如表 3-12。

表 3-12　个人、家庭、学校和社会因素对获得感总量表的逐步多元回归分析摘要表

投入变项顺序	多元相关系数	决定系数 R	增加量（△）	P 值	净 F 值（△F）	B	标准化回归系数 β
截距						166.92	
社会因素	0.752	0.565	0.565	1138.806	1138.806	−1.122	−0.389
个人因素	0.789	0.623	0.058	722.517	134.068	−0.967	−0.626
家庭因素	0.797	0.635	0.012	505.991	28.132	−0.459	−0.120
学校因素	0.802	0.643	0.08	392.59	19.775	−0.411	−0.144

注：* $P<0.05$，*** $P<0.001$。

由表 3-12 可知，进入回归模型的预测变量首先是"社会因素"（β＝−0.389），解释变量为 64.1%；其次是"社会因素"（β＝−0.389），解释变量为 72.9%；接下来是"学校因素"（β＝−0.120），解释变量为 73.1%；最后是"家庭因素"（β＝−0.120），解释变量为 73.2%。数据显示，4 个预测变量对获得感具有显著的预测力且皆为负向，由强到弱依次是社会因素、个人因素、学校因素和家庭因素。

（5）家庭因素、学校因素和社会因素对个人因素的回归分析。

以家庭因素、学校因素和社会因素为自变量，个人因素为因变量进行逐步多元回归分析，结果如表 3-13 所示。

表 3-13　家庭、学校和社会因素对个人因素的逐步多元回归分析摘要表

投入变项顺序	多元相关系数	决定系数 R	增加量（△）	P 值	净 F 值（△F）	B	标准化回归系数 β
截距						2.707	
社会因素	0.732	0.535	0.535	1009.663	1009.663	0.318	0.407
学校因素	0.771	0.594	0.059	640.738	126.808	0.245	0.318
家庭因素	0.783	0.613	0.019	462.15	43.188	0.172	0.167

注：$* P < 0.05$，$*** P < 0.001$。

由表 3-13 可知，首先进入回归模型的是"社会因素"（$\beta = 0.407$），解释变量为 53.5%；其次是"学校因素"（$\beta = 0.318$），解释变量为 59.4%；最后是"家庭因素"（$\beta = 0.167$），解释变量是 61.3%。数据显示，预测变量社会因素、学校因素和家庭因素对个人因素皆具有显著的预测力。观察发现，三个预测变量的回归系数 β 皆为正，表示社会因素、学校因素和家庭因素对个人因素的影响皆为正向。

2. 影响因素作用机制分析

从以上的回归分析结果可知，个人因素、家庭因素、学校因素和社会因素对大学生"基础"课总量表以及分量表知识获得、情感获得和行动获得皆有显著的回归效应，家庭因素、学校因素和社会因素对个人因素也有显著的回归效应。为了进一步验证以上分析结果，采用 AMOS 做路径分析，利用理论构念绘制因果模型图，即模型构建（Model construction）；界定各种测量指标变量，包括工具构建（Instrument construction）与数据搜集（Data conllection）；分析相关的统计量；执行模型的估计，呈现卡方值、自由度与相关统计量；假设模型的检验，根据各项适配度统计量、参数估计值判别假设模型与数据是否适配，若假设模型（Model）与样本数据（Data）无法契合，就要进行模型的修正；最后，无论假设模型与数据是否适配，要针对输出结果报表加以解释（Interpretation），检验的结果应该包括整体模型适配度统计量（Fitstatistics）与参数估计值（Parameterestimates），路径示意图见图 3-13。

如图 3-13 所示，按【计算估计值】（Calculateestimates）图像钮后，由于

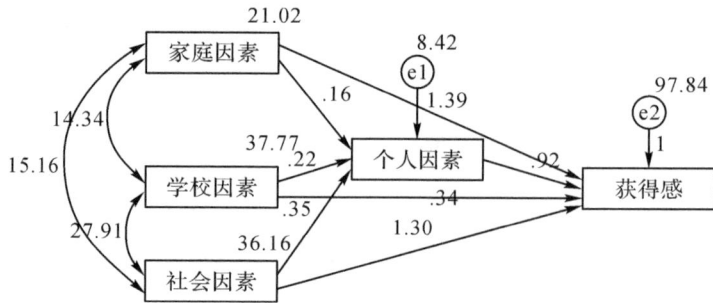

图 3-13　非标准化估计值的模型图

Unstandardizedestimates

卡方值＝1162.509(p＝.000)；自由度＝1

RMSEA＝.070；AGFI＝.918

模型为过度识别模型,路径图可以识别。非标准化估计值的各数值如下:3个外因变量间关系的数值为两者的协方差,"家庭因素"与"学校因素"间的协方差为 13.34,"家庭因素"与"社会因素"间的协方差为 15.16,"学校因素"与"社会因素"间的协方差为 27.91;3 个外因变量及两个残差变量旁边的数值为其方差,"家庭因素"的方差为 21.02,"学校因素"的方差为 37.77,"社会因素"的方差为 36.16,残差"e1"的方差为 8.42,残差"e2"的方差为 97.84,作为内因变量的观察变量无法估计其方差;单箭头旁的数值为非标准化的回归系数。

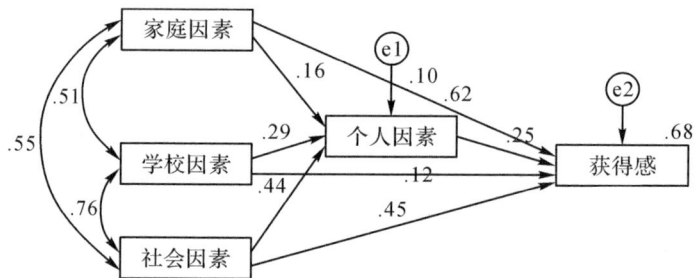

图 3-14　标准化估计值的模型图

Unstandardizedestimates

卡方值＝1162.509(p＝0.000)；自由度＝1

RMSEA＝0.070；AGFI＝0.918

图 3-14 是标准化估计值的大学生"基础"课获得感模型图,3 个外因变

量家庭因素、学校因素和社会因素间的数值为相关系数。"家庭因素"与"学校因素"间的相关系数为0.51,"家庭因素"与"社会因素"间的相关系数为0.55,"学校因素"与"社会因素"间的相关系数为0.76。单箭头方向路径系数为标准化回归系数,可以得知各外因变量对内因变量的直接效果值。"家庭因素"对"个人因素"和"获得感"两个内因变量的标准化直接效果值分别为0.16,0.10;"学校因素"对"个人因素"和"获得感"两个内因变量的直接效果值分别为0.29,0.12;"社会因素"对"个人因素"和"获得感"两个内因变量的直接效果值分别为0.44,0.45;"个人因素"对"获得感"内因变量的直接效果值为0.25。两个内因变量旁的数值为多元相关系数的平方,为预测变量对校标变量的联合解释变异量,"家庭因素""学校因素""社会因素"3个变量可以联合解释"个人因素"变量62%的变异量,"个人因素""家庭因素""学校因素"和"社会因素"4个变量可以联合解释"获得感"变量68%的变异量。七条路径的回归系数β值均为正数,表示其对外因变量的影响均为正向,与原先构建的路径假设模型图的符号相同。

综上,依据数据分析显示,首先,大学生"基础"课获得感影响因素量表各因素之间具有较高的相关性,说明整个影响因素分量表是有效的;其次,个人因素、家庭因素、学校因素和社会因素分别对大学生"基础"课获得感各层面具有显著的影响;再次,个人因素、家庭因素、学校因素和社会因素在知识获得、情感获得和行为获得层面上皆有显著的预测力;最后,家庭因素、学校因素与社会因素对个人因素也具有显著的预测力。除此之外,本章还采用AMOS分析软件进一步验证了大学生"基础"课获得感影响因素之间的作用机制,路径系数与回归分析中标准化回归系数基本吻合,充分说明大学生"基础"课获得感影响因素及其作用机制模型具有较高的可靠性与适切性。

第四章 增强大学生思想政治理论课学习获得感的路径

高校思想政治理论课获得感概念,既在增强高校学生思想政治理论课获得感的维度上指明了高校思想政治理论课教学与课程建设的目标与任务,也从问题研究与实践解决的维度上指明了反思当代中国高校思想政治理论课教学与建设的有益视角。

一、当前思想政治理论课教、学中存在的问题

党的十八大以来,思想政治理论课的教学环境和氛围有了根本的改变,思想政治理论课教师讲课更有底气和自信。党的十九大以后,习近平新时代中国特色社会主义思想为思想政治理论课注入了新鲜血液,丰富了思想政治理论课的内容,提升了思想政治理论课的理论水平和高度。但是,思想政治理论课教学的大环境和思想政治理论课教、学本身仍然存在一定的问题,需要进一步研究并加以逐步解决。

(一)思想政治理论课教、学的外部环境

1.社会对思想政治理论课的重要性认识仍有不足

虽然党中央高度重视思想政治理论课建设,习近平总书记亲自召开思想政治理论课教师座谈会,发表重要讲话,推动各级党委、政府和高校高度重视思想政治理论课建设,思想政治理论课教学的外部环境彻底扭转,但是,社会对思想政治理论课教学重要性的认识仍有不足。首先,各级党政部门和领导干部还没有形成一个上下一致,高度重视学马列、信马列、用马列的氛围;其次,还有许多部门和领导并没有真正把思想政治理论课教学和建设作为一项重要的工作;再次,还没有营造出足够的尊重思想政治理

论课教师、重用马克思主义理论相关专业人才的氛围和机制。以公务员招考为例，马克思主义理论相关专业的毕业生最适合在党政部门就业，但是当前的公务员招考，对这些专业不仅没有优待，反而有许多限制或歧视。这些现象直接影响到全社会对思想政治理论课、思想政治理论课教师、思政专业学生的认知和评价。

2. 对思想政治理论课建设的支持不平衡

虽然近年党和各级政府部门加大了对思想政治理论课、马克思主义学科的支持力度，但马克思主义理论及思想政治理论课的资源、利益大多集中在少数优势高校，造成不同地区、单位苦乐不均。有些地区重视得多、支持力度大，有些地区重视得不够、支持力度小。总体上缺乏对思想政治理论课建设的统筹和规划、研究和总结，也缺乏有效的引导和支持。对思想政治理论课教师和思想政治理论课教学工作面上重视多、实质支持少，检查评比多、解决问题少，指责挑刺多、建设性意见少，重视科研多、重视教学少，政治上关注多、生活上关怀少。

3. 高校思想政治理论课建设仍不够给力

思想政治理论课、马克思主义学院、马克思主义理论学科在高校考核评价体系中的地位和作用不够突出。高校内部的资源有限，许多思想政治理论课建设的一些政策、条件保障尚未完全落实到位，思想政治理论课建设的一些举措缺乏足够的经费等支持。有些领导或职能部门干部在思想认识上还没有转过弯来，给思想政治理论课政策或资源倾斜一点，就感觉不平衡、不公平，怕其他学科、学院有意见，摆不平。

(二)思想政治理论课学习方面存在不足

1. 学生的学习态度考验思想政治理论课的吸引力

上好思想政治理论课的关键在教师，难点在学生，尤其是学生的学习态度。随着社会的发展变化，当代大、中、小学生的学习环境和自身特点也有了很大变化。课堂输灌式的思想政治理论课教学、相对枯燥难懂的内容，确实很难引起当代学生的学习热情。

2. 教育的考试制度考验思想政治理论课的实效性

从小学到大学都有思想政治理论课，为应对中考、高考的需要，许多学生采取死记硬背、考完即扔的学习方式和学习策略，没有发挥思想政治理论课应有的作用和效果。加上许多重复的内容、说教式的教学、没有充分理解的背诵，使许多学生对政治不感兴趣，甚至逃避、疏远政治。还有以前的文理分科、选考模式造成不同学生的思想政治理论知识基础差距很大。总的来说，多数学生思想政治知识薄弱，思想政治理论素质和水平较低。

3. 学生的选课策略考验思想政治理论课的功能

大学生选课中，对思想政治理论课的学习大多都是被动性的选择，思想政治理论课不得不学、不得不选。部分大学生认为思想政治理论课对自己的成长，对知识、能力的提升没有什么用处，对就业没有直接的帮助。部分原因是学生的功利思想在作祟，还有思想政治理论课自身特点使许多学生看不到思想政治理论课在提升自身素质方面的功能，另外思想政治理论课教学没有让学生感受到其对学生成长的作用。

（三）马克思主义理论学科建设对思想政治理论课的支撑不足

马克思主义理论学科是思想政治理论课的重要依托，学科建设中存在的问题导致它未能对思想政治理论课形成有力支撑，学科建设中的主要问题有以下几点。

1. 马克思主义理论学科本身没有理顺，马克思主义理论的学术地位未得到学界足够的认可

当前的马克思主义理论学科把马克思主义理论的三个基本组成部分进行了切割，将其归属到了其他学科当中，都不作为马克思主义理论学科的组成部分，马克思主义理论学科中也没有相应的名称。在马克思主义理论学科里，马克思主义哲学、政治经济学没了踪影，形同被取消，科学社会主义与中国特色社会主义理论脱节。中共党史、党的建设、国际共产主义运动等学科游离于马克思主义理论之外，甚至寄人篱下。马克思主义最厚实的理论部分不在本学科当中，大大弱化了马克思主义理论学科的理论性、学术性和权威性，导致学术界中的一些人不太认可马克思主义，甚至有的学者轻视、贬低马克思主义理论。这些是导致马克思主义理论学科弱势的重要原因。

2. 学科分类不合理，导致马克思主义理论的指导地位难以确立

马克思主义理论博大精深，完全可以包含或指导许多人文社会学科，完全可以作为一个大的学科群，许多人文学科甚至可以纳入马克思主义理论学科群名下，例如政治学、法学、新闻学、公共管理、社会学等。但是，当前马克思主义理论作为一级学科，列于法学学科大类之下，让作为指导思想的马克思主义情何以堪？没有马克思主义合理的学科归类，如何有马克

思主义理论的指导地位？

3. 马克思主义理论学科的强势地位没有确立，对其他学科的指导地位不稳固

马克思主义理论既是一个历史悠久的学科，又是一个新生的学科。马克思主义理论在 19 世纪中叶就形成了，五四运动以后传入中国，并且形成了独特的中国化的马克思主义理论。可是作为一个学科，却在 21 世纪初才正式设立。作为一个对哲学社会科学有指导性地位的学科，当然应该给予它足够高的学科地位。但是，在学科队伍里，更多的是将马克思主义理论学科作为新生学科，而且常常将它放在边缘化的地位。例如，博士、硕士点布局中，只是简单地照顾到了各学科的平衡，却没有考虑到马克思主义理论学科是分布最广、队伍最大、人数最多的学科。

（四）思想政治理论课建设存在不足

当前的思政理论课教学虽然也做了许多改革和调整，但是仍然存在许多不相适应的问题。近年来，思想政治理论课"实效性不强""效果不理想""质量不高"等评价频繁出现，反映出思想政治理论课教学中存在说服力感染力不够、针对性实效性不强等问题。思想政治理论课建设的困难和不足主要表现在以下几个方面。

1. 教师队伍建设仍不适应思想政治理论课改革发展需求

思想政治理论课教师的数量不足，落实 350 : 1 生师比的要求存在一定的难度，这也导致近年高校争抢思想政治理论课教师的现象。教师整体素质亟待继续提升，思想政治理论课教师的理论水平、教学能力有待提高。虽然教师学历越来越高，但教师的研究方向越来越窄，不适应思想政治理论课的教学要求。

2. 大、中、小学思想政治理论课一体化建设体系尚未完全形成

不同对象的教学内容、教学方法缺乏合理的分类分工。当前，大、中、小学各课程之间存在大量重复现象，缺乏严密的衔接，影响学生对思想政治理论课的评价和感受。高中思想政治理论课教学的应试教育倾向明显，没有打好思政理论课的基础，给大学思想政治理论课教学带来难度。思想政治理论课缺乏真正的功效，教学内容设置、时间安排、教材编排等方面均应检视总结和反思。小学思想政治理论课教学和思政教育成人化倾向严重，没有有针对性地选好内容和方法。大学思想政治理论课部分内容开设

过晚,中学有的内容开设偏早。总之,一定程度上存在混乱现象。

3. 思想政治理论课课堂教学中改革创新的手段还不够多,效果不够理想

虽然各高校思想政治理论课教师都进行了积极的改革探索,但思想政治理论课教学仍存在许多问题,制约思想政治理论课针对性、实效性的提高,瓶颈亟待突破。思想政治理论课备受学生厌学、教师困教问题的困扰。有的教师上课不生动,学生不太爱听,学生接受度不高;有的教师教学方法比较单调,学生感觉思想政治理论课单调乏味,课堂气氛比较沉闷,课堂教学效果不理想;有的教师上课照本宣科,理论脱离实际,学生的获得感不强。

4. 实践教学的模式和资源难以适应教学的需要

高校在实践教学的时间安排、实践的形式、教学实施、实践的安全管理、实践的经费等方面都面临难题。高校整合全社会资源的能力和力度不够。社会为学校提供的实践场所、容量和指导力量都没有形成有效支撑。

5. 思想政治理论课教师的地位不高,困难不少

思想政治理论课教师教学任务重、教学压力大。高校思想政治理论课教师科研压力大,影响他们在教学上的投入。高校教师收入水平低,思想政治理论课教师更低,影响教师工作积极性。生活压力大,住房、子女入学、身体健康等方面都有不少的问题。

上诉问题的存在有各种原因。有社会大环境原因,也有高校对马克思主义理论和思政理论课重要性和思想政治理论课内在规律认识不到位的原因,也有中小学和高校思想政治理论课的衔接和分工不明确的原因,以及政府和社会的协调支持不够等原因,需要全社会共同努力加以解决。

二、促进大学生认知动机的内在性优化

思想政治理论课是巩固马克思主义在高校意识形态领域指导地位、坚持社会主义办学方向的重要阵地,是全面贯彻党的教育方针、落实立德树人根本任务的主干渠道和核心课程,是加强和改进高校思想组织工作、实现高等教育内涵式发展的灵魂课程。思想政治理论课承担着系统的马克思主义理论教育的任务,事关高校人才培养的根本性问题。因此,思想政

治理论课教学工作要坚持立德树人的根本目标,把握正确的政治方向,强化价值引领功能;要坚持增强大学生获得感,做到有虚有实、有棱有角、有情有义、有滋有味,使大学生学有所获、学有所值、学有所用,使思想政治理论课成为大学生"内化于心""受益一生"的课程。习近平总书记指出,"思想政治理论课是落实立德树人根本任务的关键课程,我们办中国特色社会主义教育,就是要理直气壮开好思想政治理论课,用新时代中国特色社会主义思想铸魂育人","把改革方案的含金量充分展示出来,让人民群众有更多的获得感"。[①] 学校要坚持以社会主义核心价值体系为引领,始终保持思想政治理论课教学的正确方向;始终坚持理论联系实际,注重课堂教学、网络运用和社会实践有机融合,完善教材体系,提高教师素质,创新教学方法,不断增强思想政治理论课的亲和力和针对性,努力把思想政治理论课建设成为能够满足学生成才发展需求的优质课程。

(一)唤起大学生主体意识和主动精神的觉醒

思想政治理论教育是我党的传统,是几十年斗争和建设中获得的宝贵经验,也是大学生提高政治觉悟和思想素质的必要方式和重要途径。作为中国特色社会主义国家的大学生,要有学习思想政治理论课的思想准备和主动学习的态度。新时代的 95 后、00 后大学生思想意识、价值观念、行为方式呈现个性化、多元化、多变化,学习生活强调体验、表现、获得、分享,追求学有所获、学有所值、学有所用。以提升大学生获得感为价值目标、核心理念和评价标准,推进思想政治理论课教育教学改革,满足大学生健康成长的发展需求与期待,已成为思想政治理论课改革发展的时代命题。大学生作为学习主体,要端正学习态度,充分发挥主观能动性,在自主学习中提升思想政治理论水平,进而增强对思想政治理论课的获得感。

1.促进端正的学习态度

学习态度是大学生对思想政治理论课学习所表现出来的肯定或否定的心理与行为倾向,会影响思想政治理论课学习效果进而影响获得感。大学生在学习思想政治理论课时要端正学习态度,保持良好的注意状况、情绪状况和意志状态。

---

① 中共中央宣传部.习近平总书记系列重要讲话读本[M].北京:学习出版社,人民出版社,2016:77.

思想的构成与改变,要经历一个服从—同化—内化循序渐进的过程。思想政治理论教育的实施过程反映了教育者与教育对象参与教育活动的心理认知过程。认知心理学的认知规律认为,正确、稳定的思想价值观念的形成是一个不间断的过程。教育者可充分利用认知心理学来指导思想政治理论课教学实践,提高教育对象的认知水平。大学生的思想政治理论教育正处于服从和同化阶段,尚处于不稳定时期。思想政治理论教育工作者不仅要认识到教育对象对于思想政治理论教育的认知应循序渐进,还要在这个过程中随时抓住时机,因时、因事、因地地加以引导、说服、沟通,促进大学生对思想政治理论课形成正确的认知,端正学习态度,克服显性或者隐性的刻板印象。思想政治理论课教师要注意讲清楚大学生为什么要学习思想政治理论课、大学思想政治理论课与中小学思想政治理论课的异同、大学思想政治理论课的构成和逻辑体系、大学思想政治理论课的目的、大学思想政治理论课能给自己带来的效果和帮助,等等。从大学生入学开始就解开大学生的思想疙瘩,增强思想政治理论教育的效果,达到预期教育目标。

2. 共建合理的学习目标

合理的学习目标有利于激发学生学习动力,焦虑、无所适从、消极、反感等不良情绪就会消失,学习效率就会更高,因参与思想政治理论课学习产生的积极体验与行为导向会更明显,学习的良性循环效果就会自然产生。如果缺乏合理的目标,就会产生相反的效果。因此,大学生的思想政治理论课教学要引导大学生思想政治理论课学习的预期,确立合理的学习目标。学习目标的确立主要通过大学生培养方案来呈现,通过大学生的学业规划进行合理安排,通过每门思想政治理论课教师的说明和引导建立,通过大学生自身的学习落实完成。所以,高校要注意每个环节与学生的沟通和教育,与大学生共同确立思想政治理论课的学习目标。一定要避免给学生留下思想政治理论课是强迫的、洗脑的印象,避免让学生主观地认为思想政治理论课是杂乱、无用的课程。

大学生思想政治理论课的学习,大致有基本目标、高阶目标和专精目标三个层次的目标。基本目标对应基本要求,多数大学生主要以学习基本政治理论知识、思考基本的政治理论和现实问题为主要目标,能"读懂想通弄明白"基本的政治理论问题和现实问题,实现跟上形势、认清问题、明辨是非的目的就达到了国家对大学生的基本政治要求。经过基本的政治理论教育,能够基本理解党的路线、方针、政策,在思想上、感情上能接受和拥护党的领导和社会主义制度,了解当前我国社会主义建设各个方面的基本政策和发展方向,能明辨是非,关键时刻不会犯政治性、原则性错误。这是党和国家对培养合格大学生的基本政治要求,是思想政治理论课教学和思想政治工作的基本要求。达成这个基本目标,应该说就实现了思想政治理论课教学的基本目标。以2019—2020年香港发生的骚乱为例,从对比就能看出,我国内地高校实行的思想政治理论课教学和香港回归以后没有实行思想政治理论教育的结果是截然不同的。所以,所有人都不要轻视思想政治理论课的巨大作用和效果,更不要歧视思想政治理论课。

当然,部分大学生有条件达到更高的要求。这部分大学生大多具有政治理论基础比较好、兴趣比较高的特点,有更高的政治标准、更高的政治追求。他们期待通过政治理论学习达到提高政治理论素养、提高思辨能力、增强学术底蕴、促进专业学习的目标。这样的大学生一般都具备一定的学术素养,能运用一定的技术、方法和手段,对周围事物本质和规律进行归纳、总结及论证,他们完全可以进行更多参与式的思政理论课学习。这种层次的学习目标,是思想政治理论课应该追求的教学目标。达成这种目标才能发挥出思想政治理论课在人才培养中的作用和功能,更好地实现思想政治理论课教学目的,达到提高思想政治理论课教学质量和实效性的要求。高校的思想政治理论课应该为持有这一目标的同学提供学习条件和环境。所有的思想政治理论课教学仅满足于实现基本的教学目标是不够的,从提高思想政治理论课教学的实效性和教学质量出发,都应该以实现和达成这种高阶的学习目标为教学目标和教学要求。这就是当前开展思想政治理论课教学改革的目的之所在。

还有部分大学生具有更高的政治理论追求,希望通过思想政治理论课的学习进行更深的理论探索,开展更多政治理论问题的研究,获得更多的学习成果,甚至考取思想政治教育或马克思主义理论等相关学科的研究生。对待这部分学生,思想政治理论课教师可以为他们提供学习、研究的引导,提供更多的学习条件,发挥和保护好他们的积极性,有条件的可以引导他们利用课余时间充分激活学术潜能,引导参与申报部分与课程相关的科研项目。注意以多种途径给予思想政治理论学习成绩突出的大学生适当的物质和精神奖励,让他们有更多的精神满足、价值提升,产生强烈的获得感。

3. 主动性和强制性措施相结合

不可忽视的是,确实有小部分大学生缺乏学习思政理论课的兴趣,有的甚至由于各种原因形成对思想政治理论课的逆反或者排斥态度。对这部分的大学生,一方面,不足为怪,不必苛责;另一方面,要将引导和强制相结合,通过课程强制性规定迫使他们被动学习。同时,要处理好主动性学习和被动性学习的相互促进,通过改进思想政治理论课教学等途径,调动他们的学习积极性。

(二)增进大学生对思想政治理论课学习目的和意义的认同

1. 加强马克思主义信仰教育

马克思主义是我国大学最鲜亮的底色,是值得大学生学习的深厚理论,是值得大学生追求的理想信念和政治信仰。大学生对于马克思主义信仰还不够坚定、致远,因此需要不断加强马克思主义信仰教育。大学生是思想政治教育受动型主体,表现为思想政治教育活动的受教育者、接受者和受益者。[①] 其认知观念、学习态度、实际行动是影响获得感的最主要因素。马克思主义信仰教育意味着思想政治理论课教师在教育中要做到明道、真学、真信、真行。[②] 第一,思想政治理论课教师要坚持政治导向。传道者先明道、信道。明道,即思想政治理论课教师必须对马克思主义科学理论体系烂熟于心,坚持不断学习先进的马克思主义理论,掌握马克思主义理论的精髓。真学、真信,即要坚定马克思主义与中国特色社会主义信念,对马克思主义要信服、尊重,要把马克思主义作为指引和支撑自己前进的重大精神力量。第二,要注重在教学过程中,讲清楚什么是马克思主义,不断增强大学生对马克思主义信仰的认同。理论往往是枯燥的,教师在教学过程中要用通俗易懂的语言,讲清楚马克思主义基本内涵,让大学生掌握辩证唯物主义与历史唯物主义的理论精髓;讲清楚为什么要信仰马克思主义,结合具体教学案例,分析为什么中国共产党人在革命初期会选择马克思主义,在建设与改革时期仍坚持马克思主义,让大学生真正感受到马克思主义的魅力;讲清楚如何信仰马克思主义,较多大学生认为马克思主义

---

① 林伯海,周至涯.思想政治教育主体及其主体性的要素构成新探[J].思想教育研究,2011(2):10-14.

② 徐秦法.马克思主义信仰教育的本质规定及其内在逻辑[J].马克思主义研究,2018(4):122-128.

如同空中楼阁,不知如何坚持与信仰,教师要引导大学生从点滴做起去信仰马克思主义。

2. 明确思想政治理论课程体系的贯通性

高校思想政治理论课教学体系贯通了专、本、硕、博等不同教育阶段,呈现螺旋式上升的梯度教学格局。思想政治理论课作为一门贯穿所有教育阶段的必修课,对于学习者来讲,有一定的连贯性。大学生必须认识到,虽然从小学到中学都开设了思想政治理论课,但大学生思想政治理论课并不是重复小学、初中、高中的思想政治理论课,不同阶段之间、本科阶段课程之间也存在着联系与差别。思想政治理论课主要为了引导学生认识基本国情,了解社会发展规律,坚定马克思主义信仰、中国特色社会主义信念,增强对社会主义建设的信心、对党和政府的真心,促进其德智体全面发展,成为合格的社会主义接班人。因此,在培养目标上,政治觉悟与思想道德品质的培养是共性的。大学生是中国特色社会主义事业建设的高层次人才储备军,思想政治理论课将更加注重对他们马克思主义理论思维与科学研究方法的训练,更加强调能力目标的确立,例如解决社会重大理论问题与实践问题的能力。小学思想政治理论课的主要目标是使小学生建立初步的是非观念;在初中阶段,主要培养学生对党和社会主义国家的真切情感;高中阶段主要使学生掌握基本政治概念;大学本科阶段主要从学理上理解政治理论知识,并将其内化为行动的指南;研究生阶段,则主要在本科教育的基础上从研究的角度探究政治理论和现实的深层次问题。明确我国目前的教育体系下,小学开设"思想品德""历史与社会""道德与法治",高中阶段开设"经济生活""政治生活""文化生活""生活与哲学",选修"国家和国际组织常识""生活中的法律常识"等课程,大学本科生开设"思想道德修养与法律基础""中国近现代史纲要""毛泽东思想和中国特色社会主义理论体系概论""马克思主义基本原理概论"4门课程,专科生开设前两门,研究生必修课程为"中国特色社会主义理论与实践研究",选修课程为"马克思主义社会科学方法论"或"自然辩证法概论"。几门课程在知识结构上一脉相承,均为了学习马克思主义基本理论与马克思主义中国化最新理论成果。而大学生思想政治理论课程进一步拓宽、细化,更注重学理性。例如,"马克思主义基本原理概论"总结了马克思主义的一些基础理论,而"马克思主义与社会科学方法论"融入了具体的哲学社会科学方法的基本内容。

(三)强化大学生对思想政治理论课课程价值的认可

1. 深化理性认知,把握思想政治理论课程的作用与价值

约翰·斯图亚特·穆勒说过,观念并不一定仅仅是社会环境的征兆与产物,它自身在历史上也是种力量。大学生对于思想政治理论课的认知,很大程度上会影响他们对于这门课程的获得感。第一,正确认识大学思想政治理论课的社会价值。大学生思想政治理论课教育表现为一个复杂的动态过程。作为一种客观存在的教育活动,大学生必须全面而正确地认识到它重要的政治价值、经济价值、文化价值、生态价值。以政治价值为例,大学思想政治理论课更加注重大学生马克思主义理论水平的提升,更加规范地引导大学生政治行为,始终保持人才培养与政治的和谐关系,促进社会稳定与发展。

第二,正确认识大学思想政治理论课的个体价值。马克思说:"人不是力求停留在某种已经变成的东西上,而是处在变易的绝对运动之中。"①大学生在追求个人理想的过程中,思想政治理论课能发挥相对意义上的个体价值功能,满足其一定认知需要、情感需要、自我实现的需要。认识需要,是指任何课程都具有一定的知识文化传播功能,大学生思想政治理论课能够进一步传输马克思主义理论基础知识、社会科学研究方法、自然科学的研究方法、中国特色社会主义理论体系知识等,帮助他们形成合理的认知体系。情感需要,即大学生思想政治理论课运用多重手段(如情感体验式教学),激发大学生精神动力,充分发挥向上精神力量的作用。自我实现的需要,是指大学生思想政治理论课最主要的是帮助大学生掌握马克思主义理论思维方法,提供他们社会生存的手段和技能,规范调控他们的思想行为,让他们更好地在社会中实现自己的价值。

2. 坚持问题导向,培养大学生理论思维等实用能力

习近平总书记在全国高校思想政治工作会议上指出,做好高校思想政治工作,要因事而化、因时而进、因势而新,要遵循思想政治工作规律,遵循教书育人规律,遵循学生成长规律,不断提高工作能力和水平。3·18讲话又进一步明确了思想政治理论课改革的原则和指导思想。高校思想政治

---

① 中共中央马克思恩格斯列宁斯大林著作编译局.马克思恩格斯全集:第46卷[M].北京:人民出版社,1979:486.

工作的核心环节是思想政治理论课教学,提高思想政治理论课教学质量和效果的根本指标是大学生思想政治理论课的获得感和实效性。

思想政治理论课是否"有用",是影响大学生对待思想政治理论课态度的重要因素。为使大学生认识到思想政治理论课在成长过程中的作用,我们注重在传授思政理论知识的同时,加强学生"听、说、读、写、思"能力的培养,努力增强思想政治理论课在提高大学生综合素质和能力培养中的功能,提高思想政治理论课的显性作用和影响力。

通过课堂学习和训练,大学生的各种能力得以提高,特别是思维能力。这是公认的思想政治理论课功能,但是,要打破大学生对思想政治理论课的刻板印象,才能让大学生感受并认识到思想政治理论课的这种功能。这样,大学生才会主动地学习、接受思想政治理论课。为解决大学生马克思主义方法论指导作用发挥不强的问题,教师在教学过程中要坚持问题导向,培养大学生自觉运用马克思主义立场、观点、方法分析和解决社会问题的能力。第一,以社会问题为导向,培养大局意识。教师需要适当摒弃"灌输论"以及"结论式"教学,注重向大学生传播"为什么"的过程,而不是"是什么"的结果,"引导他们在'是什么'的基础上重点思考'为什么'和'怎么做'"①。可结合社会生活具体案例,在思想政治理论课教学过程中,倾听大学生对于一些社会问题的观点、态度以及能想到的解决办法,并适当与其讨论,培养他们的大局意识。社会生活中遇到的大部分问题都是结构良好问题,有明确初始状态、目标状态及解决办法,大学生要在解决社会现实问题、推动社会进步过程中发挥出关键作用。第二,以专业问题为导向,培养科学研究思维。科学研究思维是在将感性认识转变为理性认知的加工处理过程中,所需要运用到的历史与逻辑、纪律与规矩、创新与发展的科学思维。教师在教学过程中要鼓励大学生结合专业特点,利用学科优势,去探索未知领域,对社会科学发展做出贡献,也应积极引导他们将专业性思路、技术、方法与思想政治理论课教学基本内容结合起来,去研究思想政治教育中的一些热点问题,做到学有所用,增加大学生对思想政治理论课的实际获得感。

3. 彰显思想政治理论课的育人效果

大部分大学生都有专业意识,能够意识到学好专业知识的重要性。同

---

① 李齐全.问题研究式教学在"中国特色社会主义理论与实践研究"课中的运用[J].思想理论教育导刊,2012(9):17-19.

时大学生还有另一个角色,那就是新时代中国特色社会主义伟大事业的人才后备军。习近平总书记在庆祝中国共产党成立 95 周年大会上明确指出:"伟大的斗争,宏伟的事业,需要高素质干部。我们要坚持德才兼备、以德为先。"①大学生如果政治觉悟不高、思想道德品质过低,文化素养再好也功亏一篑。因此,大学生要将自己定义为既能学好专业知识,又具备政治道德素养的高素质高层次人才,就必须学好大学生思想政治理论课。

高校思想政治理论课是大学生思想政治教育的主渠道,事关我国高层次人才培养的根本,必须高度重视。思想政治理论课最重要的作用,是解决培养合格人才的问题。习近平总书记指出,思想政治理论课是落实立德树人根本任务的关键课程,我们办中国特色社会主义教育,就是要理直气壮开好思想政治理论课,用新时代中国特色社会主义思想铸魂育人。学校要坚持党对思想政治理论课建设的全面领导,把加强和改进思想政治理论课建设摆在突出位置;坚持思想政治理论课建设与党的创新理论武装同步推进,全面推动习近平新时代中国特色社会主义思想进教材、进课堂、进学生头脑;坚持守正和创新相统一,不断增强思想政治理论课的思想性、理论性、亲和力、针对性;坚持思想政治理论课在课程体系中的政治引领和价值引领作用,推动各类课程与思想政治理论课建设形成协同效应;坚持培养高素质专业化思想政治理论课教师队伍,积极为这支队伍成长发展搭建平台、创造条件;坚持问题导向和目标导向相结合,注重推动思想政治理论课建设内涵式发展,全面提升大学生思想政治理论素养,实现知、情、意、行的统一。

三、促进思想政治理论课教学模式的针对性优化

当前高校思想政治理论课的教学和课程建设方面还存在一些问题。比如有的教师上课不生动,学生不太爱听,课堂气氛比较沉闷;有的教师教学方法比较单调,教学效果不理想;有的教师上课照本宣科,理论脱离实际;等等。这些问题,影响着思想政治理论课的教学质量和教学效果。究其原因,有课程本身需要适应时代的问题,有课程建设的问题,也有社会大环境方面的问题,不能全怪老师。我们一方面要看到高校思想政治理论课

---

① 习近平. 在庆祝中国共产党成立 95 周年大会上的讲话[N]. 人民日报,2016-07-01(1).

存在的问题,另一方面要着力解决好带有普遍性、突出性的问题。习近平总书记指出,用好课堂教学这个主渠道,思想政治理论课要坚持在改进中加强,提升思想政治教育亲和力和针对性,满足学生成长发展需求和期待。深入贯彻落实习近平总书记一系列批示精神,要充分认识思想政治理论课建设的重要性、长期性、艰巨性、复杂性,以执着的信念、坚定的信心,攻坚克难、勇于创新,切实把思想政治理论课办好。

(一)加强顶层设计,统筹规划思想政治理论课建设

思想政治理论课具有全局性,全国必须统一思想,统筹规划。各地、各高校也必须结合实际谋划思想政治理论课建设。各高校总体上均能够紧随时代发展的要求,深化教学改革,思想政治理论课建设成效显著。但中小学的思政、德育课情况很不平衡,高中政治教学应试教育色彩明显,高校对于研究生思想政治理论课建设的重视程度往往要低于本科生,表现在研究生思想政治理论课课程教材的不统一、教学内容的混乱、班级人数过多以及与思想政治理论课配套的思想政治教育活动偏少等诸多方面。本科思想政治理论课教学也存在自身问题。政府有关部门必须高度重视,要求各高校将大学生思想政治理论课建设置于重要层次,加速规划整合,推进改革创新。

1. 加强对马克思主义理论学科的宏观统筹规划管理

马克思主义理论是思想政治理论课教学的理论基础和学科依托。要理顺学科关系,从马克思主义理论的总体性出发调整马克思主义理论学科内容体系,切实使马克思主义学科成为一个学术底蕴深厚、内涵丰富、范围适当、规模宏大、名副其实的指导性理论体系。调整学科关系,加强学科布局的统筹和引导,加强马学科博士人才培养规划,以适应学科建设需要。

2. 形成全社会关心和支持思想政治理论课的机制

坚持校内与校外相结合,加强资源整合,探索建立全社会关心支持思想政治理论课建设的长效机制。加强各地爱国主义教育基地建设,开展思想政治理论课实践教学基地常态化建设,加强实践资源的整合利用,推动学生实践教学和教师实践研修的开展。

3. 营造全社会学马列、信马列、用马列的氛围

学生对思想政治理论课的态度,很大程度上受社会的影响。针对学生

对思想政治理论课不够重视的问题,要加强思想政治理论课学习氛围的营造,为教学提供良好环境。特别是党政机关干部要带头形成重视学习马克思主义理论的风气。各级党政部门也要为思想政治理论课提供有力的支持。各公务员招考等环节要加大吸收思政类专业毕业生的力度,排除歧视性条款,改善马克思主义理论、思政专业学生就业环境。

4. 切实解决大中小学思想政治理论课一体化建设的问题

研究各个阶段思想政治教育和思想政治理论课的内容分工,花大力气解决思想政治理论课程内容的重复问题,进行合理的分工和分配。强化中小学课程思政建设,尤其是中小学语文课程思政的功能。克服应试教育和功利主义的影响,切实加强中小学思政教育工作和思想政治理论课教学工作,采取有针对性的教学手段和方法。解决中小学思想政治理论课教材的统一编制和编写形式、质量问题。处理好大学思想政治理论课统编教材和自编教材的关系问题。

5. 进一步加大对马克思主义学院、学科建设的支持力度

加大经费投入和保障机制建设,加大对思想政治理论课教师的支持力度,切实为思想政治理论课教师做实事。改善教师的办公用房条件。按照教育部课程建设标准和马克思主义学院建设标准,将经费等各项保障条件落实到位。大力引进和培养学科带头人、骨干教师和优秀青年教师。建立兼任教师队伍管理制度,严格准入考核机制。

6. 落实各项保障机制

要按照思想政治理论课建设标准和马克思主义学院建设标准的要求,落实各项保障机制。思想政治理论课专任教师按不低于全日制在校本科生、硕士生、博士生总数的350∶1的生师比标准配齐师资队伍。保障课程建设等各项建设经费、实践教学经费、办公用房等条件。

7. 加强思想政治理论课教师队伍的建设和管理

思想政治理论课教师应具备基本的教学能力,并要有全心投入的工作态度。对课程的内容要有基本的把握,熟悉课程内容,弄通课程涉及的基本问题。要有一定的基本教学能力,语言表达清楚,逻辑思维清晰。此外,要具备一定的教学基本功,掌握教学的基本方法。除此之外,还要热爱思想政治理论课教学工作,真学、真信、真教马克思主义。

8. 重视实践教学

马克思认为,全部社会生活在本质上是实践的。凡是把理论引向神秘

主义的神秘东西,都能在人的实践中以及对这种实践的理解中得到合理的解决。目前,高校实践教学的模式和资源难以适应教学的需要,高校整合全社会资源的能力和力度不够。在实践教学的时间安排、实践的形式、教学实施、实践的安全管理、实践的经费等方面都存在难题。研究表明,大学生希望丰富授课形式,通过参观学习红色展览和实地考察革命教育基地等方式,将理论学习与实践相结合,将理论的说教变为可感观的现实。目前,部分高校的"毛泽东思想和中国特色社会主义理论体系概论"课程设置了社会实践教学周,或者按照要求开设"思想政治理论课实践教学"课,但因为实践教学经费支持力度小、周期消耗长、学生人数多、教师不够重视、大学生消极被动等原因,实践教学的实施和效果有待提高。政府有关部门须高度重视大学生实践教学,可以从现有学分中设置1—2分的实践教学学分,同时予以适当条件支持,保证教学活动顺利开展。

9. 密切思政课程教学和思政教育工作的关系

解决两张皮的问题,切实提高思政教育的实效性。探讨教学理念问题,处理好课程思政与思政课程的关系问题,围绕增强大学生对思政理论课的获得感,努力培养学生对思想政治理论课程的亲近感和认同感,提高大学生学习思想政治理论课程的积极性和主动性,最终增强思想政治理论课程的有效性。

(二)塑造思想政治理论课学习新模式

1. 改革课程考试方式,加强过程性学习评价

考试方式决定学习模式,学习模式影响学习效果。打造良好的思想政治理论课学习模式是增强思想政治理论课学习效果的重要路径。传统的思想政治理论课教学采用"一考定终身"的方式,很大程度上决定了学生对思想政治理论课的学习模式,即平时上课听课,期末死记硬背应对考试,平时的学习不扎实、不落实。思想政治理论课的学习要靠日常积累,需要加强平时的学习。因此,注重平时学习的过程性评价成为解决问题的主要方法。要改革思想政治理论课教学模式,加大过程性学习管理力度,完善考试考核评价方法。根据各门课程的不同情况实行不同的考试方式,简化理论知识部分的考试,强化平时学习过程的考查。根据各门课程的不同情况实施不同的考试方式,完善考试制度。全部思想政治理论课程的考试成绩和平时成绩各占50%,期末考试的主观题和客观题各占50%,加大过程性

学习分数比重。平时成绩主要考查到课、课堂表现、平时作业、课堂发言、课程论文等方面的情况。期末考试通过机考方式,理论论述可采用随堂测验的方法,随堂测验重点考查学生的思维判断和分析能力。考试方式改革和形成性评价的方法重点鼓励学生关注平时的参与式学习,改变学生期末突击应付考试的学习方式,减轻学生考试负担,提高学生对思想政治理论课的接受程度,促进思想政治理论课程的实效性。结合弹性学分制的实施推行思想政治理论课的教师挂牌上课制度。

2. 推行"学生自由选课、教师挂牌上课"的思想政治理论课选课模式

多数学校思想政治理论课实行固定排课制,思想政治理论课任课教师统一安排上课,一定程度上限制了学生的选课自由。根据高校改革的趋势,结合弹性学分制的改革,对思想政治理论课推出"学生自主选课、教师挂牌上课"的改革措施,促进教师提高教学水平。

3. 发挥第二课堂的作用

开辟课外渠道,发挥第二课堂在思想政治理论课教育中的作用,是优化思想政治理论课教学模式的组成部分。学科竞赛对促进大学生学习与思考,激发大学生学习思想政治理论课的兴趣具有积极作用。举办竞赛活动,"以赛促学"是思想政治理论课教学很好的形式,对推动思想政治理论课教学有良好的影响。为了促进思政理论知识的学习,要每年举办思想政治理论课学科竞赛活动,用马克思主义中国化最新成果武装广大青年学生头脑,将广大青年学生造就成为担当民族复兴大任的时代新人。竞赛活动要注重引导,自愿参加,扩大比赛的参与面,但不要过度强制学生参与。浙江工商大学已举办十届思政理论知识竞赛活动。2018 年浙江省首次将大学生思政理论知识竞赛作为省级学科竞赛,结束了思想政治理论课没有学科竞赛的历史。

(三)深化思想政治理论课教育模式改革,优化教学组织形式

1. 深入推行中小班化教学方式

课堂规模是影响思想政治理论课教学效果的一个重要因素。通常课堂规模越大,教师与学生的互动越难,管理课堂的效果就越差。所以,为保证课堂教学效果,应推行中小班授课。思想政治理论课课堂教学一般安排 2 合班课上课,原则上不安排 3 合班课或者 100 人以上的大班课,逐步实现中小班化教学。将原来常见的"大班授课"改为"中小班授课",并逐步提高

"单班授课"的比例,进一步提升思想政治理论课的教学效果和教学质量。

2. 实现课堂教学、网络教学和实践教学的良性互动

顺应形势,推进和完善"翻转课堂"等线上线下结合的教学方法,加强在线精品共享课建设。在线资源的建立可以锻炼教师的教学能力,网络新技术、新媒体、新工具的使用,使用超星等公司的课堂教学平台和学习通等App 辅助教学,使用竞赛和考试系统进行网络考试。网络教学系统可以帮助教师上好思想政治理论课,加强教学资源的共享。高校应加大思政实验教学手段、教学资源、实验室和智慧教室的建设投入,赶上时代步伐。坚持开门办思想政治理论课,推动思想政治理论课实践教学与学生社会实践活动、志愿服务活动相结合,思政小课堂和社会大课堂相结合,完善思想政治理论课实践教学机制。鼓励思想政治理论课教师积极参与、指导各类学生实践活动。进一步加强实践教学基地建设,精心设计和组织实施好一批内容新颖、形式多样、吸引力强、渗透力强的实践活动,深化实践教学改革,推行思想政治理论课虚拟仿真实验项目,丰富实践教学内容和形式。

3. 改革思想政治理论课教学质量的评价方法和评价机制

思想政治理论课的教学效果和质量评价一直是一个难题,并会影响思想政治理论课教师的教学积极性。在传统学评教基础上,对教师教学效果评价进行改革,增加教师同行、教研部主任和学院领导的评价因素,降低学生的评价效用和影响权重,但这些改革效果尚不明显。要开展思想政治理论课评价指标体系和评价方法的研究,采用更科学合理的评价方法体系,使思想政治理论课教师可以获得客观的评价,促进他们教学水平的提高。目前由浙江工商大学马克思主义学院承担的教育部课题"大学生思想政治理论课获得感的测评方法研究"正在进行思想政治理论课教学效果评价方法的研究。

4. 开设更多思政选修课,丰富思想政治理论课程的内容

增加思政选修课程供学生选择。大学统一开设 5 门(专科 3 门)思政必修课,这是目前的安排情况。除这些规定的必修课外,各高校要根据自身条件,开设更多的思政选修课以及相关课程,丰富思想政治理论课程体系,让学生有更多的学习选择。比如,可以开设"毛泽东思想""中共党史""中华人民共和国史"等课程。

一方面,加强基本理论知识的学习要求,简化教学内容和知识点;另一方面,加强知识理解运用的训练。审视和修订培养方案,妥善处理"马克思

主义哲学""政治经济学"等课程与现有思想政治理论课程的关系,在哲学等人文社科本科专业中增设为必修课或必选课,在其他专业中开设为选修课。增开"中共党史""科学社会主义""中华人民共和国史"等通识课程。安排反腐倡廉教育、马克思主义宗教观教育等内容进教材、进课堂,融入相关思想政治理论课。开设"习近平新时代中国特色社会主义思想概论"课,重点围绕习近平新时代中国特色社会主义思想,以及党史、国史、改革开放史、社会主义发展史、宪法法律、中华优秀传统文化等设定课程模块,开设系列选择性课程。进一步规范"形势与政策"课,认真组织落实好相应的课程要求。

四、促进思想政治理论课教学方法的有效性优化

高校思想政治工作的核心环节是思想政治理论课教学,衡量思想政治理论课教学质量和效果的根本指标则是大学生的获得感和实效性。思想政治理论课课堂教学方法,是思想政治理论课被动性主体接受效果的决定性因素。思想政治教育主动性主体即思想政治教育活动的具体实施者。[①] 大学生思想政治理论课教学中,教师是主动性主体,要从魅力导向、内容导向、问题导向以及需求导向出发,不断创新思想政治理论课教学方法,增强教学能力与教育实效,提升大学生思想政治理论课获得感。北京大学马克思主义学院原院长、中央马克思主义理论工程课题组首席专家陈占安教授认为,思政理论课是涉及全校性的重要课程,专业课若讲得不好,影响的仅是该专业的少数学生,而思政理论课若是没讲好,影响面就很宽了。所以思修课教师要重视课堂教学,千方百计地进行课堂教学的改革,不断提高教学水平。

(一)坚持魅力导向,展现学识功底与专业素养

思想政治教育者应具备四种魅力:理论魅力、知识魅力、艺术魅力、人格魅力。[②] 教师教学魅力是影响大学生思想政治理论课获得感的首要

---

① 林伯海,周至涯.思想政治教育主体及其主体性的要素构成新探[J].思想教育研究,2011(2):10-14.

② 张耀灿,卢爱新.论思想政治教育者的教育魅力[J].学校党建与思想教育,2005(9):32-34.

因素。

1. 提升专业素养，展现知识魅力、理论魅力

"教学是一种复杂的活动，有效的教学需要一系列复杂的知识和技能。"[1]思想政治理论课教师要不断提升马克思主义和中国化马克思主义理论素养，具备广博的知识、宽阔的视野、超强的学习能力以及严密的逻辑论证思维，能够以深厚的知识魅力与学术功底，激发大学生的学习积极性。

2. 形成独特的教学风格，展现艺术魅力

独特的教学风格与教育技能是教师艺术魅力展现的主要方式，常见且较受大学生喜爱的教学风格有：理论思维型，比较注重引导大学生通过理论思维去分析社会现实问题，层层递进，用理智控制课堂；以情动人型，喜欢在教学过程中相对偏离理论，重点关注伦理生活，热衷与大学生分享社会新闻、家庭情感、心理健康等内容，有帮助大学生纾解情绪、陶冶情操的作用；风趣幽默型，教师学识广，谈吐幽默风趣、妙语连珠，很容易营造出轻松愉悦的课堂氛围，让大学生积极性高涨。大学生思想政治理论课教师要形成自己独特的教学风格，展现自己的教学艺术魅力。

3. 注重仪容仪表，控制个人情绪情感，展现人格魅力

大学生思想政治理论课教师进行课堂教学前，可简单地修饰仪容仪表，搭配干净得体的服装，头发胡须整理干净等；并且在教学过程中，可通过简单的手势或目光与大学生进行交流互动，既不是一脸严肃也不是哗众取宠。除此之外，要注意控制个人情绪情感，因为当下的大学生大多思维更开放，看问题更加尖锐，脾气与耐心稍微不足，教师要注意引导，不可以在课堂上发表不当言论或与他们就单一问题产生过多的争执，要做到既尊重学术自由又尊重思想自由。

（二）注重内容导向，把握思想政治理论课的根本

大学生思想政治理论课教学的理念、原则、目标与方向会影响课程建设的实际成效。思想政治理论课教学说到底以内容为王，要安排好每堂思想政治理论课的教学内容，做好相互衔接，注重教学内容在大中小学之间的衔接、大学各门课的衔接、思想政治理论课必修课与选修课的衔接、思想政治理论课与其他课的衔接。

---

[1]　杜威.民主主义与教育[M].陶志琼,译.北京:中国轻工业出版社,2016:264.

1. 以课堂为载体，注重思想政治理论课内容传授

目前，世界范围内各种思想文化的交流、交融、交锋更加频繁，如何在多元思想中确立主导思想、发挥正能量、增强对重大理论和现实问题的阐释力，给思想政治理论课提出了新的挑战。面对各种思潮和复杂的社会现象，运用马克思主义的立场、观点、方法，在多样中求得共识，给思想政治理论课提出了新的要求。思想政治理论课教学以内容为王，不管如何改革，都不能脱离思想政治理论课的核心内容，不能把思想政治理论课的根本目的淡化、虚化。如果放弃了这个根本，那就是"耕了别人的田、荒了自己的地"，是思想政治理论课教师失责的表现。有的教师，为了迎合学生的兴趣，课堂上不讲马克思主义，讲其他主义、学派，这是不能被允许的。思想政治理论课教师应该坚守马克思主义的阵地，坚决抵制"砸锅"的行为。教师应在不脱离大学生思想政治理论课教材的基础上，深入社会进行调查研究，掌握大学生最关心、最在乎、最直接的现实问题，在课堂上以授课的形式答疑释惑，直击大学生内心最深处。同时，对于一些实用性很强的理论知识，必须要重点讲解，帮助大学生理解，并帮助他们能够将其灵活运用到实践中去。实现理论传输、思想引领和需求满足三者的统一，真正让大学生感受到思想政治理论课的趣味性和实用性以及开设的必要性。

2. 以思想政治理论课核心内容为根本，加强大中小学教材一体化建设

教材是教学内容的依据和根本，需要不断研究改进思想政治理论课教材。目前，高校思想政治理论课教材由教育部统一编写，为统一高校思想政治理论课教学内容提供了明确的依据。但是，在实际使用过程中也存在一些不足，如大中小学思想政治理论课一体化建设体系尚未完全形成，不同对象的教学内容、教学方法缺乏合理的分类分工。当前，中小学、大学各课程之间存在大量重复现象，课程开设缺乏协调性和一致性，没有完全实现螺旋式上升的要求，影响学生对思想政治理论课的评价和感受。小学开设的"思想品德"课存在经常被占课的情况，因为不用考试，往往被认为是副科而不受重视，存在由非专业思政老师兼课等问题。初中课程"历史与社会""道德与法治"的部分内容难理解，距离学生生活较远，学生学习兴趣不高；分值比例低，影响学生重视程度；等等。高中开设的必修"经济生活""政治生活""文化生活""生活与哲学"和选修"国家和国际组织常识""生活中的法律常识"存在因选考时间设置，需在一年半内学完所有课本，节奏过

快;注重应试性,理解要求低于应试要求;考试题目追求应试难度,经常超纲,超出学生的理解和接受程度;等等。大学本科开设的"马克思主义基本原理""毛泽东思想和中国特色社会主义理论体系概论""中国近现代史纲要""思想道德修养与法律基础"四门必修课,专科开设的"毛泽东思想和中国特色社会主义理论体系概论""思想道德修养与法律基础"两门必修课,本科、专科学生开设的"形势与政策"必修课,各校开设的"当代世界经济与政治"等选修课中存在的问题有:教材略为枯燥;专科院校注重培养专业技能,对思政素质培养的重视不够;内容交叉重复较多。

高中思想政治理论课教学应试教育倾向明显,没有打好思政理论课的基础,为大学思想政治理论课教学带来难度。小学思想政治理论课教学成人化倾向严重,没有针对性地选好内容和方法;中学有的内容开设偏早;大学思想政治理论课部分内容开设过晚。总之,思想政治理论课在教学内容设置、时间安排、教材编排等方面存在不少的问题,一定程度上存在混乱现象,均应检视总结和反思。针对大学思想政治理论课的问题,要进一步改进课程设计,思想政治理论课教材需要不断修订,解决课程之间的内容重复问题,增强教材可读性、吸引力,协调大学与中小学教学内容的分工,解决大学课程与中小学课程的内容重复问题,优化课程内容的分布。各高校思想政治理论课应当坚持统一使用马克思主义理论学科建设与理论研究工程教材,但要进一步优化对教材的使用,提倡教师结合当地实际,自主编写教学案例。

要解决大中小学生思想政治理论课一体化建设的问题,首先要进行教材一体化建设。研究各个阶段思想政治教育和思想政治理论课的内容分工,编写适合不同年龄和学业阶段学生的特点和需求的教材。不仅要解决中小学思想政治理论课教材的统一编制和编写形式、质量问题,还要处理好大学思想政治理论课统编教材和自编教材的关系问题。花大力气解决思想政治理论课程的内容重复和反复问题,对内容进行合理分工和分配。探讨是以学理为主还是道理为主的思想政治理论课教学理念问题。切实加强中小学思政教育工作和思想政治理论课教学工作,克服应试教育和功利主义的影响,密切思想政治理论课教学和思政教育工作的关系,解决"两张皮"的问题,切实提高思政教育的实效性。处理好课程思政与思政课程的关系问题,强化中小学课程思政建设,尤其要发挥中小学语文课程思政的功能。加强中小学思想政治理论课教师、各科教师的思想政治教育能力建设。

3. 注重网络育人,拓展思政教育渠道

当下便利的互联网为思政理论教育提供了很好的条件,为思想政治理论课教学提供了充足的信息来源和学习资源,对思想政治理论课教学非常有利,思想政治理论课教学要善于利用、合理运用。教师必须从单一的传统教学转向开放式教学,与社会发展趋势、新的知识观、新的课程观相呼应。例如,鼓励大学生利用"学习强国""共青团中央""人民网"等新媒体矩阵自主学习,结合课程要求撰写学习报告;通过央视网、新浪微博、爱奇艺、腾讯视频、抖音等网络视频客户端,选择观看自己感兴趣或社会关注度高的话题视频,课堂上组织学生谈观后感;鼓励有条件的大学生发挥主观能动性,在人人都是"金话筒"的网络平台进行正能量发声,能引起积极向上的社会舆情的,可适当考虑加分。总而言之,必须让大学生时刻关注时代发展,了解基本国情,让他们在参与中增强获得感。课后,教师可以利用微信公众号、微信群、QQ 群等沟通工具,继续与大学生分享最新的学习内容,继续充当人生导师,赢得大学生青睐。

(三)坚持需求导向,改善课堂教学效果

提升高校思想政治理论课教学实效,课程改革创新是源头活水。[①] 研究表明,大学生思想政治理论课实效性不强,会导致大学生在实际行为受益上有一定的落差。教师需要坚持需求导向,创新教学手段、考核方式,增强思想政治理论课教学效果。

1. 加大教学投入,精心上好每堂课

坚持教师讲授与学生参与相结合,注重师生教学互动,充分调动学生学习的主动性、积极性。教师要规划好每节课的内容、时间安排等,有效切入教学,注意运用有效和合适的教学方法。要灵活把握课程内容,连续提出启发式的问题,组织有效的课堂讨论,提升讲授的语言表达方法和授课技巧,紧紧抓住学生的心。处理好科研和教学的关系,让科研与教学相互促进。

多数教师都不是师范院校出身,大都没有经历过师范专业的基本训

---

① 魏勃.提升高校思想政治理论课教学实效性探究[J].学校党建与思想教育,2019(16):33-35.

练,许多教师缺乏教学的基本功和教学技能。因此,大多数思想政治理论课教师都要补师范教育的课。重视教学、努力提高教学能力和水平,已经成为思想政治理论课教师的共识。学校要创造条件进一步培养思想政治理论课教师。

2. 创新课堂教学方法

随着社会的发展变化,当代大学生的学习环境和自身特点也有了很大变化。当前的思政理论课教学虽然也做了许多改革和调整,但是仍然存在许多不相适应的问题。近年来,思想政治理论课"实效性不强""效果不理想""质量不高"等评价频繁出现,反映出思想政治理论课教学中存在说服力感染力不够、针对性实效性不强等问题。

课堂教学方法的改善,是提高课堂教学质量的主要环节。有序推进课堂教学改革,筛选好的教学方法和技巧,是思想政治理论课教师上好思想政治理论课的重要任务。教师采用传统的教学方法,易陷入满堂灌状态。对大学生适当进行强制、灌输式的教育是必要的,但是,过多的灌输式教育容易引起他们的排斥和反感,让他们对思想政治理论课产生刻板和逆反心理,导致教学效果不好。因此,教师要改变满堂灌的传统教学方法,积极探索以互动教学为核心的教学方法,让学生动起来。在提高传统讲授的能力和水平以外,大力推进思想政治理论课教学方法改革。从强化学生综合素质能力出发,针对教学中的具体问题,采用灵活的教学方法,推进思想政治理论课教学效果改善。

3. 积极应用新技术,服务课堂教学

在线资源的建立可以锻炼教师的教学能力,网络新技术、新媒体、新工具的使用,可以帮助教师上好思想政治理论课。学校和教师还要注意利用具有实效性、针对性和创新性的思想政治理论课网络教学新模式,加强思想政治理论课新技术、新手段、新方法的引进、吸收和消化,推动人工智能等现代信息技术在思想政治理论课教学中的应用,设立"思想政治理论课智慧教室",建设"思想政治理论课虚拟仿真实验教学示范体验中心",建设和利用好各种思想政治理论课教学资源。

顺应形势,推进和完善"翻转课堂"等线上线下结合的教学方法,加强在线精品共享课建设。加强教学资源的共享,避免过度重复建设、重复投入。使用超星等公司的教学平台和学习系统进行辅助教学,使用考试系统进行网络考试,都已取得了很好的效果,要加以完善,加大推广使用。

五、促进思想政治理论课教学环境的结构性优化

学生对思想政治理论课的态度,很大程度受社会大环境和思想政治理论课教学环境的影响。比如各级各类党政领导干部对马克思主义的态度,直接或间接地影响学生对思想政治理论课的态度。学生的学习积极性是思想政治理论课教学效果的重要前提,针对学生对思想政治理论课不够重视的问题,要加强思想政治理论课学习环境的营造,创造良好的学习氛围,调动学生学习积极性,为思想政治理论课教学提供良好的条件。

(一)加强政治思想建设,形成全社会重视支持思想政治理论课的外部环境

思想政治教育是一个长期复杂的系统工程和社会工程,不是短期就能见效的,也不是光靠思想政治理论课教师就能解决的,需要全社会的共同努力。思想政治理论课教师长期艰难地坚守马克思主义理论阵地已实属不易,不要把许多责任都推给思想政治理论课教师。对高校思想政治理论课程建设,既要高标准、严要求,又要提供宽松的环境,加强系统化的规划布局和建设,做好制度保障和服务工作。要坚持校内与校外相结合,探索建立全社会关心支持思想政治理论课建设的长效机制,努力改善思想政治理论课教学的环境,促进高校思想政治理论课建设,改善大学生对思想政治理论课的认知和学习态度。

1. 深刻认识思想政治理论课的重要性

一段时间以来,高校各学科的建设热火朝天,国家对教育和研究的支持力度越来越大,许多学科得到了快速发展。对于教育和科技来说,这是一种好现象,但是,从学科的发展来说也存在不平衡之处。作为指导地位的马克思主义理论在各学科的发展中相对落后。许多平台的申报、评审资源越来越多地集中到热门学科上,马克思主义理论学科相对受到冷遇,在学生中也逐渐成为有些次要的科目。与一些学科、项目的资助相比,对马克思主义理论学科的支持、对意识形态领域的工作支持显得太吝啬,反映了我们有些干部的思想中对马克思主义重要性的认识不够充分,政权意识、政治意识和阵地意识还不够强。这种状况与马克思主义理论作为指导思想的地位是极不相称的,与我们党对意识形态工作的要求是极不适应

的,是与思想政治理论课建设的需要不相匹配的。

党的十八大以来,习近平同志高度重视思想政治理论课教学工作,全社会对思想政治理论课重要性的认识有很大提高。针对学生对思想政治理论课不够重视的问题,要加强思想政治理论课学习氛围的营造,为教学提供良好的环境。首先,各级党政部门和领导干部要带头学马列、信马列、用马列,带动机关干部乃至全社会,形成重视学习马克思主义理论的浓厚风气,营造一个上下一致学马列、信马列、用马列的氛围。

其次,对马克思主义理论学科的支持不仅要与其他学科平衡,还要有一定的倾斜,各级党委和政府应理直气壮和大张旗鼓地支持马克思主义理论学科的建设,并且要具体落实到思想政治理论课教学的各个环节,落实到教师队伍的管理和服务中。比如,在评审项目和各种资源分配中单独立项,避免这类项目在校内平衡时被牺牲。多设立一些教学、研究、实践的平台,以大手笔支持高校思想政治理论课的阵地建设、人才引进和培养。要采取有效措施,在切实解决高校教师普遍性困难的同时,优先重视解决思想政治理论课教师的一些特殊困难,提高高校思想政治理论课教师的职业自豪感、责任感和荣誉感。造就和形成党和政府高度重视思想政治理论课教学和意识形态工作的舆论氛围和热络气氛,让马克思主义理论学科成为令人羡慕的学科,让思想政治理论课教师岗位成为有吸引力的岗位,共同营造全社会重视思想政治理论课的氛围。

最后,营造重视和支持思想政治理论课建设的意识。许多部门和领导没有真正把思想政治理论课教学和建设作为一项重要的工作,对它的支持力度不够。另外,没有营造足够的尊重思想政治理论课教师的氛围和机制。各级各类党组织、单位要高度重视思想政治理论课建设工作,在本职工作范围内为思政教育提供可能的条件。进一步加大马克思主义学院、马克思主义理论学科建设的支持力度,加大对思想政治理论课教师的支持力度,切实为思想政治理论课教师做点实事。坚持校内与校外相结合,加强资源整合,探索建立全社会关心支持思想政治理论课建设的长效机制。加强各地爱国主义教育基地建设,开展思想政治理论课实践教学基地常态化建设,加强实践资源的整合利用,推动学生实践教学和教师实践研修。

2. 进一步理顺体制机制

明确思想政治理论课建设在高校中的重要地位,完善思想政治理论课建设领导体制机制。高校要成立"马克思主义与思想政治理论课"领导小组之类的组织,负责统筹规划和协调思想政治理论课建设工作。校党委会每学期至少召开1次会议专题研究思想政治理论课建设,把思想政治理论课建设情况纳入学校党的建设和各项工作考核、办学质量和学科建设评估标准体系。校党委书记、校长是思想政治理论课建设第一责任人,要切实负起政治责任和领导责任,加强马克思主义学院建设、马克思主义理论学科建设和思想政治理论课建设,选优、配齐、配强马克思主义学院领导班子,确保在学校发展规划、经费投入、公共资源使用中优先保障思想政治理论课建设的需要,在人才引进、师资队伍建设、科研立项、评优表彰、职务评聘等方面优先支持思想政治理论课教师,真正落实思想政治理论课在学校教育教学体系中的重点建设地位。高校领导要结合自身学科背景和工作经历,带头走进课堂听课、讲课,带头推动思想政治理论课建设,带头联系思想政治理论课教师。校党委书记、校长每学期要给学生讲授思想政治理论课。

3. 科学制定发展规划,提升学科和课程建设水平

虽然近年党和政府部门加大了对思想政治理论课、马克思主义理论学科的支持力度,但是,教育主管部门对思想政治理论课建设的支持仍存在区域不平衡、课程建设的统筹和规划不够等问题。高校马克思主义理论学科及思想政治理论课的资源、利益大多集中在少数地区、部分优势高校,不同地区、高校并不均衡。有些地区重视的多,支持力度大;有些地区重视的不够,支持力度小。高校内部的资源有限,思想政治理论课建设的一些政策、条件保障尚未完全落实到位,思想政治理论课建设的一些举措缺乏足够的经费等支持。要加强对马克思主义理论学科的宏观统筹规划管理。理顺学科关系,调整马克思主义学科内容体系,切实使马克思主义学科成为一个学术深厚、内涵丰富、范围适当、规模宏大、名副其实的指导性理论体系。调整学科关系,加强学科布局的统筹和引导,加强马克思主义学科博士人才培养规划,适应学科建设需要。大力引进和培养学科带头人、骨干教师和优秀青年教师。建立兼任教师队伍管理制度,严格准入考核机制。

要全面提升马克思主义学院建设水平。进一步加大对马克思主义学院、马克思主义学科建设的支持力度。按照教育部课程建设标准和马克思主义学院建设标准,将经费等各项保障条件落实到位。根据马克思主义理论学科的性质、特点和要求,把马克思主义学院作为重点建设学院、马克思

主义理论学科作为重点学科、思想政治理论课作为重点课程进行建设,进一步凝练学院学科方向,提升马克思主义学院整体建设水平,把马克思主义学院打造成思想政治教育、马克思主义理论研究和人才培养的坚强阵地。

要加强思想政治理论课建设的统筹规划指导。教育部近年推出了"新时代高校思想政治理论课创优行动"、《普通高等学校思想政治理论课教师队伍培养规划(2019—2023年)》等思想政治理论课建设的宏观计划,实施了一系列课程建设、教师队伍培养、人才支持、优秀学科带头人培养等方面的项目和计划。在各种项目遴选中,设置一定比例的名额优先保障马克思主义理论学科、思想政治理论课程需要。各地也提出了一些统筹性的计划项目,例如"青年马克思主义学者"培养计划。这些工作一定程度上加强了对高校思想政治理论课建设的集中领导和统筹规划,需要继续更有效地辐射到高校的思想政治理论课建设。

4. 营造全社会乐于接纳思政专业人才的政策环境

交互决定论认为:个人、环境、行为是相互影响、彼此联系的,三者影响力的大小取决于当时的环境和行为的性质。社会对思政相关专业人才的接纳态度、政策影响着大学生对思政理论的态度。以往对思政教育不仅没有特别的政策,甚至有一些歧视或不利的方面。这些现象直接影响到社会对思想政治理论课、思想政治理论课教师、思政专业学生的认知和评价。研究表明,稳定的社会环境、高层次人才待遇优惠政策、光明的就业发展前景,会让大学生产生更高的国家认同感,认可思想政治理论课教师所教授的知识与价值观,间接提升了获得感。因此要提升大学生思想政治理论课获得感,应该继续创造更好的人才发展环境。大学生由于年龄限制,再塑造成本高、生活压力过大、风险承担能力弱、就业选择范围缩小。政府有关部门应关注大学生就业问题,各公务员招考等环节中加大吸收思政类专业毕业生力度,取消竞争歧视性条款,创造更多匹配度高的就业岗位,改善马克思主义理论、思政专业学生就业环境。"思想政治教育接收主体是具有现实需要的人,接受活动是在其自身需要下进行的。"①大学生作为现实生活的实践主体,需要一定的物质利益以满足基本生产与生活需要,政府有关部门应适当调整大学生就业待遇,减轻他们的经济压力,让他们更潜心于科学研究或者社会的思想政治工作,切切实实提升因行为价值创造而产

---

① 　张耀灿,郑永廷.现代思想政治教育学[M].北京:人民出版社,2007:192.

生的获得感。

5.加强家校联系,充分发挥家庭在思想政治理论课教学中的作用

大学生的健康成长,需要家庭、学校、社会形成教育合力,尤其要发挥家庭教育的特殊作用。[①] 第一,把家庭思想政治工作作为加强和改进思想政治工作的重要内容来抓,纳入各级领导的议事日程,有计划、有重点地全面部署,使之落到实处。第二,促进家长转变观念。大学生是社会发展过程中的高层次人才,其政治素养与道德品质的高低是关乎其前途与命运的。通过与家长的沟通,家长摒弃"只要学习好,娃儿就是宝"的教育观念,将孩子的政治素养与道德品质培养放在第一位。第三,促进家长与子女的沟通。大学生在社会生存的过程中,面临着一系列人生新课题。如何选择合适的婚姻,如何应对忙碌的工作,如何担负起家庭的责任等,这些问题又会让他们再一次应对全新的挑战。作为家长,在孩子成长的最初阶段,教育他们做什么样的人,指引他们走什么路,激励他们为什么学习,对他们的人生历程起着导向作用。在家庭教育中,最常用的方式是交谈。作为家长,要经常与孩子进行思想交流,多沟通,增强教育实效。

(二)加强教师队伍建设

1.配足建强教师队伍,确保思想政治理论课一线教学力量

按照教育部《高等学校思想政治理论课建设标准》的有关规定,坚持"专任为主、专兼结合"的原则,严格按照思想政治理论课专任教师不低于全日制在校本科生、硕士生、博士生总数的1∶350(专科1∶400)的师生比标准,核定专职思想政治理论课教师数量,在编制内配足,且不得挪作他用,并逐步配备到位。加强新进教师培训,充实思想政治理论课教师队伍,可探索胜任思想政治理论课教学的党政管理干部转岗为专职思想政治理论课教师的机制和办法,积极推动符合条件的辅导员参与思想政治理论课教学。大力引进和培养学科带头人、骨干教师和优秀青年教师。

2.严格执行准入制度,确保教师队伍品质

严把政治关、师德关、业务关,明确与思想政治理论课教师教学科研特点相匹配的评价标准,进一步提高评价中教学和教学研究占比。思想政治

---

① 王冬岩,佟秀莲,蒋晓娟,李红.论当代大学生家庭教育的意义[J].山西财经大学学报,2011,33(S3):246.

理论课专任教师必须坚持正确的政治方向,新任专任教师原则上应是中共党员,并具备马克思主义理论相关学科背景硕士以上学位。在专业技术职务(职称)评聘工作中,要单独设立马克思主义理论类别,指标单列。校级专业技术职务(职称)评聘委员会要有同比例的马克思主义理论学科专家。实行不合格思想政治理论课教师退出机制。

3. 坚持开展培训工作,不断提高教师教学技能

重视教学,努力提高教学能力和水平,已经成为思想政治理论课教师的共识。由于多数思想政治理论课教师都不是师范院校出身,大都没有经历过师范专业的基本训练,许多教师缺乏教学的基本功和教学技能训练。因此,大多数思想政治理论课教师都要补师范教育的课。学校要创造条件培养和培训思想政治理论课教师,针对教师的实际情况,要加大对教师尤其是青年教师的培养力度。建立和完善培训体系,制定教师培训规划,使培训工作经常化、制度化。中宣部等中央六部委联合举办的全国哲学社会科学教学科研骨干研修班、教育部举办的全国高校思想政治理论课教学科研骨干研修班、思想政治理论课教师网上培训平台等都是很好的培训形式。新任专任教师必须参加岗前培训。组织开展集中备课活动,交流改革经验,开展示范教学,增强理论教学能力。每学年至少安排 1/4 的专职教师开展学术交流、实践研修和学习考察活动。鼓励教师在教学实践中提高,在改进中提高。通过青年教师社会实践项目等途径安排教师参加挂职、调研活动,增强教师对社会的认识和了解,在鲜活的实践中建立课堂教学案例库。

4. 加大激励力度,增强教师的职业认同感、荣誉感、责任感

一方面,加大对思想政治理论课教师的支持力度,切实为思想政治理论课教师做点实事。依据《中共中央国务院关于加强和改进新形势下高校思想政治工作的意见》等文件的精神,设立思想政治理论课教师专项岗位津贴,并将其纳入绩效工资管理,相应核增马克思主义学院绩效工资总量。把思想政治理论课教师作为学校干部队伍的重要来源,学校党政管理干部原则上应有思想政治理论课教师、辅导员或班主任工作经历。学校设立的荣誉称号要注重表彰优秀思想政治理论课教师,每年评选"思想政治理论课教师年度影响力人物"等先进典型。

另一方面,尽可能避免教师职业倦怠心理的出现。职业倦怠指的是一个人由于工作量大或工作压力大所产生的生理和心理均不堪重负,以至于

无法高效完成工作的状态。例如,目前的思想政治教育理论课教师,课时任务繁多,科研压力等随之而来,在这种情况下就很容易出现对教学失去热情、倾向于消极地评价自己、不愿与学生互动交流的懈怠感。针对这种情况,教师要提高自身心理健康水平,增强运用心理策略的能力,调整不合理认知,坚定职业信念。学校要给予教师良好的收入水平,适当的教学、科研压力,在加强教师师德师风建设的同时加强教师的心理疏导。

(三)改善思想政治理论课的教学条件

要保障思想政治理论课教学效果,需要必要的教学条件;要不断提高思想政治理论课教学质量和效果,也需要不断增加投入。有些领导或职能部门干部在思想认识上还没有转过弯来,给思想政治理论课政策或资源倾斜一点,就感觉不平衡、不公平,怕其他学科、学院有意见,摆不平。存在对思想政治理论课教师和思想政治理论课教学工作面上重视多、实质支持少,嘴上支持多、手上支持少,检查评比多、解决问题少,指责挑刺多、建设意见少,重视科研多、重视教学少,政治上关注多、生活上关怀少等实际问题。这些对加强思想政治理论课建设都是有害无益的。在思想政治理论课建设上,要加大投入,给予教师实质的支持和帮助。

1. 优化网络环境,支持教学方法的革新

习近平总书记在全国高校思想政治工作会议上说:"做好高校思想政治工作,要因事而化、因时而进、因势而新。"①新时代的大学生热爱上网,经常使用抖音等新兴网络软件,这就提醒相关部门需要将注意力转移到互联网平台上来。第一,优化网络环境。高校思想政治理论课正处在改革创新与多元发展的黄金期。"网络思想政治教育方法是实现网络思想政治教育目标的重要方式。"②新时代网络信息技术发展迅猛,优化网络环境,运用新技术加强对社会正面的宣传力度,保证大学生接收到积极向上的主流舆论,是政府做好网络思政教育工作的一个重点。第二,鼓励各高校入驻网络平台。抖音官方账号显示,抖音短视频软件上线 17 个月以后,DAU(日活跃用户数量)突破了 1 亿户,至 2019 年 8 月 DAU 超过了 3.2 亿户,网络影响力巨大。高校可以积极进驻各类网络平台,传播接地气且正能量的

---

① 习近平.习近平谈治国理政:第二卷[M].北京:外文出版社,2017:378.
② 郑永廷.思想政治教育方法论[M].北京:高等教育出版社,2015:188.

真实内容,让大学生积极感受身边的真、善、美,让主流文化影响主流价值观。第三,支持教师开发网络课程、虚拟仿真实验教学。习近平总书记在全国学校思想政治理论课教师座谈会上强调:"推动思想政治理论课改革创新,要不断增强思想政治理论课的思想性、理论性和亲和力、针对性。"[①]要将思想政治理论课从讲得"有意义"到讲得"有意思"。网络思想政治理论课方兴未艾,虚拟仿真实验教学初步展现,这些新的教学手段,可以将教师教学内容通过网络、计算机仿真软件展示出来,学生通过自主学习,可以在参与中提升对理论的兴趣、认同和自信。

2. 加强经费和物质保障条件投入,创造思想政治理论课教学宽松的教学环境

教育部《高等学校思想政治理论课建设标准》规定,学校在保障思想政治理论课教学科研机构各项正常经费(包括办公经费)的同时,要按在校生总数每生每年不低于 50 元的标准提取专项经费,用于思想政治理论课教师的学术交流、实践研修等,必须予以保证落实,并逐步加大支持力度。

加大经费投入和保障条件投入,加大课程建设等各项建设经费支持力度,改善实践教学经费,改善教师的办公用房条件。按照教育部课程建设标准和马克思主义学院建设标准的要求,将思想政治理论课的经费、教师待遇等各项保障条件落实到位。

各级党政部门也要为思想政治理论课提供有力的支持,切实解决思想政治理论课和大中小学生思想政治教育的具体问题。比如,加强各地爱国主义教育基地建设、大学思想政治理论课实践教学基地常态化建设,加强实践资源的整合利用,推动学生实践和教师实践要求的落实。

3. 思想政治理论课程与课程思政相向而行

其他课程教师对思想政治理论课程的认识和态度也影响到思想政治理论课程的教学效果。坚持思想政治理论课与专业课相结合,注重发挥所有课程的育人功能、所有教师的育人职责。鼓励其他课程教师发掘课程思政元素,做好相关的工作,对提高思想政治理论课教学效果也会产生积极作用。坚持同向同行,全面推进课程思政体系建设。根据大学生的认知特点和接受习惯,突出理论性、情感性和实践性,构建以"专业成才、精神成

---

① 习近平.用新时代中国特色社会主义思想铸魂育人 贯彻党的教育方针落实立德树人根本任务[N].人民日报,2019-03-09(1).

人"为中心,思想政治理论课为核心圈,专业课、通识课、实践课协同发挥圈层效应的"同心圆式"大思想政治理论课程育人体系,培养具有国际视野、人文情怀、专业素养的各类人才。将"课程思政"作为落实"三全育人"的重要抓手,不断完善"课程思政"课程体系,引导教师提炼各类课程所蕴含的文化基因和价值范式,为学生提供满足成长发展需求和期待的"课程盛宴"。实施"课程育人"体系建设攻坚计划,设立"课程思政"教改项目方式,建设课程思政示范课。设立"课程育人"专项,培育教学名师和团队,发挥示范引领作用。编写"课程思政"优秀案例集,宣传推广优秀教案和先进教法。

第五章 增强大学生思想政治理论课获得感的改革实践

近年来,国家对高校思想政治理论课的教学质量和学生获得感越来越重视。教育部党组将 2017 年定为"高校思想政治理论课教学质量年",教育部社科司牵头起草了《高校思想政治理论课教学质量年专项工作总体方案》(教社科厅函〔2017〕15 号)。司长刘贵芹指出,该文件中的"大调研"要重点围绕思想政治理论课教学方法改革、教师队伍建设、教材建设等关键环节,聚焦思想政治理论课教学效果和大学生获得感这一核心指标开展。2018 年 4 月 13 日,教育部印发了关于《新时代高校思想政治理论课教学工作基本要求》(教社科〔2018〕2 号)的文件,强调"不断提高大学生对思想政治理论课的获得感",要"坚持增强获得感,促进思想政治理论课教学有虚有实、有棱有角、有情有义、有滋有味",要"积极探索行之有效的教学方法""努力实现思想政治理论课教学'配方'先进、'工艺'精湛、'包装'时尚"。

2009 年 3 月,浙江工商大学独立设置了马克思主义学院。建院以来,学院推行了一系列改革措施,紧紧围绕增强大学生学习思政理论课的获得感和实效性,通过采取综合性改革措施,强化思想政治理论课程的育人功能、推进改革思想政治理论课教学模式、改变课堂教学方法、改善思想政治理论课教学环境等一系列有针对性的改革创新举措,极大地增强了大学生对思想政治理论课程的亲近感和认同感,调动了大学生学习思想政治理论课程的积极性和主动性,取得了实实在在的改革成果。此外,在教学改革过程中形成了"'一化三改'思想政治理论课综合性教学改革"成就,这些成就积十年教学改革之功,是思想政治理论课建设可以借鉴的宝贵经验和财富,值得进行系统的总结和梳理,具有推广应用的价值。

一、强化能力培养，彰显思想政治理论课的育人功能和效果

实用性是当代大学生选择学习内容的重要依据，思想政治理论课是否"有用"成为影响大学生对思想政治理论课学习态度的重要因素。思想政治理论课也要让学生学有所得、学以致用。大学生对思想政治理论课功能和作用的感受，不像对其他专业课程那么直接和明显。为使大学生更直接地感受到思想政治理论课在个人成长、成才过程中的作用，我们着重通过思想政治理论课教学加强大学生在"听、说、读、写、思"等方面能力的培养，努力使思想政治理论课在大学生素质和能力形成过程中发挥更好的功能和作用，增强思想政治理论课的显性效果，提高思想政治理论课育人的彰显度，提升学生的感知度和认同度。让大学生感受到，思想政治理论课并不是空洞无用的说教和洗脑，而是非常管用的素质与能力提升课。

（一）着力提高大学生阅读、写作和表达能力

阅读、写作和表达能力是现代人的基本能力，既是学生很重要的学习能力，也是作为职业人的重要的外显能力。为把高校思想政治理论课建设成为大学生真心喜爱、终身受益的优秀课程，浙江工商大学自 1993 年开始在思想政治理论课教学中实践"读写议"教学方法的改革，其丰富、生动的实践充分体现了思想政治理论课的创造性、适应性和可持续性，让大学生在思想政治理论课教学中普遍受益，成为学校本科教学特色的亮点。

1."读写议"教学法是如何提高能力的？

"读写议"是参与式教学的一种方式，也就是要求学生不仅要"听"教师授课，而且要进行"读""写""议"三个环节。"读写议"中的"读"指文献阅读，学生结合课堂教学内容，阅读任课教师推荐的具有针对性、代表性的书籍和资料，这不仅包括传统的预习和复习，更包括对相关文献的精读和泛读；"写"指学生结合阅读文献内容，联系个人生活、学习、思想实际，学科专业实际和社会现实，进行自觉、深入的思考和梳理，写出读后感或评析文章；"议"，即议论、讨论，主要指通过课堂分组或不分组的形式进行讨论、辩论以及主题发言，将学生形成的"读""写"学习成果进行经验共享。"读写议"的实施，是为了将文科教学由传统的课堂灌输转变为教与学的双向互动、课堂内与课堂外的有机结合，体现学生在教学过程中的主体地位。对

于大学生,尤其是文科的大学生来说,很难想象他们离开"读写议"该如何学习。从"读"到"写"再到"议",正好完成了知识的吸收、整理、应用以及交流的过程。所以,这种方法是一种科学的自主学习方法,是参与式教学中的一种很好的方式,体现了大学教学的一般规律。同时,也是课堂教学授课时约束条件下提高教学质量的有效手段。

"读写议"在浙江工商大学27年的实践中,已经形成了独特、规范的教学模式。学校制定了"读写议"教学法的制度规定和行之有效的考核奖励机制,提供基本适应教学需要的图书保障体系。"读写议"教学法就是对平时的学习规律加以规范化、程序化、制度化,实施范围也从最初的文科类课程延伸到理工类等其他课程,得到了师生的广泛认可,在浙江工商大学思想政治理论课中已经成为一种固定的教学方法。

2. 实施"读写议"教学法的目的

许多大学生的学习主动性不是很高,需要通过一定的方式调动其学习主动性,或者通过一些强制性教学要求,提高大学生被动性学习效果。通过精心组织和有效实施"读写议",不仅可以丰富教学内容,拓展教学外延,挖掘教学深度,还有助于学生养成良好的学习习惯和方法,培养锻炼学生获取知识的能力、独立思考的能力、知识迁移的能力、语言文字表达的能力,激发学生的学习兴趣和创新意识。浙江工商大学推行"读写议"教学法,体现了对本科教学工作的重视、对教学规律的把握,着力对学生进行全方位的"听、说、读、写、思"能力的培养。对这些能力的培养,可以有效增进学生的学业,养成他们良好的学习习惯,体现了对学生的关怀和对教学理念的贯彻。通过"读""写""议"这三个环节的实施,更多的学生可以自觉参与进来,成为表达观点、交流思想、议论研讨的主角。学生成为学习主体,可以有效增加他们之间的了解和交流,培养自信和竞争意识,锻炼自己的鉴别判断能力和表达能力。通过"听、说、读、写、思"能力的提高,学生感受到思想政治理论课带来的收获,大学生增强对思想政治理论课实用性的心理体验和感受,他们的获得感得到了提高。

3. 实施"读写议"教学法的成效

在浙江工商大学思想政治理论课中,"读写议"不仅成为普遍实施的有效教学手段,而且对提高思想政治理论课的有效性发挥了独特、积极的作用,尤其在培养学生"听、说、读、写、思"能力的训练上产生了明显效果。

(1)大学生对思想政治理论课教学、任课教师和"读写议"教学法总体肯定。调查结果显示,超过 81％的学生对教学"满意"或"基本满意";超过 90％的学生对教师感到"满意"或"基本满意";超过 84％的学生对"读写议"教学"满意"或"基本满意"。

（2）阅读能力提升。"读"使大学生开阔视野、活跃思维、拓展知识,在阅读中得到思想、道德、理论和精神境界的提升。学生在"读"中收获可喜,虽在"读"的付出上存在较大差距,但总体情况值得充分肯定。大多数学生从以下方面来描述自己的收获:"读了平时或许想不起来读的书,发现其实很有价值";"接触、阅读历史文献,有重点地了解应该了解的一段历史、一个人物","用心阅读历史、帮助感悟人生";"了解更多伟人事迹,领略伟人风范,以伟人为榜样激励自己";"让我们对过去有更多了解,对现实有更深认识,对社会有更多关注和理解";"扩充了知识,开阔了视野,陶冶了情操";等等。思想政治理论课的教育功能在"读"这一过程中得以实现,同时也培养了学生的阅读习惯,拓宽了学生的知识面。

（3）写作能力提升。"写"巩固和延伸了阅读的收获,也有助于大学生在对历史与现实、人生与社会的思考中逐步树立正确的世界观、人生观与价值观。"写"是对"读"的继续、深化和巩固,也是写作技巧、能力的锻炼和展示;是思想过程及其结果的表达,更是帮助学生逐步树立正确的世界观、人生观和价值观的重要环节。不少学生表达了较深层次的收获:"通过写作进一步加深了对阅读内容的理解,使自己对历史和现实有了更客观、理性的认识,对人生目的、人生意义的理解更清晰,对自己正确选择人生态度、人生道路和价值取向有帮助。"

（4）口头表达能力提升。"议"让大学生在研讨交流、思想观点碰撞中进一步加深对思想政治理论课的理解,增强自觉参与意识,锻炼口头表达和交流能力。

（5）虽然学生对"读写议"教学方法的评价存在分歧,但总体上肯定了这一尝试的价值。学生普遍认为,在"读""写"的基础上进行人人参与的多层次、不同形式的"议","开放、互动、平等、自主的氛围有助于深化对教学内容的理解",等等。

（二）着力提高大学生实践能力和协作能力

2019 年 3 月 18 日,习近平总书记在北京召开了学校思想政治理论课教师座谈会并发表了重要讲话。他强调,推动思想政治理论课改革创新,要不断加强思想政治理论课的思想性、理论性、亲和力和针对性,要坚持理论性和实践性的统一。在用科学理论培养人的同时重视思想政治理论课的实践性,把思政小课堂与社会大课堂结合起来,教育引导学生立鸿鹄志,做奋斗者。[①]实践教学是思想政治理论课教学的重要形式和教学环节,是改善思想政治理论课教学效果的重要环节,也是提高大学生实践能力和交往能力的重要途径。引导学生参与社会实践和课程实践活动,可以让学生通过亲自接触、体验、了解社会,体悟人生、感悟哲理,促使大学生在实践和体验中增长知识和才干,增强思想政治理论课教育的效果。近年来,浙江工商大学积极摸索实践教学改革,促进大学生实践能力的提高,增强思想政治理论课的育人功能。

1. 充分认识实践教育的重要性

实践是认识的来源、目的和归宿,实践育人是思想政治理论课教育的关键环节。大学生要积极投身于社会实践,融入社会大课堂,在实践中增进对社会的认识和理解,增强社会责任感与使命感。我们可以从两个角度解读思想政治理论课的实践性。思想政治理论课建设要高度重视思政教育的实践性,通过适当的形式引导学生参与实践。广义的实践性指的是"总体实践性",主要表现为思想政治理论课面向实践的一种开放性思维。首先,是对社会实践的开放性。我们的社会是不断发展变化的,在发展过程中会出现各种各样的问题,基于思想政治理论课独特的育人功能,相关的教育工作者必须密切关注社会发展动态,根据社会实践不断丰富该学科的理论内容。其次,是对受教育者的开放性。大学生这个群体有着独特的认知方式,同时,他们在大学不同阶段面临的压力也是不尽相同的。这就需要思想政治教育工作者注意研究和把握大学生认知发展规律,因材施教,对症下药,不能只是机械地教授书本上的知识。狭义的实践性,也就是高校思政理论课的"具体实践性",主要表现为教师"教"之素养提升与学生"知行合一"之产生。从教育者的角度看,应该在开展教学的过程中不断完善自身的教学体系,增强组织实践性教学的内容和环节。在开展实践活动的过程中要注意思考什么样的活动更受大家欢迎,怎样开展可以取得更好的效果等问题。从受教育者的角度来看,要通过实践性教育将学到的理论知识内化为自身思想的一部分,并在平时生活中指导实践,做到知行合一。

2. 思想政治理论课实践教学改革的探索

浙江工商大学按照"人人参与、人人受益、走向社会、服务社会"的原则,较早实行了思想政治理论课实践教学改革。我们将实践教学纳入高校思想政治理论课教学计划,落实本科生 2 学分思想政治理论课实践教学,覆盖全体学生,主要做法如下:

(1)设立思想政治理论课实践教学机构,统筹各门思想政治理论课教师协作参与,实现不同学科层面理论与实践的结合,使实践教学的视域更为宽广。

(2)制定《浙江工商大学〈思想政治理论课实践教学〉课程实施方案》《浙江工商大学〈思想政治理论课实践教学〉课程质量标准》等规范性文件。

(3)确定实践主题和内容。要求每个实践小组要坚持学生自主性与教师指导性相统一的原则,选择与思政四门主干课程相契合并且现实性强、有创意的实践课题。教师围绕四门思政主干课修订《实践选题指南》,并通过课堂讲授和《实践策划书》等方式对学生进行具体选题指导。

(4)创新实践教学环节和形式。充分利用学校已有的网络平台开展实践教学,课堂讲授社会实践理论和方法以及各项具体事宜。社会实践活动以实地调研为主,全校统一组织和小组自主实践相结合。

(5)增加实践时间。"思想政治理论课实践教学"课程为 2 学分,实践时间为大二第一学期以及大二第二学期,并可利用寒暑假进行。实践成果上交时间为大二寒暑假开学后的第一周。

(6)合理评价实践成绩。过程性评价和终结性评价(实践报告)相结合,实践成绩为百分制,包括参加实践课堂讲授、实践策划书、实施过程记录材料、小组调研报告等。

(7)明确教师和学生的主要职责与考核。教师负责社会实践的全程指导、成绩评定以及选编用于出版的优秀实践报告。学生全程参加社会实践,按要求完成各项实践任务。实践成绩应与投入的时间、产出成果的质量成正比。

(8)强调实践纪律。从安全等考虑,特别强调外出调研要服从安排、遵守纪律、维护形象、注意安全、认真履职。

(9)实行实务精英导师制。实践不仅是"走出去",还要"请进来"。我们通过"实务精英进课堂"形式,由学校层面设立实务精英导师岗位,实施实务精英进课堂计划,邀请实践基地干部来校讲课。目前浙江工商大学已经聘请思想政治理论课实务精英导师 3 人,每学期他们都会来学校开展实务精英讲座和进课堂活动,广受学生欢迎。

3. 思想政治理论课实践教学改革的成果

经过多年的探索与实践,浙江工商大学思想政治理论课实践教学已经探索出一套行之有效的具有自身特色的实践教学方法,初步形成了一系列教学实践质量控制办法。

(1)建章立制,全程控制,多元实施。浙江工商大学目前已有一整套指导思想政治理论课实践教学的规章制度,包括《浙江工商大学马克思主义学院〈思想政治理论课实践教学〉课程质量标准》(其中包含 2 学分实践教学质量标准)、《浙江工商大学"思想政治理论课实践"课程实施方案(试行)》、《实践参考选题指南》、《实践策划书》、《实践报告体例要求》等。对实践教学每个环节做什么、怎么做都有具体规定,使得实践教学有规可依。要求每位教师每学期至少带队外出调研一次,并对每一实践小组进行全程指导,老师们还通过 QQ 群和网络教学平台与学生进行便捷高效的实时沟通与指导。每年度我们还要进行优秀实践报告的遴选、编辑和出版。通过以上措施的实施,确保实践教学时间用足,师生全员参与,让学生受益、社会受益。

(2)实践主题鲜明,突出地方特色。作为地方性大学,我们的学生大部分来自浙江并将在浙江工作,浙江又是中国改革开放的前沿所在。因此,我们将实践教学的主题确定为"聚焦'两富'浙江"。要求教师围绕四门思政主干课内容设计《实践课题指南》,并通过《实践策划书》对学生进行具体选题指导。教师选题和学生选题调研相结合,许多课题与省委省政府或地方政府、有关单位关注的重大重点现实问题挂钩,让教师和学生直接参与现实问题的调研。调研课题与现实问题结合,让学生在实践活动中有收获、有感受,增强实践课程的真实性和有效性。本着"调研浙江、服务浙江"的实践理念,要求学生围绕浙江改革开放的话题,参考《实践选题指南》中提供的浙江省经济、政治、社会、文化、生态、党建和"绿色浙江"大型专项调研等方面的选题,选择实践主题,确定实践内容,设计实践方案,开展实践活动,写出社会调研报告。立足浙江的实践教学使得同学们都能加深对浙江改革开放和省情的了解。实践主题的选择直接影响到实践效果,在确定实践主题时,要求坚持以"三个结合"的原则作为指导思想——"结合大学生关注的重要理论和现实问题,结合院校特点、大学生思想实际和培养目标,结合大学生的学科专业特点"。坚持学生自主性与教师指导性相统一的原则,选择与思政主干课程相契合且现实性强、有创意的实践课题。

(3)全校性统一大型实践与分散小型自主实践相结合。为了实现思想政治理论课实践教学人人受益、社会受益的目标,使实践教学更加深入,我们每学期都会组织师生外出开展大型实践活动,进行大样本调查。如桐庐新农村建设调研,嘉兴环境状况和居民满意度调查,上虞环境状况和居民满意度调查,湖州社会治安综合治理调研,杭州下沙七格社区垃圾分类调查,新生代农民工生存状态调查,等等;还有义乌国际商贸城、奉化滕头村、江苏华西村、萧山航民村、柯桥轻纺城、湖州经济技术开发区、湖州龙溪街道、浙商博物馆等大型调研活动。每次大型实践都有预案、有总结、有报告、有报道。

(4)注重实践基地建设,使实践教学有所依托。浙江工商大学目前已经建设了湖州、桐庐2个省级思政理论课实践教学基地和6个校级实践教学基地。每学期都组织师生前往实践基地调研和参观。针对实践基地进行选题和调研,也让基地受益,使得学校和基地双方的合作可以持续有效地进行。

(5)注重总结实践教学经验,不断提升教师实践教学水平。教师通过亲自带队调研、参与专题讨论会和撰写论文等方式,不断提升实践教学水平。目前已经获批思想政治理论课实践方面的省级课题1项,校级和院级课题多项,并取得了一些研究成果。浙江工商大学目前已有一批富有实践教学与研究经验的教师,已经出版《观察"两富""两美"浙江——思想政治理论课优秀实践报告》多辑。

(6)过程性评价和终结性评价相结合。只有注重实践教学过程,才会有高质量的实践报告。为此,我们对实践成绩采用过程性评价(实践课堂讲授、实践策划书和实施过程)和终结性评价(实践报告)相结合的办法来考核学生。实践成绩采用百分制,并就各档次成绩设定统一的考核标准,避免教师之间的判分失衡。

实践教学是高校思想政治理论课教学的一个重要问题。目前已经涌现出一批实践和研究成果。以实践基地为依托的几次大型调研已经取得了高质量的研究成果,获得了省、市两级领导的多次批示。学生参与的《杭州下沙居民对环境状况满意度调查》等报告获得省领导的批示。更重要的是,学生通过实践活动,全方位锻炼了自己,不仅对社会更加了解,还对许多问题有了自己的观察和理解。许多同学表示,通过实践,自己与社会接触的心理和能力障碍得到根除,学会了跟人打交道,也意识到了团队协作的重要性。

4. 进一步增强思想政治理论课实践教学的有效性

目前,思想政治理论课实践教学还存在着诸多困难和问题,如果这些问题不能得到及时纠正和解决,将会影响实践教育的效果。其主要问题为:第一,实践方式单一,形式僵化。当前许多高校思想政治理论课的实践性教学活动中大部分实践活动属于走马观花式的参观考察、蜻蜓点水式的社会调查。而真正深入基层、把握百姓真实情况的社会实践活动,由于各种条件的限制难以大量制度化铺开,使得实践教学不能取得应有的效果。第二,学生重视程度不足,应付了事。一些学生对思想政治理论课不够重视,不愿意专门花时间去实践学习。在学习过程中,他们往往认为只要完成作业、通过考试就可以了。在这种情况下,思想政治理论课的实践教育处于被忽略的尴尬地位,教学效果也就大打折扣了。第三,实践难度大,面临经费、安全、实践基地等方面的困难。思想政治理论课实践面向全体学生,具有广泛的参与性,但因为学生人数多、教师数量少、实践教学场所有限、实践教学基地不稳定等诸多因素,大多数高校在实践教学中不同程度地存在以点代面的现象。浙江工商大学虽然强调必须"走向社会",但是面对如此多的学生还是有较大难度,学生实践的深入程度和效果也参差不齐。这些现象的存在,不利于思想政治理论课实践教学基本目标的实现,使得实践教学的效果不够理想。

思想政治理论课的课程主体是学生,课程目标是帮助学生形成对现实世界的正确认知,增强学生的实践能力和思辨能力。只有真正地理解和把握学生的认知发展规律,在开展实践教学的过程中注意结合课程内容和学生成长规律,创造良好的实施条件,才能使思想政治理论课实践教学发挥应有的作用。

(1)从教育工作者的角度出发,加强教师实践指导能力建设。

思想政治理论课实践教学中,教师起着至关重要的作用。因此,学校应加强思想政治理论课教师队伍建设。一方面,教师要树立不断学习的理念,不仅仅要钻研理论知识,学习最新理论成果,了解最新热点,还要掌握社会发展情况,掌握社会调查方法,并将它们很好地融入教学体系。

（2）从学生角度出发，开展实践教学。

首先，提升学生学习积极性。应该使他们产生实践的内心需要、激发他们参与的兴趣。有些思想政治理论课之所以不受学生欢迎，很大一部分原因是他们认为思想政治理论课内容乏味，与实际生活脱节，缺乏现实性和实践性。思想政治理论课实践教学就是要克服这一缺陷。因此，第一，思想政治理论课教师要与时俱进，关心最新社会热点，关注学生感兴趣的话题，以这些热点话题为切入点开展主题实践活动，尊重学生的心理需要，让他们感到这门课是和自己的生活息息相关的，是有用的。同时，在实践活动中，学生对社会热点进行充分讨论，能够更加生动地体会思想政治理论课的内容，在潜移默化之中理解并认同当前我国社会的主流价值观。第二，在实践的过程中，要汲取其他学科的优势，结合学生所学专业开展别开生面的实践性教育，引导学生将所学的专业课知识同思想政治理论课的内容联系起来，既能够巩固专业课知识，又可以内化思想政治理论课的理论精髓。例如，艺术类专业的学生可以将天马行空的艺术作品和政治生活联系起来，增加趣味性，历史学专业的学生可以利用祖国的优秀传统文化来激发大家的爱国热情，法学专业的学生可以在思想政治理论课程中的法律基础教育课中开展法律实践等活动来深化对我国法律体系的认识。这样就做到了理论和实践相结合，显性教育和隐形教育相结合。

其次，注重理论和实践的结合。高校思想政治理论课面临的一个尴尬之处在于，学生考试通过率很高，但是在平时生活中并没有将所学到的知识外化为自己的实际行动。所以，我们应该在开展实践教学的过程中强调与理论知识的结合，并且注重培养学生的学习迁移能力，以实现思想政治理论课内化和外化的统一、思想和行为的统一。例如，思想政治理论课教师在学生参加实践教学活动的过程中要注意观察，尽可能发现每个学生的闪光点，并且能够给予正面的评价。对于实践成果优秀的同学，给予一定的奖励。

（三）着力提高大学生分析、判断和书面表达能力

高校思想政治理论课具有铸魂育人的重要作用，强化思想政治理论课人才培育功能是高校思想政治理论课体系的重要组成部分。通过观察学生的学习兴趣，发现许多学生对时事问题比较关注，并且愿意进行讨论。浙江工商大学推行时事评论教学法，让学生了解时政动态，促进书本知识

和时政热点的结合，着重提高大学生对社会事件的分析、判断能力，同时提高表达能力，较好地提高学生的政治敏锐性，同时促进学生与"读写议"教学环节结合，提高学生听、说、读、写的能力。

推行时事评论教学法，是希望大学生在学校学习之外，能够关心社会现实，培养社会责任感，同时提升分析、判断和表达思想的能力，促进思维能力的提高。实施多年来，从大学生角度看，主要有下列收获和成效。

（1）更多关心时事政治。在网络发达、信息量井喷的时代，大学生获取信息非常便捷，但很多时候也只能大概浏览一下。通过时事评论教学法，学生不仅可以通过在课堂上听到同龄人更详细、更丰富、更深入的事件评述，来加深印象、活跃思路、深化认识、开阔视野，而且有助于形成对重大时政事件的关注意识。

（2）初步掌握时评方法。时评教学必然要经历选题、材料收集、整理取舍、制作PPT、演讲、互动等几个基本环节，从而把握基本的分析和表达意见的方法。同时，也会更多关注他人的评论，取长补短。

（3）获得更多知识。时政评论的主题，通常是小组成员比较感兴趣的内容，但不一定都是已经掌握的内容。通过资料查询、信息收集，可以促进学习、补充和积累知识。

（4）得到更多锻炼。时政评论看起来简单，但做起来环节不少。因此，从时政评论中得到的锻炼也是多方面的。

（5）激发了学习思想政治理论课的主动性和积极性，增强了主体性。为了完成时评任务，每个小组必然要主动进行一系列的工作：要组成时评小组。因为是自由组合，所以组建小组并不困难，只要符合要求的人数就行了。要自主选题。为了选好题，小组成员们会想方设法全面搜索信息。由于都是"要好"的同学组合在一起，选题的意见还是比较好统一的。即使有明显的不同意见，也有助于激活思想，创新思维方式。要分工合作。选题确定之后，小组成员还要进行分工合作，有人负责材料搜集，有人负责组合，有人负责做PPT，有人负责上台演讲。因为时评成绩评定中都有互动的要求，所以他们都会努力把时评讲好，甚至为了有好的互动，事先把"托"找好。每个老师都会在时评后做点评，也会顺便提一些问题。所以，学生往往要做一些准备，积极应对老师提问。由此可见，虽然学生接受时评的任务是被动的，但完成时评的过程是主动的，在教学过程中学生的主体性也得到了较好的体现。

二、改革考试评价方法，优化思想政治理论课教、学模式

近年来，浙江工商大学以"增强大学生对思想政治理论课获得感"为核心，催生出思想政治理论课教学和学习模式的改革。在探索如何使传统课堂教学更出彩的同时，对学生的学习模式进行了改革，形成了针对性强的教、学模式改革的路径和方法，促进了教与学双方的改进。

（一）改革思想政治理论课考试方式，强化过程学习的组织

1. 改革单一考试方式，引导教、学形式多样化

根据各门课程的不同情况，实现不同的考试方式，完善考试制度。浙江工商大学思想政治理论课在坚持教考分离、推行实践教学、导入时政评论、提高平时成绩比重、促进教材体系向教学体系转变等一系列教学改革的基础上，又进行了考试方式改革的探索，即从期末主、客观题合一的闭卷考试向期末机考与随堂测验、期末考试与平时表现相结合的转变。从学习成绩评定的构成来看，学生的学习成绩主要由平时成绩和期末考试两个部分组成，相应地有不同的学习环节和内容。2013—2014 年期间，浙江工商大学四门思想政治理论课先后实现了通过计算机进行期末考试，即期末考试由客观题为主的机考取代主、客观题合一的笔试，实行"机考＋随堂测验＋平时表现"的方法。全部思想政治理论课程实行 2 个"五五开"，期末考试成绩和平时成绩各占 50％。

在机考题是否向学生全部开放的问题上，出现了两种不同的观点，即全部开放和部分开放。浙江工商大学目前的做法是部分开放机考题。这能给学生一个明确的信号：思想政治理论课需要认真学习才能取得好成绩，它既不是教师可以大方施舍考分的课程，也不是学生可以随意支取高分的课程。这是督促学生认真阅读教材、系统掌握理论体系的有效途径。考试方式的改革减轻了学生考试负担，提高了学生对思想政治理论课的接受程度，促进了思想政治理论课程的实效性。考试方式改革后，思想政治理论课考试作弊现象基本消失。

2. 加强随堂测验的规范

随堂考试突出考查学生的思维判断和分析能力。平时成绩主要考查到课情况、课堂表现、平时作业、课堂发言、课程论文等。

如果以机考代替全部考试,对于以"论"为主、贴近社会实际的思想政治理论课而言,很难达到检验整体教学效果的目的;同时,也容易让学生产生错觉——上课听不听老师讲课无所谓,只要找一些题目背一背,就可以应付机考了。如是,教师在课堂教学中的主导地位、引导作用就会被弱化甚至消失。因此,采取了机考与随堂测验相结合的考试方式。这样既能发挥教师的主观能动性,又能增强考试的全面性,有利于更深层地了解学生对知识点的掌握和理解情况,考察他们运用理论的能力。实践表明,这个改革探索是有益的,同时也需要对一些具体问题进行梳理分析,为进一步完善和优化改革方案、深化改革实践形成共识和合力。

随堂测验由任课老师根据每个班的教学情况和实际需要自主把握,只对随堂测验的次数做了原则规定。随着随堂测验的逐步实施,不平衡问题凸显了出来,有的已经得到初步解决,有的还需进一步形成共识并致力于解决。随堂测验中出现的主要问题有以下几点。

(1)随堂测验的形式问题。在实际操作中,80%以上的老师选择开卷考。这让选择闭卷考的老师倍感压力。坚持闭卷考的老师认为,学生在闭卷考的压力下可以多看点书,特别是可以多听课、多思考。因为大学生对思想政治理论课普遍不重视,看教材的积极性不高,听课的兴趣不大,对闭卷考、开卷考的认识又比较片面,在他们心目中,闭卷考是要背书、背题的,压力大,开卷考则比较轻松,可以拿着现成的书抄,这就需要我们在考试形式上有所要求。考试结果表明,闭卷考的成绩比开卷考的要差些,而他们考前付出的努力则要多些。

(2)随堂测验的题量问题。从随堂测验的实际情况来看,各位老师考的题量存在明显差距:50%以上的老师只考1道题,基本开卷;约20%的老师是考2道题,开卷;也有个别是考4道题,闭卷。

(3)随堂测验的题型问题。随堂测验考的是主观题,目的是了解学生对"概论"等课程内容的理解和掌握程度,测试学生精确地回忆所学内容、灵活地组织材料、清晰地表达观点、深刻地分析问题等实质的能力。这就要求考题有较强的适用性,能够达到考试的目的。从随堂测验的实际情况来看,老师们出的题型较为丰富,有论述题、材料分析题、简答题+论述题、论述题+主观评价题等,而且难易程度各不相同,个性化特征明显,考试的结果也明显不同。

(4)随堂测验的阅卷标准问题。阅卷是个良心活,或认真或随意、或宽松或严格,只有阅卷人心里最清楚,如果学生不追问,有关部门和人员不检查,很快就"翻篇"了。过于随意、宽松,对认真学习的学生容易造成伤害。另外,几位老师同上一个专业的课,更加需要统一尺度、宽严协同。

(5)随堂测验的成绩问题。根据学校教务处的相关规定,经过讨论决定,随堂测验的成绩占期末考试成绩的30%—40%。随堂测验的成绩与试题的难易程度、考试形式、阅卷宽严把握分寸等密切相关。

随堂测验作为考试的一部分,不仅直接关系到学生的成绩高低,更是关系到课程的改革导向,可以在实践中继续完善。例如,随堂测验的次数要增加、出题要更好地符合课程学习要求等。

3.丰富平时成绩的形式,突出过程性学习的重要性

考试方式的改革重点鼓励学生平时参与式学习,加大过程性学习分数比重,改变学生期末突击应付考试的学习方式。

以"概论"课为例,目前浙江工商大学思想政治理论课的平时成绩主要由课堂表现、"读写议"时事评论、平时作业构成,课堂表现包括到课率、听课情况、课堂回答问题或发言、参与课堂讨论及其他活动等。实现线上线下混合式教学后,平时成绩计算更为复杂,随堂测验纳入平时成绩,占总成绩的70%,期末机考占30%。平时成绩主要由线上学习记录成绩构成,占平时成绩的50%;课堂表现、时事评论、读写议、课堂表现、出勤、随堂测试等占平时成绩的50%。

(三)规范学习成绩的评定标准,完善过程学习的形成性评价

大学生思想政治理论课学习成绩的评定,虽仅是高校教育教学及管理工作中的一个具体环节,但其涵盖所有在校学生,直接关系到思想政治理论课教学实施的科学性和有效性。因此,要提出并深入探讨大学生思想政治理论课学习成绩的合理评定问题,在教育教学及管理实践中不断探索、完善相关课程的成绩评定方案和机制,不断提升教学双方的认同度,努力形成认真教学、教学互动、教学相长、科学管理、正确导向的良好软环境。通过成绩评定方法和标准的规范,避免教师掌握标准不统一,对学生的要求高低、成绩评定松紧不一致等问题,同时也给出学生思想政治理论课学习的要求和标准。

1.主要做法

近年来,我们在"概论"等4门课的教学中已经形成了较为全面、稳定

的学习成绩评定体系。

（1）从成绩评定的标准来看，根据学校教务处的有关规定和成绩评定的主要内容提出了统一要求和具体规定。机考的成绩评定比较简单，按照单选题、多选题、判断题数量设定好每题分数占比即可，而平时成绩的评价比较复杂。比如，对学生的到课率要严格考核，详细记录，旷课的、请假的要在"课堂表现"成绩中扣除相应的分数；对"读写议"中"写"的学术规范要严格把关，凡是抄袭的必须在"读写议"成绩中扣除相应分数，而对"原创"的和受到同学好评的，则要酌情给予加分。应该说，这些要求具有较强的可操作性，同时也给予了每个教师一定的灵活性。

（2）从成绩评定的主体来看，任课教师全程负责成绩评定。同时，超过半数的教师还让学生共同参与成绩评定过程。一是"读写议"的小组评定和学生自我评定；二是时事评论报告的班级交流评定。从评定的效果来看，学生对参与成绩评定有积极性，学生在评定中知己知彼，发现差距，锻炼了学生的判断能力和合作能力。

（3）不及格的处理。由于平时成绩的占比较大，过程性学习成为重要部分，对不及格的学生如何评分成为一个问题。如果仅仅以一次补考代替整门课程的成绩很可能使过程性学习的要求变得没有意义，所以平时成绩应该带入补考成绩，这意味着补考只是对机考部分的补考，平时成绩是无法补考的。如果主要是平时成绩导致的不及格，很可能需要重修该课程。

2. 成绩评定方法改革的实施效果

由此可见，现有的成绩评定体系还是比较全面合理的。在评定内容上，既包含了学生在课堂上的表现，又综合了学生平时在课外的阅读、写作等多方面的努力成果，还检验了课程知识体系掌握的情况；在评定标准上，既有原则要求和统一规定，又有一定的灵活性；在评定主体上，既有教师负主要责任，又有学生共同参与。这样的评定体系对于思想政治理论课的教学起到了良好的检验、督促和导向作用，对激发学生学习积极性、提高教学质量也有积极影响。学习成绩评定中存在的问题主要有：部分学生对平时成绩重视不够导致总成绩偏低，平时成绩评定的尺度把握不一致，期末考试成绩与平时综合成绩倒挂。

3. 规范学习成绩评定的几点经验

（1）合理确定平时成绩和期末考试成绩占比

为了更好地体现思想政治理论课的特点和育人功能，激发学生平时学习的主动性和积极性,我们的做法有:一是直接提高课堂表现占平时成绩的比重,最高的平时综合成绩占总评成绩的70%;二是线上学习成绩占平时成绩的50%;三是确保平时成绩中"课堂表现"的比重。在多样的平时教学环节中,平时成绩另外部分包含许多环节,比例结构比较难分配,课堂发言等的表现成绩占到10%左右。让"课堂表现"的比例有所保证,这样做的好处是对学生平时的学习激励作用更加明显。另一种做法是加分奖励,鼓励那些平时认真又肯投入的学生,从而得到一个较高的平时综合成绩。

(2)课程总评成绩评定考虑结构平衡

对于平时综合成绩好、期末考试成绩差的学生,要掌握一定的尺度,实在差的,就要对已经形成的平时综合成绩做出调整,以达到结构平衡。也许大家会问,为什么期末成绩差的一定要把平时综合成绩调整下来呢?这是不是在否定学生平时已经付出的努力呢?不容否认,有的学生平时很努力,但就是不擅长考试,但换一个角度看,100分的试卷60分都没有考出来,要么说明学习能力有欠缺,要么是平时的努力还不够,特别是掌握、复习课本知识的努力还不够。这里既有方法问题,也有效率问题,更有学习态度问题。因此,我们在重视平时成绩的时候也不能忽视对课本相关知识的学习,应当设定一个底线。这样可以促进学生学习上的综合平衡。

(3)认真评定平时成绩,体现考试公平

不同教师的平时综合成绩评定会有差异,但如果差异过大就会导致不公平。如果教师对这种不公平视而不见,那是对学生的不负责任,也是对教育公平的不负责任。因此,我们要对成绩评定的每一个方面认真负责。不断强调认真扎实的工作态度,提高责任心和工作水平,并对结果进行监控和调整。对于平时综合成绩评定中存在的宽松、随意问题,可以采取以下办法加以解决:专门组织教研活动,互相交流平时成绩评定中遇到的各种问题,共同探讨解决办法;对不同班级的平时成绩平均分进行横向比较,对于差距特别大的要做进一步复查分析,如果属于教师评定标准把握问题,就要进行重新评定。对于平时的各项成绩评定,我们既要注意保护和激发学生的积极性,又要认真、客观、公平地对待,做到宽严适度。

三、改变课堂教学方法，增强思想政治理论课教学的吸引力

思想政治理论课要通过教学，引导大学生完善对社会、高校、职业和自己的认识，学会如何学习、如何做人、如何做事和如何交往四种技能，帮助学生了解时代对他们在思想、政治、道德、法制观念和心理素质方面的要求，做"有理想、有道德、有文化、有纪律"的社会主义事业建设者和接班人。任课教师要遵循教学大纲组织好教学，并力求达到科学性、思想性、启发性、针对性和实践性的有机统一。为此，思想政治理论课教师花费了很多精力研究如何改善教学效果，并取得了实际的成效。我们一方面要看到高校思想政治理论课存在的问题，另一方面更要着力解决好普遍、突出的问题。十年来，浙江工商大学思想政治理论课在坚持"读写议"教学法外，创立了"基于作业的互动教学法""时事评论教学法""翻转课堂""专题教学法""案例教学法"等独具特色的教学法，成为解决课堂教学问题的有效方法，大大改善了课堂教学的气氛和实际效果。这些改革创新的措施和成果概括起来主要基于问题、作业、网络、体验四个方面，互动式教学成为主导的创新教学方法。

（一）基于问题的互动教学法

与专业课不同，学生对思政课的重视程度偏低，主动参与的积极性不高。课堂教学必须具有特别的吸引力才能吸引学生。因此，课堂教学是否精彩对思想政治理论课来说显得更加重要。课堂教学内容的选择和教学方法的改善，是提高课堂教学质量的主要环节。教师采用传统上讲授的教学方法，易陷入满堂灌状态。如果对大学生采用强制、灌输的教育方式，会引起他们的排斥和反感，还会对思想政治理论课产生刻板印象。为防止学生厌学，通常的做法是上课增加提问、讨论等环节，让学生参与到教学当中。因此，改变满堂灌让学生动起来的互动教学就成为课堂教学改革的核心。基于问题的互动教学法是一种从提问和讨论为主、问题导向为主的教学方法。

1. 提问和讨论为主要形式的教学方法

精彩的课堂教学一方面要求教师富有激情，具备优良的表达技巧和口才，另一方面要有有效的教学方法。因此教师既要讲得精彩，又要方法巧

妙,关键是调动学生学习思考的积极性和主动性。即使采用讲授为主的教学,辅之恰当的"提问和讨论"方法,也能达到较好的教学效果。传统授课课堂上的"提问和讨论"成为一种有效的常用教学法。提问或讨论需要紧扣教材内容,紧贴学生的思想和实际。许多教师的经验证明,思想政治理论课教学中启发教学、即兴讨论、提问、辩论等互动式教学方法效果较好。教师"讲"的时间不宜过长,要敢于将更多的时间交给学生发言、讨论或争论,让学生自己把想法讲出来。讨论、交流等互动要随时穿插于讲课之中,贯穿于始终。不要将讨论从教学过程中机械地隔离出来,不是单独组织的讨论才叫讨论,也不一定要为讨论而讨论。讲得少而精,对教学内容、教学方法、教学进度把握的要求更高、难度更大。浙江工商大学"马克思主义基本原理概论"何丽野老师的教学特点,就在于课堂教学中不断提出有吸引力的问题,紧紧抓住学生的思路,不断吸引学生思考。

2. 问题意识和问题导向为主的教学法

浙江工商大学"毛泽东思想和中国特色社会主义理论体系概论"杜利平等老师摸索的问题链教学法,就是将课程各部分的关键问题进行梳理,形成问题体系,教学中围绕核心问题进行提问和讨论。

(二)基于作业的互动教学法

作业是学生的必要功课,通过作业可以促进学生的学习。浙江工商大学"思想道德修养与法律基础"廖曰文教授领衔的"基于作业的互动教学法"入选教育部2013年度高校思想政治理论课教学方法改革项目"择优推广计划"。"基于作业的互动教学法"是一种以教师精心设计、仔细批改作业,学生认真研做作业为基础,重视互动前的知识储备、课堂中的作业交流与点评,注重教师与学生、学生与学生间围绕作业内容双向和多向交流的教学方法,其主旨在于凸显学生在教学中的主体地位,将教师的引导作用和学生的主体地位结合起来,促进学生的主动式、参与式学习。

1. 推行的必要性和目的

采用基于作业的互动教学法的愿景有二,一是四个"有助于"——有助于认识立志、树德和做人的道理,有助于增强思想道德和法律素养,有助于提高思维能力与表达能力,有助于强化竞争与合作的意识;二是颠覆对思政理论课的四大看法——"教师上课照本宣科""课堂死气沉沉""作业没有或就是抄抄书""考前突击背背就可通过"①。"基于作业的互动教学法"通过八个环节,将课堂互动与作业紧密结合起来,师生之间相互监督和促进,避免了互动中师生准备不足、互动中组织松散造成的低效冷漠、肤浅空洞的弊端,从而使主题内容集中、论辩专业深入、组织合理有序,实现了互动中内容和形式的有机统一,保证了互动教学的质量。推行"基于作业的互动教学法"的必要性考虑主要有以下几点。

(1)督促学生认真参与教学互动过程

"基于作业的互动教学法"通过作业促进学生的教学参与。课前,作业课题应提前一周布置,学生可到图书馆或网上查阅资料,也可在同学之间调研、讨论,写出2000字的文字稿,同时还要制作相关的PPT课件以提炼主题观点,这都加深了学生对相关论题的思考,为课堂互动做好了充分的知识准备。课堂进行的作业演示、生生互动、教师点评等环节也对学生形成一种有力的监督机制,使其对自己的行为更负责。社会心理学家证实:"一旦成为注意的焦点,人们就会自觉监控自己的行为。……当个体的行为可以单独评价时,人们会付出更大的努力。"为了能够在同学和老师面前表现良好、应对质询时自信,学生也会认真对待、精心准备,既努力研做作业,又规范组织语言、理性思考论题、填补认知漏洞,从而消解思想政治理论课中大学生常见的作业抄袭、应付的弊端,避免了一般课堂互动中因题目临时布置、学生没有相关知识储备而出现的仓促随意和肤浅空洞的现象,保证了课堂互动的质量和话题讨论的深度。而学生的现场表现,也会由教师和学生组成的评委打出分数,当堂公布,算入平时成绩,这不但可以给学生及时的学习反馈,同时也会激发学生积极参与热情。调查显示,大学生最关心的就是学业成绩和自身能力的提升。课堂互动既然可以同时满足这两大需求,自然也会促使学生争取最佳表现。在这过程中,对提出独到见解或发言精彩的其他同学经评委同意后也会获得加分,这就鼓励所有同学参与到互动中来,避免了发言同学慷慨陈词而其他同学无视麻木的现象,激发了互动中学生参与的积极性和主动性。

(2)促进教师强化互动教学

首先,教师要公开展示作业批改情况,还要接受学生的挑战和质疑,这就改变了传统作业一对一的反馈方式,不但有利于全体同学观摩学习,也

---

① 习近平.致国际教育信息化大会的贺信[N].中国青年报,2015-05-22(1)。

促使教师认真领会教材精神、精心挑选典型案例、深度挖掘材料内涵、专业设计互动话题,既能符合大学生认知水平和理论兴趣,又能引发学生的关注和深入思考。事实上,课堂互动能否有效进行,问题设计非常关键。有效的问题设计避免了课堂互动中教师题目设计太过随意浅显造成学生麻木冷漠的问题,在保证互动质量的同时,促使教师将教材体系与教学体系对接起来,加深问题研究,实现以科研深化教学、以教学促进科研的双赢。其次,通过课前批改学生作业、课堂中组织学生互动,教师可以清楚地把握学生的思想动态,针对学生面临的问题和困惑有的放矢地进行课前准备和课堂讲评,既避免了传统作业课后批改所导致的反馈滞后性弊端,也可以有效地发挥教师的主导作用,打造专业课堂。当代学生见多识广,自主意识强,不会轻信权威,教师只有拥有渊博的学识和深厚的理论功底,才能对学生的认知进行精准的把握和深刻的点评,在赢得学生的信任和尊重的基础上,构建良好的师生心理契约,有效组织互动的各个环节,保证高质量的教学互动。而且,"基础"课面向所有专业学生,不同的专业背景决定着学生思考问题角度的多元化,课堂中学生深思熟虑的准备、畅所欲言的互动和精彩纷呈的辩论也会拓展教师的视野和思路,提高教师的专业素养,实现教学相长、共享智慧,发挥互动教学的最大效能。

2. 实施效果

在"基于作业的互动教学法"中,教师选取的是既符合学生认知需求又与学生息息相关的困惑和问题,学生完成作业和课堂互动也是自我展现、自我解惑的过程。因此,在互动实施过程中,虽有八个步骤环环相扣,看起来比较复杂,但当学生熟悉了互动节奏后,教学管理也就变得轻松有序了。而且,每个星期话题不同,参加演讲、接受质询的同学也是轮流上阵。一学期下来,教师和学生可以一直保持新鲜感,甚至有所期待,真正做到了静中有变、变中有新,避免了心理懈怠,提升了同学参与教学互动的积极性和热情,保证教学效果的同时,也节省了教师的精力。特别是这一互动方法将课堂互动和作业结合起来,改变了传统作业统收统改的不足,学生只需小组共同完成一份作业,教师每周只需认真批改几份小组作业,化整为零,细水长流,降低了教师的工作量及学生的课业负担,消解了小组学习中的搭便车现象和教师批改作业不认真的问题。

教学实践证明,采用了这一互动方法后,"基础"课不但取得了良好的教学效果,在学生中也获得了上佳的口碑,甚至很多学生将其评为最受欢迎的大学课程之一。在开课之前认为学习该课程"基本上没有必要"的比例高达34％,开课后认为"很有必要"的比例则提升到85％;从不缺课者达99％;78％的学生认为"基础"课的课堂气氛比其他课要活跃一些;对学习该课程的意义,认为有助于适应大学新生活的占75％,有助于树立科学世界观、人生观和价值观的占82％,有助于提高综合素质的占86％。由此可见,"基于作业的教学互动法"作为对互动教学模式的创新和探索,行之有效,具有一定的推广价值。

(三)基于网络的互动教学法

网络已成为重要的学习平台和资源。随着信息技术的普及和应用,针对当代大学生的特点,设计有效的教学方法成为思想政治理论课课堂教学的重要环节和途径。

近年来,随着世界教育改革的不断深化、信息技术与课程的深度整合以及大规模在线开放课程在世界范围内的兴起,传统教学模式受到较大冲击,教学方法、模式以及教学管理体制也在不断变革。2011年教育部颁发的《国家中长期教育改革和发展规划纲要(2010—2020年)》提出,把教育信息化纳入国家信息化发展整体战略,明确指出人才的培养倡导启发式、参与式教学,帮助学生学会学习,关注学生的个性,发展学生的潜能。到2020年,基本实现教育现代化,"重点是面向全体学生、促进学生全面发展,着力提高学生服务国家、服务人民的社会责任感、勇于探索的创新精神和善于解决问题的实践能力"[①]。2015年5月22日,习近平总书记在《致国际教育信息化大会的贺信》中指出:"当今世界,科技进步日新月异,互联网、云计算、大数据等现代信息技术深刻改变着人类的思维、生产、生活、学习方式,深刻展示了世界发展的前景。因应信息技术的发展,推动教育变革和创新。"[②]

高校思想政治理论课作为培养大学生树立科学的世界观、人生观和价值观的主渠道,也要充分利用现代信息技术和手段,探索更为有效的教学

---

① 国家中长期教育改革和发展规划纲要工作小组办公室. 国家中长期教育改革和发展规划纲要(2010—2020年)[EB/OL]. (2010-07-29). http://www.moe.gov.cn/srcsite/A01/s7048/201007/t20100729_171904.html.

② 习近平. 致国际教育信息化大会的贺信[EB/OL]. (2015-05-23). http://www.xinhuanet.com/politics/2015/05/23/c-1115383959.htm.

方法和教学模式。其中"翻转课堂"（Flipped Classroom）是一种全新的教学理念和教学模式，是基于网络的思想政治理论课教学新途径，探索其运用于思想政治理论课的路径和方法，有利于我们拓宽思路、借鉴经验，为切实增强思想政治理论课的教学实效性提供新的路径。翻转课堂教学方式的出现，正是符合了思想政治理论课教学改革"沿用好办法，改进老办法，探索新办法"的要求。高校思想政治理论课引入"翻转课堂"的教学模式，开展线上线下混合式教学，是对容量信息极大的思想政治理论课教材的有效处理，也是为了更好地实现对大学生进行思想政治教育的目的。

1. 翻转课堂教学模式的成效

从翻转课堂的实施状况来看，翻转课堂契合了时代潮流，改变了传统的教学模式，符合学生的发展需求，主要有以下作用。

（1）翻转课堂有助于尊重和培养学生的个性化发展需求，激发学生的学习兴趣。在传统教学课堂中，一般以教师为主体，学生存在感普遍较弱。教师侧重于知识点的讲授，完成教学任务；学生的学习动机主要源自应试压力，侧重于如何便捷高效地直接获取知识结论。翻转课堂要求实现课前与课堂的翻转、教师与学生的翻转、知识学习与知识内化的翻转、学与教顺序的翻转、学习地点的翻转等。围绕教学内容，通过线上和线下的参与，学生既可以独立自主地进行思考，又可以相对自由地进行自我展示。而作为引导者和指导者的教师，可以有充分的时间回答学生的问题、参与小组学习指导并对个别学生进行个性化指导。

（2）翻转课堂有助于提高学生的自主学习能力，提升学生的获得感。自主学习理论认为，自主学习是学生自己决定学习内容、学习方法、学习强度、学习结果评价的学习方式，也可以理解为学生能够指导、控制、调节自己学习行为的能力与习惯。[①]翻转课堂把传统的学习过程翻转过来，把知识传授这一教学环节前置，在课堂上完成知识的内化。翻转课堂让学生自由掌控学习，使得学生可以按照自己的学习偏好，自定学习步调，这将有助于提高学生的自主学习能力，提升学生的获得感。

（3）翻转课堂有助于提升学生学习的自我效能，提高思想政治理论课的实效性。翻转课堂竭力避免对知识点的重复讲解、对视频教材的重复讲授，而侧重于在课上讨论，促使学习者"吸收内化"，学习效益得到提升。结

---

① 蔡旺庆.探究式教学的理论、实践与案例[M].南京：南京大学出版社，2015：28.

合线下知识点的讲授,安排课堂时间,利用课堂时间成功实现知识的内化,真正提高学生的问题解决能力,是翻转课堂的最终目的。

(4)翻转课堂以网络媒介的技术力量冲破了灌输教学的藩篱,为师生精神交往提供了一个新的世界。总体说来,翻转课堂以线上线下优质的教学资源、丰富多样的教学环节、触及心灵的交流讨论等手段提高了思想政治理论课的魅力,激发了学生的学习欲望,培养了学生的创新意识,提高了学生的综合素养,让学生和教师找到在教室应有的感觉。教师不再是纯粹的知识传输器和解释器,而是一个主持人和价值引导者。学生是课堂的主体,老师是课堂的主导。在这场师生共创的盛宴中,学生的学习和体会能更加深入,教师也能更好地达到教书育人的目的,而不是简单地为完成任务而走过场,增强了思想政治理论课的实效性。

2. 翻转课堂教学模式的发展前景

翻转课堂在思想政治理论课中的运用,让学生从被动学习走向了主动思考,让教学从灌输走向了互动,有效改善了思想政治理论课的教学效果,因此可以鼓励教师积极尝试。尽管教师在开始实行的时候,建设网络课堂要付出很多,但是随着翻转课堂实体设计的基本完成,"程序"安排基本确定,学生的学习习惯逐步养成,后面操作就会越来越简单。这也可以让教师从机械的重复讲课中解放出来,并感受引领学生交流探讨的美妙。这时的思想政治理论课不再是老师在讲台上唱独角戏,学生在下面或玩手机或昏昏欲睡。在这里,师生都可以重新找到在教室上课时应有的感觉。在此意义上,教学过程就是师、生双主体之间凭借有效媒介面向本真世界的沟通过程。当然,教学方法、教学模式因人而异,千篇一律地跟风和模仿并不是上策,思想政治理论课教师应该根据自身的优势和特长,同时契合当下网络时代特征,充分整合线上线下资源,探寻最适合自己也最受学生欢迎的教学模式,以最大限度地提高教学效果。

(四)基于体验的互动教学法

时代在发展,社会在变化。学生对思想政治理论课内容缺乏自我的内心体验和情感上的共鸣,是目前思想政治理论课教学存在的重要问题之一。思想政治理论课教学必须研究当代大学生的特点,有针对性地进行课堂教学改革,不断探索符合新时期大学生特点的有效教学方法。思想多元化的冲击、网络多媒体的广泛使用无疑是当代大学生在接受思想政治理论课教育时所表现出的最大特点。在这种情况下的思想政治理论课教学显然不能一味地固守传统的教学方法和教学模式。因此,思想政治理论课教学应当注重提升亲和力与针对性,注重学生的心理体验,激发学生自主学习的积极性和主动性,引发学生情感共鸣并将学到的理论知识内化于心、外化于行,切实提高学生的获得感。实施体验式教学是提升思想政治理论课学生获得感的重要路径。体验式教学突出对各种事物的认识和了解,运用联系实际的多种形式于教学中,可以取得更好的教学效果。为此,教师们总结形成了时事评论、材料分析和案例、辩论、情景模拟等可以归类于基于体验的互动教学法。

1. 对体验式教学的认知

在整个学习的过程中,学生首先是一个存在于社会中的人,其自身就是体验的主体,在体验中学习知识,在实践中掌握知识,在思考总结中内化知识,最终才能将所学的知识应用到生活中。

体验式教学就是以学生为中心,引导其主动在创设的情境中实践、领会、形成、验证并反思自己经验的一种教学模式。这对于提升学生获得感,增加其内心体验具有十分重要的作用。体验式教学具有主体性、实践性、互动性、差异性等特征,是提升学生获得感的重要途径。首先,体验式教学强调必须尊重学生主体地位,这就要求教学要从学生的角度出发,让他们成为学习的主人,激发他们的学习兴趣,提高学生自身的能力,从而提升学生获得感。其次,体验式教学过程中要注重实践性,也就是要提高学生的参与度,使他们在体验中"发现"知识,而不是被动地"接受"知识。学生通过自己的探索和努力,才能进一步提升获得感。再次,体验式教学要求建立平等互动的师生关系,实现双向沟通,主张教学相长,使学生与老师的关系不仅仅局限于师生关系,而成为一种学习伙伴关系。同时,学生在一种轻松的氛围中学习,也有助于其获得感的提升。最后,体验式教学应强调学生的个体差异性,尊重其认知发展的特点和规律,努力创造特定的情境和机会,再现并还原教学内容,引导学生积极主动地在预设的教学情境中进行亲身体验,在亲身经历的过程中建构、理解知识,达到知情意的统一。综上所述,体验式教学是提升学生获得感的重要途径;提升学生获得感是体验式教学中的应有之义和目标指向。思想政治理论课教师应调整教学理念与教学方法,结合学生生活体验拓展教学内容,运用体验式教学模式开展具有体式特点的教学活动,完善关注"体验过程"的教学评价体系,构建互动体验型的师生关系，从而更好地提升思想政治理论课中学生的获得感。

2．结合学生生活体验拓展教学内容

联系社会实际和学生生活实际的教学内容能使学生从中找到自己身边事物的影子，引起学生学习的兴趣，产生心理体验和情感共鸣。人们说"艺术来源于生活"，同样，知识也来源于生活。每个学生都有着自己的经验，在学习的时候都会带入自身的经历与思维模式，同时学生也是生活在社会中的人，会面对社会生活的各种问题。因此，首先，思想政治理论课的教学内容应与时事政治及社会热点问题紧密联系，从而引导并促进学生思想认识的良性发展，提升学生的获得感。例如，通过开展舆情分析活动，调查学生对于时事政治及社会热点问题的观点和看法，掌握学生的真实思想动态，为思想政治理论课教师提供准确、及时的参照资料，以扩展、丰富有关社会生活体验的教学内容。其次，思想政治理论课教学必须始终坚持理论联系实际的原则，使理论教育与思想教育相融合；更重要的是，要符合学生思想的成长发展规律，以立德树人为宗旨，达到学思结合、知行统一的目标。最后，思想政治理论课的教学内容要与学生的日常生活相结合。日常思想政治教育活动的开展，不仅要与国家思想政治教育的目标要求相呼应，还要与学生的生活实践和实际需求相结合。

3．体验式教学的效果

体验式教学模式能够激发学生的学习兴趣，使他们热爱学习、乐于学习，从而减少厌烦心理和抵触情绪，在体验中掌握所学知识，形成自己的经验体系。在思想政治理论课的课堂教学中，教师可以通过开展体验式教学活动，如情景模拟、角色扮演、案例讲解、分组讨论、主题辩论、主题游戏等，来激发学生的积极性，提高参与度，引导学生主动地在体验中"发现"知识、掌握理论。在课堂外可以开展学生感兴趣并且对其成长有帮助作用的体验式教学活动，如专题讲座、知识大赛、实地参观、社会调查、微电影制作等，使理论课的知识得到巩固和运用，从而提高学生获得感。在体验后，教师还应及时组织学生交流、分享学习过程中的心得体会，这样学生才能在教师的带领下更好地整理和巩固学习的知识，并把所学到的知识迁移到生活中以解决实际问题。另外，有关主管部门应充分调动教师开设体验式教学课程的积极性，激发学生参加体验式教学活动的主动性，同时通过强有力的机构组织以及充足的经费投入来保障体验式教学的顺利开展。

由于思想政治理论课体验式教学强调的是学生对各种思想观念和政

治理论内容的理解和体验的过程。因此,决定体验式教学方式能否提升学生获得感的一个关键因素就是体验式教学的评价体系是否合理。如果评价体系不能激发学生学习的积极性,不能正确有效地引导其思想和行为,那么该评价体系的合理性、可行性及其价值就存在一定的问题。思想政治理论课体验式教学的考核与评价应摆脱应试教育模式下注重结果的定势影响,进而针对"体验过程"科学合理地展开。比如,在评价考核时增加平时课堂讨论、社会实践等体验式教学过程的分数占比,考虑品德修养、团队精神、创新精神等要素,以学生的主动性和参与度作为评分的主要标准。同时,在这个过程中还应将学生的自我评价、相互评价、班主任和辅导员的评价纳入最终考核。

苏联教育家瓦·阿·苏霍姆林斯基说:"只有当道德被学生自己去追求,获得亲身体验的时候,才能真正成为学生的精神财富。"理论知识也是一样。在思想政治理论课教学改革的过程中,我们要时刻注意学生的情感体验,通过将教学内容与学生生活体验紧密联系、注重运用体验式教学模式、完善关注"体验过程"的教学评价体系以及构建互动体验型的师生关系,从而达到提高学生参与度、增强学生情感体验、提升学生获得感的目的,使思想政治理论课的内容内化为学生自己的知识理念,外化为自身的行为表现。

四、改善教学环境,营造思想政治理论课教学的优良氛围

习近平总书记指出,思想政治理论课是落实立德树人根本任务的关键课程,我们办中国特色社会主义教育,就是要理直气壮地开好思想政治理论课,用新时代中国特色社会主义思想铸魂育人。为贯彻习近平新时代中国特色社会主义思想和党的十九大精神,浙江工商大学近十年来,在力所能及的范围内改善校内思想政治理论课建设环境,为思想政治理论课教学营造良好氛围。为贯彻落实习近平总书记关于教育的重要论述,特别是在学校思想政治理论课教师座谈会上的重要讲话精神,根据《关于深化新时代学校思想政治理论课改革创新的若干意见》(中办发〔2019〕47号)、《中共中央国务院关于加强和改进新形势下高校思想政治工作的意见》(中发〔2016〕31号)等文件精神,必须不断创造条件,不断深化新时代高校思想政治理论课建设。

（一）深刻认识思想政治理论课的重要地位，进一步理顺体制机制

浙江工商大学坚持以社会主义核心价值体系为引领，始终保持思想政治理论课教学的正确方向；始终坚持理论联系实际，注重课堂教学、网络运用和社会实践的有机融合，完善教材体系，提高教师素质，创新教学方法，不断增强思想政治理论课的亲和力和针对性，努力把思想政治理论课建设成为能够满足学生成才发展需求的优质课程。

1. 高度重视思想政治理论课建设

浙江工商大学校党委书记、校长作为思想政治理论课建设第一责任人，结合自身学科背景和工作经历，带头走进课堂听课、讲课，带头推动思想政治理论课建设，带头联系思想政治理论课教师。校党委会每学期至少召开 1 次会议专题研究思想政治理论课建设，校党委书记、校长每学期至少给学生讲授 4 个课时的思想政治理论课，校领导班子其他成员每学期至少给学生讲授 2 个课时的思想政治理论课。开学典礼、毕业典礼讲话等鲜明地体现了党的教育方针，积极传播了马克思主义科学理论，弘扬了社会主义核心价值观。2018 年开始，校党委书记给全体新生上第一堂思政大课。学校规定校党委书记、校长每月至少听 2 课时思想政治理论课，校领导班子其他成员每月至少听 1 课时思想政治理论课。把思想政治理论课建设情况纳入学校党的建设和各项工作考核、办学质量和学科建设评估标准体系。

2. 明确思想政治理论课建设的重要地位

校党委书记、校长是思想政治理论课建设第一责任人，校党委书记、校长和分管领导负政治责任和领导责任，他们要加强马克思主义学院建设、马克思主义理论学科建设和思想政治理论课建设，选优、配齐、配强马克思主义学院领导班子，确保在学校发展规划、经费投入、公共资源使用中优先保障思想政治理论课建设的需要，在人才引进、师资队伍建设、科研立项、评优表彰、职务评聘等方面优先支持思想政治理论课教师，落实思想政治理论课在学校教育教学体系中的重点建设地位。

3. 完善思想政治理论课建设领导体制机制

浙江工商大学成立"马克思主义与思想政治理论课"领导小组，由党委书记、校长任组长，分管领导任副组长，组织部、宣传部、学工部、研工部、教

务处、科研部、人事处、计财处、发规处、招就处、团委、马克思主义学院等部门负责人为领导小组成员，负责统筹规划和协调思想政治理论课建设工作。

(二)科学制订发展规划,提升学科建设水平

1.全面提升马克思主义学院建设水平

浙江工商大学马克思主义学院为浙江省首家与省委宣传部"部校共建"马克思主义学院、省重点建设马克思主义学院、教育部高校示范马克思主义学院,学校全面加强学院、学科和课程建设,根据马克思主义理论学科的性质、特点和要求,把马克思主义学院作为重点建设学院、马克思主义理论学科作为重点学科、思想政治理论课作为重点课程进行建设,进一步凝练学院学科方向,提升马克思主义学院整体建设水平,把马克思主义学院打造成思想政治教育、马克思主义理论研究和人才培养的坚强阵地;积极支持马克思主义理论一级学科申报博士点,逐步按需增加马克思主义理论一级学科硕士点招生名额。

2.建立健全思想政治理论课教研工作机制

推动实行思想政治理论课教师集体备课制度,遴选学科带头人担任集体备课牵头人,全面提升教研水平。建立思想政治理论课教师"手拉手"备课机制,发挥思想政治理论课建设强校和高水平思想政治理论课专家示范带动作用。建立纵向跨学段、横向跨学科的交流研修机制,深入开展思想政治理论课教师与辅导员教学交流研讨。推动建立思想政治理论课教师与其他学科专业教师交流机制。组织思想政治理论课教师及时学习习近平总书记最新重要讲话精神,及时学习相关文件精神,全面理解和准确把握党中央重大决策部署。

3.加强思想政治理论课教学研究

从高校思想政治理论课本身、高校课程体系、高校人才培养体系三个维度深入探究高校思想政治理论课教学改革。一方面,深入总结和探究高校思想政治理论课教学内容与方法改革的实践成果;另一方面,深入探究思想政治理论教育教学的理论,阐明增强大学生思想政治理论课获得感的理论进路与实践机制。以"课例研究"方法开展思想政治理论课课堂教学改革研究,"由教师共同设计、教授、观察、分析和修正课程教学",使教师通过课堂教学的实际观察、合作探讨和反思总结,产生教学的新内容、新思路

和新方法,同时促进教师的专业成长和教学效果的改善。

4.加强思想政治理论课课题研究和成果交流

学校设立思想政治理论课题研究专项,加大对思想政治理论课教学重点难点问题和教学方法改革创新等研究的支持力度。加强马克思主义理论教学科研成果学术认定工作,制定思想政治理论课教师发表文章的重点报刊目录,将《人民日报》《求是》《光明日报》《解放军报》《经济日报》《浙江日报》刊发的理论性文章纳入学校高层次科研奖励。打造一批思想政治理论课国家精品在线开放课程,探索建设融媒体思政公开课,推动优质教学资源共享。继续开展好思想政治理论课"名师工作室"等思政质量提升工程建设。

(三)坚持理论联系实际,丰富教学内容体系

1.优化课程和教材使用

除大学 4 门思想政治理论必修课外,扩大思政选修课的课程开发,全面开设"习近平新时代中国特色社会主义思想概论""习近平法治思想""马克思主义宗教观概论"等课程。浙江工商大学在博士阶段开设"中国马克思主义与当代",硕士阶段开设"中国特色社会主义理论与实践研究",并领衔开设"课说浙江"选修课,针对留学生和港澳台学生开设"国情教育"。"形势与政策"由马克思主义学院牵头,党委宣传部、教务处等相关部门协助开设和管理。重点围绕习近平新时代中国特色社会主义思想指导课程教材纲要,研究编制党史、国史以及中华优秀传统文化等设定课程模块,开设系列选择性课程。

教材是学生学习的第一手资料,好的教材可以让人终身受益,其价值和影响完全不亚于一部学术专著。思想政治理论课统一使用马克思主义理论学科建设与理论研究工程教材,这些教材总体上来说是好的,但也有不足。例如,很难兼顾到各地的实际,如果老师不注意,在使用时容易脱离实际,特别是不能紧密联系当地活生生的改革开放实践。建议全国统一编写教学指引或大纲,规定教材的必备内容和基本观点,各省再根据指引或大纲,结合本省实际编写教学大纲和教学方案,由思想政治理论课专业研究会或有条件的高校编写教材。这样既保障了教材的统一性,又给各高校留有一定的余地,便于各高校组织教学研究,形成各自的特色。适时进行交流评比,形成几本好教材。教材编写要选拔有研究、奋战在教学第一线

的教师参与,由德高望重的专家学者统筹把关,吸纳大学生的意见,集思广益。在教材运用方面,浙江工商大学侧重于讲准、用活统编教材,提倡教师自主编写辅助教材和教学案例,紧密联系大学生思想实际和教师教学实践,努力把思想政治理论课教材编好、讲准、用活。为了便于教师把握课程体系、准确理解和讲授课程内容,浙江工商大学根据统编教材,组织编写了四门课的教学大纲和教案,如王来法教授主持编写的《"马克思主义基本原理概论"教学指导》已发放到全省本科院校。在用活教材方面,一是推广使用省编《中国特色社会主义在浙江的实践》《马克思主义宗教观概论》补充教材,要求教师在教学过程中紧密结合浙江实际进行教学;二是把校内优秀师生事迹集《商大故事》《寻找身边的感动》等作为思想政治理论课校本案例库。这样把教材和教学、理论和实际、课堂和课外、全国和浙江有机结合起来,教材就用活了。

2. 鼓励创新课堂教学方式和内容

推进思想政治理论课教学方法改革,研究生阶段重在开展探究性学习,本科阶段重在开展理论性学习,强化培养学生综合素质能力、改革教学模式、改善教学环境、改变教学方法。总结梳理"一化三改"教学改革成果,申报省教学成果奖。坚持和完善"'读写议'教学法""基于作业的互动教学法"等教学方法。利用超星平台探索具有实效性、针对性和创新性的思想政治理论课网络教学新模式。推动人工智能等现代信息技术在思想政治理论课教学中的应用,设立"思想政治理论课智慧教室",建设"思想政治理论课虚拟仿真实验教学示范体验中心",积极申报思想政治理论课国家级教学中心。

3. 推出优秀精品课程

在"马克思主义基本原理概论""毛泽东思想和中国特色社会主义理论体系概论"等省级精品在线开放课程的基础上,努力增加精品在线开放课程数量。作为思想政治理论课教学质量与教学改革工程的重要内容,获得省、国家级精品在线开放课程项目,在思想政治理论课建设水平上实现新突破。

4. 加强"课程思政"建设

实施"课程育人"体系建设攻坚计划,明确各门课程的大纲、教材、教案、评价等修改任务。牵头建设好"课说浙江"课程思政示范课。增加"课程思政"教学改革项目立项数量,逐步实现所有专业"课程思政"全覆盖。

编写"课程思政"优秀案例集，宣传推广优秀教案和先进教法。

（四）深化教育教学改革，优化教学组织形式

1．积极应用新技术，实现课堂教学、网络教学和实践教学的良性互动

顺应新技术发展的趋势，更新教学手段，推进和完善"翻转课堂"等教学方法的试点。积极参与在线开放精品课程的建设，广泛应用中国慕课、泛雅教学平台，大力采用学习通、课堂派、钉钉等手机终端 App 辅助教学。推动思想政治理论课实践教学与学生社会实践活动、志愿服务活动结合，思政小课堂和社会大课堂结合，完善思想政治理论课实践教学机制。鼓励思想政治理论课教师积极参与、指导各类学生实践活动。进一步加强思想政治理论课实践教学基地建设，精心设计和组织实施好一批内容新颖、形式多样、吸引力强、渗透力强的实践活动。将思想政治理论课实践教学纳入各专业学生培养方案，适时设立思想政治理论课实践教学专项经费，参照专业实践实习的标准，以适当方式给予学生交通、住宿费用补贴，保障思想政治理论课实践教学任务和要求的落实。

2．深入推行小班化教学方式改革

提高思想政治理论课教学实效，将"大班授课"改为"中小班授课"，并逐步提高"单班授课"比例，严控超过 100 人的大课堂。继续改革思想政治理论课教学方法与手段，加大过程性学习管理力度，完善考试考核评价方法，加强形成性评价。结合弹性学分制的实施推行思想政治理论课教师挂牌上课制度。

3．推行"学生自由选课、教师挂牌上课"的思想政治理论课选课方式

推行学生自由选课、教师挂牌上课的教学管理模式。由于浙江工商大学长期实行固定学分制，思想政治理论课统一安排上课，一定程度上限制了学生选教师的自由。根据改革趋势，2019级学生开始推行思想政治理论课学生自主选课、教师挂牌上课的选课模式，促进教师提高教学水平。

4．改革教师教学评价方法

思想政治理论课的教学效果和质量评价一直是一个难题。浙江工商大学在传统学评教的基础上，对教师教学效果评价进行了改革，改革了思想政治理论课教学质量的评价方法和评价机制。增加教师同行、教研部主任和学院领导听课的评价因素，降低学生评价的效用和影响权重。开展思想政治理论课评价指标体系和评价方法的研究，争取采用更为科学合理的

评价方法体系。

5. 坚持"以赛促学"的实践模式

"成功的教学所需要的不是强制,而是激发学生的兴趣。"以"卡尔·马克思杯"思政理论知识竞赛等教学活动为特色,重在改善学生对思想政治理论课的态度,进而改善思想政治理论课的教学环境。浙江工商大学先后组织了十届"卡尔·马克思杯"思政理论知识竞赛活动,该活动在2018年晋升为浙江省学科竞赛活动。通过竞赛、互动等方法促进参与式、展示式、体验式等学习方法的应用,坚持学生主体性,针对学生特点,满足学生期待,以喜闻乐见的方式捕捉学生学习的兴趣点和兴奋点,有效增强思想政治理论课的吸引力和感染力。通过激发大学生的学习兴趣与激情,其从"要我学"的强制被动状态转变为"我要学"的自由能动状态,学生学习思想政治理论课的主动性和积极性得以提高,他们对思想政治理论课的认知和学习态度获得改善,从而优化思想政治理论课教学的环境和氛围,巩固课堂教学的效果,学生对思想政治理论课的获得感增强了,思想政治理论课教学的实效性获得了提高。每年举办省、校两级"卡尔·马克思杯"思政理论知识竞赛活动,既可以展现大学生的知识视野、政治素质和精神风貌,反映大学生思政理论知识和思想政治素养的状况和水平,又可以增进大学生综合运用马克思主义基本原理和政治理论知识分析问题、评判问题的实际能力。通过竞赛活动,用马克思主义中国化最新成果武装广大青年学生头脑,将广大青年学生造就成为担当民族复兴大任的时代新人;促进大学生对思想政治理论知识的学习与思考,激发大学生学习思政理论课的兴趣;促进高校思想政治理论课教学,提高思政理论教育的实效性。

(五)建立健全准入机制,提升思政教师队伍整体素质

1. 配足建强思想政治理论课教师队伍

由于思想政治理论课是全校必修课,对教师的需求量较大。必须充分利用高校的各种资源和力量,组织一支精良的专兼职结合的思修课教师团队。按照教育部《高等学校思想政治理论课建设标准》的有关规定,坚持"专任为主、专兼结合"的原则,严格按照师生比不低于1∶350的比例核定专职思想政治理论课教师岗位。在这支团队中,专职教师是思修课的主要力量,同时可以吸收党政干部、辅导员作为兼职教师,这样也解决了部分党政干部、辅导员专业能力发挥的问题。思想政治理论课教师课教得好最重

要,不论专兼职,首先都要过教学关。他们应该经过严格培训,试讲合格,教学能力较强。要加强教师的交流,不论专兼职教师,都应参加集体备课和教研活动,协调讲课内容和标准,交流教学经验和信息,不断改进和提高教学水平。学校在保障思想政治理论课教学科研机构各项正常经费(包括办公经费)的同时,提取专项经费,用于思想政治理论课教师的课程建设、学术交流、实践研修、教学科研能力提升等。在与思想政治理论课教学内容相关的学科选择优秀教师进行培训后,充实思想政治理论课教师队伍力量,探索胜任思想政治理论课教学的党政管理干部转岗为专职思想政治理论课教师机制和办法,积极推动符合条件的辅导员参与思想政治理论课教学。

2. 严格执行教师准入制度

严把政治关、师德关、业务关,思想政治理论课专任教师必须坚持正确的政治方向,新任专任教师原则上应是中共党员,并具备马克思主义理论相关学科背景硕士以上学位。在专业技术职务(职称)评聘工作中,马克思主义理论类高级专业技术职务(职称)指标单列。校级专业技术职务(职称)评聘委员会要有同比例的马克思主义理论学科专家。实行不合格思想政治理论课教师退出机制。

3. 加强教师培养,提高教师的教学能力和水平

高校思想政治理论课是党的宣传和意识形态工作的重要阵地。总体上看,思想政治理论课在大学生思想政治教育方面发挥了主渠道的功能和作用。思想政治理论课教师兢兢业业地坚守在马克思主义理论教学第一线,是一支可以信赖和依靠的队伍。马克思主义理论学科队伍建设是一项重大工程,一方面要加大人才的引进力度,另一方面要加强对教师的培养。

作为高校教师,谁都愿意把自己的课讲好。然而当前高校思想政治理论课教师大多没有经过正规的师范教育训练,工作后接受教育教学方面的培训也比较少,这显然不利于广大基层教师教学水准的提升。思想政治理论课教师也需要不断加强学习,提高教学技能和水平,提升课堂教学的效果和质量。在思想政治理论课教师培养方面,要强调教师队伍建设和培养的重要性,通过加大培养力度提高教学水平。为了改变教师职业训练不足、教学技能不佳的状况,我们建立和完善了培训体系,制定教师培训规划,使培训工作经常化、制度化。新任专任教师必须参加岗前培训。组织开展集中备课活动,交流改革经验,开展示范教学,增强理论教学能力。每

学年至少安排 1/4 的思想政治理论课专职教师开展学术交流、实践研修和学习考察活动。定期举行思政理论课教师的培训,请全国各地的专家学者来讲学,或者安排教师去有教学特色的高校访学交流,特别是进行教育规律和教学技能的培训。鼓励教师在教学中提高,定期组织公开课、教学观摩课、示范课和提升课等活动,提高教师的教学能力和技巧,让许多教师的教学技巧通过交流研讨得到推广。每年有计划地选派教师参加中宣部等中央六部委联合举办的全国哲学社会科学教学科研骨干研修班、教育部举办的全国高校思想政治理论课教学科研骨干研修班等学习活动,定期开展教师教学技能大比武活动。安排思想政治理论课教师参加全省暑期备课会、省内外的教学比赛和教学研讨活动、青年教师社会实践项目,通过学校"蓝天计划""大地计划"和助教培养计划等途径提高教师业务水平。实施"青年马克思主义学者"培养计划。在"西湖学者"计划等校内人才项目遴选中,向马克思主义理论学科领域人才适当倾斜。对接教育部"思想政治教育中青年杰出人才支持计划""高校思想政治理论课教师队伍后备人才培养专项支持计划"两大人才支持计划,培育思想政治理论课中青年优秀学科带头人。每年选派 1—2 人到国内外重点高校和科研机构访学。新进教师第一年不安排教学工作,专门跟老教师听课,在老教师带领下,提高教学能力和水平。目前,浙江工商大学已有 2 位教师被评为首届全国高校思想政治理论课教学能手,多位教师被评为省教坛新秀和学校教学名师。

教师知识面、生活面是否宽广,对能否以生动的方式讲授马克思主义的理论起着相当大的作用。有些思想政治理论课教师每天忙于上课和钻研书本,对外面的世界了解甚少,与现实生活脱节,讲起课来也只能从概念到概念,缺少感性的东西,难以与学生达成心灵的沟通。因此,高校思政理论课教师非常需要加强实践锻炼,多接触外面的世界。加大对高校思想政治理论课教师实践锻炼的支持力度,多组织教师参加参观、考察、调研、挂职等活动。每年抽出一部分教师出去"走一走、看一看"。这样教师讲起课来才会生动、有趣,才能让学生喜欢。教师和学生的社会实践,高校来做有一定困难,比如经费问题、安全问题、基地问题等,所以有些工作要地方党委、政府来牵头或配合,全社会支持。需要采取一定的措施和手段,鼓励企业、农村、街道等各类单位参与高校社会实践基地建设,比如,定期开展社会实践基地授牌,请相关基地负责人担任社会实践指导教师,定期开展优秀社会实践基地建设交流和评比活动等。

4．正确处理教学和科研的关系

高校思想政治理论课的教学难度非常大,教学任务非常重,对教师的素质要求很高。例如,"马克思主义基本原理"课把马克思主义哲学、政治经济学、科学社会主义 3 部分内容并在一起;"思想道德修养与法律基础"这门课要求教师既懂思想道德修养,又懂传统文化、伦理学、西方文化、法律、心理学等;"毛泽东思想和中国特色社会主义理论体系概论"课是当代中国的马克思主义,也是综合性的;"中国近现代史纲要"课既要求教师熟练掌握近现代史,更要懂如何引导学生认识和接受近现代史的必然结论。高校思想政治理论课教师大多是博士或硕士研究生毕业,都是从事其中某一专业领域、方向的学习研究,一下子要从事涉及多个领域知识的课程教学,许多教师都有一个重新学习的过程。由此来看,需要不过度强制性地要求思想政治理论课教师过多地承担研究任务,而首先要求教师把课上好。同时,采取适当措施鼓励他们围绕着教学、围绕着马克思主义理论的相关领域开展研究。科研服从于教学任务,在有余力的情况下进行。

5．加大思想政治理论课教师激励力度

增强教师的职业认同感、荣誉感、责任感,适时设立思想政治理论课教师和辅导员专项岗位津贴,纳入绩效工资管理。要把思想政治理论课教师作为学校干部队伍的重要来源,学校党政管理干部原则上应有思想政治理论课教师、辅导员或班主任工作经历。学校设立的荣誉称号要注重表彰优秀思想政治理论课教师,定期评选"思想政治理论课教师年度影响力人物"等先进典型。在优秀教师、师德先进个人等评选中,向思想政治理论课教师适当倾斜。

身处高校,必然要面对各种考核和职称评定等问题,这既是一个现实问题,也是指挥棒,对教师的工作具有很强的指导作用。如何处理好繁重的教学任务和职称评定等问题的关系,不仅是教师个人的问题,也是高校和主管部门的重要问题。在对思想政治理论课教师的考核和职称评审职务聘任中,应该做好顶层设计,体现出思想政治理论课的特点,体现出差异性,不要搞一刀切。思想政治理论课教师专业技术职务和绩效岗位的高级岗位比例不低于学校重点学科高级岗位设置的平均水平。思想政治理论课教师获得的教学成果类奖项、在教书育人方面的特殊贡献、被有关部门采纳并发挥积极作用的社会调研报告等,均可作为专业技术职务和绩效岗位评定的依据。

思想政治理论课教师享受的经济待遇要相当于其他学院重点建设学科教师享受的待遇。学校在开展国家教学名师评定、长江学者申报、新世纪人才支持计划、国务院特殊津贴等各类人才评比工作时,应给予马克思主义学院教师同等的机会。马克思主义学院教师的岗位津贴和课时补助等纳入学校内部分配体系,教师工作量、课酬计算标准与其他专业课教师一致,教师的实际平均收入不低于本校相关专业院系教师的平均水平。

6. 优化完善思想政治理论课教师考核评价办法

建立思想政治理论课专任教师任职资格制度,改革思想政治理论课教师年度考核办法,侧重课堂教学和育人效果。制定实施符合思想政治理论课教师特点的职务职称评聘标准,提高教学和教学研究在考核评价中的占比。引导教师将更多精力投入课堂教学上,鼓励教学效果突出的教师评聘教学为主型高级专业技术岗位。

7. 加强师德师风建设

思想政治理论课是马克思主义的宣传工作,教师容易被学生定位为说教者。为此,必须拉近与学生的距离,使学生感觉到学有所获、深受教益。精彩的每堂课是学生的期待,而激情是思想政治理论课讲得精彩的必备条件。为此,思想政治理论课教师要调整自己的角色定位,把每堂课当作一场专题报告来对待。要注意变换自己的身份、角色,根据内容和方法的需要把自己定位为不同的角色,如热情洋溢的演讲人、风趣幽默的主持人、乐于助人的人生导师,等等。努力把每一堂课做成感人肺腑的专题报告或者轻松愉快的互动节目。对立场坚定、学养深厚、成果突出的思想政治理论课教师优秀代表,要加大宣传力度,发挥他们的示范引领作用。按照学校师德师风建设的总体目标和方法,强化师德建设的激励机制,多渠道、分层次开展各种形式的师德教育,营造良好的育人氛围。

五、"一化三改"思想政治理论课综合性教学改革的成效

高校思想政治工作的核心环节是思想政治理论课教学,衡量思想政治理论课教学质量和效果的根本指标则是大学生的获得感。但"实效性不强""效果不理想""质量不高"等评价频繁出现,反映出思想政治理论课教学中存在说服力感染力不够、针对性实效性不强等问题。思想政治理论课教学必须按照习近平总书记的要求,遵循思想政治工作规律,遵循教书育

人规律,遵循学生成长规律,革弊布新,改进老办法、探索新办法,努力改善思想政治理论课教学效果。决定和影响思想政治理论课教学效果最关键的因素,首先是学生的学习兴趣、态度和投入,其次是教学的手段和方法。"一化三改"思想政治理论课综合性教学改革从大学生的成长、党和国家事业发展的需要出发,浙江工商大学全体思想政治理论课教师充分利用课内课外、线上线下的多种途径、方法和手段,对决定和影响思想政治理论课教学的各个方面进行了综合性的改革,采取了一系列有效的方式方法,呼应了思想政治理论课改革创新的内在需求,改善了思想政治理论课教学质量和效果。

(一)思想政治理论课教学综合性改革解决的教学问题

思想政治理论课不是单纯的理论课、知识课,而是一门综合各门社会科学的知识和理论课,因此对学生进行马克思主义的宣传教育活动,上课难度比较大。正因为如此,更需要不断探索课程改革,提高课程的有效性。思想政治理论课的教学改革,必须紧紧围绕有效性这个核心目标,运用各种有效方法组织教学,不断提高教学水平。

1. 与学生的现状相结合,解决学生的学习态度问题

我国高等教育已经进入大众化时代,有些地区已经普及化,大学生的构成情况相应地发生了很大变化,社会的发展对学生的思想也产生了很大影响,学生对思想政治理论课的认识和态度不可避免地会出现一些新的情况。一是学生对思政理论课的认识不同,对思政课的学习态度各异。有些学生能认真对待,专注学习思考,有些学生则认为这门课可有可无,甚至认为它是多余的。有些学生对思修课采取功利主义态度,仅仅出于必修的要求才被动学习。二是社会思想多元化影响学生对思修课的认识和态度。社会一些思潮和观念影响学生对人生观、价值观、理想信念等诸多问题的认识,有些学生对思想政治课带有消极抵触情绪。这对教学工作提出了更高的要求,增加了教学的难度。三是专业课的偏好。有的学生认为,专业课才是有用的课程,应该认真学习,思想教育课比较虚,对自己没有什么用处,所以可以应付了事。

作为必修课的思想政治理论课带有强制性,正是有这样的条件对学生开展正面的宣传教育,思政课的教学更需要注意教学效果,针对学生的思想实际,针对当代大学生的特点,找到一系列能够紧紧抓住学生兴奋点和

兴趣点的途径,采取有效的方式方法,使学生切实感受到思政课的重要性。营造学生喜欢学、愿意学的氛围,有效调动大学生学习思想政治理论课的积极性和主动性。

2. 与学生的个人实际相结合,解决学生个人的思想问题

学生进入大学面临许多实际问题,正是需要有人引导和开解的时期。比如,大学学习与高中学习的差别、独立生活与自我管理的问题、志愿问题、专业问题、心理问题等,以及对人生、对就业、对国家、对社会等方面的种种迷茫和思考。这些问题为思想政治理论课提供了切入的机会和途径。思想政治理论课要紧紧抓住学生的现实问题,通过教学帮助学生思考,解开一些思想疙瘩,切实解决学生在思想认识和实际生活中的一些实际困难,引导和促进学生正确树立人生观、价值观、理想信念,促进大学生自立意识、职业意识、法律意识的觉醒和觉悟,促进大学生爱国主义精神、民族主义思想、社会主义原则的树立,促进学生思想认识水平和品德的提高。为教而教、为学而学,肯定不会有好的效果。

3. 与社会的现实问题相结合,解决课程的说服力问题

社会的一些实际问题影响到学生对许多问题的思考,影响到思想政治理论课的教学有效性。思想政治理论课不可避免地要涉及这些问题。如果回避现实,学生就会认为教师的讲课没有说服力,只是一种说教。虽然有些社会问题说服学生有难度,但是教师可以运用大量现实的事例、资料、信息来充实教学内容,引导学生正确分析、客观对待各种各样的社会现实问题。同时要因地制宜地开展实践教学,组织学生到实践教学基地学习,鼓励学生参加社会实践活动。国家、政府、社会各方面对各种社会问题的解决对思想政治理论课也有直接的支持作用。如果没有社会的足够支持,思想政治理论课的教学效果就会大打折扣,对此必须引起高度重视。

4. 与其他的相关课程相结合,解决课程的衔接问题

思想政治理论课的教学内容有其自身的体系,同时也涉及其他的一些课程或活动。处理好与其他课程的时间和内容关系,有益于提高思想政治理论课和其他课程的教学效果。思想政治理论课作为思想培养课程,侧重于学生综合素质中思想品德、行为规范和职业道德的培养,始业教育、学业指导、职业规划课、就业指导课、形势政策课与思想政治理论课内容有一定关联性,但又有所区别。思想政治理论课的教师要主动了解各课程和活动的情况,及时协调。另外,与中学的相关课程也有衔接问题。如果出现低水平内容重复等情况，也会影响教学效果。

5. 与日常的教育管理相结合，解决教育教学"两张皮"的问题

马克思主义政治理论课是大学生思想政治教育工作的主阵地，高校的思想政治教育和管理工作是大学生思想政治教育工作的主渠道。两者都是高校开展思政工作的重要力量，并且相辅相成，必须紧密结合起来，不能教学归教学、教育归教育、管理归管理，不相往来。目前，这种教学与学生日常教育管理工作"两张皮"的现象在一定程度上存在，影响了思想政治理论课的教学效果和大学生思想政治教育工作的成效。思想政治理论课的教学改革要主动结合学生工作实际，将学生思想品德表现融入教学评价中，真正做到知行合一、学以致用。只有这样，才能真正做到马克思主义教育进课堂、进头脑、见效果，提高大学生的思想政治素质和能力。

6. 与学生成长的内在需求相结合，改善思想政治理论课课堂教学实际效果

通过各种教学法和教育理论的运用，引导学生将理论与实践相结合，鼓励学生参与和互动，加深对课堂知识的记忆、理解、深化和内化，努力使学生"听起来津津有味""学起来终身受益"，推进思政理论知识进头脑。这就要求教学能够引人入胜、释疑解惑，确实让学生获益，帮助学生成长。通过一系列教学方法的改进，在潜移默化中培养大学生运用马克思主义立场、观点和方法发现问题、分析问题、解决问题的能力，满足大学生成长发展的需求和期待，增强大学生对思想政治理论课的政治认同和情感认同。马克思主义是中国高校的鲜亮底色，通过思想政治理论课教学改革，有效提升大学生对主流意识形态的理解、认可和接受程度，确立建设中国特色社会主义的理想，坚定跟党走、做贡献的信念，增强中国特色社会主义的"四个自信"，达到提高思想政治理论课教学实效性的目的。

（二）思想政治理论课教学综合性改革的创新点

1. 立足根本，促进大学生对思政理论课学习态度的转变

思想政治理论课改革既要治标更要治本。"一化三改"强调从根本上改变学生对思想政治理论课的刻板印象，激发大学生学习思政理论的兴趣，提高大学生对思政理论学习的主动性和积极性，改善学习氛围，降低思想政治理论课教学的难度。

2. 以增强获得感为核心，形成系统性改革措施

高校思想政治课教学改善不是单纯的问题，需要从高校思政理论课本身、课程体系设置、人才培养体系三个维度探索高校思想政治理论课的改革路径，努力使思政课程向课程思政转变，真正实现全方位育人。教学改革具有明确的"问题导向"和"行动取向"的特点，聚焦于获得感不足问题的解决，汇聚集体智慧，在教学模式、教学方法、教学环境、课程功能等多途径探索解决问题的有效手段和方法。从"一化三改"四个方面推进改革创新，通过对思想政治理论课教学模式、学生认知和态度、教学环境、课堂教学手段和方法、思想政治理论课育人功能等多方面、系列化、持续性的探索改进，不断增强大学生对思政理论课的获得感。教学模式上，改变考试方法、评价方法、教学方式。教学环境上，改善学生的认知和态度。教学方法上，适应95后、00后大学生的个性特点，满足新时代大学生移动学习、趣味竞技、展示自我、冲浪科技的时代性需求，更多采用符合学生主体性特点的参与式、展示式、互动式教学方法，更多地满足学生发展性期待和需求。教学手段上，采用超星教学平台和手机端、浙江省精品在线开放课程平台、机考系统等信息手段。例如，"卡尔·马克思杯"思政理论知识竞赛综合运用了网络平台、App移动端、竞赛抢答系统、电脑机考、大屏幕显示等信息技术，实现了基于"用户体验"的"时尚包装"，较好地吸引了学生的注意力，提升了竞赛的层次感和有效性，改善了思想政治课教学的效果和实效性，增强了大学生对思想政治课的获得感。

3. 在改进中增强思想政治理论课的思想政治教育功能

思想政治理论课教学是大学生思想政治教育的主渠道、主阵地，通过思想政治理论课对大学生进行马克思主义理论和社会主义核心价值观的教育，始终是思想政治理论课的出发点和落脚点。所有思想政治理论课的教学改革都离不开这个初心。我们通过改革教学模式、改善课堂教学环境、改变教学方法和提高大学生综合素质和能力，增强大学生的获得感，提高思想政治理论课的实效性，这些都是围绕着提高大学生的政治思想认识、增进大学生的思想和价值认同来进行的，不是为改而改，更不是为了在改革声中削弱思想政治理论课的思政教育功能。

（三）"一化三改"思想政治理论课教学综合性改革的成效

从改革实施多年的结果看，浙江工商大学思想政治理论课综合性改革

取得了下列成效。

1. 实现从"以教为主"向"以生为本、以学为主"的转变

决定和影响思想政治理论课教学效果的关键在教师。"一化三改"思想政治理论课教学改革创新从大学生的成长需要、党和国家事业的发展需要出发，采取了一系列有效的方式方法，调动全体思想政治理论课教师参与，充分利用课内课外、线上线下的多种途径、方法和手段，对决定和影响思想政治理论课教学的各个方面进行了综合性的改革，呼应了思想政治理论课改革创新的内在需求，改善了思想政治理论课教学质量和效果。

传统教学方式把更多的着力点放置于"教师的主导性"，教学中比较忽视"学生的主体性"。在"思想政治理论课综合性改革创新"举措的推动下，教师更加重视投入教学工作，努力提高教学能力和教学水平、提高课堂教学质量已经成为共识。例如，老师发明的"课堂发言反馈单"，鼓励学生主动发言、积极参与互动；艺术专业的学生开展的"漫读红色经典""画说两富浙江"等活动，提高了艺术学生对思想政治理论课的学习兴趣。

全体思想政治理论课教师通过强化、改革、改变、改善的"一化三改"教学改革创新增强大学生对思想政治理论课的获得感和实效性，形成了思想政治理论课教学改革的一系列综合性改革举措，改善思想政治理论课教学效果，并取得了实实在在的改革成果。在教学上实现了从"以教为主"向"以生为本、以学为主"的转变。每个参与的教师能系统地反思整个教学过程中存在的问题，反思的内容包括教学目标是否符合学生学习和发展的目标，教学内容能否实现教学目标，教学设计能否激发学生学习主动性和积极性，课堂教学中学生的表现如何，什么问题阻碍学生学习等，强调以学生为中心进行观察和研究，从"学生如何学"去反思教师应该"如何教"。例如，竞赛教学法针对大学生的心理特点，从实际出发创设学生喜闻乐见的教学方法，紧紧抓住学生的兴趣点和兴奋点，运用结果激励等理论，实现了"有意义的课程有意思，有深度的理论有温度"的思想政治理论课教学要求，符合思想政治理论课教学的发展方向和趋势。

通过思想政治理论课教学效果的改善，更有效地影响大学生形成符合社会主义核心价值观的价值判断和政治选择，树立科学的世界观、人生观、价值观和政治观，增强了"四个意识"和"四个自信"，强化了对中国特色社会主义道路的认同，内化了思想政治理论课的价值诉求。

2. 大学生对思想政治理论课的学习态度有明显改变

"以生为本、以学为主"在教学中的落实，提高了学生在教学过程中的

主体性,大学生对思想政治理论课的学习态度发生了明显改变,具体体现在以下几个方面。

第一,到课率提高了。例如,浙江工商大学"思想道德修养与法律基础"课程分别于 2016 年 1 月和 2019 年 1 月对学生的到课率做过调查,图 5-1 是两次调查中"我从不逃课、旷课"这一问题的数据比较结果。由图 5-1 可知,到课率有了比较大的改善。到课率的提高,一方面是因为教学内容能吸引到学生,有学生甚至会担心因为缺课而错过精彩的上课内容;另一方面是因为教师在教学中充分地利用了学习通、慕课堂等教学平台中提供的签到工具。便捷而精确的考勤制度使学生不敢缺课,精彩纷呈的课堂学习内容使学生不愿缺课。

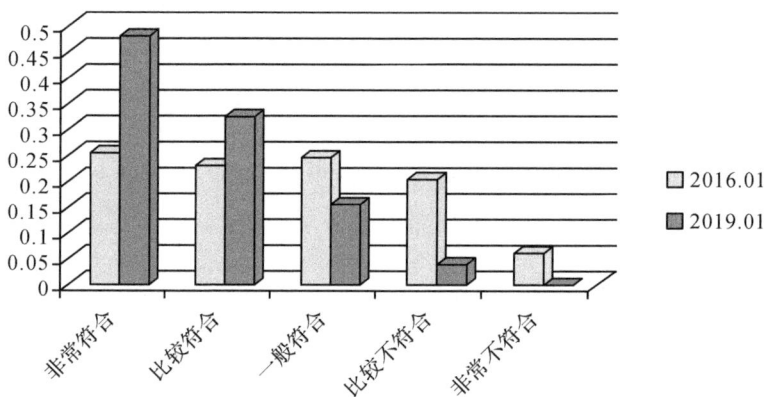

图 5-1 两次调查中"我从不逃课、旷课"问题的数据比较

第二,抬头率提高了。思想政治理论课上,看其他书籍、玩游戏甚至刷剧等现象并不鲜见;但经过教师们的努力,这一现象得到了比较喜人的改变。图 5-2 是对两次调查中"抬头率"的比较分析图。从图 5-2 可以看出,经过改革,"抬头率"有了比较显著的改善。

第三,课余学习时间投入增加。随着教学方式的不断创新、教学内容的不断丰富,为了更好地适应课堂学习,学生课余投入到思想政治理论课学习中的时间不断增加。微视频创作大赛、"漫读红色经典"、"画说两富浙江"、"卡尔·马克思杯竞赛"、"大学生来上思想政治理论课"等活动吸引了许多学生的参与,为了获得好成绩,学生们付诸大量的时间和精力。随着投入的增加,书本上的知识渐渐地内化为自身的思想。思政理论课追求的教育目标变成了学生的"自我选择"的结果。

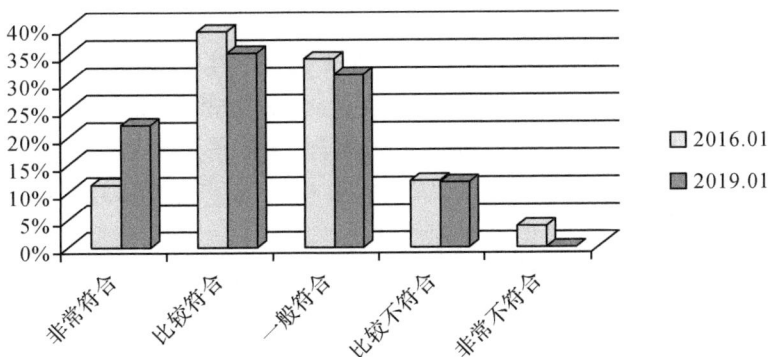

图 5-2　两次调查中"抬头率"比较分析图

3. 教学效果明显改善

课堂教学改革使思想政治理论课堂气氛更加活跃,学生对思想政治理论课的重视程度和参与程度明显提高,教学效果明显得到改善,体现在学生课堂满意度的提高和学生获得感的增强上。

2016 年秋季与 2019 年秋季《"思想道德修养与法律基础课"课堂满意度调查问卷》显示,58.4%的同学在"学习本课程收获很大"这一陈述中选择了"非常符合",29.9%的同学认为"比较符合",10.4%的同学认为"一般符合",选择"比较不符合"的仅有 1.3%,没有同学选择"非常不符合"。由此可知,绝大部分(98.7%)同学认为学习思想政治理论课是有收获的。奋战在一线的思政老师都知道,要学生喜欢上思想政治理论课是一件非常不容易的事,做到内心不抗拒思想政治理论课就已经不是一件容易的事,要学生喜欢上思想政治理论课更是非同寻常。数据表明,48%的同学认为"我喜欢上这门课"的表述非常符合他们的感受,32.5%的同学认为这一表述比较符合他们的感受,15.6%同学认为这一表述与他们对这门课的感受之间是"一般符合",仅有 3.9%的同学认为这一表述比较不符合,没有同学认为"完全不符合"。这一调查结果是令人欣慰的,充分体现了学生对思想政治理论课的认同。

同时,也必须清醒地认识到,世界范围内各种思想文化交流交融交锋更加频繁,如何发挥正能量,增强对重大理论和现实问题的阐释力,在多元中确立主导,给思想政治理论课提出新的挑战。而思想政治理论课教学在许多方面还不能完全适应形势发展的需要,仍然需要继续改革、砥砺前行。

4. 正面教育产生直接效果

思想政治理论课教学的直接效果体现在大学生的世界观、价值观、人生观与马克思主义理论和实践的匹配度，与党和国家未来发展对大学生需要的期盼度，与社会主义核心价值观的吻合度，对党的路线、方针、政策的认识、理解和接受度等几个方面，需要在我国社会主义建设过程的实践中加以检验。一直以来，高校思想政治理论课作为社会主义大学的特定教育内容，对我国人才培养发挥了必不可少的作用，为社会主义现代化事业培养合格人才方面提供了保证。近年来，思想政治理论课努力提高教学效果和教学质量，正面教育产生了积极的效果，体现在通过思想政治理论课教学效果的改善，更有效地影响大学生形成符合社会主义核心价值观的价值判断和政治选择，树立了科学的世界观、人生观、价值观和政治观，增强了"四个意识"和"四个自信"，强化了对中国特色社会主义道路的认同，内化了思想政治理论课的价值诉求。对当前党的路线、方针、政策，大学生总体上是接受和拥护的，许多大学生毕业后取得的优异成绩可以说明这一结论。另外，从香港发生的青年学生参与社会动乱的情况，从另一个角度说明了内地高校开设思想政治理论课的极端重要性，证明了思想政治理论课的重大效果。

第六章　高校思想政治理论课教学方法的创新探索(一)

　　长期以来,我国高校思想政治理论课教学普遍面临着一些困境。一是学生对思想政治理论课缺乏足够的重视,甚至处于应付性的状态,学风浮躁,学习的主动性和研究性没有充分调动起来;二是思想政治理论课教学形式、教学方法僵化,在实际教学实践中,过分强调"教"的主体性,而把受教育者的内化过程被动化,课堂更多地采用满堂灌的形式,与学生的沟通交流相对缺乏;三是部分思政课教师存在一种职业上的倦息,反复"机械式"教学,教学任务多、责任大,学生的不认真、不重视,让教师成就感缺乏。这些因素综合起来,让思政课教学饱受诟病。[①]

　　近年来,浙江工商大学鼓励教师根据教学实际,进行课堂教学改革,不断改善课堂教学效果。课堂教学中,按照"教师讲得带劲、学生听得解渴"的要求,"大水漫灌"和"精准滴灌"相结合,针对不同专业学生特点,加强课堂的互动教学,推广采用启发式、体验式、互动式的教学方法,提高了学生的参与度,调动了学生的学习兴趣,形成了以互动为主要内容和特色的一系列思政课教学法。本书选择浙江工商大学部分教师总结归纳的教学方法分两章加以介绍,供参考借鉴。

一、传统教学方法如何出彩

　　在思政课的教学中,"原理"课是一门比较难教的课,不像其他思政课程那样,可以用各种场景故事联结,引人入胜。"原理"课讲究的是概念清晰、逻辑严密。现在的大学生,从小看动漫电视,往往不习惯于逻辑思维,更喜欢接受形象化的东西。从概念到概念的讲课使他们昏昏欲睡,提不起

---

　　① 李梦云,王向东.高校思政课开放式教学模式探索[J].山东理工大学学报(社会科学版),2010,26(6):105-106.

兴趣。这就对我们的讲课提出了更高的要求。怎样才能使学生对马克思主义基本原理感兴趣,觉得学有所得,是教师在讲课中面临的大问题。

(一)以激情带信仰

讲马克思主义,信仰是第一位的。教师讲马列,自己首先要信马列,但是这里还有一个问题,就是教师怎么把这个信仰传达给学生,并且让学生被你这个信仰所感动。这就需要激情,以激情带信仰。真正有信仰的人是一定会有激情的。《毛诗大序》说,人们写诗唱诗是"情动于中而形于言,言之不足,故嗟叹之;嗟叹之不足,故咏歌之;咏歌之不足,不知手之舞之,足之蹈之也"。诗歌是这样,讲理论也是这样。在讲课中,这种激情会传达给学生,学生会受到感染,这是讲好思政课的基础。我们常常讲,做思想工作要晓之以理、动之以情,以理服人、以情动人。讲课也是这样,而且越是比较抽象枯燥的理论课,越需要激情。一个没有激情的教师,基本上不可能是一个好的思政课教师。甚至有的时候,有些教师并不一定有什么深厚的理论功底,但他们的讲课有信仰、有激情,学生的课堂反应仍然很好,我们听起来也觉得很有味道。这就是激情的魅力。

激情与信仰不是虚幻的,不是要求教师在课堂上手舞足蹈,进行夸张的表演,而是自然流露。我们对马克思主义的信仰与激情,一方面来自马克思主义理论严密的科学性、强大的理论解释力;另一方面,也来自我们对马克思和恩格斯人格魅力的崇拜,来自我们对无产阶级和劳苦群众的同情,来自我们对中华民族近代以来所遭受的苦难的记忆。当我们在课堂上深情地讲到马克思和恩格斯放弃了自己原本的富贵出身,一生致力于无产阶级的解放事业而自己却贫困交加,讲到当年欧洲无产阶级所遭受的非人待遇,讲到近代中国遭受百年屈辱,沦为半殖民地半封建社会,只有在选择了马克思主义、选择了社会主义以后,中华民族才得以自立于世界民族之林,我们自然会被自己的讲课内容所感动而有激情,而学生也会跟着被感动,信仰自然也就跟着树立起来。

(二)讲课要有问题意识

搞科研、写论文要有问题意识,上课也同样。所谓问题意识,就是我们为什么要讲马克思主义,马克思主义在今天有什么价值?这个问题会普遍地存在于大学生心中。他们对专业课不会提这样的问题,不会问为什么要上专业课。但是对于思政课,对于马克思主义理论课,他们会提、会想这样那样的一些共同性的问题。比如说,世界上信奉马克思主义的国家并不多,发达资本主义国家劳动人民的生活水平相当高,并不像马克思当年所说的那么惨,以美国为代表的西方资本主义国家在科技发展水平、生态保护等方面仍居于世界前列,等等。对这些问题不能避而不谈,因为马克思主义是真理,而真理是不怕辩论的。

那么马克思主义的真理性究竟体现在哪里呢? 那就是恩格斯所讲的,马克思主义不是教条,而是世界观,是行动的指南。它体现在两点:一是历史的辩证的方法论,即认为任何事物都有一个在历史上产生、发展和消亡的过程;二是站在无产阶级和劳动群众的立场上,代表最广大人民群众的根本利益。这两点恰恰是直到现在的西方哲学、经济学和社会学所缺乏的。例如,西方经济学把人看作是天生的经济人,自私是人的天性,而没有看到自私是私有制社会的产物。它也必将随着私有制社会的消亡而消亡;他们对社会问题往往头痛医头、脚痛医脚,不是辩证地看待社会问题,也没有看到社会问题是一个整体性的问题。这就是没有历史的辩证的方法论。至于第二点,站在无产阶级和劳动群众的立场,那就是西方法学、哲学和经济学往往把财产权看作"第一人权",把财富增长看作经济学的唯一目的,那些没有财产的穷人、丧失了劳动能力的穷人,就不在经济学家的眼界当中。例如,亚当·斯密认为,市场给每个人提供了自由平等的竞争机会,如果有人因此而陷入贫穷,那是因为他缺乏才干、过于自负,以及政府某些政策措施不当。他完全忽视了生产资料不同的占有情况在自由竞争获利中的作用。斯密以后的西方经济学家基本上继承了这个说法。这是由资本主义制度本身决定的,也是导致近年来西方社会动荡不安,出现"占领华尔街""占领洛杉矶"等运动的根本原因。有不少现代西方哲学家、社会学家、经济学家也都看到了这些,即使是一些英美自由主义者,例如罗素、哈耶克、波普尔、萨缪尔森等人,他们在思想上反对马克思,但在这两点上对马克思评价很高。这些都要结合有关材料向学生讲清楚。

有问题意识,还要把马克思主义与学生的个人问题联系起来。马克思说:"问题是公开、无所顾忌,支配一切个人的时代之声。问题是时代的格言,是表现时代自己内心状态的最实际的呼声。"①在市场经济主导的今天,

① 中共中央马克思恩格斯列宁斯大林著作编译局.马克思恩格斯全集:第1卷[M].北京:人民出版社,1995:203.

每个人都面临着大量的人生问题,都面临着树立正确的世界观、人生观和价值观的问题。大学生正处在人生的关键时期,理想和现实的矛盾冲突尤为严重。教师就要用马克思主义的观点帮助学生树立正确的三观。有人可能担心用马克思主义原理讲人生问题,会偏离其意识形态功能。其实恰恰相反,只有解决好学生的人生问题,才能更好地发挥马克思主义的意识形态功能。我们党从来不离开人民群众的利益去讲意识形态。《共产党宣言》就曾指出,共产党人"没有任何同整个无产阶级的利益不同的利益"①。在革命与战争年代,我们党的共产主义理想就与宣传的"打土豪分田地"联系在一起。当今时代不同了,我们要结合大学生个人来讲。例如,我们要教育学生运用唯物辩证法去看待各种社会问题,处理好人生的各种问题;看人看事都要坚持一分为二的辩证法原则,既看到好的一面,也看到不好的一面;学习上要坚持努力,既有远大理想,又脚踏实地,从量变到质变;遇到困难的时候要看到成绩、看到光明,也就是掌握否定之否定的规律;等等。爱学生就要关心学生,讲课要针对学生的需要、学生的问题。这样的理论才有说服力。马克思说过,理论要说服人就必须彻底。这个"彻底"就是抓住人本身。②马克思主义理论必须联系实际,其中一个重要方面就是要联系大学生的思想实际和人生实际。必须指出,离开了理论本身,离开了青年学生所关心的实际问题,光是在形式上变花样,比如用各种漂亮的PPT、华丽的词语、各种流行网络语言和事例等,纵然炫人耳目,无非让人感觉热闹新奇而已,无法真正取得它所应该达到的效果。马克思主义理论是与严密的逻辑联系在一起的,是必须具有一定抽象性的,不能把它弄得花里胡哨。邓小平说过:"马克思主义是很朴实的东西,很朴实的道理。"③讲课就是要把道理实实在在地讲出来。我从教多年,学生对我的讲课评价最多的就是"实在、生动"。做人要实在,讲课也要实在,不搞虚的、表面的东西。虽然看起来朴实无华,持之以恒,却能学以致用。

问题意识,还在于在讲课时不要一味地自己讲,要启发学生来讲。上课时要与学生交流。要不断地向学生提问,语气就像是教师与学生在谈

---

① 中共中央马克思恩格斯列宁斯大林著作编译局.马克思恩格斯全集:第1卷[M].北京:人民出版社,1995:285.

② 中共中央马克思恩格斯列宁斯大林著作编译局.马克思恩格斯选集:第1卷[M].北京:人民出版社,1995:9.

③ 邓小平.邓小平文选:第3卷[M].北京:人民出版社,1993:382.

心。当我们提问的时候,答案我们已经知道了,答案是蕴藏在问题里的,但是要让学生说出来,而不是教师直接告诉他们。这种做法颇似当年苏格拉底的"对话式"教学。只是我们的对话不是对着特定的个人,而是对着全班学生。我们把问题抛出去,等他们回答。学生会被一个接一个的问题所吸引,要动脑筋,要回答,课堂气氛就活跃了。

(三)树立教师的威望与人格魅力

教师的个人威望与人格魅力,对思政课的教学起着相当大的作用。学生不太会因为喜欢一门课而崇拜任课教师,却常常会因为崇拜一个任课教师而爱上这门课。因此,"原理"课的任课教师如何提高自己的威望,如何树立自己的人格魅力,就成为教好这门课的一个重要问题。比如,教师仪容着装要整洁,必须遵守纪律,上课不能迟到早退。学校规定教师上课不能做的事情都不能做,比如不能接电话,不能看手机,等等。不要以为学生不注意这些,其实他们是很在意的。教师讲课的时候态度要认真,不要以为学生在玩手机就没有听课,他们其实是在听的。如果教师忽然讲了一个生动的例子、一个笑话,他们会马上抬起头来,有所反应。有些教师觉得自己在上面讲得辛辛苦苦,学生却低着头忙自己的事,就没有了讲课的动力,只是应付了事,这是不对的。渊博的知识对于教师非常重要。学生是来大学学习的,所以他们特别看重知识。教师的态度决定了学生是否尊重教师,教师的知识决定了学生是否崇拜教师。所谓渊博的知识,不是说天南海北什么都知道一点,都能扯上一点,而是在需要讲解的理论点上拥有所需要的知识。教师首先要熟悉马克思和恩格斯的著作,其次要有丰富的自然科学、社会科学知识。比如,教科书上提到时间和空间是物质运动的存在形式,时间与物质运动密不可分,并举了爱因斯坦的相对论作为例子。很多教师讲到这里时往往一带而过,其实这个问题可以仔细地讲一下。何丽野老师为了了解时空与运动的关系这个问题,读了不少科普读物,还读了爱因斯坦的传记。在讲这个问题时,他分别讲了狭义相对论和广义相对论的原理,讲了1919年爱丁顿对广义相对论的验证,还结合科幻电影如《星际穿越》,讲了为什么男主角在历经艰险穿越黑洞之后,在自己"出发之前"就回到了家中,却被"空间"所阻隔,无法阻止当时的自己出发。这样讲下来,学生听得津津有味。他最后指出,唯物辩证法认为,时间和空间是物质运动的存在形式,认为它们都是联系在一起的,这个观点得到了爱因斯坦相对论的检验;同样地,唯物辩证法认为物质无限可分,也得到了现代物理学的验证。马克思关于劳动创造人的观点,得到了现代人类学研究的证明。这表明,马克思主义哲学的真理性毋庸置疑。那种认为自然科学不需要哲学,唯物辩证法是"诡辩、变戏法"的观点是完全错误的。这样讲下来,学生学有所得,自然也就树立了对马克思主义的信心。

(四)区分科研与教学,树立良好的职业道德观念

每个教师都需要搞科研,思政课教师当然也不例外。对大学教师来说,科研与教学是一对矛盾。不少人把科研与教学看作单纯的对立关系,似乎两者只能取其一;其实不然,它们也有统一的一面。这个统一指科研是教学的基础,并且科研促进教学的提高。近年来,马克思主义教科书的编写有了很多改进。这个改进主要是吸收了国内外马克思主义理论界多年来的研究成果。但是由于篇幅限制,这些成果在教科书中的表述只是寥寥数语,如果教师不了解、不熟悉这些成果,就讲不深、讲不透,学生也不知所云。所以那种认为科研妨碍教学,甚至认为科研不好但教学可以搞得很好的观点是不对的,至少在"原理"课上我认为是如此。从另一方面来讲,现在讲培养学生创新意识,但如果教师自己都毫无创新意识,搞不出科研成果,又怎么能教出有创新意识的学生呢?学生看教师,也很注意这方面,他们会上"知网"等查询任课教师有没有发表论文,发表了什么样的论文。如果教师在这方面什么都没有,学生也不会看得起你。如果教师科研成果丰富、级别高,学生会很崇拜;如果教师能在课堂上提出自己的新观点,学生也会很佩服。例如,何丽野老师在讲"主要矛盾与次要矛盾的转化"时,一直以多年前(1996年)发表在《浙江社会科学》上的一篇《关于我国当前社会主要矛盾的再思考》为例,认为社会主要矛盾不是一成不变的,学生们听了很感兴趣,有的还找了他的文章来看,要与他商讨这个问题。这些对于培养学生的创新意识都是很有帮助的。

还有一个科研与课堂教学纪律之间的矛盾问题。学术研究有不同的观点意见,在学术界很正常,但是在课堂讲学尤其是思政课的讲学中,教师对这些不同的观点意见要有一个取舍,不能为了追求所谓新奇的效果什么都讲,尤其不能为了追求所谓的课堂效果,把一些地摊文学的东西、境外媒体的东西弄到教学中来。坚持学术无禁区、讲课有纪律。取舍的范围就是:在政治上必须与党中央保持一致,对于中央已经做过结论的重大历史

问题和政治问题不能发表相反的意见；在理论上不能违反马克思主义的基本原理。在这两个前提下，教师可以适当地发挥，可以概述目前理论界的最新研究成果，也可以表述自己的观点。教师不能只顾自己讲得痛快，甚至把自己的一些不良情绪、不正确的思想带到课堂里，灌输给学生，美其名曰"独立思想、自由精神"。这是对学生不负责的表现。

我们的学生很可爱、很纯朴。他们爱自己的祖国，相信党，相信社会主义。教师首先是教育者，不能为了追求学生打高分而做学生的迎合者。我们应该教育他们树立正确的世界观、人生观、价值观，引导他们向正确的方向努力，为实现中华民族的伟大复兴而奋斗，同时也给自己创造一个幸福的人生。

二、"读写议"教学法的实践

为把高校思想政治理论课建设成为大学生真心喜爱、终身受益的优秀课程，浙江工商大学自1993年开始在思想政治理论课等200多门课程的教学中实施"读写议"教学方法，历经27年的实践探索，教学形式基本稳定，让大学生在思政课教学中普遍受益，成为学校本科教学特色的亮点，其丰富、生动的实践充分体现了"读写议"教学法在增强教学效果的各种方法中的创造性、适应性和可持续性。

(一)思政课"读写议"教学法的实施

"读写议"教学法是一种在教师主导下将阅读文献、撰写阅读体会或课程论文、集体讨论交流三个环节相结合的一种教学方法，目的在于促进学生广泛阅读课外文献资料，增强阅读量，并内化为个人的知识、认知和能力。"读写议"教学法的关键是学生要阅读一定量的课外读物，写出读后感或课程小论文，并在课堂上进行交流。该教学法旨在促进学生读书、思考、写作，扩大视野，提高分析问题和解决问题的能力，进而增强学生的获得感。

1."读"

"读"指任课教师推荐与课程内容相关的课外文献，要求学生根据自己兴趣选择阅读，但要达到一定的阅读量。学生结合课堂教学内容，阅读任课教师推荐的具有针对性、代表性的书籍和资料。"读"，使大学生开阔视野、活跃思维、拓展知识,在阅读中得到思想、道德、理论和精神境界的提升,在思政课的"读写议"教学中,任课教师都要按规定向学生推荐阅读书目,提出阅读学习的具体要求。

2. "写"

"写"要求学生在阅读文献的基础上,结合个人的理解、感想撰写一定字数的读后感或者课程论文。学生结合阅读内容,联系个人生活、学习、思想实际,学科专业实际和社会现实,进行自觉、深入的思考和梳理,写出读后感或评析文章。"写",巩固和延伸了阅读的收获,也有助于大学生在历史与现实、人生与社会的思考中逐步树立正确的世界观、人生观与价值观。"写"是"读"的继续、深化和巩固,也是写作技巧、能力的锻炼和展示,是思想过程及其结果的表达,更是帮助学生逐步树立正确的世界观、人生观和价值观的重要方法。

3. "议"

"议"是在读、写的基础上在课堂上以小组形式进行汇报、交流、讨论,分享个人阅读的成果。学生形成的"读""写"成果分小组进行交流评议,班级组织汇报、交流、研讨,使个体的学习成果和经验得到共享。具体做法是:第一步,组织小组评议。把所有学生分成若干小组,在教师指导下对其他小组的文章进行评议,既评出分数,又写出评语,并由小组长在班上介绍小组评议情况及其结果。第二步,本人自评。小组评议完成后,所有文章发还给每个学生,被评学生可以充分表达自己的意见和想法。第三步,汇报交流。对自己的文章有信心,希望拿到优秀的学生上台发言,并回答同学的提问,其他学生也可自愿发言。第四步,教师对学生"读写议"成绩做出最后评价。不同教师的操作方法有所不同。"议",让大学生在研讨交流、思想观点碰撞中进一步加深对思政课的理解,增强自觉参与意识,锻炼阅读能力、写作能力、口头表达和交流能力。如何使"议"的环节更有吸引力,让更多的学生自觉参与进来,成为表达观点、交流思想、议论研讨的主角,是"读写议"取得实效的一个重点和难点,也是"读写议"教学的落脚点。"议"这个环节使学生真正成为主体,有效增加了学生之间的了解和交流,培养了自信和竞争意识,锻炼了自己的鉴别判断能力和表达能力。

"读写议"在浙江工商大学 27 年的实践中,形成了独特、规范的教学模式,行之有效的考核奖励机制,适应教学需要的图书保障体系。实施范围也从最初的文科类课程延伸到包括理工类课程在内的 200 多门课程,得到了师生的广泛认可。在思想政治理论课中,"读写议"不仅成为普遍实施的有效的教学手段,而且对增强大学生思想政治教育的实效性发挥了独特、积极的作用。

(二)思政课"读写议"教学法实施成效

2008 年 6 月,浙江工商大学马克思主义学院做了一次较大范围的思想政治理论课教学问卷调查。围绕学生对思政课教学整体及具体课程满意度,思政课任课教师整体及具体课程教师满意度,对"读写议"教学整体及具体课程满意度,在"读写议"教学中的阅读倾向、阅读资料的获取渠道、阅读投入与收获、写作和讨论环节的投入参与、收获与评价等五大方面进行了调查。调查结果显示了"读写议"教学法的成效。

1. 对"读写议"教学法总体肯定

作为教育教学对象的大学生的评价,是思想政治理论课教学效果的最重要衡量标准。调查结果显示,超过 81％的学生对教学"满意"或"基本满意";超过 90％的学生对教师感到"满意"或"基本满意";超过 84％的学生对"读写议"教学"满意"或"基本满意"。

2. "读"的成效

"读"使大学生开阔视野、活跃思维、拓展知识,在阅读中得到思想、道德、理论和精神境界的提升。在思政课的"读写议"教学中,任课教师都按规定向学生推荐阅读书目,并提出阅读学习的具体要求。学生最喜欢读的书是"传记类"和"文学类",其他依次是"科技类""政论类"和"其他类"。学生对自己的阅读倾向和选择做出了丰富生动的回答。如,为什么最喜欢"传记类"? 因为"对人物感兴趣""可读性强",可以"领略不同的人生""了解伟人、学习伟人""从成功人士身上汲取经验和力量""对人生很有激励作用"。为什么最喜欢"文学类"? 因为"可读性强""不枯燥",可以"提高文学修养""陶冶情操",能"带给我感动""洗涤我的心灵",让我"博古通今、增长见识",还"可以愉悦心情、调剂学习"。最喜欢"科技类""政论类"和"其他类"的学生,是因为对这个世界已经发生或者正在发生的事情感兴趣,对人类智慧已经和可能达到的程度充满了解的渴望。学生阅读了大量的推荐书籍。阅读比较集中的书目是《论语》《中国哲学简史》《资本论》《毛泽东传》《邓小平传》《我的父亲邓小平》《邓小平文选》《邓小平谋略学》《江泽民传》《大国崛起》《中国不能永远为世界打工》《交锋》《地狱门前》《曾国藩》《牛虹》《红岩》《菜根谭》《钢铁是怎样炼成的》等,其中大部分是推荐书目。学生获取图书资料的渠道趋于多元。虽然超过87%的学生仍把图书馆作为获取阅读书籍的主要渠道,但有接近13%的学生几乎放弃了图书馆的借阅,同时"网上下载"和"自己购买"的比例高达46.3%和32.83%。虽然"读写议"时间安排比较集中是造成上述情形的主要原因,但信息社会带来的阅读学习便利和大学生自觉购书的热情,确已成为有效实施思政课教学的积极因素。

学生在"读"的付出上存在较大差距。从人均每本书上花费的阅读时间来看,37.21%的学生达到20小时以上,20.54%和30.62%的学生分别在5—10小时和10—20小时,而有11.63%的学生则在5小时以下。从每本书的阅读篇幅来看,48.95%的学生能完整阅读全书,47.04%的学生只阅读感兴趣的章节,而有3.63%的学生只阅读书的摘要。这个比例与学生对自己"在阅读中的付出"的评价基本一致,即14.71%的学生表示"满意",68.23%的学生认为"基本满意",而有13.43%和3.62%的学生表示"不满意"和"说不清楚"。

学生在"读"中收获可喜。虽然学生在"读"中的投入存在差异,但总体情况值得充分肯定,大多数学生从以下方面来描述自己的收获:"读了平时或许想不起来读的书,发现其实很有价值""接触、阅读历史文献,有重点地了解了应该了解的一段历史、一个人物""用心阅读历史、帮助感悟人生""了解更多伟人事迹,领略伟人风范,以伟人为榜样激励自己""让80后的我们对过去有更多了解,对现实有更深认识,对社会有更多关注和理解""扩充了知识,开阔了视野,陶冶了情操",等等。思政课的教育功能在"读"这一过程中得以实现。同时也有利于培养学生的阅读习惯,拓宽学生的知识面。

3."写"的成效

"写"巩固和延伸了阅读的收获,有助于大学生在历史与现实、人生与社会的思考中逐步树立正确的世界观、人生观与价值观。"写"是对"读"的继续、深化和巩固,也是写作技巧、能力的锻炼和展示;是思想过程及其结果的表达,更是帮助学生逐步树立正确的世界观、人生观和价值观的重要环节。由于学生对思想政治理论课和"读写议"教学的认识及投入不同,"写"的效果也存在较大差异。调查结果显示,20.89%的学生是"基本原创"的,51.73%的学生是"原创为主,参考为辅",而12.98%和2.03%的学生则坦陈"参考为主,原创为辅"和"基本抄袭";另外,12.37％的学生没有在以上4个选项中做出任何选择。调查表明,不少学生表达了较深层次的收获:"通过写作进一步加深了对阅读内容的理解,使自己对历史和现实有了更客观、理性的认识,对人生目的、人生意义的理解更清晰,对自己正确选择人生态度、人生道路和价值取向有帮助。"

4."议"的成效

"议"让大学生在研讨交流、思想观点碰撞中进一步加深对思想政治理论课的理解,增强自觉参与意识,锻炼口头表达和交流能力。如何使"议"的环节更有吸引力,让更多的学生自觉参与进来,成为表达观点、交流思想、议论研讨的主角,是"读写议"取得实效的一个重点和难点,也是"读写议"教学的落脚点。为了在"议"这个环节使学生真正成为主体,教师们花费了不少心思,有效增加了学生之间的了解和交流,培养了自信和竞争意识,锻炼了自己的鉴别判断能力和表达能力。调查结果显示,65.96％的学生认为同学之间开展以小组为单位的相互评议活动"很好"或"比较好",34.04％的学生认为"一般"或"不好";72.81％的学生认为小组评议后的结果返还给自己,并有机会充分发表自己的意见和想法的做法"很好"或"比较好",27.19％的学生认为"一般"或"不好";44.08％的学生认为自己在讨论中的发言水平"很好"或"比较好",55.92％的学生认为"一般"或"很差";36.68％的学生认为要得优秀成绩必须上台发言的做法"很好"或"比较好",63.32％的学生认为"一般"或"不好"。虽然学生对这一尝试的评价存在分歧,但总体上的肯定体现了创新方法和继续完善的价值。同时,由于人人参与了"议"的过程,使"议"的收获惠及广大学生,派生的效益也比较综合。学生普遍认为,在"读""写"的基础上进行人人参与的多层次、不同形式的"议","开放、互动、平等、自主的氛围有助于深化对教学内容的理解"。

(三)思政课"读写议"教学法的经验

1. 必须发挥好思政课教师的主导作用

大学生对思政课的认可程度很大程度上取决于对任课教师的认可程度。学生因为喜爱一位老师而喜爱他教的课程,因为欣赏一位老师而接受他传递的思想,因为尊重一位老师而听从他的引导。这种喜爱、欣赏和尊重,不仅包含了对教师教学水平、教学方法的肯定,更是对教师教学态度、思想观点和人格力量的肯定。正是这种肯定,对学生树立起正确的世界观、人生观、价值观起着潜移默化的积极影响,帮助学生把对成才的向往内化为责任和自觉。相反,学生也会因为教师的不敬业、敷衍塞责、没有真信马克思主义、没有良好的知识积累和教学水平而对学习思政课产生懈怠,甚至抵触和排斥,以冷漠、消极的心态应付课程学习。"读写议"教学法的效果很大程度上也受教师工作态度的影响。思政课教师一定要明确肩负的使命和职责,努力成为马克思主义理论素养高、知识基础宽厚、师德修养好、富有人格魅力和亲和力的好教师,努力营造良好的教学氛围,着力宣传马克思主义中国化最新成果,着力用社会主义核心价值体系引领大学生思想,着力回答大学生关心的重大理论和现实问题,从而切实增强思政课教学效果。

2. 必须不断创新思政课教学方法

要发挥好高校思政课对大学生进行思想政治教育的主渠道作用,体现社会主义大学的特征,高校教学单位和任课教师必须不断创新教学方法,运用现代教学手段,拓展教学内容的外延,深化教学内容的内涵。"读写议"教学实践启示我们:教师在讲授统一内容的同时,还要为学生推荐那些可读性强,能够震撼心灵,蕴含着新思想、新理念和新观点的书籍,让他们在读书中开阔视野、收获思想;要让学生在写作中梳理历史、思考现实、探究问题、发现新知、深化思想;要让学生在交流研讨中碰撞思想、感悟道理、提升见解、博采众长。总之,教师应在课堂教学中精心组织教学,积极采用"读写议"等教学方法,在各个环节的衔接递进、有机融合中,增强教学活力和吸引力,提高思想政治理论课的针对性和实效性。

3. 必须尊重、理解思政课的主体——学生

思想政治理论课的主体是学生,只有把所要"灌输"的思想与学生的成长需求相结合,才能收到实效。注意倾听学生的建议,对于课程建设大有裨益。学生对完善"读写议"提出了如下意见和建议:"阅读书目的范围可以更广一些""图书馆配备的好书要更多一些""阅读时间可以更长一些""老师对学生完成的论文应给予充分重视""班级研讨时应兼顾面上广泛交流与同类内容深入讨论,使学生有更多的收获",等等。由此可见,要切实增强思想政治理论课的有效性,必须高度重视学生的主体地位,尊重和理解他们成长成熟中的一些鲜活思想,尊重和理解他们在"读写议"过程中形成的即便是显得稚嫩的成果,尊重和支持他们自觉参与教学过程发挥建设性作用,使"读写议"教学的各个环节能更加贴近和满足学生学习的需求,积极实现师生互动、教学相长。

三、基于作业的互动教学法

在社会网络化、价值多元化的当今时代,个体不再是外部事件的反应体,而是自我组织、自我调节和自我建构的主体。如果对 90 后大学生采用强制、灌输的教育方式,不仅会引起他们的排斥反感,还会产生刻板效应,导致教学的反效果。在多年教学实践的基础上,我们创立了"基于作业的互动教学法"。基于作业的互动教学法是一种以教师精心设计、仔细批改作业,学生认真研做作业为基础,重视互动前的知识储备,课堂中的作业交流与点评,注重教师与学生、学生与学生间的双向和多向交流的教学方法。[①] 该教学方法是由浙江工商大学教授廖曰文在长期教学实践中,历经起始阶段(1997—1999 年)、形成阶段(1999—2009 年)、完善与推广阶段(2010—2011 年)十几年的探索与实践而逐步形成和完善的。[②] 2013 年经过专家严格评审,获批为浙江省唯一的"教育部思想政治理论课教学方法改革项目'择优推广'入选项目"。

(一)"基于作业的互动教学法"的实施

"基于作业的互动教学法"是一种以教师精心设计、批改作业,学生认真研做作业为基础,重视互动前知识储备,互动中师生之间、生生之间紧紧围绕作业内容来进行辩论和交流的教学方法。具体来说,共分为以下 8 个步骤。

1. 作业设计

教学互动能否有效开展,作业设计非常关键。这就要求教师精心选择案例、设计问题,既要符合大学生心理需求、理论兴趣、已有知识和经验水平,又要具有一定的现实性、思辨性和挑战性,让学生愿意互动、有话可说、不吐不快。

2. 作业布置

根据教学内容,共设计 10 个作业话题,每个话题提前 1 周布置,由 2 个小组分别完成,而每个小组成员有 3—5 人,要求写出 2000 字文字稿,最迟在下次上课前 1 天提交以供教师课前批阅,同时制作 PPT 课件。

---

① 廖曰文,魏彩霞.基于作业的教学互动探索与实践[J].思想理论教育导刊,2012(12):65-68.

② 崔华前,张琨.基于作业的互动教学法在《基础》课中的运用[J].教学研究,2013(1):62-65.

3. 作业批改

批改作业是教师了解、把握学生思想认知的重要渠道,教师一定要认真对待,不但要写出评语、给出分数,还要在批注中指出学生作业写作以及思想认知方面存在的问题,更要点出学生的独到见解和精彩之处以示鼓励。

4. 作业演示

课堂上,2个小组分别在10分钟内展示各自的作业思路、重点、亮点与创新之处,鼓励合理运用文字、图像、声音、动画等多媒体技术,要求内容熟悉、语言规范流畅、主题重点突出,强调同学的抬头率和收听率。

5. 生生互动

针对作业内容以及演示情况,学生之间进行相互提问和交锋,若没有同学参与互动,会影响评委给分。在论辩过程中,对提出有价值问题或独特见解的同学,评委认可后可予以加分并算入平时成绩。

6. 教师点评

学生互动结束后,教师发挥主导作用,一是向全班同学展示作业批阅情况,二是总结、点评课堂互动,三是针对互动中出现的争议问题发表教师观点。

7. 师生互动

针对作业批改和教师点评,学生如有异议可向教师提出质疑。对此,教师不是以真理的垄断者或是非的仲裁者自居,而是以知识的共同思考者与同学进行平等交流,为学生提供进一步探索的视角、线索和思路。

8. 评分计分

设立评委5名,除教师为固定评委外,其余4位评委由学生按学号轮流担任,根据主题内容(40分)、课件制作(20分)、演讲答辩(20分)、课堂气氛(20分)现场打出分数,当堂公布,计入平时成绩。

(二)"基于作业的互动教学法"的成效

和专业课相比,学生在思想上对思政课并不是很重视,如果教师稍有松懈或管理不善,不但会造成学生的轻视,还会造成思想认知上的偏差,而"一旦人们为错误的信息建立了理论基础,那么就很难再让他们否定这条错误的信息"[1]。在"基于作业的互动教学法"中,通过师生认真准备、教师精心

---

[1] 戴维·迈尔斯.社会心理学[M]. 侯玉波,乐国安,张智勇,等,译.北京:人民邮电出版社,2006:75.

组织、同学积极参与,可以有效避免这一问题,达到良好的教学效果。

1. 激发学生内部学习动机,提升综合素质

建构主义认为,学习并不是教授者单向传授,而是学习者主动建构知识的过程。在"基于作业的互动教学法"中,通过教师布置作业,学生撰写论文、课堂展示、接受质疑等环节,有效地将学生纳入教学中,变被动接受为主动探索,不但满足了学生"希望自己是一个发现者、研究者、探索者"① 的精神需求,也培养了学生信息检索和辨识能力、口头表达能力、现场应变能力和自主学习能力。据学生反映,为完成好一次作业,至少要花2天时间上网或到图书馆查阅资料、调研、与同学讨论,这无形中加深了对知识的理解,开阔了思路,提高了主动获取、消化及运用知识的能力。而一个论题由2个小组分别完成,在课堂中各自展示、接受质询,这对大一新生来讲是巨大的挑战,压力产生动力,也促使学生为完成作业和互动过程努力挖掘自身潜力、分工协作、优势互补,培养了合作精神、组织协调和有效沟通能力,增强了集体荣誉感。特别在精心准备的内容得到同学和老师的认可后,也会引发学生积极的情绪体验,在知识活化的过程中激发大学生不断探索的热情和乐趣,提升其内部学习动机和自主学习效能。戴维·迈尔斯证实:"尝试挑战现实的任务并取得了成功会使我们感到自己很能干。……学业上成功的学生会对自己的学术能力做出更高的评价,从而激发其更加努力地工作以取得更大的成就。全力以赴并取得了成功会使人感到更加自信有力。"②在这一过程中,对培养大学生健全的人格也有积极的促进作用。这是因为,一般情况下,内心的态度会影响人们的行为,但心理学家发现,"即使人们已充分认识到该做什么,他们也经常不去最大限度地做出这种行为"③。群体动力学对此做出了解释:人的行为是人格与环境的函数,"在任何场合下,引导我们做出反应的不仅仅是我们内在的态度;同时还有我们面对的情境"④。大学生作为易感人群,当看到老师、同学都精心准备、积

---

① 霍姆林斯基.少年的教育和自我教育[M].姜励群,吴福生,译.北京:北京出版社,1984:105.

② 戴维·迈尔斯.社会心理学[M].侯玉波,乐国安,张智勇,等,译.北京:人民邮电出版社,2006:31-32.

③ A.班杜拉.思想和行动的社会基础:社会认知论(下册)[M].林颖,等,译.上海:华东师范大学出版社,2001:551.

④ 戴维·迈尔斯.社会心理学[M].侯玉波,乐国安,张智勇,等,译.北京:人民邮电出版社,2006:100.

极参与互动的各个环节时,身处其中的他们也会深受感染,养成认真负责、积极进取的习惯和人生态度。而在打分环节,同学轮流当评委,不但使得成绩评判公开透明,也培养了学生的责任意识和公正观念。师生互动过程中鼓励学生质疑老师,也锻炼了学生敢于挑战权威的胆识和魄力,促进了学生创新意识和能力的培养。

从调查反馈可以看出,无论是整体的课程教学效果,还是课堂纪律与氛围,都得到了教学对象的充分认可,这与以往学生在高校思政理论课上"看闲书或睡觉"等现象有天壤之别。更重要的是,该教学法的实施改变了学生对于高校思政课"为修学分而学"或"可学可不学"等观念,90%以上的学生认为自己有所收获,近95%的学生认为它对大学生成长成才有所帮助,取得了令人欣喜的教学效果。

2. 发挥同伴学习的最大效能,树立良好学风

心理学家韦恩·卡肖曾说:许多知识和技能是我们通过观察他人学到的,当别人的行为导致理想的结果时,我们便会去仿效他们。美国社会认知学家班杜拉在多年的研究后也证实,"示范观察学习一直被认为是传递价值、态度以及思想和行为模式的最有效的手段之一"[①]。然而,为大学生选取学习榜样也要遵循一定的原则,虽然人类大多数行为都是通过模仿他人获得的,"有地位、有能力、有影响力的榜样要比那些地位低下的榜样能更好地促使他人以类似方式行事"[②],但榜样太过高大和完美也有负面作用,"如果将杰出的榜样所获得的成就作为眼前的标准来要求自己,而不是将其作为远大的理想,那么富于创造性的示范就会使天资欠缺的人感到沮丧"[③]。参照对象各方面的能力都比学生高出很多,学生会觉得"可望不可即",比较容易放弃努力,反而起不到很好的示范效果。相比之下,学生更愿意模仿和自己在性别、年龄、生活经历、家庭背景等方面类似的榜样,特别是和自己水平、能力都差不多的同学。这一现象也得到了众多心理学家的证实,多数学生都认为,他们从朋友、同学那里学到的知识远比从书本和教师那里学到的要多,在共同的学习和生活中,同龄人的影响发挥着越来

---

① A. 班杜拉. 思想和行动的社会基础:社会认知论(上册)[M]. 林颖,等,译. 上海:华东师范大学出版社,2001:63.

② A. 班杜拉. 思想和行动的社会基础:社会认知论(上册)[M]. 林颖,等,译. 上海:华东师范大学出版社,2001:290.

③ A. 班杜拉. 自我效能:控制的实施(上册)[M]. 缪小春,李凌,井世洁,等,译. 上海:华东师范大学出版社,2003:144.

越重要的作用。在"基于作业的互动教学法"中,通过作业展示、师生质询、现场打分等环节,不但增加了同学自主学习的动力,也发挥了同伴学习的最大效能。学生的主体地位得以提高,学生更加团结向上。课前,学生通过查找资料、分头执笔、小组讨论、整理成文、制成课件,至少花费 2 天,这样,有效地将学生纳入教学环节中来,变被动接受为主动探索。课堂上,一改灌输式教学"我说你听、我打你通"的沉闷气氛,课堂气氛热烈、提问积极、高潮迭起。学生在教学互动实践中,当看到与自己水平差不多的同学经过认真准备取得教师好评、同学认可时,他们就会自我激励;并且坚信,通过努力自己同样可以取得好成绩。这是因为,人类的自尊以及追求卓越的天性促使同学们努力挖掘各自的优势和潜力,特别是一个作业由 2 组同学分别完成、各自展示并应对师生质询,展示最佳的认知水平和优势组合,对比直接、明显,也会激发同学的主动性。

3. 促进学生自我教育,提高思政课的实效性

哲学心理学家威廉·詹姆斯在一个世纪之前就指出:"没有反应就没有接受,没有相关的表达就不会产生印象——这是教师应该牢记的最伟大的格言。"[①]我国向来重视大学生思政工作,然而多年来,由于理论太过空泛,很难引起学生的共鸣。而在"基于作业的教学互动法"中,教师所选的案例基本上都是既符合教学内容,又贴近学生思想和生活实际,同时又能引发其关注和思考的问题,这些问题的答案不可能从书本上直接查到,但又是书本知识的综合运用,学生必须对所学过的知识融会贯通,才能在文章写作、接受同学质询时对论题做出具有说服力的阐发和应对。这一过程在提升学生综合素质的同时,也实现了学生思想认知的自我教育。这是因为,"当我们主动用自己的语言去解释某些事时我们会记得最牢……直到我试着讲出自己的见解我才真正理解它们"[②]。社会心理学家在调查中也发现,人们学到了他们所读到和听到的 20%、他们所看到的 30%、他们所说的70%、他们所传授给别人的 95%。[③] 任何知识听来的效果远远比不上自己收集、整理、讲解的效果好,特别是公开发表某观点更能促进人们对其进行

---

① 戴维·迈尔斯.社会心理学[M].侯玉波,乐国安,张智勇,等,译.北京:人民邮电出版社,2006:121.

② 戴维·迈尔斯.社会心理学[M].侯玉波,乐国安,张智勇,等,译.北京:人民邮电出版社,2006:121.

③ 戴维·波普诺.社会学:第 10 版[M].李强,等,译.北京:中国人民大学出版社,2007:198.

理解和思考,从而也更能激励人们的行为:"当人们对论点进行仔细思考的时候,他们依赖的不仅仅是信息自身所具备的说服力,同时也依赖自己对信息做出回应时的想法。当某个论据引人深思的时候,它才最具说服力。那些经过人们深层而不是肤浅的思考之后所产生的态度变化会更加持久,更能对抗反击,并且更能影响行为。"[①]用当代著名的阿诺德情绪理论中人们的认知—行动序列化公式来表示就是:感知—评价—产生情绪—需要—思考—行动。"基于作业的互动教学法"有效地调动了同学参与课堂互动的积极性,而同学质询、现场答辩、师生讲评等环节都对同学产生了无形的威慑,压力产生动力,为了自尊、为了赢得同学的认可也促使学生认真对待互动过程中的各个环节,从而提升了"基础"课教学内容的关注度和影响力,使学生在积极思考的过程中实现了教学内容的内化。在最为精彩的辩论环节中,思想的撞击也提升了大学生多角度、客观理性思考问题的能力,自然、高效地达到了显性教育与隐性教育、教师主导与学生自主相结合的目的,提升了思政课教学的实效性。

4. 促进师生关系融洽

在互动中,教师和学生都以平等求知态度直面问题,拉近了师生距离。课外学生主动联系教师咨询请教,见到了教师的真性情,彼此不再有隔阂,心走得更近了。

(三)"基于作业的互动教学法"的实证分析

为了进一步检验该教学模式的实效性,并对影响该教学模式教学效果的因素进行实证分析,研究者于 2015 年 1 月在浙江工商大学用自编"课堂满意度调查问卷",在研究者用该教学模式授课的 2 个班级共 125 名学生中进行施测,问卷的回收率和有效率皆为 100%,对采集的数据用 IBM SPPS Statistics 19.0 进行分析,并围绕结果展开讨论,最后对如何改善"基础"课的实效性提出建议和对策。

1. 数据分析结果

(1)"课堂满意度调查问卷"的结构及信效度检验

"课堂满意度调查问卷"在预测时共有 40 道题目,预测对象为 200 个大

---

① 戴维·迈尔斯.社会心理学[M].侯玉波,乐国安,张智勇,等,译.北京:人民邮电出版社,2006:183.

一新生。对问卷结果进行项目分析之后,在进行探索性因素分析过程中,根据《问卷统计分析实务——SPPS 操作与应用》的原则删除题项[①],最终将剩下的 24 题进行因素分析。结果表明该量表抽样适当性的 KMO 值为 0.927,表明 24 个题项间有共同因素存在,适合进行因素分析。"课堂满意度调查问卷"因素分析结果摘要见表 6-1。

表 6-1　课堂满意度因素分析摘要表

	解释变异量(%)	累积解释变异量(%)	Component(抽取的因素)				
			因素 1	因素 2	因素 3	因素 4	共同性
A30 教师善于课堂管理,能调动学生听课的积极性,课堂气氛好			0.730	0.249	0.129	0.172	0.548
A27 课件结构清晰、层次分明			0.700	0.177	0.076	0.337	0.709
A26 教师讲课语言生动、清晰,讲课条理清楚			0.677	0.096	0.191	0.436	0.679
A28 教师的讲解深入浅出、旁征博引、通俗易懂			0.666	0.394	0.157	0.348	0.598
A21 教学专题讲授,目标明确	19.196	19.196	0.643	0.315	0.244	0.124	0.504
A29 教师能激发学生认真思考,引导学生围绕议题积极展开课堂讨论,并善于点评、总结			0.611	0.167	0.302	0.210	0.699
A12 教师上课时很投入,充满了激情和活力			0.608	0.269	0.338	0.199	0.691
A20 教学内容不让人感到陈旧、空洞、苦涩、乏味,易于理解接受,能激发学生学习兴趣			0.596	0.469	0.362	−0.05	0.597

---

①　吴明隆.问卷统计分析实务——SPSS 操作与应用[M].重庆:重庆大学出版社,2010:483-490.

续　表

	解释变异量(%)	累积解释变异量(%)	Component(抽取的因素)				
			因素1	因素2	因素3	因素4	共同性
A36 通过教师的教学，我更加关注国情、国史，关心国家大事和时事政治	17.785	37.071	0.169	0.745	0.096	0.017	0.607
A34 通过课程教学，我学会了为人处世的道理			0.164	0.733	0.261	0.313	0.553
A40 学习该课程总体收获很大			0.247	0.725	0.371	0.141	0.595
A37 通过教师的教学，我的法制意识得以增强			0.202	0.718	0.249	0.182	0.707
A35 通过教师的教学，我认识问题、分析问题、解决问题的能力得到提高			0.342	0.654	0.255	0.293	0.588
A33 通过老师的教学，我能增长知识、完善知识结构、开拓视野			0.393	0.615	0.273	0.292	0.695
A16 该课程内容丰富、信息量大，能够吸收学科新知识、新成果			0.325	0.485	0.397	0.243	0.641
A4 对大学生开设该课程有着重要意义	13.505	50.5765	0.105	0.244	0.757	0.188	0.744
A5 该课程教材极大地促进了我的学习积极性			0.179	0.294	0.692	−0.028	0.536
A3 该课程内容对我成长成才的影响很大			0.309	0.296	0.683	0.245	0.640
A2 该课程对大学生树立正确的世界观、人生观、价值观、道德观和法制意识等方面的作用很大			0.304	0.515	0.548	0.329	0.558
A6 任课教师对我的人生有着重要影响			0.238	0.226	0.461	0.439	0.693

续　表

	解释变异量(%)	累积解释变异量(%)	Component(抽取的因素)				
			因素1	因素2	因素3	因素4	共同性
A8 老师的衣着打扮、言行举止注意为人师表			0.109	0.137	0.073	0.814	0.729
A9 老师教风严谨,既教知识又教做人			0.348	0.222	0.237	0.681	0.696
A15 任课老师严格遵守教学纪律	13.414	63.991	0.331	0.214	0.177	0.648	0.593
A14 教师对学生很民主、很平等、很友善			0.374	0.054	0.447	0.505	0.652
A18 教学内容理论联系实际、案例生动、贴近学生实际、具有说服力			0.397	0.412	0.089	0.466	0.744
特征值			4.799	4.469	3.376	3.354	

由表 6-1 可知,25 个题目被分为 4 个维度,第一个维度由 A30,A27,A26,A28,A21,A29,A12,A20 等 8 个因子组成,研究者把它命名为"对教师教学能力的满意度",简称"教学能力";第二个维度由 A36,A34,A40,A37,A35,A33,A16 等 7 个因子组成,研究者将之命名为"对课程收获的满意度",简称"课程收获";第三个维度由 A4,A5,A3,A2,A6 等 5 个因子构成,被命名为"对课程意义的满意度",简称"课程意义";第四个维度由 A8,A9,A15,A14,A18 等 5 个因子构成,命名为"对教师教学态度满意度",简称"教学态度"。从项目内容来看,"课程收获"偏重于学生在课堂中获得的直接感受,而"课程意义"倾向于测量课程对学生带来的长远影响,学生在这两个维度上的得分在一定程度上可以反映出预期教学目标是否实现。4 个维度的累积解释量为 63.991%,25 个因子的共同性都超过了 0.5,这表明该量表具有良好的结构效度。

对由 25 个因子构成的总量表和 4 个分量表的信度分别进行检验,结果见表 6-2。

表 6-2　总量表和分量表的信度摘要表

	教学能力	课程收获	课程意义	教学态度	总量表
Cronbach's Alpha	0.901	0.903	0.818	0.822	0.950

由表 6-2 可知,总量表和分量表的 Cronbach's Alpha 值全都大于 0.8,表明总量表和四个分量表都具有良好的信度。

（2）"基于作业的互动教学法"的课堂满意度分析

用经过信效度检验的"课堂满意度调查问卷"在 2014—2015 学年第一学期的最后一次"基础"课上对 125 名学生进行施测,以探查学生对"基于作业的教学互动法"的课堂满意度,用 SPPS 19.0 对调查数据进行分析。频数统计表明,在 125 个学生中有 2 个没有填写自己的性别和专业,在剩下的 123 名学生中,男生 45 人,占 36.6%,女生 78 人,占 63.4%;理科类 58 人,占 47.2%,文科类 65 人,占 52.8%。4 个分量表的描述统计摘要见表 6-3。

表 6-3　各分量表的描述统计量

层面	平均数（Mean）	题项（Item）	每题平均得分
课程收获	28.50	7	4.0714
课程意义	18.88	5	3.7760
教学态度	23.41	5	4.6820
教学能力	35.22	8	4.4025
Valid N	125		

"课堂满意度调查问卷"的计分采用李克特五点量表方式,"一点都不符合"为 1 分,"不太符合"为 2 分,"一般"为 3 分,"比较符合"为 4 分,"非常符合"为 5 分。从表 6-3 的数据可知,学生在"课程收获"分量表每题的平均得分为 4.0714 分,即稍高于"比较符合"水平;"课程意义"分量表每题的平均得分为 3.7760,即稍低于"比较符合"水平,"教学态度"分量表每题的平均得分为 4.6820 分,"教学能力"分量表的每题平均得分为 4.4025 分,介于"比较符合"和"非常符合"之间。另外,将学生性别和专业类别作为组别变量,对四个分量表的均值进行独立样本 T 检验,发现男女生在 4 个分量表上的平均得分没有显著差异,文理科的学生之间也不存在显著差异。

"到课率"和"抬头率"能从另一个侧面直接反映学生对课堂效果的满

意度。因此,本研究的调查问卷中特意设了2道题,用"我从不逃课、旷课"来表现"出勤率",用"我认真听课,不做与上课无关的事情"表现"抬头率",同样用李克特五点量表计分。频数分析结果如图6-1和图6-2所示。

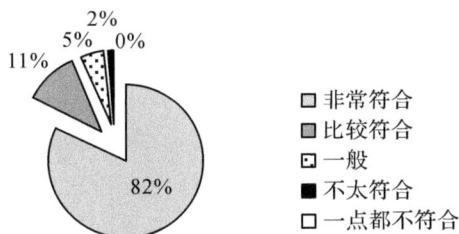

图6-1 "我从不逃课、旷课"频数分析饼图

由图6-1可知,82%的学生从不逃课,经常性逃课的学生在调查中未发现。对这一题的均值进行统计,发现平均得分为4.74分。这个结果可以理解为,如果"从不逃课、旷课"为5分,学生的平均得分为4.74分。研究者在该授课学期从未点过名,也并未采取其他严格的考勤制度,对于这个出勤率,可以认为是课程本身对学生的吸引力而致的。

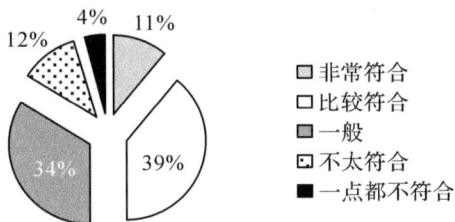

图6-2 "我认真听课,不做与上课无关的事情"频数分析饼图

由图6-2的饼图可知,"非常符合"的人数占11%,"比较符合"的人数占39%,"一般"的人数占34%。"不太符合"的人数占12%,"一点都不符合"的人数占4%。如果把前三项叠加,把这部分归为"抬头一族"的学生,其百分比为84%。统计所有学生在这个题项的平均得分,发现其分值为3.41分,属中等偏上。由于研究者的教学风格属于"民主型",对于学生上课时打瞌睡、看其他书籍、看手机等行为,并没有过多的干涉和强调,所以对于调查结果所呈现的"抬头率"还是比较满意的。

为了进一步验证"出勤率""抬头率"确实能从另一个层面说明"课堂教学满意度",研究者进行了这几个变量之间的相关分析,结果见表6-4。

表 6-4 "抬头率""出勤率"与"课堂满意度调查问卷"各分量表的相关矩阵表

	我认真听课,不做与上课无关的事情	我从不逃课、旷课	课程收获	课程意义	教学态度	教学能力
我认真听课,不做与上课无关的事情	1.000					
我从不逃课、旷课	0.107	1.000				
课程收获	0.448**	0.241**	1.000			
课程意义	0.353**	0.286**	0.722**	1.000		
教学态度	0.225*	0.226*	0.648**	0.613**	1.000	
教学能力	0.308**	0.307**	0.743**	0.679**	0.718**	1.000

由表 6-4 可知,除了"我认真听课,不做与上课无关的事情"和"我从不逃课、旷课"这两者之间的相关并未达到显著水平之外,其他的变量两两之间都达到了显著正相关,表明"出勤率"和"抬头率"在一定程度上能说明学生对课堂的满意度。简而言之,学生对课堂的满意度越高,"抬头率"和"出勤率"越高,反之亦然。

2. 影响"基于作业的教学互动法"课堂实效性的因素分析

"课堂满意度调查问卷"分为 4 个分量表,其中的"课程收获"和"课程意义"可以作为衡量课堂实效性的指标。为了进一步探查影响"基于作业的互动教学法"课堂实效的因素,研究者在正式施测的问卷中,加入了 5 个题目,除了上文提到的涉及"出勤率"和"抬头率"的 2 个题目之外,其他 3 道分别是任课教师的专业水平程度、任课教师课前准备充分程度、任课教师批改作业的认真程度。根据相关资料和教学经验,研究者认为这 5 个方面对教学实效能产生一定的影响。另外,调查问卷的另 2 个分量表"教学态度"和"教学能力"也能影响教学的实效性。为了检验上述假设,研究者分别将"课程收获"和"课程意义"作为因变量,将上述 7 个变量作为自变量,采用"强迫进入变量"的解释型回归分析法进行分析。两个复回归分析结果见表 6-5 和表 6-6。

表6-5　"教学态度、教学能力、出勤率、抬头率"等因素对课程收获的复回归分析摘要表

预测变量	B	标准误	Beta(β)	t 值	Sig
截距	−4.558	3.011		−1.514	0.133
教学态度	0.446	0.174	0.212	2.568	0.011
教学能力	0.401	0.093	0.402	4.339	0.000
我认真听课,不做与上课无关的事情	1.146	0.263	0.249	4.357	0.000
我从不逃课、旷课	−0.026	0.412	−0.004	−0.064	0.949
任课教师的专业水平程度	−0.910	0.552	−0.135	−1.649	0.102
任课教师课前准备充分程度	1.414	0.620	0.197	2.279	0.024
任课教师批改作业的认真程度	0.532	0.345	0.110	1.544	0.125

R＝0.812　R^2＝659　调整后的 R^2＝0.639　F＝32.353***

*** P＜0.001

从表6-5可以发现,"教学态度""教学能力""抬头率""出勤率""任课教师的专业水平程度""任课教师课前准备充分程度""任课教师批改作业的认真程度"7个自变量与"课程收获"因变量的多元相关系数为0.812,多元相关系数的平方为0.659,这表示7个自变量共可解释"课程收获"变量的65.9％的变异量。7个自变量中的5个自变量的标准化回归系数B均为正数,表明这5个变量对"课程收获"因变量的影响均为正向,而"任课教师的专业水平程度"和"出勤率"2个自变量的标准化回归系数B均为负数,表明这2个自变量对因变量的影响均为负向。在回归模型中,对"课程收获"因变量有显著影响的预测变量为"教学态度""教学能力""抬头率""任课教师课前准备充分程度"4个。从标准化回归系数来看,"教学态度""教学能力""抬头率"的β系数绝对值较大,表示这3个预测变量对"课程收获"有较高的解释力,"出勤率""任课教师的专业水平程度""任课教师批改作业的认真程度"3个预测变量的回归系数均未达到显著,表示这3个预测变量对"课程收获"变量的变异解释甚小。

表 6-6 "教学态度、教学能力、出勤率、抬头率"等因素对课程意义的复回归分析摘要表

预测变量	B	标准误	Beta(β)	t 值	Sig
截距	−4.939	2.453		−2.014	0.046
教学态度	0.254	0.142	0.168	1.794	0.075
教学能力	0.185	0.075	0.258	2.459	0.015
我认真听课,不做与上课无关的事情	0.519	0.214	0.157	2.424	0.017
我从不逃课、旷课	−0.425	0.336	0.085	1.265	0.208
任课教师的专业水平程度	0.272	0.449	0.056	0.605	0.546
任课教师课前准备充分程度	1.086	0.505	0.210	2.149	0.034
任课教师批改作业的认真程度	0.309	0.281	0.089	1.099	0.274

R=0.752　R²=565　调整后的 R²=0.539　F=21.688***

*** P<0.001

从表 6-6 可以发现,"教学态度""教学能力""抬头率""出勤率""任课教师的专业水平程度""任课教师课前准备充分程度""任课教师批改作业的认真程度"7 个自变量与"课程意义"因变量的多元相关系数为 0.752,多元相关系数的平方为 0.565,这表示 7 个自变量共可解释"课程意义"变量 56.5%的变异量。7 个自变量中的标准化回归系数 B 均为正数,表明这 7 个变量对"课程意义"因变量的影响均为正向。在回归模型中,对"课程意义"因变量有显著影响的预测变量为"教学能力""抬头率""任课教师课前准备充分程度"3 个。从标准化回归系数来看,"教学能力""抬头率"的 β 系数绝对值较大,表示这 2 个预测变量对"课程意义"有较高的解释力,"教学态度""出勤率""任课教师的专业水平程度""任课教师批改作业的认真程度"4 个预测变量的回归系数均未达到显著,表示这 4 个预测变量对"课程收获"变量的变异解释甚小。

3. 结论与建议

根据本次调查的数据分析,可以得出如下结论和建议。

首先,研究表明"课堂满意度调查问卷"具有良好的信效度,可以作为辅助工具用于"基础"课的教学改革和课程改革之中。"基础"课教师可以使用"课堂满意度调查问卷"检查学生在 4 个维度上的得分情况。据此发

现自己在课堂教学过程中存在的问题,通过请教专家或者同辈提出改革方案并加以实施,再使用问卷调查对比教学方法改革前后学生课堂满意度的变化,以验证教学改革的成效。标准化问卷的缺乏是限制"基础"课教学方法改革和教学效果改善的一个关键因素。学生对课堂的满意度是思政课实现预期效果的前提条件和保障,唯有学生对课堂教学满意了,才能从中获得收益。高校思政课教师为了提高课堂满意度已经各显身手,并总结了诸多经验,也提出了许多宝贵的建议,但是,因为缺少标准化的调查问卷,教学效果的评估往往依靠经验而不是建立在实证数据的支持之上,从而使研究缺乏一定的科学性和说服力,其推广也受到极大的限制。

其次,本研究的调查结果显示,"基于作业的互动教学法"具有良好的效果,具体表现为以下两个方面:第一,通过充分发挥学生在教学过程中的主体地位,比较理想地实现了"基础"课的教学目标。从本次调查结果可知,学生在"课程收获"和"课程意义"两个量表上的得分都比较令人满意,表明通过一学期的学习,基本实现了"基础"课的教学目标。研究者认为教学目标的实现与"基于作业的互动教学法"的实施有着密切的关系。因为"基于作业的互动教学法"通过作业设计、作业布置、作业批改、学生演示、生生互动、教师点评、师生互动、评分计分等 8 个环环相扣的环节,使学生的主体能动性在整个教学过程中得到充分的体现,学生主动学习的兴趣和热情得以激发。比如,有学生向研究者反馈:"老师,为了完成任务,我们花了一个星期的全部课余时间。"尽管如此,但学生心中并无怨言,因为他们觉得这些时间花得很值。再如,有同学在发表感言时说:"虽然很辛苦,但是通过这次锻炼,我们学会了做课件,学会了在这么多同学面前脱稿发言,学会了团队合作,虽然过程艰辛、紧张甚至有焦虑,但是这些付出都是值得的,因为我们收获了很多。谢谢老师给我们这次机会,谢谢同学的支持和积极的配合。"第二,通过充分发挥教师在教学过程中的主导地位,教师的"教学能力"和"教学能力"获得了学生的认同,促进了良好师生关系的构建,为实现教学目标提供了有力的保障。调查发现,学生在"教学能力"和"教学态度"的得分分别是 4.40 分和 4.68 分,这表明授课教师的教学能力和教学态度获得了学生的高度认同。尽管教学能力和教学态度与教师本身的素质有着密切的关系,但笔者反思教学过程,发现"基于作业的互动教学法"也增进了学生对授课教师的认同。"基于作业的互动教学法"通过设计作业环节,教师不仅能够将教学重点、难点问题与时事热点结合在一起,通过巧妙的设计去触发学生的认知冲突,从而激起学生强烈的学习兴趣,而且在作业批改阶段和教师点评阶段,教师能够以引导者、合作者和问题解决者等多重身份出现,解决学生的认知冲突,从而达到教学目的。研究者深切地感受到,在整个教学过程中,教师不再是一个单向度的灌输者,也不再是"追着孩子喂食的父母",而是一个愉快的合作者、一个充满智慧的引导者、一个有着丰富经验的长者。

"基于作业的互动教学法"8个环环相扣的环节让教师主导地位和学生主体地位在教学过程中都得到了充分的发挥,有效地引发了学生"疑"、启发了学生"思"、激发了学生"学",切实增强了"基础"课的吸引力、说服力和感染力,极大地增强了"基础"课的教学效果,值得广大同行借鉴。

再次,本研究发现"教学态度""教学能力""抬头率"这3个变量对"课堂收获满意度"有着显著的预测效应,而"教学能力""抬头率""任课教师课前准备充分程度"这3个变量与"课程意义满意度"有着显著的预测效应。因此,研究者认为,进一步提高"基于作业的互动教学法"实效性可以从以下几个方面着手:第一,提高教师的教学能力。本研究中的教学能力包括教师上课时的语言表达、课件制作、授课技巧、课堂管理和教学内容的处理等。第二,进一步改善教学态度。教师必须言传身教,对学生公平、公正、平等、友善,还要严格遵守教学纪律等。第三,通过有效的互动增强课程的吸引力,提高"抬头率"。研究表明,"抬头率"是提高教学实效性的关键。所以,如何通过增强课程的感染力和吸引力,让每个学生积极地参与到课堂教学中来,提高学生的"抬头率",是改善教学实效的重中之重。第四,教师必须充分地做好课前准备工作。课前准备工作是教师驾驭课堂教学过程的关键,课前准备工作包括课件的制作、教学内容的安排、对学生情况的了解等。

(四)"基于作业的互动教学法"的优化建议

正如廖曰文教授所说的:"任何教学方法都是有局限性的,基于作业的教学互动法也不例外。"①在实践教学中,建议对以下问题进行优化。

1. 关于教学体系

"基于作业的互动教学法"的前提是精心拟题,但"即使再精心设计的

---

① 廖曰文,魏彩霞.基于作业的教学互动探索与实践[J].思想理论教育导刊,2012(12):65-68.

论题也不可能完全涵盖教材的一章甚至一节的所有要点与知识点,如果不结合理论讲授,教学体系就会被弄得支离破碎,缺乏系统性,学生的认知也可能会停留于知性阶段,就事论事、以偏概全、不能透过现象把握本质,从而基于作业的教学互动就会背离初衷"①。廖曰文教授敏锐地认识到了这个问题,并提出"教师一定要根据教育教学规律、授课对象特点及教学内容,综合运用各种教学方法,以达到优势互补、增强课堂教学效果之目的"②。实践教学中,要揭示教材内在逻辑,变教材体系为教学体系。

案例:

第三章《领悟人生真谛　创造人生价值》主旨为"人该怎么活着?"(谈人生)。活着是为了幸福,幸福包括社会价值与个人价值两大层次,底线则是守法。当前最大的社会价值就是实现中华民族伟大复兴,由此得出第一章《追求远大理想　坚定崇高信念》(谈理想)、第二章《继承爱国传统　弘扬中国精神》(谈爱国)与第四章《学习道德理论　注重道德实践》(谈道德)。个人价值主要体现在事业、家庭、爱情,由此得出第七章《遵守行为规法　锤炼高尚品格》(谈学业、谈爱情)。另外,活着的底线是遵守法律,由此得出第五章《领会法律精神　理解法律体系》与第六章《树立法治理念　维护法律权威》(谈法律)。最终让学生成为有理想、有道德、有文化、有纪律的"四有"新人。这样"社会价值—个人价值—底线原则"的理解就深刻揭示出教材的内在逻辑性,同时也鲜明地显示出从教材体系变为教学体系了。这样,就使得学生对教材有整体的把握,同时产生高屋建瓴的感觉。

2. 关于精心拟题

拟题是"基于作业的互动教学法"的生命。廖曰文教授认为,拟题要做到"符合学生的理论兴趣、已有的经验或知识水平;紧扣教材,契合教学内容与进度;具有一定的思辨价值,可引发讨论"。问题导向教学法的专题教学方式,一是按照上述教学体系,列出七大专题;二是吃透教材主旨,准确提炼出每个专题的问题,激发学生的思考兴趣。

案例:

第一讲谈人生。①教学目标:认识到人生最大的价值应以实现民族复

---

① 廖曰文,魏彩霞.基于作业的教学互动探索与实践[J].思想理论教育导刊,2012(12):65-68.

② 廖曰文,魏彩霞.基于作业的教学互动探索与实践[J].思想理论教育导刊,2012(12):65-68.

兴为观照。②导向性问题:人为什么而活着? 活着的最大敌人是什么? 人该如何活着?

第二讲谈理想。①教学目标:认识到理想的重要作用,并树立民族复兴志向(该理念贯穿本教材所有内容,起到提纲挈领作用)。②导向性问题:中华民族历史上呈现何种辉煌?(培养学生自豪感)中华民族近代史呈现何种落后性?(激发学生耻辱感)2030 年的中国遥望是什么?(培养学生责任感)

第三讲谈爱国。①教学目标:培养学生的理性爱国主义,让学生自觉扛起民族复兴之重任。②导向性问题:爱国主义爱什么? 当前国内外存在哪些问题? 如何爱国?

第四讲谈道德。①教学目标:认识道德对社会发展与自我修养的重要作用。②导向性问题:为什么说道德是护身符? 道德的实质和核心是什么? 当前社会出现了哪些道德问题? 怎么办?

第五讲谈学业。①教学目标:制订四年大学的计划。②导向性问题:如何认识"人的四个问题"? 如何认识当前就业形势? 大学四年怎么过?

第六讲谈爱情。①教学目标:从理性上反思爱情是什么。②导向性问题:什么是爱情? 人为什么会有爱情? 如何认识自己的爱情?

第七讲谈法律。①教学目标:学法、知法、守法,维护权利。②导向性问题:为什么要学法? 常用法律有哪些?

针对这些问题,精选相关案例,布置作业。关于案例资料,笔者还发动学生搜集,帮助建立案例库。对于被采用案例的学生,实行加分,这样更激发了学生积极性。

3. 关于作业布置

作业布置的目的是激发学生探究性学习兴趣,但存在这样的现象:那些没布置到作业的部分同学觉得事不关己,懒得去思考,更不用说查找资料了。教师也无法进行检查,这是个漏洞。对此,采取两种手段:一是合理分组。以寝室、学号为单位或者自由组合小组,便于讨论,碰撞思想火花,也有利于分工负责。二是课堂讨论。对那些"懒惰"的学生,采用课堂分组讨论法。首先,对学生进行分组,各行政班一般分为 2 组,每组约 15 人,每组以 2—3 个寝室为单位分好人员,座位相对固定;其次,各组推荐固定负责人;最后,课堂上抛出问题,各组展开讨论,负责人记录讨论观点,准备发言。这样,课堂上,经常可以看到各组同学争得面红耳赤、群情激昂。同时把这项"讨论活动"放在"作业演示"环节之前,在经过激烈争论,取得一定认识后,那么在"作业演示"后的"生生互动"环节,台下学生就可以提出有质量的问题,而且参与度也更高。

4. 关于点评问题

已有做法在"生生互动"后采取"教师点评",这个环节很重要。但是,教师也很想知道同学们对本次"作业演示"和"生生互动"的看法。为此,增加了"特约评论"环节,评论员产生自打分的评委,或者由学生自荐。学生自评容易道出学生的真实想法,引起共鸣,看到同学上台评论,也会激发自己的参与感。这对调动学生的积极性作用颇大。

优化教学体系的目的在于使学生认识教材内在逻辑关系,把握教材的整体性,避免出现支离破碎的现象;优化精心拟题的目的在于使学生在对教材整体性把握的基础上,进一步深入认识教材主旨;优化作业布置目的是深入领会所拟题目,为此须调动全体学生积极性,不管是自觉的还是不自觉的,都投身到谈论中去。只有进入角色,心灵才有可能被触动,积极性才可能被激发。优化点评的目的是对布置的作业完成情况做自我评价,促进反思,借以提高能力。通过四大优化措施,可以进一步调动学生积极性,发挥学生学习主体作用。

四、"翻转课堂"教学模式的应用

大规模网络开放课程(MOOCs)的出现给高校的教学改革带来了新的机遇与挑战。麻省理工和哈佛大学创建的 edX 以及斯坦福大学创建的 Coursera 等众多国际网络教育平台迅速崛起,国内的慕课、泛雅平台等教学平台也顺势兴起。慕课的出现打破了大学的围墙,学生能够不受时间、空间、年龄等诸多限制而接受全球的高等教育。慕课引发了一场关于学习的革命,知识的传播模式、学生的学习方式以及教学组织方式都在发生改变。学生从"逃课"到"淘课"的转变,也引起了很多教育工作者的深思。以学生为中心,更加关注学生的兴趣,注重激发学生的主观能动性,满足学生个性化学习要求等现实需要,引发了教育理念和教育体系的全面更新和调整。另外,作为数字化时代"原住民"的 95 后正在成为大学生的主体,他们的生活方式、思维习惯、知识结构和学习方法都发生了很大变化。在这样的背景之下,思想政治理论课必须积极进行教学变革,化挑战为机遇,探寻新的符合当今时代特点和学生特点的教学模式。"翻转课堂"（Flipped Classroom）是一种全新的教学理念和教学模式，融传统教学的优点与在线教学于一体，探索其运用于思想政治理论课的路径和方法，有利于我们拓宽思路、借鉴经验。

（一）"翻转课堂"教学模式内涵

"翻转课堂"教学模式是以现代信息技术为基本支持的一种新的教学模式，最早起源于美国。2007年，在美国科罗拉多州落基山的林地公园高中，教师纳森·伯尔曼（Jon Bergmann）和亚伦·萨姆斯（Aaron Sams）为了帮助缺席的学生跟上课程，录制了演示文稿的播放和授课录音，并将视频上传到互联网。这不仅受到了学生的喜爱，也得到了同行们的认可，其影响力慢慢扩大，"翻转课堂"教学模式于是被逐渐推广开来。另外，大规模网络开放课程（MOOCs）的出现，为"翻转课堂"教学模式的开展提供了丰富的网络教学资源，也促进了该教学模式的发展。美国教育咨询公司Classroom Window 于 2012 年 6 月发布的一项调查报告显示，88％的受访教师表示"翻转课堂"教学模式提高了他们的职业满意度，80％的受访教师声称学生的学习态度得到改善，99％的受访教师表示以后将继续使用"翻转课堂"教学模式。①

"翻转课堂"，也称为"反转课堂"。所谓"翻转"，就是将传统的教师授课、学生听课，课后学生看书、做作业的教学模式，翻转为学生课前先在教师精心设计的网络课程中自主学习并完成相关任务，课堂则主要是老师组织学生汇报、讨论、答疑等的一种教学形态。在课前的网络学习中，老师通过相关视频、练习让学生完成了对基本知识点的学习和把握，存在的困惑和疑问则可以到课堂中进行讨论和释疑。"翻转课堂"教学模式避免了传统教学模式重知识传递、轻能力培养的弊端，通过将以"教"为中心的课堂向以"学"为中心的学堂的转化，实现了形式与内容的互动，学生从被动的接受者转变为主动的研究者，教学方式从灌输式转变为互动式。与传统教学模式相比，实施"翻转课堂"教学模式能更好地利用优质教学资源，并突破时空限制，让知识获取方式更为灵活，很好地契合了当今时代信息化、网络化的特点。

---

① 孙华.MOOCs背景下"思想道德修养与法律基础"课教学改革探索[J].思想教育研究，2014(2)：47-51.

(二)"翻转课堂"教学模式在"概论"课中的构建

2015 年上半年,浙江工商大学开始在"概论"课中尝试"翻转课堂"教学模式,目前"概论"课已经成为省级精品在线开放课程。

"每一种教学模式都有其特定的逻辑步骤和操作程序,它规定了在教学活动中师生先做什么、后做什么,各步骤应当完成的任务。'翻转课堂'实现了知识传授和知识内化的颠倒,将传统课堂中知识的传授转移至课外完成,知识的内化则由原先主要集中在课外作业的活动转移至课堂中的学习活动。"①保障"翻转课堂"的教学效果,程序安排至关重要,可以说"实体"必须依靠"程序"才能得以有效支撑。每一道程序的安排都要严格遵循相关原则,经过一段时间的磨合,学生就会养成良好的习惯,达到预期的教学效果,具体做法如下。

1. 教学任务点定时发布,培养学生自觉学习的习惯

在这个层面的设计中,有几个细节要特别注意。一是教学视频和课堂作业要以明确的任务点形式发布,并有非常明确的时间限制,一般是从任务发布时开始到下次课堂见面时。这些任务点是强制性的,而且必须在规定的时间完成;如果错过,这次的成绩就没有了。这样就会养成学生及时学习并完成教学任务的习惯。二是视频的设计要防拖拽、防窗口切换,以督促学生从头到尾认真看教学视频。这一点普通的网络教学平台都能做到。三是在作业练习中要反映教学视频中的内容,如果学生不认真看视频,就回答不出里面的问题,从而引导学生必须认真看视频。与此同时,练习作业也要注意设置答案防粘贴,包括随机抽题,这样学生们的题目都不是完全一样的,就可避免学生之间相互抄袭答案。四是增加一些延伸阅读材料,让感兴趣的学生有进一步学习的内容和空间。

2. 主题讨论提前告知,提高课堂讨论效果

主题讨论是课堂讨论的环节,但是要和教学视频及练习作业一起提前发布,这样可以让学生有充分的思考和准备时间,避免在课堂讨论时不经思考地随意发言。课堂讨论不是街头巷尾的随便议论,需要强调课堂发言的质量。提前告知下次课的讨论主题,让学生充分思考、充分准备,可以更

---

① 孙华.MOOCs 背景下"思想道德修养与法律基础"课教学改革探索[J].思想教育研究,2014(2):47-51.

好地提高课堂讨论的效果,激发学生的讨论热情,激起思想的交锋。

3. 网络课堂知识点回顾,巩固网络课堂学习成果

实施翻转课堂教学模式,也要防止技术过度运用所导致的对教学宗旨的规避,避免由传统的"传递教学"滑向"录像主义",造成教学空间的"浅表化"。[①] 因此,网络课堂知识点回顾,是进入课堂讨论环节的第一个程序。教师让学生现场回顾网络课堂知识点,教师再做一定的总结与梳理,让学生对网络课堂的内容有一次全面的回顾,巩固网络课堂的学习成果。

4. 课堂主题讨论,在讨论中得到提升

课堂讨论的方式有多种,一是关于重要知识点,主要以问题的形式直接讨论;二是针对特定的论题设计辩论,把同学们分成正、反两方,双方各推荐 2 名辩手做陈述和总结,其他同学则参与自由辩论,活跃同学们的思维,让真理在辩论中愈辩愈明,最后老师做总结引导。这些细节的程序性设计,可以有效保障学生的用心参与,一分付出一分收获,来不得半点虚假。

(三)实施"翻转课堂"教学的经验

1. 合理分配课内外学时

合理分配课内外学时是思想政治理论课实行"翻转课堂"教学模式的重要前提。以"概论"课为例,该课程共有 64 个理论教学课时,未实行"翻转课堂"教学模式之前是每个星期 4 节理论课,分 2 次上,每次 2 节,共上16 周。实行"翻转课堂"教学模式之后,这 4 节理论课变为 2 课时线上学习与 2 课时小班讨论。这样的学时安排保障了学生的课外学习时间,也给了其线上学习的必要理由,是保障"翻转课堂"教学模式得以实行并达到效果的重要前提,否则过分挤压学生的课外时间,学生会反感和排斥,难以达到预期的教学效果。为了更好地保障课堂的充分互动,以及给老师足够的总结分析时间,也可以分为 13 个星期完成教学,即每个星期 2 学时网络课堂学习+3 学时的小班讨论。2016 年 3 月开始已经使用后面这种模式,学生课堂讨论时间增长,气氛更为活跃,老师总结和点评更为充分。

2. 精心建设线上学习资源

网络教学平台至关重要,这是一个中介和桥梁。依托一定的网络教学

---

① 孙华.MOOCs背景下"思想道德修养与法律基础"课教学改革探索[J].思想教育研究,2014(2):47-51.

平台精心建设线上学习资源,是实行"翻转课堂"教学模式的重要步骤。线上学习资源的建设主要包括四个方面。一是教学视频的建设。有条件的可以自己录制教学视频,也可从网上寻找相关教学视频,也可以两者结合。但无论如何选择,要把握的一个原则就是教学视频的质量要高,理论性和生动性能融为一体。二是练习作业库的建设。这是配合学习视频和书本知识设计的作业练习,能帮助学生更好地理解视频和书本知识。三是延伸阅读材料及相关案例的丰富。这些资源的建设可以让学生在教学平台中看到丰富多彩的内容,拓展学生的视野,激发学生的学习兴趣,增加对教学平台的利用率和认同感。四是主题讨论的定期发布。围绕书本知识和一些时政热点,定期发布一些主题讨论,引发学生的思考,学生可以直接回帖,也可以到课堂讨论。总之,线上学习资源的建设要尽量做到融知识性、生动性、价值引导性于一体。教师要注意收集学生的问题和反馈,并将其作为建设线上资源的依据。

3. 积极优化评价考核机制

"翻转课堂"利用丰富的信息化资源,让学生逐渐成为学习的主角。因此评价机制的提升,可以让"翻转课堂"更为有效。要强化形成性评价,重视学生的学习过程,让学生在学习过程中享受"一分耕耘,一分收获"的乐趣。要"淡化期末,强化平时",同时"线上线下,两全其美"。在"概论"课教学中的评价具体如下:线上学习 30 分(这部分分数包括学习课程视频30%、练习作业 40%、讨论发帖 20%、访问次数 10%),课堂讨论 15 分,小组时事评论和社会实践 25 分,期末考试 30 分,合计 100 分。形成性评价的制定,让学生的每一次付出都有收获,可以激发学生由始至终的学习热情,端正学习态度,保障教学效果。

4. 定期发布网络课堂学习任务

教师要根据自己的课程安排情况,每周在一个固定的时间点把教学视频、课堂作业、延伸阅读材料发布出来,并且在教学平台中以通知的形式明确告知,让学生非常清楚自己的任务和学习目标,做到有的放矢、有章可循。

5. 精心设计课堂交流环节

由于让渡了 2 个学时让学生在线学习,每周 2 学时的课堂交流环节更需精心安排。我们的安排主要有 3 个环节:网络课堂知识点回顾、时政评议和主题讨论。第一个环节是网络课堂知识点回顾,这是进入课堂讨论环节的第一个程序。教师让学生现场回顾网络课堂知识点,教师再做一定的总结与梳理,让学生对网络课堂的内容有一次全面的回顾,这既是巩固网络课堂学习成果的有效方法,也是对学生认真学习网络课堂知识的有效督促。第二个环节是时政评议。由于"概论"课具有较强的时政性,因此每次讨论课设有15分钟左右的时政评议汇报。这一环节分小组进行,小组事前精心准备,确定选题,然后小组每个成员就这一主题写一篇评论,最后融合大家所思所想,做好PPT到课堂汇报,并适当引导同学参与课堂讨论,教师最后做总结和点评。时政评议环节可以较好地提高学生的政治敏锐性,同时促进书本知识和时政热点的结合,让学生了解时政动态,同时提高学生听、说、读、写的能力。第三个环节是主题讨论。结合线上视频内容,把每章的重点化成一个个小问题,同时把当前的热点和学术前沿问题都融入相关讨论中。每次课堂讨论前,提前布置相关讨论问题,让同学们课前对这些问题进行深刻思考,以在课堂讨论时达到更好的效果。

(四)"翻转课堂"教学模式的实践成效

总体说来,这样一种连续而流畅的贯通线上学习与线下交流讨论的教学安排,不仅丰富了教学内容,让学习方式更为灵活,同时也培养了学生学习的自觉性。2015年12月底,笔者对所教学生就"翻转课堂"教学模式在"概论"课运用中的实效性进行了随机匿名的问卷调查,共发放问卷106份,统计结果如下。

1. 学生对"翻转课堂"教学模式的认同度较高,但仍有少部分不适应

在"翻转课堂"教学模式与传统课堂教学模式的比较调查中,选择"更喜欢'翻转课堂'教学模式"的占92.45%,选择"更喜欢传统教学模式"的只有7.55%;在就"你是否喜欢目前的"翻转课堂"教学模式"的问题中,表示"非常喜欢"的占11.32%,"比较喜欢"的占45.28%,"一般"的占43.40%,但也有3.77%的学生表示"不喜欢",没有学生选择"很不喜欢";在对"翻转课堂"学习效率的调查中,选择"很好,既能完成学习基本知识,又能开阔视野,提升兴趣和综合素养"的占35.85%,选择"好,比较有收获"的占52.83%,选择"一般,没有什么区别"的占9.43%,选择"不好"的占1.89%。从以上数据可以看出,与传统教学模式相比,大部分学生更喜欢"翻转课堂"模式,学生对"翻转课堂"的总体认同度较高,但仍有一小部分同学对"翻转课堂"教学模式不太适应,有一定的抵触心理。

2. 学生对课堂设计和教师满意度较高,但部分学生对课程缺乏兴趣

在学生对上课过程中网络课堂知识点回顾、时政评议、主题讨论 3 个环节的满意度调查中,学生选择"很满意"和"满意"的分别为 35.85％和 54.72％,选择"一般"的占 9.43％,没有选择"不满意"的;92.45％的同学认为"教学内容设计精心,老师能积极引导学生思考和参与讨论",5.66％的同学认为"教学设计一般,没什么感觉",还有 1.89％的学生选择"不喜欢这门课程,没有兴趣参与";在对授课教师的评价调查中,大多数同学认为老师教学认真负责、上课生动活泼、比较有深度、能积极引导学生参与课堂讨论、课堂氛围良好;在对授课老师的满意度调查中,23.53％的学生表示"很满意",76.47％的学生表示"满意",3.92％的学生感觉"一般"。从以上数据可以看出,大部分学生对教学环节、教学内容及教师本人认同度都比较高,但也有少数人因为对课程不感兴趣,所以学习比较被动,也不太用心。这需要教师下更大功夫去增强课程的吸引力,同时对部分学生有针对性地进行引导,以提高他们的学习兴趣。

3. 学生对网络课堂基本满意,对网络平台的改进抱有期待

在对网络课堂提供的学习资源和任务量(教学视频、作业、讨论等)的评价中,81.13％的学生认为"适中",认为"偏多"的占 11.32％,认为"偏少"的占 7.55％;在学生对网络教学平台的评价调查中,67.92％的同学认为网络教学平台系统"一般",选择"很好用"的只有 13.21％,选择"不好用"的则占了 18.87％;还有 28.30％的学生表示网络教学系统成为影响其完成网络课堂进度的最主要因素。从以上数据可以发现,大多数同学对网络课堂的安排"基本满意",但是因为教学平台的系统稳定性欠缺,经常出现不能看视频、做作业,或者看了视频、做了作业不计分的情况;再者,手机 App 和网络课程不同步更新,也让同学心生不满。网络教学平台是"翻转课堂"的基本承载平台,需要花大力气精心改进。

(五)"翻转课堂"教学模式面临的问题与挑战

"课堂教学活动中,学习者参与是指学习过程中心理活动方式与行为努力程度,主要包括多个参与维度,行为、认知及情感。其中行为参与是基本的参与形态,指学生在学习行为表现是否积极。"[①]学生的课堂参与度直

---

① 孔企平.数学教学过程中的学生参与[J].初中生世界,2014(44):43-44.

接表现为学生在课堂上的主动性和积极性。课堂发言的次数、人数,参与活动的态度、时间是最直观的衡量指标,但课外学习情况也是不可忽略的重要指标。学生课堂参与度的高低与学习过程中的注意力、参与度和努力程度呈正相关,也受参与兴趣、参与策略和参与习惯的影响。作为一种新的教学模式,翻转课堂已经在业内获得了广泛好评。但在"翻转课堂"与传统课堂模式相融合的过程中,也陷入了对信息技术使用上的认识偏差、自主学习效果不佳、课堂翻转没有真正实施、课外时间使用不合理、课业负担被加重等困境。而这些问题无一例外地都与学生的参与度不高、参与体验不佳联系起来。应该说,翻转课堂中高校思想政治理论课面临的问题是多方面的,既有学生的方面,也有教师的方面。具体来说,高校思政课学生翻转课堂上参与度面临的问题与挑战主要表现为以下3点。

1. 就教学环节而言,"翻转课堂"设计还处于探索阶段,有待完善

一方面,"翻转课堂"在国内的实践还处于探索阶段,诸多经验需要总结成系统的理论知识,诸多问题亦在寻求行之有效的解决方案;另一方面,思想政治理论课承担着对大学生进行系统的马克思主义理论教育的任务,是巩固马克思主义在高校意识形态领域指导地位、坚持社会主义办学方向的重要阵地,是全面贯彻党的教育方针、落实立德树人根本任务的主干渠道和核心课程,是加强和改进高校思想政治工作、实现高等教育内涵式发展的灵魂课程。其本身具有浓厚的政治性和强烈的意识形态特征,灌输性教育的色彩明显高于其他高校教育课程。而且,思想政治理论课教材的修订频率相对频繁,修改范围也相对较大。这两方面的因素给"翻转课堂"设计带来了极大的挑战性。2018年4月13日,教育部关于印发《新时代高校思想政治理论课教学工作基本要求》的通知中表明,"要深入研究网络教学的内容设计和功能发挥,不断创新网络教学形式,推动传统教学方式与现代信息技术有机融合"[①]。

2. 对学生而言,"翻转课堂"要求学生有更高的学习自觉性和主动性

"翻转课堂"使受教育者从知识的被动接受者转变为自主学习者,学习方式发生了变革。借助"翻转课堂"教学模式,高校思想政治理论课知识传授过程主要是在教师提供的课外教学资源的基础上,利用网络和现代信息

---

① 中华人民共和国教育部. 教育部关于印发《新时代高校思想政治理论课教学工作基本要求》的通知[EB/OL]. (2018-04-13). http://www. moe. gov. cn/srcsite/A13/moe_772/201804/t20180424_334099. html.

技术平台,由学生自学完成。这对学生的信息技术能力和自律能力提出了较高的要求;同时,"翻转课堂"要求在线上学习环节就要启动教学知识点的内化过程,学生需要对教学内容构建起相对系统的知识结构。这要求学生扮演好学习主导者、知识建构者的角色,而不是你说我听的被动接受者。另外,"翻转课堂"的课堂教学环节,一般以互动式教学为主,师生互动环节较多;而且,思想政治理论课具有极强的现实针对性,需要学生将理论知识和现实紧密结合,这对学生创新意识、创造力、表达能力、学习能力等提出了更高要求。

3. 对教师而言,"翻转课堂"对教师教学能力有更高的要求,需要凸显教师的调动课堂的能力

"翻转课堂"在理论上强调以学习者为主的教学理念,但并不意味着教师地位的弱化或"解放"。"翻转课堂"对教师思考如何高效合理地利用课堂互动时间、如何有效地监督学生的学习过程、如何鼓励主动性差的学生提出了更为严苛的要求。"教师需要更加精心地设计课上活动,合理利用课上时间,将关注点集中在时刻观察分析每一位学习者的课上参与动态,督促其加入课堂活动中来,提出设问引导学习者对知识的意义建构,为其实现知识内化提供关键助力。"[①]习近平总书记指出,高校教师要坚持教育者先受教育,努力成为先进思想文化的传播者、党执政的坚定支持者,更好地担起学生健康成长指导者和引路人的责任。[②] 作为思想政治理论课教师,还需要及时回应学生对现实问题和敏感问题的关切,在重要关头敢于发声,尤其要积极应对学生消极、负面的思想及负能量行为。

(六)改善思政课"翻转课堂"教学模式的建议

提升高校思想政治理论课学生"翻转课堂"上的参与度,要以学生自主学习为主,辅以教师引导,促使学生把学习科学理论与投身社会实践结合起来,培育其自学能力,分析、解决问题能力,语言表达能力,团队协作能力和勇于创新的能力,提高学生思想政治素质和中国化马克思主义理论素养,使学生学会运用中国化马克思主义立场、观点和方法分析问题和解决问题。

① 秦智楠.翻转课堂提升边缘学生参与度的实践研究[D].长春:东北师范大学,2016.
② 习近平.把思想政治工作贯穿教育教学全过程[EB/OL].(2016-12-08).http://www.xinhuanet.com/politics/2016-12/08/c_1120082577.htm.

1. 在教学设计上,要吸引学生注意,建立线上线下、课内课外教学内容的关联

思想政治理论课的教学设计的基本要求是:及时传递理论创新成果,选择具有时代气息的教学内容;分析当代大学生思想发展规律,有的放矢地安排教学内容;精心准备授课教案,高屋建瓴地选择和把握教学资料。[①]思想政治理论课"翻转课堂"的教学设计尤其要注意三个问题:一要有清晰的学习流程和明确的学习任务,要明确课堂与课后的学习任务要求,要给学生提供有效的指引方向,使学生成为自我知识和视野的主动建构者;二要注意"翻转课堂"线上线下教学内容是相辅相成的,既要避免教学内容的简单重复,又要避免出现线上线下教学内容"两张皮"的现象;三要紧密结合实际,将课前所学知识与生活实际相结合,创建学习者解决生活实际问题的探究情境,从知识的实用性上激发学习者的探究参与兴趣。

2. 在教学实践中,要设计多元化、符合学生认知发展、积极调动学生参与度的课堂活动

"概论"课"翻转课堂"的教学设计方式多样。可将学生分成若干个小组,每个小组充分讨论课程的知识点或者现实社会中的某一热点,形成小组性的意见呈现。也可以辩论的方式,也可以小组讨论汇报的形式,将问题进一步展开。还可以运用头脑风暴法,引发学生思考,并对之进行有效的引导,使学生清楚自己的学习情况,并进一步思考所学的知识,以完成知识的进一步巩固。[②]以浙江工商大学"概论"课教学环节"主题发言"为例。可以挖掘"主题发言"与其他教学环节的契合点。本校"概论"课"读写议""时事评论"以及思政课社会实践等教学环节与主题讨论颇有契合之处。这样的做法,可以缓和学生面临"概论"课考核指标繁多的负荷感,而一个选题的多种表达和参与方式也有助于达到深度学习的效果。

3. 在评价机制上,要激励学生对视频和学习任务进行反思,建立科学合理的评价机制

一般而言,"翻转课堂"的教师会提前发布学习任务,通过帮助学生确定主要内容,创设问题和情境,解决问题等,对其发言准备工作进行监督,

---

① 柳礼泉,黄艳,张红明.论思想政治理论课教学设计的基本环节与着力点[J].思想理论教育导刊,2009(4):96-99.

② 郭文芬,黄冬福."翻转课堂"引入高校概论课教学的思考与实践[J].湖南工业职业技术学院学报,2017(1):91-94.

保证学习的效果。同时,教师也会设置线上和线下的互动,给予学生充分的思考和准备时间,提升学生参与的机会和概率。因此,在评价体系的建立上,"翻转课堂"的教学评价机制应由对学生学习效果的评价转向重视学生学习过程的评价。除了建立详细的课前观看教学视频评价指标和多元化的课堂活动指标外,要将考核评价的标准向互动性活动倾斜。如,学生对教案编写、教学课件、教学视频的意见,小组活动中的协作态度、配合情况、沟通能力等也应纳入考核范围。这样通过师生和生生之间的主体互动,有助于引发教学过程中的"头脑风暴",产生思想碰撞的火花,点燃学生的学习热情。

(七)思政课实施"翻转课堂"教学模式的前景

理念决定行为,有什么样的教育理念,就会有什么样的教育行为。思想政治理论课教学必须秉持开放的教学理念,跟上当今互联网时代的巨大变化,适应 95 后大学生的特点。随着互联网的普及和信息技术的推进,"翻转课堂"教学模式作为一种新的教育改革方向,国内越来越多的教育工作者对此进行了研究和实践,在思政课教学领域的应用也逐渐迈出了步伐。许多老师依托"学堂在线""东西部高校课程共享联盟"等网络教学资源进行了积极的尝试。"翻转课堂"等基于网络的各种教学模式方兴未艾,必将有更大的发展,其理由主要如下。

1."翻转课堂"教学模式,能结合慕课和课堂教学改革的优势

"翻转课堂"不是单纯的慕课,"翻转课堂"依然是在教师的主导下,把学生学习的空间从教室延伸到网络,其学习场域既有网络空间,也有实体空间。教师的主导作用依然非常明显,这是在熟悉的师生之间的一种教学模式变革。而慕课针对的多是一群不熟悉的人,其自由性比较强,一般只在网络空间学习。慕课更适合社会人士或因兴趣爱好而去学习的人群。作为必修的较为特殊的思想政治理论课,采用慕课形式容易产生以下问题:因为师生见面次数太少,同学们坐在一起进行思想交锋的机会少,难以发挥朋辈的积极效应;网络课堂讨论容易沦为泛泛之谈,师生间的亲密信任关系也难以建立,因而降低了思想政治理论课的教学效果。而"翻转课堂"面对的是比较固定的学生群体,在更好地发挥学生学习主动性的同时,也不会削弱老师的主导作用。学生通过网络教学平台上基础知识的学习(一般通过视频讲解和作业布置的方式),在课堂中更多参与主题讨论与交

流,充分地彰显了"翻转课堂"线上线下结合的混合式教学模式优势。

2. 实施"翻转课堂"教学模式,能更好地利用优质教学资源

通过"翻转课堂"教学平台,将优质教学资源汇聚共享,学生可以在线上学习到更丰富的内容,开阔视野、提升认识,而不仅仅是老师的一家之言。而且在网络教学平台中,教师可以不断积累,不断补充更新。从网络课堂的丰富到实体课堂的交锋,使教学安排更加丰满立体,激发学生的学习兴趣。

3. 实施"翻转课堂"教学模式,能突破时空限制,让知识获取方式更为灵活

现在的网络教学平台基本都有手机 App,如"超星泛雅网络教学平台",手机 App 名为"超星学习通"。学生在手机上安装以后,可以利用各种碎片化的时间在平台中学习,完成相关作业,深入延伸阅读。这突破了时空的限制,让知识获取的方式更为灵活便捷,也很好地契合了当今时代信息化、网络化的特点。让思想政治理论课教学随时随地都可进行,更好地占领主阵地。

4. 实施"翻转课堂"教学模式,能更好地提升学生的综合素养

"翻转课堂"教学模式下,学生在小班讨论前,要通过线上平台学习各章的知识点并完成相应的作业练习,充分准备讨论问题,并积极发言。通过充分的自由交流和讨论,可以全面提高学生的语言表达能力、分析问题解决问题的能力、临场发挥的能力等。社会实践的参与、时政评论的写作交流等教学活动也可以更好地提高学生听、说、读、写、行等各方面的能力。同时,线上自主学习、线下小班讨论,让学生变被动学习为主动学习,可以更好地培养学生自主学习的习惯。

5. 实施"翻转课堂"教学模式,能够更好地实现小班教学的目标

长期以来,思政课教学一个很大的桎梏就是大班教学,老师无法与学生深入沟通交流。德育理论家贝克认为,理想的德育教育应当是师生之间的一种精神对话,是一个对共同感兴趣的领域相互提出问题、共同解决问题的过程。"翻转课堂"教学模式的实行,可以把规定的学时拆分为两半,一半学时让学生在网络课堂自学完成相关知识,一半学时用于课堂讨论交流。这样老师可以腾出更多的时间和学生进行小班讨论,破除长期以来大班教学的弊端,给老师和学生、学生和学生深入沟通和交流的机会,让学生对相关理论的学习更好地入脑入心。

6. 实施"翻转课堂"教学模式，能够有助于师生关系的重建

后现代课程观的代表人物小威廉姆·E.多尔对传统的师生关系和教师权威进行了批判，认为现代课程观体现的是一种垄断和控制关系，教师在信息上具有权威性的特点，这种权威是对知识的霸权，对学生的压迫——学生处于绝对服从的地位，忽视学生的独立个性。教学在本质上是教师的"独白"，在这样的教学模式下，学生的自主性和潜能受到了挤压。不同于传统课程观，后现代课程认为："设计一种既能容纳又能拓展的课程，这种课程通过不平衡与平衡之间的基本矛盾以促成新的具有综合性及转变性的再平衡化的出现。"①多尔构建了不同于以"泰勒原理"为代表的现代课程观的"4R课程"模体（Matrix），即丰富性、回归性、关联性和严密性。在新的课程模体中，多尔对教师的角色和内涵给予了重新解读，把教师定位为"平等者中的首席"（First Among Equals）。在后现代主义视野下，"翻转课堂"教学乃是"对话教学"的新尝试——师生以开放的心态面对彼此角色的"翻转"。教师的身份持续变化，时而作为一个教师，时而成为一个求知的学生；反之，学生亦然。由此，师生合作，共同成长。

总体说来，"翻转课堂"教学模式，以线上线下优质的教学资源、丰富多样的教学环节、触及心灵的交流讨论等手段提高了思想政治理论课的魅力，激发了学生的学习欲望，培养了学生的创新意识，提高了学生的综合素养，让学生和教师找到了在教室应有的感觉。教师不再是纯粹的知识传输器和解释器，而是一个主持人和价值的引导者。学生是课堂的主体，老师是课堂的主导。在这场师生共创的盛宴中，学生的学习和体会能更加深入，教师也能更好地达到教书育人的目的，而不是简单地为完成任务走过场，增强了思想政治理论课的实效性。

五、时事评论教学法的实践探索

2011年下半年，在试点教学的基础上，浙江工商大学在思政课教学中全面推行时事评论教学法。时事评论教学法是将时事热点问题作为素材，让学生进行分析、判断并提出自己看法的一种教学方法。它适应了学生对当前实际问题关心、关注的特点，调动了学生的兴趣，发挥了学生的积极性

---

① 小威廉姆·E.多尔.后现代课程观[M].王红宇，译.北京：教育科学出版社，2000：15.

和主动性,培养了学生的政治敏锐性和思辨能力,与思想政治理论课教学的实际和高校人才培养的需要相吻合,受到了学生的广泛欢迎。

(一)时事评论教学法的探索

时事评论教学法是浙江工商大学思政课教学探索出的重要方法,它与思政课教学的实际和高校人才培养的需要相吻合。时事评论一般作为课堂教学中的一个环节。活动设计:主要有以下步骤,先由老师提前在课堂布置任务,学生自由组成小组,每个小组成员为 3 人左右,由小组成员自行选择一个一个月内发生的社会新闻事件或时事热点问题,搜集资料,开展讨论,梳理他人观点,发表自己观点,制作 PPT 课件,然后在课堂上演讲 15分钟,随后同学针对内容和演讲提问,小组同学答辩讨论,最后由教师进行点评,学生评委针对演讲和答辩环节做点评打分,结合教师分数,记入平时成绩。

浙江工商大学时事评论教学法主要有以下特点。

1. PPT 演讲和写评论上交并行

时政评论采取既讲又写的做法,每个学生都要自己写时事评论。即让学生在课前选好主题,做好 PPT,上课时每组推荐一名同学在班上演讲。演讲后上交写好的评论。通过演讲的方式,基本上可以判断学生在时评上的态度、投入的时间和评论的水平。上交评论稿可以保证全体学生都能实际参与,避免滥竽充数。

时政评论到底是"讲"好还是"写"好,大家各有想法。因此,时评刚开始的 2 个学期,大部分老师采取了既讲又写的做法,即让学生在课前选好主题,做好 PPT,上课时在课堂上演讲,课后再上交时事评论文字稿。也有的老师不搞课堂演讲,只要求学生上交文字稿。随着时政评论的逐步推进,大家认识到,通过演讲的方式基本上可以判断学生在时评上的态度、投入的时间和评论的水平,不上交评论稿也可以。这样,有的老师就把上交时事评论文字稿的环节取消了。个别不搞课堂时事评论演讲汇报的老师,还是坚持让学生上交评论稿。

2. 分小组评论成为主要形式

毋庸置疑,如果每个学生可以单独进行时政评论演讲,肯定是最好的。但是,由于思政课大部分都是合班上课,2 个或 2 个以上的自然班合在一起,人数少的三四十人,多的八九十人,如果以个人为单位在课堂搞时事评论演讲,时间上不太允许,只能采取分组的方式,由若干同学组成一个小组,按小组顺序参与。大部分老师采取这种方式,但有的老师担心搞小组评论难以完全避免"搭便车"的现象,坚持让每个学生采取单独评论的方式。大约2个学期以后,所有老师一致采取了分小组评论的方式。其实,对于人数少的单班课,每个学生单独完成评论还是比较好的选择,有利于学生的自觉独立思考和全程深度参与。

3. 教师打分和师生共同打分并存

由教师对学生的时政评论进行打分,操作上是没有问题的。但是为了调动学生参与时评的积极性,部分老师采取了师生共同打分的做法,即每次课安排若干名学生当评委,和老师一起打分,当场算分亮分。从效果来看还是不错的,学生的参与度较高,分数也很透明。但我们也发现,这样的组织工作量较大,尤其是在课堂上花费的时间比较多;学生评委经常更换,在评价标准的把握上存在明显差距;有的学生评委虽然参与了,但并不十分投入;时评越进行到后面,打出来的分数越低,因为同学们听得多了,要求也高了。因此,有的老师已经放弃了这种打分评价的办法,回到教师单独评价的初始做法上去,但有老师还在继续。现在,许多教学平台提供了手机App,可以很容易地解决学生参与打分的问题。例如,"超星学习通"有课堂"评分"功能,每个学生都可以参与评分,结果即时显示,非常简便,为学生参与评分提供了支持。

4. 自由选题和限定方向并存

对于时政评论的选题,大家一开始都比较乐观,认为大学生天天拿着手机浏览信息,选个好题应该没什么问题,所以没有对选题做事先的限定。慢慢地,大家发现,学生选题比较多的是社会新闻,娱乐性偏好较为明显,这与时政评论的初衷并不相符,也降低了时政评论的品位和层次。从2013年下半年开始,有的老师已率先进行了限定选题方向的尝试,即规定选题的方向必须在经济、政治、文化、社会、生态、党建、外交、军事等几个方面,每个小组可以结合自己的兴趣先行申报,但要符合总体平衡的原则。举例来说,如果共有20个时评小组,每个方向至少要有2个小组来选。从多学期的实践来看,效果明显,一些原本学生不太去触碰的主题,也有小组迎难而上了。

5. 规定时评时间和弹性把握相结合

课堂时评的时间不宜太长,以免耽误其他内容的讲授。为此老师们都对时评时间做出规定,每个小组一般不超过 10 分钟,特别精彩的可以适当放宽。从课堂的实际情况来看,施行这样的规定还是符合实际的,也有较好的效果,但每个老师把握的尺度存在差距。

6. 统一时评成绩占比和教师自主评定成绩相结合

如前所述,时政评论成绩的占比是统一规定的,虽然前后也有调整。2011—2012 年第一学期至 2012—2013 年第二学期,时评成绩占平时成绩的比重是 20％(占总评成绩的比重是 10％)。由于采用了"翻转课堂"教学模式,从 2013—2014 年第一学期开始,时评成绩占平时成绩的比重下降到 10％(占总评成绩的比重下降到 5％)。由于学生时政评论的内容内涵、展示方式、效果呈现的要素是多方面的,每个老师的观察视角和评价偏好也有所不同,所以学生时评成绩的评定也会有一些弹性,不完全一致,但在实践中确定了以选题、内容组织、演讲水平、时间控制、生生互动的程度和效果等要素为评价的主要观测点,有利于把握成绩评定的大致平衡。总体来讲,鼓励为主,但要适当拉开差距。

(二)时事评论教学法实践的效果

时事评论教学法在浙江工商大学思政课中实施多年,被各门课程所接受,受到了学生的肯定,得到了较好的实施。实施的成效主要表现在以下这些方面。

1. 让学生在时评中学习、提高、成长

(1)更多关心时事政治。在网络发达、信息量井喷的时代,大学生获取信息非常便捷,但很多时候也只能大概浏览一下。通过时评教学,不仅可以让学生在课堂上听到同龄人更详细、更丰富、更深入的事件评述,来加深印象、活跃思路、深化认识、开阔视野,而且有助于形成他们对重大时政的关注意识。

(2)初步掌握时评方法。通过时评教学,必然要经历选题、材料收集整理取舍、制作 PPT、演讲、互动等几个基本环节,从而把握基本的方法。同时,也会更多关注他人的评论,取长补短。

(3)获得更多知识。时政评论的主题,通常是小组成员比较感兴趣的内容,但不一定都是已掌握的内容。通过资料查询、信息收集,可以促进学习、补充和积累知识。

(4)得到更多锻炼。时政评论看起来简单,但做起来环节不少。因此,从时政评论中得到的锻炼也是多方面的。通过搜集时事热点,进行分析、判断、归纳、整理,形成文字和PPT,还要在课堂进行演讲。通过这些环节,只要认真投入,许多方面的能力可以得到强化训练。

2.激发了学生的主动性和积极性,增强了主体性

为了完成时事评论的任务,每个小组必然要主动进行以下工作。

(1)组成时评小组。因为是自由组合,所以组建小组并不困难,只要符合要求的人数就行了。

(2)选题。为了选好题,小组成员都会想方设法地全面搜索信息。由于都是"要好"的同学组合在一起,选题的意见还是比较好统一的。即使有明显的不同意见,也有助于激活思想、创新思维方式。

(3)分工合作。选题确定之后,小组成员还要进行分工合作,有人负责材料搜集,有人负责组合,有人负责做PPT,再由最善于言辞的同学上台演讲。当然,也有的小组全体上阵,一起完成演讲。

(4)互动。因为时评成绩评定中都有互动的要求,所以他们都会努力把时评讲好,甚至为了有好的互动,事先把"托"找好。

(5)积极应对老师提问。每个老师都会在时评后做点评,也会提一些问题,所以,学生往往要做一些准备。

由上可见,虽然学生接受时评的任务是被动的,但完成时评的过程是主动的。同时,学生在教学过程中的主体性也得到了较好的体现。

3.增强了教师的引导作用

通过布置时评作业、提出相关要求,给了学生明确的信号和努力的方向;通过组织、聆听学生时评,可以更了解学生,给予他们更多有针对性的指导;通过点评、分析,可以更多鼓励学生,帮助改进不足之处,使学生得到更多提高。

(三)时事评论教学法实施中存在的问题

在思想政治理论课教学中融入以学生为主体的时政评论环节,效果明显,值得继续,但存在的问题也不少,需要完善。时事评论教学法实施过程中主要有以下几个问题。

1.被动参与的学生不少

学生还没有养成全面、深度关注时事政治的习惯。在课堂上对时评的反应也显得有些沉闷,主动互动者也相对较少。这种情况在时评不精彩的

时候尤其突出。

2. 内容求全多

不少小组以为,时评效果好等同于全面,把什么内容都堆到 PPT 上去,导致文字多、视频多,结果是重点不突出、思考不深入、评论不精彩、时间不够用、效果不理想。

3. 时间把握不好,超时多

有的小组一讲就是 20—30 分钟,有的老师没有及时提醒,导致超时严重,影响了时评安排的总体容量和整体节奏。

(四)改进时事评论教学法的建议

综上所述,在思政课教学中融入以学生为主体的时政评论环节,效果明显,值得继续,但存在的问题也不少,需要加以完善。为了提升时事评论的整体水平,有必要在总结的基础上加以规范。

1. 统一进行课堂评论

虽然,课堂时评的效果还有提升空间,但总体值得肯定。目前,4 门思政课都有时事评论环节,但是否每门思政课程都安排时事评论环节值得商榷。有必要统一安排、统一规范时事评论教学方法。时事评论教学法比较适合"概论"课程,其他课程不一定都用时事评论教学法。这样也可以避免学生反复进行时事评论,甚至重复使用时事评论材料。不同的课程可以选择不同的主导教学方法,比如,"基础"课可以以"基于作业的互动教学法"为主导教学方法,"纲要"课可以将"情景教学法"作为主导教学方法,"原理"课可以以"问题链教学法和论辩教学法"作为主导方法。

2. 优化选题方向

学生对时事评论话题有自主选择权,一方面有利于调动学生学习兴趣;另一方面,学生的选题容易陷入平庸和低俗。例如,许多小组会选择带有娱乐性、轻松的话题,在话题的必要性和重要性上缺乏高度和深度。因此,教师有必要进行适当干预,给学生一定范围,让学生对经济、政治、文化、社会、生态、党建、外交、军事等方面进行全面关注,以提升选题质量。教师要提前介入,给学生做好选题的参谋和指导。

3. 内容简洁、重点突出

时事评论内容很多,许多都是热点焦点问题,可以有很多材料,学生也可以有很多发挥空间,但课堂时间有限,不能花费太多时间。时事评论的题材特点本身也要求时事评论必须聚焦,文字、PPT、演讲都必须简洁、突出重点。因此,教师必须指导学生,做时事评论时力戒面面俱到,没有重点,没有观点。只有展示更多精彩,才会得到更多关注。

4.时评时间、小组必须加以限定

总体来讲,一个小组的课堂评论演讲时间一般不超过 10 分钟,讨论、评议时间控制在 5 分钟以内,每次课最多安排 2 个时评小组,每次课时评不超过 30 分钟。时间长固然好,但不能占用过多时间,否则会"喧宾夺主",影响课程内容的正常教学。教师要严格把关、把握节奏、引导进程,否则很容易超时。

5.互动应该讲求实效

生生互动、师生互动都很重要,但时间也不宜太长,要防止跑偏;要避免没有太大互动价值的主题。

6.除单班上课外,分小组评论更为合适

分小组评论有利于提高效率,同时老师也要对"搭便车"现象进行监督,一有发现,做出适当处理。每次课安排 1 个小组比较合适,最多不超过 2 个组。

7.教师要加强指导

在课堂上,教师要对学生时评进行客观评价与分析,既要以鼓励为主,又要对存在的问题加以分析。在课堂外,要进行细致辅导,帮助学生通过参与时评,使知识、能力、素质得到综合提升。

第七章 高校思想政治理论课教学方法的创新探索(二)

一、问题链教学法初探

思想政治理论课是高校培养中国特色社会主义合格建设者和可靠接班人的重要教育载体。思想政治理论课教师特别希望学生对其课程及教学产生价值认同,特别期待学生课前课后主动学习,课堂上主动参与,特别期盼学生学有所获、学以致用。对这些原本普通、基本的愿望和要求冠以"特别"二字,或许已经透露出"特别"的渴望和"特别"的难处。学生对于"概论"课的许多内容存在"学过了""没兴趣"的心态,思政课教师只有直面问题,积极破解难题,才能使学生逐步自觉地参与到课程基本理论和知识体系的学习中来,才能谈得上内化于心、外化于行。

(一)问题链教学的缘起与内核

在与同行的交流分享中,经常遇到、看到、听到这样的尴尬:很多学生只对老师讲得"好听的""有趣的"的内容感兴趣,对于课程的基本理论、知识体系甚至相关现实问题则较为淡漠。为了改变这种状况,课程教师进行了教学内容、教学方法、教学环节、教学手段等各个方面的改革创新探索,取得了不少成果,但"学过了""没兴趣"的问题还是没有得到根本解决。的确,很多内容是"学过了",而且重复"学过了",但"学过了"不等于全部内容都学过了,更不等于都理解、掌握了;"学过了"、重复"学过了"自然会导致"没兴趣",久而久之,"没兴趣"就会导致"漠视"和"远离"。如何让"学过了"在再学习、深入学习中发挥作用?如何让学生参与教学过程并产生兴趣?由此,有了对问题链教学的探索。

所谓问题链教学,就是将思政课教学中重复交叉较多,学生有一定知识储备但缺乏进一步学习兴趣的教学内容,梳理成主线清晰、逻辑性强、系统与重点相结合的问题链,通过在课堂上的师生问答互动完成教学的过程和方法。

问题链教学,缘起问题教学法的运用和逐步推进。笔者在教学过程中有意识地通过设问来吸引学生的注意力,同时了解学生的知识储备情况,并据此有针对性地组织教学内容,把握教学进程,收到了较好的课堂效果。随着教学实践的不断积累,设问点日渐增多、丰富,问题与问题之间的有机相关性和内在逻辑性也逐步显现和增强,问题链也随之形成。当一个问题链中的问题被逐个追问、互动、消化,某一个理论问题、课程某一节甚至某一章的内容也随之完成教学时,学生们竟会有如释重负的感觉,而在追问互动过程中,一个个知识点的温故知新、一次次问答讨论后的豁然开朗,也使学生有了学习的愉悦感和成就感。虽然问题链教学在"概论"课中的尝试还只是初步的、有限的,但其中产生的变化已显现出对教学双方的魅力和继续探究的价值。

(二)问题链教学的特点和优势

问题链教学究竟有怎样的特点和优势?笔者对实践探索做了初步思考和梳理。

1. 避免了简单重复

"概论"课中有一些章节的内容与中学、大学有关课程存在部分重复交叉,如果从头到尾再讲一遍,既没有必要,也引不起学生的兴趣。问题链教学可以通过对知识体系的设问、课堂教学中的追问和学生互动的反应进行判断,对于学生已经掌握的一般性内容可以"会答即过",对于新的特别重要的内容则应做必要、深入的阐述,这样既避免了简单重复,又增添了新知识的供给和整体内容的充实,课堂会显得紧凑高效。

2. 提升了教学层次

对已经学过的、甚至重复过多次的内容,不能停留在浅层次的"是什么"上面,也无须重复拓展延伸,而是要让学生对"已知"进行搜索、关联、取舍、提升。问题链教学就是通过对"已知"的巧妙设问、逻辑追问、层层解答达到提升教学层次的目的。

3. 增加了课堂互动含金量

活跃课堂教学需要有"好听""有趣"的元素,但更需要严肃性、学理性的互动。问题链教学中的问题可以从不同角度来设计，只要能够引发学生的思考，有利于学生系统掌握所学知识，问题可大可小、可难可易、可严肃亦可活泼，而且可以适时调整、随机应变。

4. 强化了激励和鞭策作用

在问题链教学中，学生沉浸在被追问的氛围之中，基础好、思考积极、思维活跃的同学，对问题的回应较为迅速，得到教师的肯定也比较多，成就感会油然而生，对其自身是一种很好的激励，对其他同学则能产生积极的触动效应。

5. 提高了听课注意力

不断的设问、答问、追问，可以促使大脑皮层积极地做出条件反射，使学生在不断受到"刺激"、略感紧张的氛围中提高听课注意力和反应机敏度。

（三）问题链教学实践推进中的反馈

1. 2016 年的调查反馈

随着"问题链教学在'概论'课中的实践与探索"获得 2016 年浙江省高等教育课堂教学改革研究项目立项和 2016 年浙江工商大学课堂教学创新项目立项，问题链教学加快了探索脚步、加大了推进力度。一是在笔者任课的 4 个教学班全面展开；二是拓展了问题链教学的章节；三是作为课堂教学改革创新的主要内容，正在成为实现有效教学的一个重要抓手。

经过 2016—2017 年第一学期的实践探索，笔者在学期结束前对 4 个教学班的 265 名学生进行了记名记分问卷调查，问题是开放式的主观题：你认为问题链教学有什么优点？有什么不足？你对问题链教学有什么建议？之所以采用记名记分的开放式主观题问卷调查，一是希望学生认真作答，不留空白；二是希望全方位了解学生遇到的问题、思考问题的方式和思想关注点；三是方便与学生进一步沟通，对有关问题做深入了解。问卷结果显示，学生对问题链教学的优点给予了充分"挖掘"，少的一条，多的四五条，对不足和建议也不吝笔墨，虽然有的表达并不到位，针对性也有偏差，但诚恳实在。下面选取土管 1501 班几个同学对问卷的回答。

胡××：问题链教学能够促进同学们课前对课本的预习和熟悉，有利于养成自己寻找答案的习惯。不足之处是有时候问题的跳跃性比较强，在我们对上一个问题还一脸茫然时就要面对下一个问题了，脑子转不过弯来。

朱××:问题链教学可以提高我们的思考能力,增强课堂互动。但问题的难度较大,对理科生不公平;问题设置较多,很难在一堂课里消化。建议结合学生水平适当降低问题难度,减少问题数量,还可以让同学们针对问题进行相互解答。

戚××:问题链教学可以告诉我们接下来学习的内容;可以指引我们课前怎么看书;可以检测我们课后是否掌握了学习内容;老师讲课不容易偏题;学生听课可以更清晰,更容易接受。但问题链教学中老师讲的插曲少了,有时候有点枯燥。

王××:问题链能够让我们清晰地知道下一章节的重要知识点;可以增强学生自主学习的能力;可以弥补理科生在"概论"课知识积累上的某些欠缺;可以提前准备问题答案,在课堂自主回答问题时更加公平。

蒋××:利用问题吸引同学们的注意力,充分调动课堂积极性;能引发同学们的自主思考;在思考、回答问题的过程中,能有效加深同学们对知识的记忆;改变了老师直接讲授、学生被动接收的单一教学模式,使教学手段和课堂形式更加多元和生动。不足之处是,问题的设定有一定的难度和技巧,有的不易回答。建议老师通过举例告诉我们如何思考、解答问题。

李××:问题链串联了很多知识点,使我们领悟到很多知识点之间的相互关系;对由知识点构成的系统内容有了更清晰的理解。不足之处是理科生有点吃力,经常感到跟不上老师和一些优秀同学的步伐,当然这主要是自己的原因。

王××:问题链教学有助于师生之间的互动,活跃课堂气氛;有助于打开思路;更加注重课程内容的学习。

郑××:提高了学生的学习积极性;有助于我们更好地了解教学的逻辑。建议改进一下问题的难易程度。

在其他问卷上还可以看到这样一些答案:采用问题链教学能循序渐进地引导学生进行思考;教学更有针对性目的性,更能满足学生的需求;同学们回答问题的自主选择性更高了。但问题链教学有时候比较枯燥;有些问题太难,预习时难以搞清楚;同学回答问题的质量参差不齐,会影响课堂效率;对不爱回答问题的同学来说,课堂的参与度不够高;有的问题与书上不太对应,找起来比较麻烦。建议对有的问题进行情景化教学;把问题链教学与其他教学形式相结合,或者播放一些视频,以调动积极性;课堂上多增加一些开放式或者自由式互动讨论……

面对如此丰富的问卷答案,笔者感到非常满意,这已经远远超出了预期。

2. 2017 年、2018 年的调查反馈

2017 年 9 月,笔者在财务实验 1601 班、1602 班,会计 1601 班、1602 班,审计 1601 班,动画 1601 班等 6 个班级尝试使用"概论"课"翻转课堂"教学模式。在"翻转课堂"教学模式下,所有学生在进课堂之前已经按要求在浙江省高等学校在线开放课程共享平台上进行了在线学习,即观看过指定章节的视频,发过学习笔记帖,做过相应的测试题,参与相关主题讨论并发(或回)过帖,阅读或观看过拓展资料等。同时还有一个小组要准备好时政评论的 PPT 和演讲稿。在课堂上,首先进行的是时政评论。学生小组展示 PPT,在演讲过程中与同学们进行互动,教师做点评,同学作为评委评定成绩。时政评论结束后,教师要对线上学习内容进行回顾,笔者及相关教师一致认为,此处便是运用问题链教学的最佳节点。通过问题链中的一个个问题,可以检验学生对重点难点问题的理解掌握程度、知识的系统性形成与否、思考问题的角度层次、解决问题的方式能力,并随时为学生答疑解惑。为了鼓励所有学生参与互动,对主动回答问题的同学给予平时分奖励,所以问题链教学又是一个以教师为主导、学生为主体的师生互动过程。问题链教学完成之后,学生进入专题讨论阶段。由此可见,问题链教学既可以作为"翻转课堂"的一个重要环节,也可以作为一种有效的教学方法有机地融入教学过程当中。

2018 年 1 月,一个学期的教学接近尾声,笔者对财务实验 1601 班等 6 个班级的 241 名学生进行了问卷调查,问卷共设计了 5 个开放性的问题,所有学生完成了问卷。以下就是对所有问卷梳理的结果及其简要分析。需要说明的是,由于问卷数量多、答案个性化强,我们只能选择比较有代表性或较为共性的问题进行分析回应。

案例:

一、在"概论"课教学中较多运用问题链教学,请列举出某个令你印象深刻的问题链。

调查结果比较符合预期,除了个别学生表示不知问题链为何物外,都有具体回答,答案几乎涉及每个上课运用过的问题链,比较集中的有以下几个。

(1)计划经济和市场经济。什么是市场经济？市场经济有什么优缺点？改革开放后中国的市场经济取得了哪些重大成就？既然市场经济这么灵，为什么中华人民共和国成立后不直接选择市场经济？什么是计划经济？计划经济有什么优缺点？我国的计划经济发挥过什么重要作用？改革开放后为什么放弃计划经济，转向市场经济？为什么能够实行市场经济？中国的市场经济和美国的市场经济有什么异同点？我国的市场经济哪些方面还需要完善？市场经济和每个人的学习、工作、生活有什么关系？

(2)社会主义本质论中的两极分化。中国有没有两极分化？同学们认为的两极分化是什么两极分化？本质论里讲的两极分化和同学们讲的两极分化是不是一回事？同学们认为的两极分化和本质论里讲的两极分化有什么关联？中国消除贫困、实施精准扶贫、缩小贫富差距的努力对全面建成小康社会、实现共同富裕有什么重大意义？

(3)收入分配问题。你知道你们家的收入有多少吗？你们家的收入结构有什么特点？你认为你们家的收入水平属于哪个阶层，是高收入、中等收入，还是低收入？你认为改革开放以来收入差距拉大的主要原因是什么？是制度设计不够完善、政策导向存在偏差、腐败蔓延引发加重，还是有的人特别勤奋高智能干，有的人特别懒惰弱智无能？收入差距拉大是合理的还是不合理的？应该怎么办？你在这个知识点的学习和讨论中有什么收获？

(4)马克思主义中国化。什么是马克思主义？马克思主义从哪儿来？马克思主义为什么要中国化？马克思主义中国化需要具备哪些基本条件？了解这些内容对学习马克思主义中国化理论成果有什么帮助？

(5)中华人民共和国成立以来的所有制变化。什么是所有制？所有制的重要性在哪里？中华人民共和国成立之初我国所有制发生了怎样的变化？土地改革完成以后所有制发生了什么变化？三大改造完成以后所有制发生了什么变化？改革开放以后所有制又发生了什么变化？所有制发生变化的根本原因是什么？

当然，每个学生在问卷中回答的问题链都是根据自己的记忆部分表述的，未必有这么系统、完整，但总体比较清晰的回答足以说明，问题链教学能有效帮助学生系统学习思想政治理论，正确认识变革和发展实践中的问题。

二、你认为问题链教学对文科生和理科生有何不同？

问题链教学对于不同知识储备的学生来说，难度和效果是不同的，理科生和文科生有着不同优长和短板，因此对他们的影响和作用也是不同的,主要有以下几个观点。

(1)对于理科生来说,问题链教学可以更好地发挥主观能动性,帮助我们认真思考本课程需要我们掌握的内容。而对于文科生来说,问题链教学可以更好地帮助他们重建文科思维,对一些问题可以在以前学习的基础上引发更加深入的思考。

(2)文科生"概论"课基础较好,对问题链中的问题更具有举一反三的能力,能迅速反应出下一步,而理科生逻辑思维相对较好,在问题链讲完后能形成清晰的思维脉络。

(3)文科生对教材内容更熟悉,所以对问题链中的逻辑关系把握更清晰,知识框架更完整;对于理科生来说,在问题链教学中,学习各个知识点的同时厘清了各部分之间的逻辑和关联,更有助于理解。

(4)问题链教学对文理科生也是因人而异,并不是文科生就有优势,也不是理科生就处于劣势,还是要看个人的具体情况。

(5)文科生可能对某些简单的问题已经有所了解,但随着老师问题的深入,文科生和理科生同样需要深入的思考。另外,文科生在思考问题时,容易受比较固定的思维方式的影响,也有不利之处。

(6)对理科生而言,问题链教学有点像公式推导,一步步形成知识体系。

综合而言,学生的认识还是比较客观、到位、积极、正面的,这不仅提振了问题链教学在翻转课堂中继续运用的信心,也对问题链教学的适应性提出了更高要求。

三、在"翻转课堂"教学中运用问题链教学,有什么优点?

在翻转课堂中运用问题链教学具有哪些优点?且看问卷调查中学生的评价。

(1)在线学习时学生对内容有了初步了解,但知识体系不易形成。问题链教学,问题由易到难、由浅到深、循序渐进,便于层层理解和记忆;把知识点转化成一系列问题,环环相扣,增强了知识的关联性和系统性。

(2)在线学习中已经对内容有了大致了解,问题链教学相当于给学生整理了思路,使重点更加清晰,逻辑更加清楚,记忆也更加深刻。

(3)问题链教学中的问题一环扣一环,并在师生有问有答的互动过程中流畅地层层推进,不仅能吸引学生上课的注意力,还可以让学生找到在线学习中的盲点和错点。

(4)问题链教学有利于培养学生线上学习时主动发现问题、积极寻找答案、自己解决问题的意识和能力,有利于鼓励学生带着未解的问题在课堂上与老师在互动中解决、理解性吸收。

(5)相对于在线自学,问题链教学更能激发学生的联想与思考、参与课堂互动的积极性,学生更有成为课堂主人的感觉,课堂气氛更加活跃,学习也更高效。

由上可见,学生对"翻转课堂"中的问题链教学给予了积极的评价和肯定,其中谈到的有些优点和教学效果,是作为教学设计者和推进实施者的教师也没有想到的,而这正是课堂教学变革中坚持和持续推进问题链教学的基础和底气。

四、在翻转课堂教学中运用问题链教学,存在哪些不足?

由于学生的知识储备不同,问题链教学难免有众口难调的现象。在"翻转课堂"中进行问题链教学,学生会遇到哪些问题呢? 梳理调查问卷发现,主要为以下几点。

(1)问题链教学有利于引导学生进行有效且逐步深入的思考,有利于激发学生参与的积极性。但有的时候,由于问题深入之后难度较大,或者问题之间的逻辑联系难以思考到,在一定程度上会挫伤学生的积极性。

(2)问题链教学对知识面要求较高,对于一些基础薄弱又不重视补缺的学生来说较难适应。老师提出的问题,要么不会答,要么还没有想好就有别的同学抢答了;而问题链前后内容关联,前面的没弄懂,后面的就没法再继续。虽然学生很想跟上老师的思路和节奏,但心有余而力不足。

(3)问题链教学在学生没有充分预习的情况下较难展开。这种教学模式本身没什么问题,问题在于想要充分发挥优势,需要学生做足预习的功课来配合课堂教学的展开。

(4)上课时文科学生对老师提出的问题反应更为迅速,以致每次上课总有几位文科同学表现异常抢眼,对于理科学生来说整理解答问题的思路可能相对困难些,久而久之会产生挫败感。

(5)问题链教学要求学生主动回答问题,对害羞的、性格内向的学生有些不公平,自信心会受到伤害。

(6)问题链教学中专业术语多,容易造成厌倦。

没想到学生提出的问题还不少,虽然他们认为有的问题是他们自身造成的,但这给我们提出了一个很重要的问题:问题链教学应该站在哪部分学生的立场上继续推进？是让文科生或者基础好的学生停下来等一等，还是让理科生或基础差的学生往前赶一赶？答案当然应该是后者。

五、对"翻转课堂"教学中运用问题链教学，有什么好的建议？

怎样在"翻转课堂"中更有针对性、更有效地运用问题链教学？学生提出了不少好建议，笔者也尝试做出以下回应。

（1）在问题链教学之前先抽取5—10分钟来预习所学内容，这样可以避免因基础薄弱而跟不上课的情况。

——对基础薄弱的学生来讲，5—10分钟的预习仍然是杯水车薪，解决不了根本问题。因此还是希望有需要的学生自己做好课前预习工作，缺什么补什么。

（2）课堂上回答问题，不宜全凭自愿，也应该加上随机抽点，以增强学生学习的动力。

——原本以为学生被动回答问题会很不情愿，没想到还有学生希望老师"加压"，这非常有利于通过增强学生学习的外在压力促成内生动力。该建议会尽快落实到课堂教学中。

（3）问题链教学对知识面要求比较高，部分理科生难以完全适应，建议降低问题的难度，以鼓励学生积极回答，增强自信心。

——学生提出这个建议说明他们希望参与互动，适当降低部分问题的难度也可以考虑，但不能因此而降低总体教学要求。

（4）建议课前先摸摸底，了解一下学生的水平和能力；建议课前提供问题链，可以让学生预先准备，提高课堂互动效率；建议有难度的地方讲得再细一点。

——这几个建议很好，也很有可操作性，将在后续教学中改进和完善。

（5）建议用小故事或有趣的事例作为问题链之间的桥梁。

——这个建议很好，虽然要求有些高，但值得尝试和努力。

（6）老师可以在提出问题之后先让理科生回答一下，再让文科生补充，毕竟文科生"概论"课的知识储备丰富些，然后老师进行补充完善。接下来再让某个理科生系统复述一下问题和答案，这样可以调动全班同学的积极性，提升整体参与度，不至于让理科生觉得课堂全是文科生的天下。

——这个建议具有系统性、完整性，也体现了学生的创意和进取心，可谓是理科生的理想设计，值得尝试。

（7）建议某个时间大家坐在一起观看在线视频，老师提问题进行检查，因为有的同学在线学习时不太自觉。

——看来,学生之间还是在相互监督的,但不一定采取这种办法,归根结底,学习要靠自觉。

事实上,为了使问题链教学在翻转课堂中的运用更有效,笔者已经做了一些努力。比如:实施小班化教学;对学生文理科"身份"进行摸底;与学生进行尽可能多的交流;对重点难点多做阐述;积极鼓励课堂发言,即时了解学生情况;对平台作业及时检查、点评、反馈等,并且效果不错。从本次调查的情况来看,问题链教学在"翻转课堂"中的运用已初见成效,但仍然需要在优化整体设计、精化教师引导、活化学生参与、深化课堂教学方面进行完善和提升。

(四)完善和优化问题链教学的几个着力点

"概论"课的问题链教学已经正式走入了浙江工商大学的课堂,并得到了受众的积极评价,这无疑是一个值得欣慰的良好开端。为了使问题链教学持续深入推进,取得预期效果,需要努力提升原有问题链的质量,进一步优化问题链的设置,完善问题链的教学过程。

1. 坚持课前提供问题链,以便学生预习

虽然"文科生"基础比较好,但也需要强调、力行温习和预习,"理科生"则需要通过更多"是什么"的预习补补短板,拉近与"文科生"知识储备的距离。建立学习小组,共同讨论问题,相互督促、共同提高。

2. 难易结合设置问题链,以便学生有效学习

对学生反映比较难的问题,一是鼓励学生迎难而上,通过自己的努力或小组讨论实现突破;二是教师解构难题,按解题思路分步设题,引导学生逐步理解、掌握。

3. 注重问题链教学与其他教学方法的有机结合和综合运用

问题链教学适合"重复交叉较多,学生有一定知识储备但缺乏进一步学习兴趣"的教学内容,不可能成为唯一的教学方法。即使在问题链教学过程中,也要尽可能穿插其他教学方法,避免单调和枯燥。事实上,问题链教学法已经和时事评论教学法、"读写议"教学法、案例教学法、竞赛教学法等结合在一起;接下来需要解决的是,在问题链教学的"链"中如何穿插其他教学方法。

4．重视教学反馈

获得真切的教学反馈信息，是改进教学方式、提升教学质量的基石。通过观察学生在课堂中的反应和状态，通过批阅学生作业，通过问卷调查、个别访谈等多种渠道和方式，全面了解学生的所思和所需，有助于增强教学的针对性和有效性。

二、现场教学法的实践和经验

现场教学法最初源于专业学科（如医学、农学、林学）的教学，由于其具有开放性、新颖性、直观性、互动性、体验性等特点，被广泛应用于我国各类教育领域，特别在近几年的干部培训中开展得如火如荼。现场教学法，就是教员和学员同时深入现场，通过对现场事实的调查、分析和研究提出解决问题的办法，或总结出可供借鉴的经验，从事实材料中提炼出新观点，从而提高学员运用理论认识问题、研究问题和解决问题能力的教学方式。现场教学法通过现场察看、现场介绍、现场答问、现场讨论和现场点评等教学环节实现教学目的。简单地说，就是教师利用现场教，学员利用现场学，核心是利用现场教学资源为实现教学目的服务。[①]

（一）高校思政课开展现场教学的现状

现场教学模式强调互动和主动，不仅能充分发挥师生两方面的积极主动性，而且因为在现场解决问题的过程中学习隐含在问题之中的原理、方法和理论知识，能提高学生临场分析问题、解决现实问题的能力，教学效果好。另外，现场教学特别强调现场的作用，教学场地脱离了传统的课堂，氛围更加轻松自由，生动真实的场景更容易激发学生的兴趣。

1．高校思政课中的现场教学法及其意义

高校思政课中的现场教学法就是选取和社会现实密切联系的课程教学内容，通过在社会现实环境设置现场教学课堂（即现场教学基地），叠加运用实地参观法、情景教学法、案例分析法、专题教学法、背景透视法、情感教学法等多重教学手段，分析、解决问题，完成思想政治理论课教育任务的

综合型教学方法。①

高校思政课采取现场教学法,有助于青年学生把理论与实际相结合,对历史事实和社会现实有更深刻的理解;有助于青年学生感受中国特色社会主义的强大生命力,深化对马克思主义中国化理论成果的认识;有助于青年学生在多元文化交融中明辨是非,真懂、真信、真用马克思主义;有助于青年学生养成独立思考的习惯,提高收集和处理信息、分析和解决问题、综合运用知识和团队协作等能力;有助于青年学生深化社会责任感和历史使命感,增强推进社会主义现代化思想的自觉性和坚定性,从当代中国发展和时代特征的视野进行思维创新,丰富和发展马克思主义。② 因此,高校思政课的现场教学实践无疑是提高教学实效性的改革尝试。

2. 高校思政课现场教学存在的问题

目前很多高校的思政课重视理论教学之外的实践教学,建立了诸多实践基地,开展了一些实践活动。通过调研我们发现,此类实践教学并非真正意义上的现场教学。现场教学主要存在以下问题:一是到了现场但并不开展教学活动。将学生带到实践基地开展实践活动,诸如参观或者社会调查,这类似于校外学生活动,因此算不上严格意义上的现场教学。二是教学目标不清晰、教学任务不明确,仅仅是走马观花似的转一转,费钱费力费时,出现"转了、看了、听了、玩了——完了"的现象③,教学实效性差。三是即使进行过现场教学的尝试,但因为受到各种客观因素或主观因素的制约,很难持续开展下去。

针对现场教学存在的问题,为了进一步提高教学效果,浙江工商大学的思政课大胆地进行了现场教学的尝试。以下仅以"概论"课为例进行相关探讨。

(二)浙江工商大学开展现场教学的具体实践

现场教学虽然是摸着石头过河,但必要的顶层设计和充分的准备必不可少。我们的具体做法如下。

1. 确定现场教学场地和教学专题

在确定教学场地时,我们考虑到尽量不要选择路途太远的地点,路上

---

① 李青嵩,刘纯明.高校思想政治理论课教学方法改革的困境及对策[J].重庆与世界,2011(5):52-54.

② 李青嵩,刘纯明.高校思想政治理论课教学方法改革的困境及对策[J].重庆与世界,2011(5):52-54.

③ 王健,王娜娜.发挥现场教学的独特作用[J].中国延安干部学院学报,2010(2):107-110.

花的时间过多会影响现场教学的时间;也尽量不要选择人流量多的地点（诸如有名的景点），过于嘈杂的环境不利于现场教学活动的开展。

在确定教学场地之前,浙江工商大学全体思想政治理论课教师实地考察了离校不远的桐庐县环溪村——浙江省美丽乡村建设的典范之一。那里是周敦颐的家乡,具有深厚的文化底蕴,如今又成了城镇化建设的代表。"三农"问题一直是中国特色社会主义建设和实现现代化的重大课题,考察结束后,我们决定到环境优美、历史悠久、有着深厚文化底蕴和现代气息的环溪村开展现场教学,了解我国"三农"现代化的现状、可能性、必要性以及存在的问题等。随后,"'三农'的现代化"自然而然成了现场教学的专题。专题确定后,教学内容的安排不必严格按照书本框架或教学大纲,应尽量将教学场地及相关资源和理论知识点相结合,但不可完全脱离理论;在知识点方面,要依托教材,但可以拓展教材内容,这样可以开阔学生的视野,更容易激发学生的学习兴趣。

2. 联系进入教学场地的时间和确定现场讲解人员

大批学生要进入原本按部就班的教学场地,势必给教学场地的正常运行造成一定的干扰。事先和教学场地的相关人员联系,提前告知相关事宜,获得应允十分必要,以便得到帮助和支持。我们联系了村主任,村主任爽快地答应了,并且询问我们需要哪些帮助。后来,我们得知环溪村正在大力开发旅游资源,需要更多的途径宣传自己,我们团队进村正是提高环溪村知名度和增加旅游收入的好机会。

对教学地点的相关资源进行全方位的了解是必须的,现场讲解是很好的途径和方式。环溪村已经进行了旅游开发,当地的地接导游是现成的,可是我们拒绝选择导游而是聘请村主任担任我们的现场讲解员。村主任不仅熟悉村里的路线和民情,更重要的是,她对环溪村的历史渊源、文化底蕴、经济发展现状、未来规划、发展中的问题等都有着非常全面的了解,口才也极好,和学生沟通无障碍。

3. 教师的课前准备

做好现场教学的课前准备,有助于现场教学的顺利开展。课前准备包括出发的具体事务,如成立团队并确立负责人、明确负责人的各项职责、了解安全注意事项和行程安排等,还包括教学相关准备,如查阅资料、探讨课前思考题、形成调查访问提纲、拟定和现场讲解人员互动的问题等。

教师的课前准备除了包括学生活动的具体组织事务外,还要策划活动方案、制定行程安排表、确定带队老师、做好通讯录、准备好户外扩音器、联系交通工具等,当然最重要的就是现场教学的专题备课。备课要注意理论与实践相结合,资料搜集要齐全、条理清晰等,现场学生可能会提问,准备越充分就越有能力应对。

4. 实施现场教学

思政课的现场教学,在正常排课时间是没办法完成的,所以需要根据实际做调课安排。现场教学的具体安排要求紧扣主题、设计科学、环环相扣,具体包括参观、讲解、现场互动、教师理论授课、现场讨论、分散调研、集中交流百字感言、回校制作 PPT 课堂展示等。

参观同时听现场讲解是了解教学点实际情况最直观、最便捷的方式和途径。参观的路线和讲解的重点都应提前确定,讲解的内容是引发学生思考的前提,讲解员的口头表达是吸引学生注意力的关键。在参观的过程中,因为人数众多,没法及时沟通交流,参观结束之后的短时现场互动可以让讲解员为学生答疑解惑,加深学生对教学点的了解。

教师的理论授课是将现场了解的信息和理论联系起来的最佳方式。刚刚结束的参观讲解给学生留下了非常生动的感性印象,教师从感性入手,再上升到理性,剖析"三农"现代化的意义和存在的问题等,从而实现以点带面、从感性到理性的升华,学生的理论水平得到了提高,分析和解决现实问题的能力也实现了质的飞跃。理论授课并非只是传统的讲授式教学,更多是讨论式、案例式、辩论式多种手段相结合,极大地调动了学生的思考积极性,现场气氛十分活跃,教师的成就感明显高于课堂授课。

教师理论授课结束后,学生以组为单位进行分散调研。后面的学生行动都要求团队一起完成,意在发挥团队协作的效率和保证户外活动的安全性。在学生大致了解现场教学的主题和现场的基本情况后,通过亲身体验、现场访谈,可以加深学生对实际问题的理解,锻炼学生的交流能力。调研提纲已事先准备好,主要包括当地农民的生活现状、当地主要收入来源、农业发展现状、当地城镇化程度、村民自治的情况等,如遇其他感兴趣的方面也可临时变化。

百字感言要求学生在访谈过程中完成,访谈结束之后每个团队公开发表百字感言。百字感言将学生现场的感性印象汇集起来,交流了思想,进一步加深了现场感受。

回校之后制作 PPT 进行课堂演示,要求各团队汇报访谈内容、交流现场教学心得,现场访谈的录音或视频成了亮点,在此过程中收获得以分享,疑惑得以解答。这项活动既是团队合作成果的展示,也是相互交流、提高认识的平台,进一步增强了同学们对教学内容的理解,也增进了同学们对中国特色社会主义事业的认同感、自信心和自豪感,甚至不少同学表现出愿意扎根农村、愿意把自己家乡变成美丽乡村的主人翁精神。

(三)现场教学的几点经验

赴环溪村的现场教学圆满完成后,课程组总结了以下经验,以探寻高校思想政治理论课现场教学的一般规律。

1. 学校领导高度重视是现场教学得以开展的重要保障

在高校思想政治理论课开展现场教学的还不多,学校领导重视教学方法的改革,并实际给予人、财、物多方面的支持是思想政治理论课大胆改革的助推器。

2. 教师团队协作和学生团队协作是现场教学顺利实施的前提条件

现场教学对教师要求很高,教师要不断加强自身理论修养和实践能力。教师水平各有专业强项,有的理论水平高,有的实践基础好,有的组织能力强,若实行团队协作,则各有侧重、效率更高。学生以团队来完成教学任务,不但能优势互补,形成团队合力,而且便于互相监督,安全系数高,教学效果也更好。

3. 选择合适的教学场地和教学时间

教学场地合适与否,最好能提前踩点实地考察后决定。教学场地选择应把握以下原则:与课本理论知识契合度较高,这样教学的针对性更强;人流量相对较少,学生的注意力不易受影响;现场可容纳足够多的学生,以保证安全。教学时间的选择上,应尽量选择教学场地相对不繁忙的时间,这样安全系数高,接待质量更高。

4. 教师的"讲"和讲解员的"讲"有机结合

有些现场教学的做法是把现场的"讲"全部交给了现场讲解员,这种做法的好处是讲解员非常熟悉现场的具体情况,弊端是讲解内容的取舍方面不好控制,尤其是在实践中总结提炼理论的能力上较为欠缺。还有的做法是教师自身担当了现场讲解员,这种做法的好处是理论知识到位,但对教师来说,工作量相对较大,或者容易造成理论与实践相脱节。所以我们的做法是:将现场的讲解交给教学场地的讲解员,但事先应进行充分的沟通,把讲解的内容列出提纲甚至写成文字稿。思政课现场教学中,教师的教学水平是现场教学质量的关键所在①。除了现场讲解员的"讲",思政课教师的理论讲授和理论指导仍必不可少,有助于指导学生明确深入现场教学的主题、目的和意义,帮助学生有针对性地深入教学场地进行调研、访谈。讲解员的"讲"侧重于实践,教师的"讲"侧重于理论,若能有机结合,将事半功倍。

5. 教学目标清楚、教学任务明确,并将教学活动成果纳入考核体系,保证现场教学不流于形式

没有要求的现场教学极易流于形式,从而易沦为纯参观或游玩,浪费人力、物力和时间。将现场教学活动纳入形成性评价的考核体系,是约束学生的有效方法。事实证明,学生参与的积极性主动性更高,思考问题的深度明显加深,收获更大。

6.现场教学的效果和人数呈反比

我们将学生分成大、中、小班,分批带到教学现场。从组织管理的难易、学生听课的专注度、分散访谈的实际执行力、PPT 制作的质量等来看,小班各方面的表现都明显强于中班和大班。很明显,人数越少越便于管理,注意力也更集中,交流讨论的气氛更热烈,访谈调查更深入。目前,大多数高校的思政课小班化教学未普及,仍以大班为主。从现场教学的实验对照来看,要提高现场教学的实效性,推进小班化教学是必然趋势。

从学生的反馈来看,学生普遍比较喜欢课堂外的教学方式,但目前绝大多数高校没法持续开展现场教学。首先是经费问题,按照教育部规定的生均费用,开展一次现场教学已经捉襟见肘;其次涉及调课问题,一次活动的开展需要半天以上的时间,调课手续难办,有可能需要占用学生周末时间,出勤率必然受到影响,多次开展肯定引发学生不满。所以,持续开展现场教学的各方面条件还不具备,目前只能以点带面,传统课堂授课仍是主要的教学形式。

三、竞赛教学法的实践探索

浙江工商大学自 2010 年以来,依托学生理论社团——中国特色社会

---

① 林孟清.高校思想政治理论课现场教学的理性思考[J].温州职业技术学院学报,2010(1):86-89.

主义理论体系读书会（以下简称"读书会"），举办一年一度的"求知杯"大学生知识竞赛活动，2015年改造升级为"卡尔·马克思杯"大学生思政理论知识竞赛活动。2017年，"卡尔·马克思杯"大学生思政理论知识竞赛确定为校级B类学科竞赛。2018年，以纪念马克思诞辰200周年暨《共产党宣言》发表170周年为契机，由校级B类发展为省级A类学科竞赛，并于5月6日—26日成功举办第一届"卡尔·马克思杯"浙江省大学生理论知识竞赛。经过10年的实践探索，以"卡尔·马克思杯"大学生思政理论知识竞赛为载体的竞赛教学模式，已成为增强新时代大学生思政课获得感、提升思政课针对性和实效性的生动实践。

（一）组织与实施：健全竞赛运行机制，加强竞赛奖励激励

1. 建立竞赛组织机构，整合资源搭建竞赛平台

2015年，浙江工商大学成立了"卡尔·马克思杯"大学生思政理论知识竞赛工作领导小组，分管学生思想政治教育工作的党委副书记任组长，党委组织部、宣传部、学工部、研工部、教务处、学生处、团委、网络中心、保卫处和后勤中心等职能部门负责人为成员，办公室设在马克思主义学院，马克思主义学院党总支书记任办公室主任，秘书处设在校读书会。2018年，浙江省成立"卡尔·马克思杯"大学生思政理论知识竞赛组委会，省委宣传部常务副部长、省委教育工委书记任主任，各高校分管宣传思想工作或学生思想教育工作的党委副书记为成员，办公室设在省委宣传部理论处和省委教育工委宣教处，《浙江日报》微信公众号"学习有理""理想之光""商大微理论"提供宣传平台支持。省赛的具体组织由省委宣传部理论处、省委教育工委宣教处负责，浙江工商大学负责承办具体事务，校内各部门根据职责职能整合组织资源，搭建竞赛平台，为竞赛开展提供组织支撑和服务保障。各高校党委宣传部或学生处、马克思主义学院负责联系沟通和组织落实工作。

2. 不断健全竞赛运作机制，分工合作细化竞赛方案

校赛层面，在组织运作上，分管学校领导负责召集竞赛工作领导小组成员，研究部署竞赛的实施方案和工作安排；马克思主义学院负责起草具体的竞赛实施方案和进程安排；组织部、学工部、团委负责从组织员、辅导员和团委书记层面做好组织动员和业务指导工作；宣传部负责对接省委宣传部和省委教育工委，以及宣传氛围营造工作；教务处负责经费划拨、竞赛

评价评估、教师工作量核算、学分换算计入、奖励奖金发放；网络中心负责提供机房和网络信息技术支持；保卫处和后勤中心负责安保服务、场地安排、食宿服务等保障工作。在竞赛运作上，设置初赛、复赛和决赛3个环节，初赛采用机考，复赛采用现场竞赛，决赛采用现场展示的方式进行。团委书记和辅导员作为业务导师组织学生参加初赛，思政课教师作为理论导师指导学生参加复赛和决赛。竞赛各环节的具体组织和落实由马克思主义学院或团委指导，学生理论社团读书会负责。

省赛层面，省委宣传部和省委教育工委共同把握政治方向，按本科院校和高职院校分别进行组织动员和部署安排，前者负责政策和经费支持，后者负责组织与业务安排，省委宣传部理论处和省委教育工委宣教处负责沟通协调和落实工作。

3. 深入开展竞赛教学研究，积极探索转化应用路径

一是加强竞赛题库研制，确保内容丰富准确。"卡尔·马克思杯"大学生思政理论知识竞赛内容包括4门思政课、党史党建与"形势与政策"知识。4门思政课题库由马克思主义学院组织各教研部研制，党史党建题库由组织部研制，"形势与政策"题库由宣传部研制；时政评论和主题演讲题库，校赛层面由学校党委宣传部和马克思主义学院邀请相关专家研制，省赛层面由省委宣传部和省委教育工委邀请相关专家研制。二是邀请专家学者指导，确保评价科学公正。竞赛评委，校赛层面由党委宣传部、马克思主义学院、团委等相关部门领导和思政课教师担任，省赛层面由省委宣传部、省委教育工委、省社科联、高校党委宣传部和马克思主义学院的负责人和专家学者担任。三是开展竞赛教学研究，促进成效提升转化。学校教改课题设立思政课教学改革专项，马克思主义学院"部校共建"课题设立"卡尔·马克思杯"专题研究项目，支持思政专业教师开展竞赛教学研究，同时申报教育部高校示范马克思主义学院和优秀教学科研团队建设项目并获立项，积极探索增强大学生思政课获得感的路径和方法，有效促进思政课教学科研成果转化，努力提升思政课的针对性和实效性。

4. 切实加强竞赛奖励激励，不断完善竞赛制度保障

制定《学生科技竞赛管理办法》《思政课课程知识竞赛活动实施办法》，明确竞赛管理激励办法。经费支持上，校赛层面由教务处学科竞赛经费专项支持，省赛层面由省委宣传部划拨专项经费支持。奖励设置上，校赛层面，初赛评出"时政百强"，复赛评出"思政之星"若干名，决赛评出一、二、三

等奖 11 个团队、"演讲之星"和"评论之星"若干名,决赛一等奖、二等奖团队的指导老师被授予"优秀指导教师"称号,同时评出"优秀组织奖""最佳人气奖"若干名;省赛层面,决赛评出一、二、三等奖 10 个团队,决赛一等奖、二等奖团队的指导老师被授予"优秀指导教师"称号,同时评出"优秀组织奖"若干名。激励措施上,校赛各奖项由学校发文并颁发荣誉证书,同时给予获奖团队或个人一定金额的物质奖励,对指导参赛的教师进行工作量折算并以课酬方式发放,同时对指导参赛的教师在职称职务晋升时予以倾斜;省赛各奖项由省委宣传部和省委教育工委联合发文并颁发荣誉证书,学生初赛成绩可作为思政课期末成绩,或作为加分计入平时成绩,获奖学生可以根据学校制度申请创新学分,并在推免研究生时予以倾斜。

(二)经验与成效:针对学生主体性需求,满足学生发展性期待

1. 针对学生群体性特点,满足时代性需求,大学生参与率高

"卡尔·马克思杯"思政理论知识竞赛发端于学生理论社团的社团活动,使竞赛本身具有草根性。竞赛在每年的马克思诞辰前后举行,具有很强的针对性和时效性。竞赛的组织实施由马克思主义学院指导,由读书会承办,这遵循了教学科研单位的教师主导性,又尊重了竞赛活动的学生主体性。省赛的初赛通过"商大微理论""学习有理""理想之光"微信公众平台开展,复赛、决赛以现场竞答、PPT 展示、主题演讲和时政评论等方式开展,这使竞赛本身兼具知识性和趣味性,富有科技感和时代感,适合 95 后、00 后大学生的个性特点,满足了新时代大学生移动学习、趣味竞技、展示自我、冲浪科技的主体需求,实现了可感知、可欣赏、可体验的实际教育获得感。校领导出席校赛并讲话、省委领导出席省赛并讲话、知名专家学者做评委并点评,让学生近距离接触高层领导、对话"大咖",满足了新生代学生期待被关注的存在感、尊严感与自豪感。竞赛奖项设置和奖励激励将课程学习与课程考核相结合、个人奖励与团队奖励相结合、物质奖励与精神奖励相结合。学生参加竞赛既获得了知识、锻炼了能力、拿到了学分,又赢得了荣誉、获得了奖励、增强了信心,这既满足了学生的自主学习体验,又让学生获得了满足感、成就感与荣誉感,进而让学生深刻认识到学习思政课的意义和价值,使其对思政课的"好感"上升为"获得感"。正因为如此,"卡尔·马克思杯"思政理论知识竞赛才会办得越发红火,参与人数逐年增长,2018 年参与校赛、省赛的本科生数量分别为在校本科生人数的 56.67% 和 45.69%

(见表 7-1),对推进思政课教学改革起到了良好的示范作用。

表 7-1　"卡尔·马克思杯"思政理论知识竞赛参与率(2014—2018 年)

年份	人数(万)	占在校本专科生人数比例	级别
2014	0.12	5.45%	校赛
2015	0.14	6.36%	校赛
2016	0.16	7.27%	校赛
2017	0.2	9.09%	校赛
2018	1.7	56.67%	校赛
	45.8	45.69%	省赛
2019	21.6	21.5%	省赛
2020	18.4	18.4%	省赛

2. 尊重学生主体性选择,满足学生发展性期待,大学生获得感明显提升

"卡尔·马克思杯"思政理论知识竞赛的开展,通过马克思主义学院网站、微信公众号"商大微理论""学习有理"和"理想之光"公布题库,初赛可以通过机房或微信公众号和 App 移动端参赛,复赛以学院、学校为单位组队,这满足了大学生自主选择、自由参与的主体性需求。竞赛的题库以 4 门思政理论知识为核心,与党史党建知识、"形势与政策"知识相结合,课程知识体现在初赛和知识必答、抢答环节,党史党建知识结合唱红歌等方式,"形势与政策"知识融入时政评论和主题演讲环节,实现了"主料"精准与"配方"新颖的有机结合。这既遵循了思政课的课程特点和教学目标,又引导了大学生关心党和国家的发展,聚焦社会重大事件、难点问题,运用课程学习获得的知识和方法去分析问题、解决问题。尤其在老师指导团队备赛参赛的过程中,全员聚焦问题、全息互动交流、全力破解难题、共同收获荣誉,使教学双边主体互动得以实现。在这过程中,大学生既学会了运用马克思主义立场、观点和方法解决成长发展中的困惑与疑难,又潜移默化地内化了思政课的价值诉求,形成了符合社会主义道德原则的价值判断和政治选择,树立起科学的世界观、人生观、价值观,增强了"四个意识"和"四个自信",强化了对中国特色社会主义道路的认同,开始自觉践行社会主义核心价值观,传播社会主义意识形态和精神文明。因此,"卡尔·马克思杯"思

政理论知识竞赛不仅可以"热闹一阵子",还能"受用一辈子",有效满足大学生的健康成长需求和长远发展期待,明显增强了大学生的获得感。

3. 注重教育宣传相结合,营造浓厚的竞赛氛围,思政课感染力显著增强

学科竞赛是符合当代大学生思想实际、学生喜闻乐见并乐于参与的有效途径和形式,把竞赛引入思政理论课建设和思想政治教育工作,无疑是一种很好的选择。当代学生的特点是容易接受新生事物,思政理论知识竞赛既要巧妙结合现代技术手段吸引学生,又要通过营造浓厚的竞赛氛围感染学生。"卡尔·马克思杯"思政理论知识竞赛综合运用了网络平台、App移动端、竞赛抢答系统、电脑机考系统、大屏幕显示等信息技术手段,实现了基于"用户体验"的"时尚包装",较好地吸引了学生的注意力,提升了竞赛的层次感和有效性。由于省委宣传部、省委教育工委和学校党委的高度重视,校内各部门通力协作,"卡尔·马克思杯"思政理论知识竞赛从学生社团活动发展为校级学科竞赛,进而升格为省级学科竞赛。竞赛坚持教育与宣传相结合,从竞赛启动到开展再到结束,《浙江日报》《浙江教育报》《浙江工商大学报》等报刊和"浙江工商大学官微""商大微理论""学习有理"等微信公众号进行全程跟踪报道和宣传推广。在竞赛氛围的熏陶下,许多学生从不喜欢、不关注到开始关注,再到踊跃参与竞赛活动,许多教师从不知道竞赛,到开始关注竞赛,再到全力支持办好竞赛活动。省赛调查数据表明,学生层面90%以上开设思政课的本科生和100%的学生党员、预备党员和入党积极分子都参与了竞赛活动,而教师层面不仅包括了思政课教师,还包括了其他专业教师和广大党员干部。可见,浓厚的竞赛氛围既有效促进了大学生思政课学习态度的转变,又提高了大学生学习思政课的积极性和主动性;既降低了思政课教学的难度,又增强了思政课的魅力和感染力。

新时代是一个崇尚品质、重视获得感的时代,新时代的思政课教学改革要立足于学生对学习生活的主体性需求,针对学生的群体性特点,满足学生对健康成长的期待,切实增强大学生学习思政课的获得感。"卡尔·马克思杯"思政理论知识竞赛活动就是为增强大学生思政课获得感和实效性进行的有益尝试。

(三)竞赛教学法的创新点

与其他学科竞赛不同,"卡尔·马克思杯"思政理论知识竞赛不仅是一

种课外实践活动,还是思政课教学的第二课堂。作为思政课的一种教学法,竞赛教学法具有下列创新之处。

1. 广泛动员,参与人数多,覆盖面广

"卡尔·马克思杯"思政理论知识竞赛在浙江工商大学已经举办了多届,每届都有 2000 名以上的学生参与。2018 年被列为省级学科竞赛后,各校都非常重视,参与人数众多,参与面广,全省 20 余万人次参与赛前练习,45.8 万人参与正式初赛,覆盖全省大学生总数的近 50%,超过其他任何学科竞赛。2019 年省赛要求大三(职业院校大二)学生参加初赛,90% 以上的学生参与。

2. 以赛促学,以赛促教

竞赛是学生容易接受的学习方式,将竞赛应用于思政理论课教学的方式受到了学生欢迎。许多学生为了参赛,背题库、做模拟卷,忙得不亦乐乎。通过竞赛,不断巩固和强化大学生对思政知识的记忆,加深其对政治理论知识的理解和认同;通过竞赛,大学生展示了对马克思主义理论、习近平新时代中国特色社会主义思想等思政理论知识的认识和理解水平,展现了运用马克思主义的立场、观点、方法分析问题、理解问题和判断问题的能力;通过竞赛,学生学习兴趣不高、机考成绩偏低等困难和问题得到了改善,同时,大学生学习思政理论的积极性、主动性获得了激发,大学生对思政课学习态度的转变得以促进,改善了思政课教学的氛围,对思政课教学形成了有力支持。

3. 主动性参与式学习方法,符合学生群体性特点,满足学生的时代性需求

初赛采用机考方式,比赛答题给定时间短、题量大、紧张程度高于思政课机考。参赛学生在半小时内作答 150 道单选题、多选题。省赛初赛采取了手机答题的方式,富有科技感和时代感,适应 95 后、00 后大学生的个性特点,满足新时代大学生移动学习、趣味竞技、展示自我、冲浪科技的时代性需求。正因为如此,"卡尔·马克思杯"思政理论知识竞赛办得红红火火,参与人数逐年增长,对推进思政课教学改革起到了良好的示范作用。

4. 高端化展示式学习方法,尊重学生主体性特点,满足学生的发展性期待

思政理论知识有没有用? 这是许多学生的疑问。思政课教学要让学生获得知识的增长和听、说、读、写、思、行能力的提高,必须使学生感受到

学习的成效。初赛的主要目的在于普及,动员尽可能多的学生参与思政理论知识竞赛活动,而复赛和决赛的重点在于为少数精英学生提供展示的舞台,让他们展现思政理论知识水平和运用能力,起到示范引导作用,激发更多学生的学习热情。复赛、决赛均以团队方式进行,复赛形式与决赛形式基本相同,复赛是决赛的选拔赛,以学院为单位组队参加。省赛以高校为单位直接组队参加。这种挑战性极强的展示性学习方式,适应了当代大学生争强好胜、挑战自我的主体性特点和提升素质、能力的发展性需求,产生了较好的效果,是一种有效的对教学手段的创新。综合运用了网络平台、App 移动端、竞赛抢答系统、电脑机考系统、大屏幕显示等信息技术手段,较好地吸引了学生的注意力,提升了竞赛的层次感。

(四)竞赛教学法的实施效果

1. 促进教学理念的创新

"卡尔·马克思杯"竞赛从实际出发,创设学生喜闻乐见的教学手段和方法,实现了从"以教为主"向"以生为本、以学为主、以赛促教、以赛促学"的转变,其教学理念、教学方法等所蕴含的内涵,为探索完善思政课教学改革提供了实践和理论基础。竞赛教学针对大学生的心理特点,紧紧抓住学生的兴趣点和兴奋点,运用结果激励等理论,实现了使"有意义的课程有意思、有深度的理论有温度"的思政课教学要求,符合思政课教学方法改革的发展方向和趋势。

2. 促进教学效果的改善

"卡尔·马克思杯"思政课竞赛教学法让更多大学生打开了心结,开始真心喜欢和拥抱思政课,许多学生对思政课从不喜欢到喜欢、从抗拒到接受、从逆反到欣赏。竞赛教学激发了大学生对马克思主义理论、社会主义核心价值观的学习热情,对课堂教学形成了良好的促进作用。

3. 得到复制推广

活动的组织形式、方法已经有一套模式和策划方案,建立了保障项目实施的体制机制,形成了较成熟的、可供学习推广的经验。校级竞赛由六部门联合主办,马院是项目实施的主体,教务处、网络中心提供支持。学校将"卡尔·马克思杯"思政理论知识竞赛列入校级学科竞赛项目,对竞赛结果予以公布表彰,获奖学生可以申请创新学分,纳入学院教学工作及业绩考核。借举办省赛的机会,浙江省许多高校举办了校级的比赛,竞赛教学法得到了大力推广应用。

4. 形成品牌效应,影响深远

"卡尔·马克思杯"活动不仅影响了众多的大学生,也引起了社会和媒体的高度重视。2018年第一届省赛中,省委常委宣传部时任部长葛慧君和教育厅领导对该竞赛给予了高度肯定,省委宣传部常务副部长来颖杰,省委教育工委副书记、省教育厅副厅长陈根芳,省社科联副主席陈先春等出席首届省赛的决赛。《浙江日报》等报刊、网站全程跟踪报道和宣传推广,营造出"学习新思想、奋进新时代"的浓厚活动氛围。"卡尔·马克思杯"已经成为浙江省的一个著名品牌,领导肯定、社会关注、大学生家喻户晓。我们需要做的是继续完善和深化思政理论知识竞赛活动,使之成为全国性的思政课学科竞赛,将其打造成为全国性思政课教学品牌。

四、创意视频教学法

思政课教学要积极探索和改革教学手段、教学形式和教学内容,提升大学生对思政课的认同度。在实际教学过程中,浙江工商大学的"基础"课不但摸索出了"基于作业的互动教学法",并将其作为基本教学形式,也积极尝试将其他教学形式作为补充。例如,让学生制定"青春不留白——50天挑战计划"来培养大学生对理想信念的践行力;开展"大学生校园公益活动设计大赛"来提升大学生的道德素养;带领学生参观"模拟法庭"培养他们的法治思维。其中,操作最规范和最成熟的是"感悟商大记录青春——创意视频大赛"(以下简称"创意视频"大赛),不但成为"基础"课的标志性教学活动,也在学生中获得了良好的口碑。

(一)"创意视频"概况

在"基础"课教学中设计并安排"创意视频"大赛,是因为这样的现实:2009年,教育进展国际评估组对全球21个国家进行的调查显示,中国孩子的计算能力排名世界第一,想象力却排名倒数第一,创造力排名倒数第五。当今中国正处于从制造中国向创造中国转变的关键时期,如何改变这一状况、提升大学生的想象力和创造力,值得每一位教育工作者关注和反思。"基础"课第三章爱国主义的内容明确提出,要培养大学生的创新素质和创新能力。为此,我们尝试在"基础"课的理论教学之外,设计并举办"创意视频"大赛。

（1）每 6 个同学自由组成一个制作小组,在 2 个月的时间内自编、自拍、自导、自演、自制一部 10 分钟以内的《感悟商大,记录青春》创意视频,体现大学生对大学学习生活的体验和思考。（2）在第 12 周时安排课堂展播。所有同学参与打分,根据票数选出班级前 2 名参加全校思修课的"创意视频"大赛。（3）评分标准是满分 100 分,创意、主题、表现、制作和总体印象分别为 20 分。（4）成绩登记。根据票数,把所有视频作品分为 4 个梯队。按第一梯队 95 分、第二梯队 91 分、第三梯队 88 分、第四梯队 83 分登入平时成绩。（5）全校大赛。每个班级选出 2 个创意视频参加全校比赛,全体思修教师共同观看打分,选出最高分 10 名,列出一等奖 1 名,二等奖 2—3名,三等奖 3—5 名。（6）颁发证书和奖金。

"创意视频"在学期开始前由任课教师布置给学生。

为了保证视频质量和避免大一新生对比赛产生畏惧心理,任课教师在布置完这一任务后,会放映一些前一届学生获奖的创意视频作品,如《你不知道的事》《传递爱》《不做低头族》《一个备胎的基本修养》,让学生感知"创意视频"大赛的独特性、挑战性和趣味性。事实上,在观看了学长学姐的创意视频作品后,很多同学都会跃跃欲试,积极投入到视频的制作中,并对自己和同学的作品充满期待。正如认知心理学家班杜拉所说:"人类有着发展自己的兴趣、施展自己的才能、战胜最大限度的挑战的天生的自然倾向。"[1]

（二）实施"创意视频"教学法的原因

制作创意视频,可以让大学生变被动接受知识灌输为主动思考体验人生。例如,在制作的视频中,大学生涉及的最主要话题是亲情、友情、爱情、对大学生活的感性体验和总结、对日常心理调控的认知和把握,以及对人生意义的探讨和思考。这些内容不但符合大学生当下的认知需求和心理特征,也是思政课教学中的重要内容,如果由教师直接讲解,学生容易产生厌倦心理,但通过编写剧本、同学表演、摄影制作、观赏交流等环节,让大学生自己去思考和总结近 20 年的人生经验,不但能促进学生将感性体验上升为理性认知,提升其思辨力,形成积极的人生观、价值观,还可以增加大

---

① L. A. 珀文. 人格科学［M］. 周榕,陈红,杨炳钧,等,译. 上海:华东师范大学出版社,2001:142.

学生对生活的感悟和交流,发挥成长中的朋辈效应。

而这种感悟和交流对共情能力的培养至关重要。共情(Empathy)是一种对他人真实或想象中的处境产生感同身受情绪和认知反应的能力。虽然人们是否会做出利他行为取决于诸多因素,但共情在道德行为中发挥着重要作用。这是因为,它能作为一种道德动机的来源促成人们对道德问题的关注、察觉乃至行动。可以说,作为人与人之间情感连接的纽带,共情既是道德发展的重要指标,也是预测社会道德行为的重要因素。因此,培养大学生的共情能力非常必要。而共情能力产生的基础是个体对他人的感知、信任、依恋以及换位思考的能力。而在合作完成创意视频的过程中,大学生们不但可以增强对他人愿望、热情、情绪等需要的感知,增加对他人的社会认同,也可以在培养和维系友情的过程中促进移情能力的提升和锻炼,学会关爱同学朋友进而关心陌生人。多项试验也证实,经常偏爱或愿意经历温暖、亲密、与他人沟通需要的亲密动机(Intimacy Motive)与道德行为之间有一定的关系。与亲密动机上得分低的被试相比,得分高的被试被同伴认为更"真诚"、更"可爱"、"支配性"更低,那些共情能力高的人更关心人,也更容易表现出帮助行为。实际教学效果也显示,合作制作视频是很多学生在课程中最大的收获,在增加了同学们亲密度的同时,也提升了大学生的共情能力。

(三)"创意视频"教学法的成效

1. 丰富思政课教学的形式和手段

著名教育学家苏霍姆林斯基曾经说过,真正的教育开始于自我教育,只有能够激发学生去进行自我教育的教育,才是真正的教育。在社会网络化、价值多元化的当今时代,个体已不再是外部事件的反应体,而是自我组织、自我调节和自我建构的主体。如果对90后大学生再采用强制、灌输的教育方式,不但会引起他们的排斥反感,还会产生对思政课的刻板印象,甚至效果不佳的劝说,不但达不到目的,反而会引起听者的防御心理,使得他们对于随后的劝说变得更加"铁石心肠",不为所动,导致教学的反效果。

为此,我们在教学实践过程中总结出了"基于作业的互动教学法"。这一方法通过八个环节,将课堂互动与作业紧密结合起来,师生之间相互监督和促进,避免了互动中师生准备不足、互动中组织松散造成的低效冷漠、肤浅空洞的弊端,从而使主题内容集中、论辩专业深入、组织合理有序,实现了互动中内容和形式的有机统一,保证了互动教学的质量,取得了良好的效果。然而,在"基于作业的教学互动法"实施过程中也发现了一些问题。例如,虽然教师选取的都是既符合学生认知需求,又与学生息息相关的困惑和问题,但由于每周话题不同,参加演讲、接受质询的同学也是轮流上阵,一学期下来,教师和学生基本上可以保持一定的新鲜度。然而几周过后,特别在学期的后半段,教师和学生还是会出现疲惫和懈怠的现象,这不但不能保证话题质量,也无法激发学生的学习积极性。因此,当任课教师发现学生的这一情绪时,打破常规的教学节奏,适时拿出一周时间来展播学生自己制作的创意视频,无疑是一个很好的调节。而且,经过2个月的准备,所有小组基本完成了视频制作,对自己的作品能否得到其他同学的认可,其他同学的作品又是怎样的主题和形式是充满期待的。事实证明,学生对于此教学活动的安排是非常认可的。因为,在最美好的年华留下的青春影像是人生的一大纪念,特别在看到内容和形式各异的文艺唯美爱情片、青春搞笑片、科幻悬疑穿越剧、校园风光纪录片时,同学们也都被深深震撼和感染,掌声不断,兴奋异常。这不但改变了学生对思政课教学节奏的刻板印象,也增加了学生对"基础"课的认同感和归属感。

2. 激发大学生学习的主动性

哲学心理学家威廉·詹姆斯在一个世纪之前就指出:没有反应就没有接受,没有相关的表达就不会产生印象。这是教师应该牢记的最伟大的格言。我国向来重视大学生思政工作,然而多年来,由于理论太过空泛,很难引起学生的共鸣。而通过制作创意视频,则可以让大学生自己去总结人生经验,变被动接受为主动思考。例如,在所有的"创意视频"中,大学生涉及的最主要话题是有关亲情、大学友情、爱情的理解,对大学生活的体验和总结,对心理调控的认知和把握,以及对人生意义的认知和思考。这是和大学生当下的认知特征相符合的,而且都是"基础"课教学中的重要内容。这些内容由教师来直接讲解,对大学生来说可能是老生常谈,或隔靴搔痒;但让大学生通过制作创意视频,自己总结或借鉴前人经验再通过影像表现出来,则效果明显不同。对任何知识来说,听来的效果远远比不上自己收集、整理、讲解来得印象深刻,特别是公开发表某观点更能促进人们对其进行理解和思考,从而更能激励人们的行为。"当人们对论点进行仔细思考的时候,他们依赖的不仅仅是信息自身所具备的说服力,同时也依赖自己对信息做出回应时的想法。当某个论据引人深思的时候,它才最具说服力。

那些经过人们深层而不是肤浅的思考之后所产生的态度变化会更加持久，更能对抗反击，并且更能影响行为。"①用当代著名的阿诺德情绪理论中人们的认知—行动序列化公式来表示就是"感知—评价—产生情绪—需要—思考—行动"。正如建构主义理论所证实的那样，学习并不是教授者的单向传授，而是学习者主动建构知识的过程。

而且，通过制作创意视频，让学生自己去思考和总结近20年的人生经验，将感性体验上升为理性认知，也是大学生人生观、价值观养成的重要方式。此外，创意视频是集体项目，小组成员在讨论视频主题、表现形式时也会进行小群内的经验交流、提升和总结，这在一定程度上发挥了朋辈效应，丰富了大学生的人生经验，拓展了大学生对人生意义和价值认知的广度和深度，实现了大学生的自我教育。可以说，通过制作创意视频，学生在积极思考的过程中实现了对教学内容的内化，达到了显性教育与隐性教育、教师主导与学生自主相结合的目的，提升了思政课教学的实效性。

3. 提升大学生的综合素质

创意视频要求学生将自己对大学生活的体验通过自编、自拍、自导、自演、自制的视频表现出来，这为大学生提供了一个很好的才华展示和能力提升的机会。

首先，要想制作出一部"创意视频"，必须先将大学生活提炼总结为视频的剧本。而通过编写剧本，可以促进学生将对生活的感悟用优美、流畅的语言表现出来，提升了大学生的文字功底和语言表达能力，避免了大学生作业抄袭、复制粘贴的弊端。事实上，这一过程不但是对学生创作能力的考察，也是对其生命感受力、领悟力的检验，更是对大学生表达能力的培养和锻炼。其次，有了好的剧本，还需要大学生用丰富而到位的肢体语言表现出来，对于并非专业导演、摄影和演员的大学生来说，也是一个很大的挑战，这就为具有艺术细胞的同学提供了一次自我展示的机会。而且，事实也证明，制作视频的过程也是校园的一次审美之旅。校园春夏秋冬风景各异，春季桃红柳绿、夏季荷花争艳、秋季银杏娇媚，在学生的作品中都有展现，学校的鸽子广场、油菜花海、向日葵园、求知园、墨湖等标志性景观也时有出现。在观看视频时，很多同学都被这些景色深深吸引，激发了同学

① 戴维·迈尔斯.社会心理学[M].侯玉波,乐国安,张智勇,等,译.北京:人民邮电出版社,2006:183.

对优美校园环境的感知,提升了审美情趣,增加了对学校的认同感和归属感。再次,虽然现在是网络时代,很多大学生从小学习了计算机课程,但制作视频对他们来说依然是一个陌生的技能。为了完成好这一作业,学生会自学或求助师长,从而掌握了视频制作技术,提升了大学生的综合素质。而且,在视频中,为达到满意效果,学生都会制作片头、片尾,添加字幕和配乐,这都提升了大学生的视频制作技术。况且,视频中的演出者都是身边的同学,平时不一定熟悉或有机会了解,在观看视频的过程中也提升了同学之间的熟悉度,增加了班级的凝聚力,特别是有很多同学把视频制作得非常轻松幽默、搞笑风趣,也很好地展现了大学生的人格魅力。

总之,在制作创意视频的过程中,小组成员分工协作、优势互补,培养了合作精神、组织协调和有效沟通能力,增强了集体荣誉感。特别是在精心准备的内容得到同学和老师的认可后,也会引发学生积极的情绪体验,在知识活化的过程中激发大学生不断探索的热情和乐趣,提升其内部学习动机和自主学习效能。特别是当得到同学的认可和在全校评比中获奖拿到证书和奖金时,同学们都开心不已。心理学家证实,"尝试挑战现实的任务并取得了成功会使我们感到自己很能干……学业上成功的学生会对自己的学术能力做出更高的评价,从而激发其更加努力地工作以取得更大的成就。全力以赴并取得了成功会使人感到更加自信有力"[①]。一部10分钟左右的视频,不但为各有特长的大学生提供了自我展示的舞台和机会,也锻炼和提升了大学生的各种技能和综合素质,提升了大学生的自我效能,对大学生的成长有积极的意义。

4. 提供了学生互相学习的机会

心理学家韦恩·卡肖曾说过:许多知识和技能是我们通过观察他人学到的,当别人的行为导致理想的结果时,我们便会去仿效他们。美国社会认知学家班杜拉在多年的研究后也证实:"示范观察学习一直被认为是传递价值、态度以及思想和行为模式的最有效的手段之一。"[②]然而,为大学生选取学习榜样也要遵循一定的原则,虽然人类大多数行为都是通过模仿他人获得的,"有地位、有能力、有影响力的榜样要比那些地位低下的榜样能

---

① 戴维·迈尔斯. 社会心理学[M]. 侯玉波,乐国安,张智勇,等,译. 北京:人民邮电出版社,2006:31-32.

② A. 班杜拉. 思想和行动的社会基础:社会认知论[M]. 庞维国,等,译. 上海:华东师范大学出版社,2001:63.

更好地促使他人以类似方式行事"①。但榜样太过高大和完美也有负面作用："如果将杰出的榜样所获得的成就作为眼前的标准来要求自己,而不是将其作为远大的理想,那么富于创造性的示范就会使天资欠缺的人感到沮丧。"②参照对象各方面的能力都比学生高出很多,学生会觉得"可望不可即",比较容易放弃努力,反而起不到很好的示范效果。相比之下,学生更愿意模仿和自己在性别、年龄、生活经历、家庭背景等方面类似的榜样,特别是和自己水平、能力都差不多的同学。这一现象也得到了众多心理学家的证实。多数学生都认为,他们从朋友以及同学那里学到的知识远比从书本和教师那里学到的要多,在共同的学习和生活中,同龄人发挥着越来越重要的作用。

在创意视频播放过程中,每个小组都会展示自己的作品。这一过程就是互相学习的过程。因为视频主题、形式等都没有什么限制,是一个全开放的作业,因此虽然视频离不开亲情、友情、爱情、心理、大学生活等内容,但每组作品的侧重点、表现方法、表现手段各异。观看的过程不但是技术技能的交流,更是人生体验的认知交流。在这过程中,可以让学生感知对同一个问题不同的视角和看法,培养学生的多元认知能力。

每个人都习惯于站在自己的视角来看待问题、感知世界。虽然教师具有专业理论素养,可以根据自己的人生经验引导大学生加深和拓展对世界的认知,但毕竟教师和学生之间有一定的代际差异。而尽管每个大学生的认知方式和角度不尽相同,但毕竟他们的成长经历大体是一致的,同龄人之间的交流就具备了更强的优势。总之,制作和观看视频的过程也是同学之间互相促进、互相模仿学习的过程,这比教师讲解更能打动学生的心灵。针对学生反映出来的问题和困惑,教师再安排教学内容,就可以起到事半功倍的效果,提高了思政课的实效性。

思政课作为树立大学生人生观、价值观、培养社会责任、提升道德素养及法治观念的学科,很多内容和理论大学生在中学时都已经接触过,如果继续采用灌输的方式,不但会引发学生的逆反心理,还达不到课程的效果。事实上,大学时期是大学生自主人生阶段,处在青春后期的他们面临着几

---

① A.班杜拉.思想和行动的社会基础:社会认知论[M].庞维国,等,译.上海:华东师范大学出版社,2001:290.

② A.班杜拉.思想和行动的社会基础:社会认知论[M].庞维国,等,译.上海:华东师范大学出版社,2001:144.

个重要的发展课题：完成学业、求职就业、自我认同、亲密关系等，几乎在生活的所有领域都必须要开始处理成人的角色。社会学家戴维·迈尔斯证实："十几岁以及二十出头的年轻人正处于非常重要的人生时期，此间形成的态度很可能到中年都一直保持稳定。"①利用"创意视频"大赛这一形式可以将学生的自主学习和教师的引导结合起来，增强思政课的实效性。

五、辩论教学法的实践

如何调动大学生学习的主动性和积极性，引起他们关于世界观、人生观和价值观的重视和思考，一直是高校思政课程教学的关注重点。普通的课堂讨论往往会因为学生没有事前关注问题或涉猎相关知识而流于表面甚至反应冷淡，达不到预期的教学效果。将课堂辩论赛引入思政课教学，会因为学生在课前的广泛搜集相关资料和对于问题的全面深入思考而大大改善这种状况。

在长期的教学实践中，笔者深感"基础"课教学的难点在于如何把教材体系转化为教学体系。教材是"基础"课教学的基本依据，主动学习理解教材的基本内容，是搞好教学的重要环节。但是，现在使用的国家统编教材因其理论性和思想性的强度和深度，对理论基础浅薄和素养不深的大一学生来说缺乏可读性和吸引力，导致学生在把握教材的知识体系、掌握教材的基本内容和知识点方面存在自主学习的障碍，特别是教材中重视的社会价值、国家意志等远离学生现实的问题，更不能引起学生的共鸣，令学生难以理解和信服。在这种情形下，如果还一味地采用传统的以教师为中心的讲授式单一教学方式，学生毫无兴趣可言。可以想象，枯燥的教学内容、沉闷的课堂气氛，除了让学生昏昏欲睡甚至想逃课外，真正能达到的教学效果微乎其微。

为了破解这一教学困境，教师必须采用灵活多样的教学方法，探寻启发式、参与式等多元化的教学形式，让大学生参与到教学活动中来，将"教师讲、学生听"的教学模式转变为"教师主导、学生主体"的模式，充分调动学生的积极性和主动性，努力引导学生去领会每一个思想观点、道德理念和法律规范背后的精神要义，要让学生不仅知其然，更要知其所以然，让学

---

① 戴维·迈尔斯.社会心理学[M]. 侯玉波,乐国安,张智勇,等,译.北京：人民邮电出版社，2006：31-32.

生在多元化的学习活动中达成课程目标。在主动探索、深入思考的基础上,大学生更能形成内在的接受机制,把社会主义核心价值体系的教育由外在的强制变为内在的需求,"基础"课的教学实效也将得到大幅提高。

自 2006 年开始,我们在课堂教学模式的多元化方面做了一些探索与实践,穿插采用过诸如案例教学、课堂讨论、专题教学、时事评论、辩论赛和社会实践调研等形式。

(一)采用课堂辩论赛的缘起

为了引导学生积极参与到课堂中来,深刻领会教学内容,笔者曾在课程设计中针对每一章的重点难点精心设置了一些问题,在课堂上一一向学生们发问,试图展开深入的课堂讨论。很多时候环环相扣、步步深入的问题虽然会引发学生们的关注和兴趣,但是希望得到的答案和达到的效果会因学生知识面和理解力的不同而大异,往往是文科专业的班级比理工科专业的效果要好。因此同样讲授一堂课,教师需要不断地调整授课节奏、更改提问内容甚至提问方式。教师付出的劳动是双倍的,效果却未必理想。有些问题一个班级只有少数几个学生能够回应,大多数都扮演沉默的听众和看客,课堂讨论就变成了老师和少数几个学生冷清的对白,而不是期望中的热烈讨论。为了达到理想的教学效果,笔者不禁深思其中的原因:为什么与文科生的对话要比和理工科的学生更容易进行? 为什么有的时候问的问题文科班的学生也会出现冷场语塞的现象? 长期的观察和思考让笔者逐渐领会到:文科生在人文社科方面的知识面本来就比理科生要广泛,在接触一些熟悉的事物和问题时他们自然能游刃有余,而大部分理科生在语言表达和思想深度方面都稍显逊色。

课堂讨论的环节很难调动学生参与积极性的原因,是因为学生对涉及的一些问题平时关注的比较少,没有认真地思考过,课堂上面对老师突然抛出的问题,在短暂的时间内难以把握问题的深度和广度,所以讨论往往流于表层,就事论事,很少能触及问题的本质,达不到预期的目的。对于一些需要大学生确立的、对他们成长成才有重大意义的世界观、人生观和价值观,若不能让大学生对其有深入的思考和理解,灌输是达不到令其信服和践行的效果的。怎样才能引起学生对问题的关注和深入思考呢? 偶尔一次看国际大专生电视辩论赛,我深受启发,萌生了把它移植到课堂上的想法。在课堂中引入辩论赛不就可以让学生课前对探讨的问题有充分的思考和准备吗?! 况且辩论赛正、反两方的辩题设计本身就是针锋相对,让辩手在赛前准备阶段就要充分考虑双方的立论和可能选用的论据,这不正可以引导学生学会全面深入地思考问题吗? 只要设计好辩题,学生们有备而来,何愁课堂讨论不热烈深入呢?

一试果然有出奇制胜的效果,学生参与的积极性大大提高。赛前辩论双方广泛收集资料,辩论过程中相互攻辩问难,推动大家全面、深入、细致地剖析问题。特别是辩手在辩论过程中一些精彩的过招,一个精心设计让人防不胜防的问题,一句急中生智妙不可言的回答,一个贴切恰当胜于雄辩的举例,往往激起满堂喝彩,笑过之后的心领神会,让同学们在拓展知识面的同时感受到逻辑思辨带来的无穷乐趣。思想的火花点亮了知识之途。辩论在正、反双方你来我往的言辞交锋中让同学们学会全面辩证地看待问题、深入细致地分析问题,使学生们既在轻松愉快中增长了知识,培养了判断、分析、解决问题的能力,又提高了理论素养,达到事半功倍的效用,所谓的文科生理科生的差异也因课前的精心准备而消解了。我深感课堂辩论赛是一个很有效的能充分调动学生学习积极性的教学方式。所以,这么多年我坚持在历届学生中不间断使用这一模式,而且屡试不爽。

(二)课堂辩论赛的操作流程

通常一场辩论赛可以分为以下几个步骤进行:设计辩论题、确定辩论赛流程及规则、指导学生准备、进行辩论赛、观众提问、评委及教师点评。每一个环节都要认真对待,否则效果就要大打折扣。

1. 设计辩论题

为了达到最佳的效果,课堂辩论题的设计应该遵从几个原则,即要兼顾到辩题的重要性、可辩性和趣味性。

首先是辩题的重要性。由于课时的限制,辩论题必须选择在课程中有重要地位的核心理论命题,由一个核心命题的谈论进而涵盖其他子命题,可起到提纲挈领的作用。比如在第三章关于人生观和价值观的探讨中,我设计的辩题是"人为自己(别人)活着更快乐"。一个辩题,促使学生去思考人生的目的、人生的价值、个人与他人与社会的关系。这样一场辩论赛下来,学生们基本上对第三章中涉及的问题有了一个思考和讨论,有牵一发而动全身的效果,接下去老师的点题就是很轻松的顺水推舟了。

辩论题的设计还必须具备可辩性。选好了主辩题,在设计正、反方分题时还要仔细斟酌具体用词。比如,有一次笔者在第一章关于理想信念的讨论中,布置给学生正反方的辩论题分别是"大学生不能没有远大理想"和"大学生可以没有远大理想"。辩论进行到最后,正方的同学大喊不公平,说他们的题目是一个绝对命题,而反方命题的空间很大。虽然我命题的初衷是为了引导学生去思考大学生对时代、国家、民族甚至人类的责任,让学生尽早确立一个远大的理想,但是反方同学没有去否定树立远大理想的重要性和必要性,而是巧妙地把它放在大学毕业以后的时间中,让"大学生可以没有远大理想"理直气壮,这让正方同学难以坚持己见,所以辩论的积极性就受挫了,效果当然也就难以达到了。所以辩题设计的可辩性对辩论赛能否顺利进行来说很是关键。比如,在 3 月学雷锋月笔者布置的辩题是"雷锋精神要高调弘扬/低调践行",同学们能结合很多社会现实来展开辩论,可辩性很强。

最后,辩论题的设计还必须兼顾趣味性。比如,在讨论人与自然的关系的时候,我设计的辩论题是"人是自然的保护者/破坏者"。一看到辩论题,同学们的兴趣就很浓厚,从保护者到破坏者,人类在其中扮演的角色真的很复杂,也很有趣。等到课堂辩论时,双方辩手不出意料地给大家带来了一场妙趣横生的辩论,同学们感觉收益良多,引起了大家对人类行为的慎重思考。

一个辩题的设计如能同时兼顾到重要性、可辩性和趣味性,可以说是为一场辩论赛的成功进行奠定了充分必要的基础。优秀的辩题是成功的一半。

2. 确定辩论赛流程及规则

为了让辩论赛紧凑规范,让双方辩手认真投入辩论,我一般都采用国际大专生辩论赛的流程并严格计时(安装使用辩论赛标准计时器)。比赛全过程分为 6 个大的阶段,即开篇立论阶段、攻辩阶段、小结阶段、自由辩论阶段、总结陈词阶段及观众提问阶段。具体操作流程、用时及规则如下。

(1)主席致开场词:介绍该场参赛队员、评判团成员和比赛规则。

(2)开篇立论阶段:正、反两方一辩依次进行,时间各 2 分 30 秒,每方用时还剩 30 秒时有 1 次鼓声提示,时间用尽时有 2 次鼓声提示,此时发言必须终止。

(3)攻辩阶段:时间共 6 分钟,每队各 3 分钟。先由正方的二辩任意向反方的二、三辩提问(不可向一、四辩提问),提问没有次数的限制,接着由反方的二辩向正方的二、三辩提问,然后轮到正方的三辩提问,提问完后由反方三辩提问,规则同上述一样。在每个攻辩阶段中,攻辩双方不能中途换人,攻守双方站立进行。攻辩双方用时还剩30秒时1次鼓声响起,用时结束时2次鼓声响起。当一方用时结束另一方仍有时间时,可继续发言也可放弃。(注:攻方只能提问,回答方不得以任何形式向对方提问。攻辩双方必须正面回答对方问题,提问和回答都要简洁明确。重复提问和回避回答问题,评委均会酌情扣分。)

(4)小结阶段:由正反方一辩先后进行攻辩小结,每队各1分30秒。

(5)自由辩论阶段:共8分钟,每队各4分钟;正方先开始,此后按照"正→反"顺序自动轮流发言。每位辩手发言次数、时间及每方4位辩手的发言次序均无限制,但在某一方辩手发言落座后到对方发言之前,这一方任何一位辩手不得再次发言。一方辩手发言落座时该方计时暂停,另一方计时开始。每方用时还剩30秒时有1次鼓声提示,时间用尽时有2次鼓声提示,此时发言必须终止,如对方尚有时间,可继续发言,也可向主席示意放弃剩余时间。自由辩论是检验团队整体配合能力以及辩手实力的重要阶段。辩手应充分利用这段时间,简洁明了地加强自己的论点,机智有力地反驳对方的论点,如果流于空洞无物的攻击或有意回避对方的质询及观点,或者出现语误、空场等情形,都将影响该队的成绩。

(6)总结陈词阶段:共6分钟,每队各3分钟。每方总结陈词由四辩进行,由反方先发言。每方用时还剩30秒时有1次鼓声提示,时间用尽时有2次鼓声提示,此时发言必须终止。

(7)观众提问阶段:本环节不限时。设立本环节的目的在于鼓励所有同学参与讨论。各位同学在聆听辩论之后,如对正、反两方的观点有所质疑,都可指定任何一位辩手回答。

(8)评判团进行评判,工作人员计分统分。

(9)请本场每位评委及老师就全场比赛做出简短评论。

(10)主席宣布本场比赛各队的得分情况及最后结果。

当然,课堂辩论赛毕竟不是正规的辩论赛,为了达到预期的教学效果,我没有完全照搬国际大专生辩论赛的流程,而是做了一些试探性的修改,以符合课堂教学的需要。特别强调观众提问的环节,让所有学生有机会参与进来,表达想法和提出质疑,使大家可以就辩题进行全面深入的探讨。

3. 指导学生准备

提前选定辩论赛主席。每次辩论赛前一周指定轮值主席,一般先请班长当一回主席,有时也让同学们集体推荐主持能力强的同学担任辩论赛主席,亦可毛遂自荐。主席在赛前要熟悉比赛流程和规则,赛中要有控制局面的能力,主席应变能力的强弱会直接影响辩论赛的气氛和质量;另外,主席的责任心和组织能力也要相对强一些。

正反辩论队的组建。因为笔者上的都是双合班,笔者一般在开学初就要求各班学习委员把全班同学按自愿原则分成 4 人一组的若干小组,抽签确立顺序,每次辩论就按抽签顺序,每班出一组队员对阵,这样一个学期下来每个同学都有至少一次参加辩论赛的机会。至于具体的一辩、二辩、三辩和四辩的分工,由各小组成员自动商定。每周课程结束时布置下周辩论赛题,双方代表抽签确定正反方,要求承担小组尽快确立分工,分头查资料做好准备,各司其职。赛前小组要多碰面,交流整理大家收集的资料,熟悉辩论流程及规则,商议细致的辩论环节及内容。

评委成员的确定。每次 8 位评委,直接在开学初确定的小组中轮值。辩论赛组队从抽签的第一组开始,而评委就从最后一组开始,每班一组 4 个人,正好 8 人。这样轮流的好处也是保证每个人都有机会当一两次评委。一个学期下来,每个同学都能有机会体验辩手和评委的角色,这样换位的体验也有利于培养他们全面客观的思维习惯。当评委的同学要本着认真负责的态度,在辩论赛全程认真聆听辩手的辩论,及时做好记录,便于客观点评及打分。评委点评要有理有据、客观公正,还要注意用语得体,不刻意抬高,也不打击泼冷水。评委现场即兴的点评,要让双方辩手和听众大部分能认可。所以,当评委不仅考验一个学生的现场观察能力,更考验他(她)的理论素养、逻辑思维能力以及语言表达能力,丝毫不比场上辩手来得轻松。

4.进行辩论赛

前期的准备工作做得充分了,接下来的辩论赛就能水到渠成,一切按事先定好的程序走就可以了。教师要提前把辩论赛流程和规则打印出来,每班分发 2 份,供每届主席和控制计时器的同学参考。上课之前要把本次辩论题目用 PPT 投放出来,安装好辩论赛计时器,设置好每一环节的用时,并临时指定一名同学来充当工作人员,专门负责控制计时器。上课铃响后,教师安排辩论双方同学分别就座于前两排正中位置,8 位评委紧随其后,落座于第三第四排。辩手集中在前排就座,除了方便后面的同学看清他们的现场表现外,还为了方便快速地分享话筒,保证辩手的发言让每个在场的人都听得清楚。教师简短开场,请出主席并做简要介绍,然后把时间交给主席,教师落座观众席,开始认真聆听和记录辩论过程。教师要关注全场,不仅要听辩论,注意辩手的表现,也要观察和记录主席的表现,必要时还要及时指导主席如何裁判和控场。在观众提问阶段,教师要记录提问同学的姓名学号,及时给他(她)的表现打出奖励分,方便期末给出平时分。观众的提问和辩手的回答也要及时记下,为辩论赛结束后有针对性的点评做准备。当评委依次点评比赛时,教师也要适当记录各位评委的发言。道理很简单,因为比赛结束后,老师要就全场比赛做一个全面客观的点评,无论是对两方辩手、主席、评委还是提问观众,无论是就辩论内容还是辩论技巧,甚至言谈举止等细节都要能及时肯定和表扬同学们的优点和长处,也要能中肯地提出不足和建议,就是希望通过一场非正式的课堂辩论赛,让大家都能收获经验、吸取教训、共同进步。

(三)课堂辩论赛的收效与思考

通过多年的课堂辩论赛的教学实践,获益良多。

1. 从学生方面来讲

(1)知识总量增加,逻辑思维能力提升。

大学生正处在争强好胜的年龄,为了在辩论赛中展示绝佳的自己和团队,他们会尽一切可能在规定的时间内围绕辩题搜集尽可能丰富全面的相关材料,不仅收集有利于己方的佐证材料,还会考虑到对方可能会用到的材料,知识总量会迅速增加。在比较、整理、组织材料的过程中,他们熟悉了相关知识,养成了主动获取知识的能力和习惯,比简单的受老师灌输知识要印象深刻得多,而且经过思考、理解的知识会内化为他们自己的思想。在正式辩论过程中,一方辩手的海量例证、机敏智慧、缜密思维会瞬间让对方启益良多,得以相互补充。很多次辩论赛后聊起心得,同学们总会对我说,不管自己准备得如何充分,在赛场上总有防不胜防的感觉,即使是对同一事例的引用,在不同的立场阐述的角度也完全不同。很多经历过辩论赛的同学都会有这样一种体验,感觉在那样的情境下,自己的知识吸收空间是完全打开的,比独自学习时视野开阔得多。同时,为了保持和加强己方观点立论的一致性,在气氛紧张、时间有限的情况下,不仅要思维敏捷,更要逻辑严密、措辞讲究。聊起辩论之乐,很多同学都会回味起你来我往时的某些仿佛信手拈来却浑然天成的机智瞬间,既满心欢悦于自己的才思敏捷,也衷心钦佩同学的妙语如珠。于是,在一场小小的辩论赛中,同学们在轻松愉悦的气氛下既增加了知识,又锻炼提升了思维能力,真可谓一举两得。

(2)各项综合能力得到锻炼。

除了上面提到的思维能力提升外,辩论赛也增强了学生团队合作学习的能力。一个辩论队就是一个整体,每个成员为一个共同的目标而来,彼此之间的沟通合作是最重要的。大家既分头搜集资料,又集中整理、组织、分析,共同谋划、群策群力、优势互补。无论是赛前还是赛中,各成员齐心合力、相互启益。经历一场辩论赛,同学之间团队合作学习的能力增强了,体会到个人的能力是为了集体的荣誉服务,有利于培养学生的集体主义精神,另外也培养了学生的组织能力。班委负责划分辩论小组、监督轮值;小组成员协商从一辩到四辩的分工,过程中大有"举贤任能"之势,有真心的钦佩、善意的禅让、感情的融洽、友情的增进;轮值主席和评委的形式培养了学生的组织能力,增强了学生的责任感。比如,这个学期第一位轮值主席主动上网查找正规辩论赛的比赛规则和流程并摘抄下来,下载辩论计时器,设置辩论各流程的赛时,委托专人操作计时器,掌控辩论过程。评委认真聆听双方辩论,详细记录过程,客观甚至不失情面地点评,指出优缺点。这个过程的设置促使评委比一般同学听得更为细致,当众点评的特点要求他们尽量客观公正,并能有自己独到的视角。

(3)有利于培养正确的竞争精神。

辩论双方抱着探讨问题的目的进行辩论,辩席上是对手,言语容貌中是相互启益的朋友。这种竞争锻炼,有利于克服同学们褊狭的立场,养成宽阔的胸怀,对于同学们养成正确的为人做事的态度有很大的帮助。因为是分班进行辩论赛,同学们的班级荣誉感很强,容易激起班级之间的对抗,造成同学关系的恶化,所以教师一定要注意防范和引导。引导同学们淡化荣誉意识,着力站在客观的立场上探讨问题,养成理性思维的习惯,懂得真正的竞争是什么。

2.从教师方面来讲

(1)教学观念的转变。

传统的"满堂灌""注入式"教学方法,已不能满足新教材和新教学的要求。教材只是一种资源,教师要应用教材,而不是教教材。教师要对教材进行二次开发和创造性利用。因此,教师必须改变传统的重知识、轻能力,重理论、轻实践,重结论、轻过程的教育观念。教学中应突出"以问题为中心的学习"教学模式,通过设计开放式问题情景,引导学生参与研究、思考和解决问题来进行学习。

(2)教师角色的新定位。

课堂辩论赛这种模式是全新的,老师完全不知道学生课前准备的具体内容,师生几乎处在同一起跑线上,学生对老师的依赖明显减弱,教师更多以一个组织者、促进者、参与者、学习者的身份参与到课堂学习活动中。教师的课前准备非常重要,犹如一个军事家要有完整的战略设想。教师对于整个课堂的设计,甚至整个学期的课程设计都要做好精心的安排。在课堂上教师又要像一个交响乐队的指挥,要能掌控全局、面面兼顾。对于学生在辩论中的出色表现要及时肯定,以激励其再学习;对于辩论中出现的技巧性、知识性的错误,教师也要及时指出和引导,但一定要注意婉转措辞,否则很容易挫伤学生的学习积极性,因为他们已经很尽力了。现代社会学生获取知识的途径很广泛,教师要放下身段,以学习者的身份积极参与辩论赛,在教学相长中不断进步。学习型社会要求教师终身学习,教师只有"善于不断学习",才能容纳学生各种创新思维的萌芽,才能有的放矢地引导学生勇敢探索,才能教会学生学习。

课堂辩论赛的教学模式,不论是从活跃课堂气氛,激活学生主动学习的热情,增加知识储备,还是提高学生各项综合能力,促进教师自身的进步,提高课堂教学实效来说,都不失为一种好的教学方式。

第八章　合理利用中华传统文化中的思想政治理论教育资源

归根结底,高校思想政治理论课以"成人"为最终目标,它培养具有扎实知识基础、优秀品德素养、良好行动能力的合格的中国特色社会主义事业接班人。作为一种典型的伦理型文化,中国传统文化中无疑有着丰富的可资当代高校思想政治理论课使用的文化资源,充分挖掘这些资源是增强我国高校思想政治理论课获得感的有效进路。

一、利用传统文化提升思想政治理论课的时代价值

(一)优秀传统文化与思想政治理论课契合的必要性

改革开放 40 多年来,通过中国人民的不懈努力和艰苦奋斗,国家整体经济总量不断飙升,人民生活不断改善。2018 年,中国 GDP 总量突破 90 万亿元,仅次于美国,位于世界第二,但外贸总量、工业产品数量、高速公路长度、高速铁路长度、高校学生数量等已高居世界第一,"超英赶美"在很多方面已经变成了现实。然而,随着改革进入深水区,各种深层次的矛盾逐渐暴露出来,道德危机、诚信危机、贪污腐败等社会丑恶现象,制约着经济的进一步发展和社会的稳定和谐。同时,在全球化、多元化的时代浪潮中,随着对外开放的日益深入,各种思想文化交流、交融乃至交锋日益频繁。面对种种挑战,是亦步亦趋地模仿他国,还是走中华民族独特的发展道路,其中关系到中华民族能否复兴、能否再创辉煌的深远问题。

对此,习近平总书记一再强调:要立足中华优秀传统文化,走具有中国特色的社会主义发展道路。传统文化作为中华民族五千年历史沉淀中形成的共同精神纽带和文化基因,是语言习惯、文化传统、思想观念、情感认

同的集中体现,主导着中华儿女的道德规范、文化思想、价值取向和精神观念。在 2013 年习近平总书记将中华优秀传统文化的时代价值概括为"讲仁爱、重民本、守诚信、崇正义、尚和合、求大同"①6 个词语,它们积淀着中华民族最深沉的精神追求,代表着中华民族独特的精神标志,是中华民族生生不息、发展壮大的丰厚滋养,是中国特色社会主义植根的文化沃土,是当代中国发展的突出优势,对延续和发展中华文明、实现民族复兴、促进人类文明进步发挥着重要作用。

文化兴则国运兴,文化强则民族强。为了重建昔日的文化自信和文化繁荣,2017 年 1 月,中共中央办公厅、国务院办公厅印发了《关于实施中华优秀传统文化传承发展工程的意见》(以下简称《意见》)。《意见》指出:深化对中华优秀传统文化重要性的认识,进一步增强文化自觉和文化自信;深入挖掘中华优秀传统文化的价值内涵,进一步激发中华优秀传统文化的生机与活力;加强政策支持,着力构建中华优秀传统文化的传承发展体系。将中华优秀传统文化传承发展工程视为建设社会主义文化强国的重大战略任务,并制定了总体目标:到 2025 年,中华优秀传统文化传承发展体系基本形成,研究阐发、教育普及、保护传承、创新发展、传播交流等方面协同推进并取得了重要成果,具有中国特色、中国风格、中国气派的文化产品更加丰富,文化自觉和文化自信显著增强,国家文化软实力的根基更为坚实,中华文化的国际影响力明显提升。②

青年兴则国家兴,青年强则国家强。为了实现传统文化传承的总体目标,《意见》明确规定:"围绕立德树人根本任务,遵循学生认知规律和教育教学规律,按照一体化、分学段、有序推进的原则,把中华优秀传统文化全方位融入思想道德教育、文化知识教育、艺术体育教育、社会实践教育各环节,贯穿于启蒙教育、基础教育、职业教育、高等教育、继续教育各领域。"③高校思想政治理论课作为帮助大学生树立正确世界观、人生观、价值观的核心课程,自然成为中华优秀传统文化教育的主阵地。事实上,在提高学生思想水平、政治觉悟、道德品质、文化素养方面,中华优秀传统文化和思

① 中共中央办公厅,国务院办公厅.关于实施中华优秀传统文化传承发展工程的意见[N].人民日报,2017-01-26(6).

② 中共中央办公厅,国务院办公厅.关于实施中华优秀传统文化传承发展工程的意见[N].人民日报,2017-01-26(6).

③ 中共中央办公厅,国务院办公厅.关于实施中华优秀传统文化传承发展工程的意见[N].人民日报,2017-01-26(6).

想政治理论课有诸多契合之处。

1. 两者都重视世界观、人生观、价值观教育

世界观解决人如何看待世界的问题；人生观解决人应该怎样度过自己的一生、什么样的人生才有意义的问题；价值观则解决如何看待价值、如何正确进行价值评价的问题。高校思政教育的核心任务是让大学生在马克思主义的指导下科学地看待世界、人生和价值，养成用联系和发展的眼光看待世界，培养甘于奉献的价值取向和人生态度。在这些方面，中华优秀传统文化都蕴含着丰富的内容。例如，习近平总书记在中央党校建校 80周年庆祝大会暨 2013 年春季学期开学典礼上，将中国优秀传统文化的精华概括为"讲仁爱、重民本、守诚信、崇正义、尚和合、求大同"。其中，"尚和合"强调的是人们如何看待世界万物，"讲仁爱""守诚信"强调的是人生态度，"崇正义""重民本""求大同"则是价值选择，它们都是培养大学生正确三观的思想源泉。

2. 两者都是德性教育

目前的高等教育法以及国家高等教育方针都指出，我们的高等教育具有社会主义性质，培养的是社会主义事业的建设者和接班人，最能鲜明地体现出这一特色的课程就是思想政治理论课。根据教育部的要求，大部分高校都专设了马克思主义学院来承担思想政治教育课的教学任务，力求通过系统的讲授，使学生掌握马克思主义立场、观点、方法等，使学生具备良好的思想政治素养和理论水平，成为中华民族伟大复兴的优质后备军。中国优秀传统文化中丰富的道德教化内容可以提供大量的资源，例如"仁者爱人""见利思义""己欲立而立人，己欲达而达人""己所不欲，勿施于人""知行合一"等理念，在引导青少年学生明辨是非、遵纪守法、坚韧豁达、奋发向上方面提供了绵绵不绝的精神动力。在思想政治理论课教学中，引入这些圣贤智慧，可以促使大学生自觉弘扬中华民族优秀道德文化，形成良好的道德品质和行为习惯。

3. 两者都是人文素质教育

人文素质教育是我国高校思想政治教育的一个重要方面，马克思主义理论本身就具备人文素质教育的内容。按照传统的理解，马克思主义理论包括马克思主义哲学、马克思主义政治经济学、科学社会主义三个部分，它们在一定程度上都属于人文学科；中国近现代史、法律基础、思想道德素养、毛泽东思想、中国特色社会主义理论体系等也都包含了很多人文学科

的内容。而中华优秀传统文化教育本身就是人文素养教育,通过思想政治理论课中对中国优秀传统文化的研习,大学生不但可以了解中国传统的哲学、伦理、政治等思想,知晓中华民族过去的精神面貌,熟悉我们的历史,同时也可以在中华优秀传统文化的熏陶下,不断提高个体的人文素养和政治素养。

因此,将中华优秀传统文化与思想政治理论课有机结合,不但可以赋予思想政治理论课丰富的思想内涵和深刻的文化底蕴,增强思想政治理论课教学的生动性与感染力,也可为传统文化的教育传播提供重要的渠道和平台。党的十九大报告指出:"中国特色社会主义文化,源自中华民族五千多年文明历史所孕育的中华优秀传统文化。"中华优秀传统文化是高校思想政治理论课教学的重要价值资源。中国特色社会主义道路是在对中华民族五千多年悠久文明的传承中走出来的,具有深厚的历史渊源和广泛的现实基础。将中华优秀传统文化引入思想政治理论课,对于引导青少年学生更加全面准确地认识中华民族的历史传统、文化积淀、基本国情,增强文化自信,养成良好的思想品德和行为习惯,弘扬爱国主义精神,自觉践行社会主义核心价值观,坚定实现中华民族伟大复兴中国梦的理想信念,等等,都具有重大而深远的现实意义,进而也可以增强大学思想政治教育的实效性和大学生政治素质的获得感。反过来,4门高校思政理论课作为所有大学生的必修课,也为中华优秀传统文化的传播和创新提供了基础平台和优良载体。从课程设置顺序来看,大学生入学后按照大纲依次学习"基础""纲要""概论""原理"课,从与大学生生活息息相关的道德法律开始,慢慢过渡到比较抽象的政治哲学等内容,符合大学生思维养成的一般规律和特点,有利于学生理解和吸收教学内容,并内化为自己的思想体系和价值观念。从教学内容来看,思想政治理论课程体系涉及哲史政法等多个领域,涵盖思想、政治和道德品质教育等诸多方面。将中华优秀传统文化与思想政治理论课教学内容进行融合,既能培育学生内在的知、情、信、义等品质,又能加深和巩固大学生对中华优秀传统文化的认同,激发其接受传播并进行创新转化的历史使命感和责任感。

(二)优秀传统文化融入思想政治理论课的指导原则

《国家中长期教育改革和发展规划纲要(2010—2020年)》中指出,高等教育人才培养总体目标是培养"信念执着、品德优良、知识丰富、本领过硬的高素质专门人才和拔尖创新人才"。高校教育运用一定的思想观念、政治观点、道德规范、价值导向,对学生施加有目的、有组织、有计划的影响,使其形成符合社会要求的政治信仰、思想品德的社会实践活动。在教育内容上,包括马克思主义信仰教育、理想信念教育、职业道德教育、心理健康教育、诚信教育、人文精神教育、社会主义核心价值观教育等。对此,中华优秀传统文化可以提供丰富的"精神支撑"。

但传统文化在5000多年历史积淀中浩如烟海、纷乱驳杂,何谓优秀?又有哪些可为当代所用?这就需要对其进行分析、判断、鉴别和改造。正如习近平总书记所说:"传统文化在其形成和发展过程中,不可避免会受到当时人们的认识水平、时代条件、社会制度的局限性的制约和影响,因而不可避免会存在陈旧过时或已成为糟粕的东西。这就要求人们在学习、研究、应用传统文化时坚持古为今用、推陈出新,结合新的实践和时代要求进行正确取舍,而不能一股脑儿都拿到今天来照套照用。"而"精华"与"糟粕"的区分方式就是利用马克思主义的基本立场、观点和方法去梳理中国传统文化。在这过程中,高举中国特色社会主义伟大旗帜,全面贯彻党的十八大和十八届三中、四中、五中、六中全会精神,坚持以马克思列宁主义、毛泽东思想、邓小平理论、"三个代表"重要思想、科学发展观、中国特色社会主义理论体系为指导,深入贯彻习近平总书记系列重要讲话精神和治国理政新理念、新思想、新战略,紧紧围绕中华民族伟大复兴的中国梦,深入贯彻新发展理念,坚持以人民为中心的工作导向,坚持以社会主义核心价值观为引领,坚持创造性转化、创新性发展,坚守中华文化立场、传承中华文化基因,不忘本来、吸收外来、面向未来,汲取中国智慧、弘扬中国精神、传播中国价值,不断增强中华优秀传统文化的生命力和影响力,创造中华文化新辉煌。①

传统文化需要甄别,将优秀传统文化融入高校思想政治理论课,也需要坚守一定的原则。

1.方向性原则

方向性原则强调的是必须始终以马克思主义的正确方向为导向。高校思想政治理论课是对大学生进行思想政治教育的主渠道和主阵地,肩负

---

① 中共中央办公厅,国务院办公厅.关于实施中华优秀传统文化传承发展工程的意见[N].人民日报,2017-01-26(6).

着学习、研究、宣传马克思主义的重要使命,在教学过程中教师始终不能偏离这一轨道。因此,在把中华优秀传统文化的诸多元素和内容融入思想政治理论课堂教学的过程中,必须旗帜鲜明地坚持以马克思列宁主义、毛泽东思想、邓小平理论、"三个代表"重要思想、科学发展观和中国特色社会主义理论体系为指导;必须坚定不移地运用马克思主义的立场、观点和方法,保持社会主义文化的先进性、方向性;必须客观地评价传统文化,使大学生进一步坚定马克思主义信仰,成为中国特色社会主义事业的合格建设者和可靠接班人。

2. 继承与批判相统一的原则

所有文化的发展都是一个漫长的沉淀过程,每个人都自觉不自觉地生活在传统的掌心中,正如马克思所指出的,人们是在过去承继下来的条件下创造自己的历史的。因此,在高校思想政治理论课教学中继承中华优秀传统文化,也就是在维系中华民族的精神命脉,对大学生形成共同的思想认识和价值观念具有重要的价值。同时,世界上的任何一种文化都产生于特定的历史条件,具有鲜明的时代特点,都是当时自然条件和社会历史条件的产物,具有不可避免的历史局限性。因此,对待中华优秀传统文化,应以时代发展的内在要求为客观依据,批判地继承,实事求是地评价传统文化,使之与中国化的马克思主义理论有机融合,与当代中国社会发展的实际相适应。

3. 与时俱进、开拓创新的原则

中华优秀传统文化要保持生机和活力,在高校思想政治理论课堂上实现思想政治教育功能,不仅需要在批判中继承,更需要与时俱进不断创新。中共中央在《关于进一步加强和改进大学生思想政治教育的意见》中指出,改进大学生思想政治教育要"坚持继承优良传统与改进创新相结合。在继承党的思想政治工作优良传统的基础上,积极探索新形势下大学生思想政治教育的新途径、新办法"。在创新过程中,必须一方面坚持以马克思主义为指导,有力推进传统文化的现代化,以丰富多样的形式让青年学生感受到传统文化与现代生活并无不可跨越的鸿沟;另一方面,必须以开放的视野和博大的胸怀,立足全球,海纳百川,努力实现中华优秀传统文化和其他国家民族优秀文化的有机融合,在吸收其他优秀文化成果的同时,促进中华优秀传统文化在现代社会的创新发展,丰富高校思想政治理论课教育内容,增加广大青年学生对传统文化的亲切感。

4.与大学生的成长成才相适应原则

中华优秀传统文化博大精深,滋养了一代又一代中华儿女高雅的精神品质和审美情趣。大学生要真正成为担当民族复兴大任的时代新人,不仅要掌握一定的专业本领,更应该有理想、有情怀、有担当。将中华优秀传统文化融入高校思想政治理论课,应当着眼于提升大学生的人文素养,促进其全面发展。人文素养包括文化知识素养、思维方式、价值观等个性品格。例如,中华优秀传统文化中的民族精神能够增强大学生的民族自信心;诸子百家的"百家争鸣"和思辨精神传统,有利于培养大学生学术自由和独立精神;勤俭、博爱、慎独等道德规范和"仁、义、礼、智、信"的道德体系,有利于培养大学生的高尚品德,提升其道德境界;"苟日新,日日新,又日新"的求变思想,能激励大学生勇做时代的开拓者。只有将与大学生成长成才紧密相关的优秀传统文化内容融入高校思想政治理论课,大学生才能养成健全的人格,坚定中华民族文化自信和底气,在从容和快乐中真正成为时代和社会发展所需要的高素质人才。

总之,高校思想政治理论课人才培养的目标非常明确,就是培养能担当民族复兴大任的时代新人,为中国特色社会主义事业输送合格的建设者和接班人。中华优秀传统文化要融入高校思想政治理论课,就必须紧密结合思想政治理论课立德树人的特点,对中华优秀传统文化进行概括提炼、突出重点。首先,应当把理想信念摆在首位。理想信念是大学生思想政治教育的核心内容。要引入中华优秀传统文化中丰富的理想信念观和相关故事,积极引导大学生不断追求更高目标,让当代青年确立在党的领导下坚定不移地走中国特色社会主义道路,为实现中华民族伟大复兴的中国梦而奋斗终身的理想信念。其次,要强调爱国主义情怀。作为民族精神的核心,爱国主义具有极大的凝聚力和生命力。引入中华优秀传统文化必须强调爱国主义情怀,唤起大学生强烈的责任感和使命感。最后,应当突出道德情操的引领。中华优秀传统文化是以伦理道德为基础的文化,其道德核心"仁、义、礼、智、信"是对社会主义道德建设的有力补充。中华优秀传统文化融入高校思想政治课,需注重培养大学生的高尚道德情操,提升其道德境界。新时代大学生要自觉从中华优秀传统文化中汲取营养,切实加强道德修养,不断提高认识、陶冶情操、锤炼意志、提升境界、打牢防线、坚守底线。将中华优秀传统文化的精髓有机地融入思想政治理论课,可以丰富思想政治理论课的感性内容,增强思想政治理论课的人文底蕴与历史内涵,提升思想政治理论课的教学效果。

(三)优秀传统文化融入思想政治理论课的主要内容

中华优秀传统文化是中华民族语言习惯、文化传统、思想观念、情感认同的集中体现,凝聚着中华民族普遍认同和广泛接受的道德规范、思想品格和价值取向,具有极为丰富的思想内涵。加强对青少年学生的中华优秀传统文化教育,要以弘扬爱国主义精神为核心,以家国情怀教育、社会关爱教育和人格修养教育为重点,着力完善青少年学生的道德品质,培育其理想人格,提升其政治素养。

中华优秀传统文化之所以能够绵延数千年,拥有顽强的生命力,原因就在于其核心价值为社会发展提供了绵延不绝的精神动力。2017年《关于实施中华优秀传统文化传承发展工程的意见》对可以传承的传统文化主要内容提出了导向性建议,主要包括思想理念、传统美德、人文精神三个方面。思想理念指中华民族在修齐治平、尊时守位、知常达变、开物成务、建功立业过程中培育和形成的基本思想理念,如革故鼎新、与时俱进的思想,脚踏实地、实事求是的思想,惠民利民、安民富民的思想,道法自然、天人合一的思想等,可以为人们认识和改造世界提供有益启迪,可以为治国理政提供有益借鉴。传承发展中华优秀传统文化,就要大力弘扬讲仁爱、重民本、守诚信、崇正义、尚和合、求大同等核心思想理念。中华传统美德包括天下兴亡、匹夫有责的担当意识;精忠报国、振兴中华的爱国情怀;崇德向善、见贤思齐的社会风尚;孝悌忠信、礼义廉耻的荣辱观念;体现与评判是非曲直的价值标准,它们潜移默化地影响着中国人的行为方式。传承发展中华优秀传统文化,就要大力弘扬自强不息、敬业乐群、扶危济困、见义勇为、孝老爱亲等中华传统美德。中华优秀传统文化中还积淀着多样、珍贵的中华人文精神,如求同存异、和而不同的处世方法;文以载道、以文化人的教化思想;形神兼备、情景交融的美学追求;俭约自守、中和泰和的生活理念等。这些是中国人民思想观念、风俗习惯、生活方式、情感样式的集中表达,滋养了独特丰富的文学艺术、科学技术、人文学术,至今仍然具有深刻影响。传承发展中华优秀传统文化,就要大力弘扬促进社会和谐、鼓励人们向上向善的思想文化内容。①

---

① 中共中央办公厅,国务院办公厅.关于实施中华优秀传统文化传承发展工程的意见[N].人民日报,2017-01-26(6).

1. 核心文化理念

习近平总书记在中共中央政治局第十三次集体学习时,将中华优秀传统文化概括为"讲仁爱、重民本、守诚信、崇正义、尚和合、求大同"①六个方面。其中,"仁爱"是其内核,"民本"是其基础,"诚信"是其规范,"正义"是其尺度,"和合"是其价值,"大同"是其理想,它们之间既相互独立,又相辅相成,构成了一种由内到外、从体至用的逻辑关系和有机体系。挖掘其中的内涵,不但可以夯实大学生中国特色社会主义思想信念,还可以为中国现代化发展提供民族生命力、凝聚力和创造力,保持中华民族文化精神的主体性和传承性。

(1)讲仁爱。在《论语·颜渊》中,孔子首提"仁者,爱人",开创了中国儒家道德学说"仁学"的先河。践"仁"的方法包括"忠恕之道"——"己欲立而立人,己欲达而达人"(《论语·雍也》)和"己所不欲,勿施于人"(《论语·卫灵公》)。孟子继而提出"爱人者,人恒爱之"(《孟子·离娄下》)、"老吾老以及人之老,幼吾幼以及人之幼"(《孟子·梁惠王上》)的观点,通过"推己及人"的方法把爱人的范围从家庭血亲拓展到普通他人。为了证明"仁爱"的合理性,孟子还提出了著名的"性善论":人禽之别就在于"人皆有不忍人之心"(《孟子·公孙丑上》),人先天就具有"善之四端"——恻隐、羞恶、辞让、是非之心,它们形成了"仁、义、礼、智"四德,彰显出人类个体的神圣性。将这种"仁爱"思想推广到国家层面,孟子又创造性地提出了"仁政"思想——"民为贵,社稷次之,君为轻"(《孟子·离娄上》),强调人民在国家政治体系中的重要地位。宋明时期,张载在《西铭》中又提出了"民吾同胞,物吾与也"的主张,将仁爱思想由自然小家庭扩展至宇宙乃至整个世界,超越了人类中心主义,肯定了每个成员(包括人和物)存在的价值,达到了人与人、人与万物的和谐之境。在中西文化大碰撞的近代,谭嗣同、康有为、梁启超、孙中山等先哲们对"仁"德中所蕴含的差等之爱进行剥离,赋予"仁"以"博爱"的内容,打破了中外、等级、男女及自我的界限,实现了国家、贵贱、男女、人与人之间真正的平等。这就使得传统的"仁"拥有了现代多元化的表现形式,在伦理上是博爱、慈惠、厚道、能恕,在感情上是恻隐、不忍、同情,在价值上是关怀、宽容、和谐、和平,在行为上是互助、共生、扶弱、爱护生

---

① 习近平.把培育和弘扬社会主义核心价值观作为凝魂聚气强基固本的基础工程[N].人民日报,2014-02-26(1).

命等。

儒家的"仁爱"理念,不但充分体现了人道主义精神,具有普遍性的人类价值,也可以为大学生道德人格的塑造提供有益资源。其一,"仁者爱人"可具体转化为"爱人民,为人民"的精神内涵,积极提倡尊重人、关心人、热爱集体、热心公益、扶危济困的为人民服务思想和集体主义精神。其二,"仁爱"所内含的"忠恕之道",可成为有效调节自我与他人关系的一项道德准则。通过推己及人的方法,由己之心去理解、推知他人之心;由己之欲去理解、推知他人之欲,最终将己之爱推及他人,实现对他人的爱、与他人的和谐相处。其三,"仁者爱人"的利他意识落实到行动上则表现为"助人为乐"。仁者对他人的同情关切以及爱护奉献均是出于"爱"的情感,这是一种纯粹的利他意识。我国自古便有"君子成人之美""博施济众"的优良传统,与"助人为乐"有异曲同工之妙。其四,将"仁爱"终及自然万物,从而达到"爱物"的层次,具体可转换为爱护公物、保护环境等道德规范。对社会共同劳动成果的珍惜与爱护、对生态环境的保护,不仅关系到个人的道德修养水平,更关系到人民的福祉与未来,是生而为人应尽的责任与义务。

(2)重民本。"民为邦本,本固邦宁"(《尚书·夏书·五子之歌》),百姓是国之根本,只有根本稳固,国家才能得以安宁。作为中国传统文化极为重要的思想资源,它萌芽于殷周,形成于春秋战国,发展于汉唐,成熟于明清,在 2000 多年的历史积淀中,留下了大量的思想论述,成为当代执政为民的思想源泉。孟子在孔子"仁者爱人"的基础上,提出了"民为贵,社稷次之,君为轻"(《孟子·尽心下》)的著名思想,把民本思想提升到治国理念的高度,成为两千多年开明统治者维护统治的座右铭。荀子继续张扬和凸显人民群众的主体价值,并把君民关系比喻成舟与水的关系:"君者,舟也,庶人者,水也。水则载舟,水则覆舟。"(《荀子·王制》)西汉贾谊提出"夫民者,万世之本也""国以民为本,社稷亦为民而立"。(《贾谊〈新书〉卷九·大政上》)唐太宗李世民认为"君依于国,国依于民"(《资治通鉴》卷一九二),进而强调"凡事皆须务本,国以人为本"。(《贞观政要·务农》)朱熹指出"天下之务莫大于恤民"(《宋史·朱熹传》)。明末清初王夫之强调"君以民为基……无民而君不立"(《王夫之·周易外传》卷二)。"民本"思想的集大成者——明朝的黄宗羲更是直接提出了"天下为主,君为客"的说法。"民本"思想虽是统治者驭民的权术,但也体现了一种治国安邦的理念,在实践中促使其采取一定的宽政惠民、厚生利民、除暴安民、济世助民等具体措施,是古代政治思想的精华。到了近代，在西方文化的冲击下，这一理念仍然被继承下来，并表现出新的形式。最具代表性的当推孙中山先生提出的"三民主义"——民族、民权、民生，其中，以民生最为基础和核心。

曾担任美国副总统的西方政治家亨利·华莱士曾说："中国哲学和国民心习之趋向民治，对于西洋政治哲学有重大的影响，美国建国时期，贤哲之士，倡导革命，奠定宪政，其信仰与作风，虽云直接得之于欧洲，实为间接取之于中国。"①可见传统"民本"思想影响之巨，对其进行现代转化后，依然可以成为当下所倡导的社会主义民主价值观的思想源泉和文化基础。与传统"民本"不同，在人民民主的社会主义国家里，人民是国家的主人，人民的幸福生活是政治的终极诉求。无论是全面建成小康社会，抑或是实现"两个一百年"的奋斗目标，还是实现中华民族的伟大复兴，最终都指向人民群众的幸福生活。党的十八大以来，"以人民为中心"成为党和国家重要的执政方针。无论是将人民视为根本，还是将人民视为中心，二者的出发点和落脚点都在于不断实现和保障人民的物质文化和精神需求。从这一点出发，在"民本"与"以人民为中心"之间，可以找到历史与现实的共鸣之处。继承和弘扬传统"民本"思想中的先进性内容，对于鼓励大学生践行社会主义民主价值观和建设发展中国特色社会主义民主政治具有重大的推动意义。

（3）守诚信。自古以来，中国就有"父子有亲、君臣有义、长幼有序、夫妻有别、朋友有信"（《孟子·滕文公上》）的说法，"诚信"作为"仁、义、礼、智、信"五常之一，是中华民族公认的价值标准和基本美德，被视为"立人之道""立国之本"，发挥着规范人们行为、维系社会秩序的重要功能。其中，"诚"最初出现在现存最早古籍《尚书·太甲》中——"鬼神无常享，享于克诚"②，是上古时期人民对待神灵的朴素情感。在《大学》《中庸》中开始具有社会意义及现实意义。首先，"诚"是社会之人的一种德行规范，着重于自律和内在修养——"所谓诚其意者，毋自欺也"（《大学·传第六章》）。其次，"诚"是实现政治抱负的基础："古之欲明明德于天下者，先治其国；欲治其国者，先齐其家；欲齐其家者，先修其身；欲修其身者，先正其心；欲正其心者，先诚其意；欲诚其意者，先致其知；致知在格物。"（《大学·经一章》）"诚"是"内圣外王"的中介和桥梁。再次，"诚"还是万物运行的规律，是宇宙的本体和运行法则："诚者，天之道也；诚之者，人之道也。"（《中庸·第二十章》）只有

---

① 金耀基.中国民本思想史［M］.北京：北京法律出版社，2008：7.
② 李学勤.尚书正义：十三经注疏标点本［M］.北京：北京大学出版社，1999：213.

"反身而诚"达到至诚境界，人们才能发挥他人和万物的本性，实现天人合一的追求。以天道说人道，是中国传统伦理的重要特点，也是人道神圣性、权威性和真理性的来源。相比于"诚"的内在自觉，"信"则注重外在规范。如孔子所说，"人而无信，不知其可也"（《论语•为政》），"与朋友交，言而有信"（《论语•学而》），"恭、宽、信、敏、惠"（《论语•阳货》）。"信"为"五德"之一，老子也说"信不足，安有信。犹呵，其贵言也"（《道德经•第十七章》），墨子也有"言不行者行不果""行不信者名必耗"的说法。正是因为"诚""信"具有内在一致性，"诚信"一词才经常连用并逐步被社会接受和认可。

经过历代贤哲的论述和阐发，诚信作为个体行为规范和道德修养原则，已积淀在中华民族的文化基因中，时至今日，依然可以发挥对自我的约束作用。但也应该看到，儒家诚信思想的本质属于道德伦理，其对于社会关系的调节主要以个人的价值理念以及周边的舆论压力来形成影响力，并不会为任何个体带来强制约束力。而现代人利益往来中，公平、正义、平等、自由等已成为现代诚信思想的前提和社会现实条件。现代诚信的根本精神是要求人们尊重客观规律，建立公正、合理的制度，树立求真、求实的精神，坚持实事求是的思想与实践路线。因此，在强调诚信道德的个体修养时，必须要发挥制度的约束力，让诚信成为大部分人的精神追求和行为准则。习近平总书记也说，要把诚信作为现代社会文明之基，不仅要弘扬传统的"诚信"美德，更要大力推进以个人为基础、企业为重点、政府为关键的现代"信用"建设。"经济发展史表明，在本来不认识的人之间建立相互之间的信任关系是交易范围和经济发展的关键。而制度（Institutions）作为博弈的规则（Rules of Games），是建立和维持人们之间信任的关键。"[1]将传统诚信价值理念转化为现代道德规范、信用制度和文化理念的集合。

（4）崇正义。保证个人权利与义务对等的制度正义和给予每个人应得之物的德行正义是现代对正义的认知，但在中国传统社会中，对正义的定位和思考独具特色。与正义相对应的传统理念是"义"。作为中华民族核心价值观的精髓之一，"义"的最基本含义是人的应有之义，是人之所以为人的必备要素。孔子讲"君子喻于义，小人喻于利"（《论语•里仁》），主张"见利思义"。孟子主张"舍生取义"，强调"义，人之正路"（《孟子•离娄上》）。"正义"一词连用则首推荀子——"不学问，无正义，以富利为隆，是俗人

---

①　张维迎.法律制度的信誉基础[J].经济研究,2002(1):3-13＋92.

者也",用"正"修饰"义",指正直地循义而行才是合乎道德原则的行为。《中庸》说:"义者,宜也。""宜"指人与人之间关系的"合适""适宜"。落实到伦理实践中表现为"五伦",即"为人君,止于仁;为人臣,止于敬;为人子,止于孝;为人父,止于慈;与国人交,止于信"(《大学·传》),其中的"仁、敬、孝、慈、信"等诸善观念就是儒家的应然之义,或者说是儒家的正义原则。"居仁由义"(《孟子·尽心上》),在日常行为中则表现为坚守"忠恕之道"的总原则。"忠道"指"己欲立而立人,己欲达而达人","恕道"强调"己所不欲,勿施于人",它们既相互独立,又互为补充。相比之下,"不伤害他人"的"恕道"是绝对性原则,是为人底线,具有优先性;而"积极帮助他人"的"忠道"则是仁爱精神的表现,是人们自我修养的目标。在正义制度的建构和执行方面,传统的正义论则表现为"执中"理念,《尚书·大禹谟》载"人心惟危,道心惟微;惟精惟一,允执厥中",构建起了中国古典正义思想的理论雏形。

由上观之,可以说,"人道为大""仁道为本"是儒家古典正义论的价值基础和核心内涵,"中正无偏""由中致和"是儒家古典正义论的实践途径。这一正义理念在维护中国两千多年来社会秩序安定、文明延续发展过程中发挥着重要作用,也是当下公平正义制度建构和理念激发的文化资源。习近平总书记多次强调,社会主义正义的核心要求是保证人民平等参与、平等发展的权利:"生活在我们伟大祖国和伟大时代的中国人民,共同享有人生出彩的机会,共同享有梦想成真的机会,共同享有同祖国和时代一起成长与进步的机会。"①也就是说,作为社会主义核心价值观的公平正义,让每个人都能共享自由、平等、权利、善、幸福和秩序,这是建设和谐社会、实现中国梦的内在要求。为此,还需要"逐步建立以权利公平、机会公平、规则公平为主要内容的社会公平保障体系,努力营造公平的社会环境,保证人民平等参与、平等发展权利"②。古语云,"大道之行也,天下为公""夫有公心必有公道,有公道必有公制",以制度来保证全体国民共享社会主义建设的美好成果。

(5)尚和合。"和合"一词最早出自《国语·郑语》:"商契能和合五教,以保于百姓者也。"最初的含义是协调各种关系、综合治理国家的方式。从

---

① 习近平.习近平在第十二届全国人民代表大会第一次会议上的讲话[M].北京:人民出版社,2013:5.

② 胡锦涛.坚定不移沿着中国特色社会主义道路前进 为全面建成小康社会而奋斗——在中国共产党第十八次全国代表大会上的报告[M].北京:人民出版社,2012:14.

《国语》提出的"和合"范畴到老子"知和日常"、孔子"和而不同""和为贵"的理念,"和合"是中国思想文化中被普遍接受和认同的人文精神,它横摄于各个时代各家各派的思想文化之中,不但贯穿于中华文化的整个发展进程,还渗透于中华民族思想、实践的各个方面,是中国传统思想中最富生命力的文化内核,也是古往今来中国治国理政的核心智慧。习近平总书记顺应和平与发展的时代主题,对传统"和"文化内涵做了进一步发掘和阐发:"'和'指的是和谐、和平、中和等,'合'指的是汇合、融合、联合等。'和合',就是指对立面的相互渗透和统一,而且,这种统一是处于最佳状态的统一,对立的双方没有离开对方而突出自己。"①将"和合"思想提升为当今中国处理个体与群体之间、国家与国家之间、自然与社会之间关系的指导原则。对"和合"具体内容的阐释则体现在习近平总书记2014年5月15日在中国国际友好大会暨中国人民对外友好协会成立60周年纪念活动的发言中:中华文化崇尚和谐,中国"和"文化源远流长,蕴含着天人合一的宇宙观、协和万邦的国际观、和而不同的社会观、人心和善的道德观。"和合",不但是当代中国和平崛起的文化基础,对化解当代中国与世界的危机和冲突也具有重要的实践价值。

"和合"理念是中华民族先贤在实践中孕育的智慧结晶,深刻地影响了人们的处世原则和交往理念,塑造了中华民族热爱文化、追求和平的民族个性。以德服人、以文化人的行为模式,在中华民族深厚的文明积淀和历史传承中,创造出一套有别于他国的天下体系文明观——各美其美、美美与共的交往观,作为文化因子深深积淀在中华民族深层次的文化心理结构中,进而成为一种影响中华文明的文化基因,是中华文明对人类做出的杰出贡献。它不仅是中华文明走向伟大复兴的精神根基,也是21世纪人类化解危机、走出生存困境的重要精神资源。其中所蕴含的"以和为贵""以和邦国""和而不同""和实生物"的理念以及追求"人和、家和、国和、天下和"的美好愿景,不但可以促进世界的统一性、社会的多样性和人类的共生性,也可以为"人类命运共同体"的建构提供重要的逻辑前提和深厚的文化基因。

(6)求大同。"大同"是历代中华儿女耳熟能详的一个古老词汇,它来源于《礼记·礼运》:"大道之行也,天下为公,选贤与能,讲信修睦。故人不

---

① 习近平.干在实处 走在前列——推进浙江新发展的思考与实践[M].北京:中共中央党校出版社,2016:292-293.

独亲其亲,不独子其子,使老有所终,壮有所用,幼有所长,鳏寡孤独废疾者皆有所养。男有分,女有归。货恶其弃于地也,不必藏于己;力恶其不出于身也,不必为己。是故谋闭而不兴,盗窃乱贼而不作,故外户而不闭。是谓大同。"虽然只有短短 107 个字,却涉及了政治制度、为政方略、人际关系、性别分工、财富观念、社会秩序 6 个方面。可以说是以儒家思想为主体,吸纳了道、墨、兵、法及杂家等众多思想学派的智慧结晶,可以说是中国古代历史上最完整、最系统和最具空想色彩的社会政治理想,反映了中华儿女对以公有制为基础的"大同"社会的热切向往和孜孜追求。经过历代仁人志士的不断阐发,"大同"成为中华民族世代憧憬的美好社会的代名词。一部五千多年的中国历史,就是中华民族生生不息、不懈追求"大同"的"追梦史"。

今天,习近平总书记吸取了"天下太平、共享大同"的传统智慧,提出了更符合当下人民群众利益的"大同"新理念。进入 21 世纪后,古老的中华"大同梦"再度被唤起,实现中华民族伟大复兴的"中国梦",已成为中华民族不懈追求的伟大梦想。同时,它也是构建"人类命运共同体"的思想资源。儒家大同理想的追求提倡人类的和平共处,强调共同进步,这与当今世界的发展主题和人类命运共同体的建设一脉贯通。因此,在 21 世纪的今天,大同思想仍然可以熠熠生辉,发挥其塑造个体和民族核心价值的积极作用。或者说,人类命运共同体概念的提出,就其价值追求而言,正是对儒家大同思想的继承发扬。以"和谐相处、合作共赢、和平发展"为构建人类命运共同体的核心原则,与儒家"仁者爱人""天下为公"的思想有着紧密的联系。中国坚定不移走和平发展道路,中国也希望世界各国都走和平发展道路,世界各国也应把和平发展的理念落实到各自的政策和行动之中。因此,国际社会应该携手努力,一起来维护世界和平、促进共同发展。只有这样,和平才有希望,发展才有可能。

2. 中华传统美德

(1)高尚的道德人格。中华优秀传统文化是伦理型文化,"修身、齐家、治国、平天下"的育人目标内涵丰富。习近平总书记曾多次引用"修其心,治其身,而后可以为政于天下",来强调自身修养的重要性。传承发展中华优秀传统文化,就要大力弘扬自强不息、敬业乐群、扶危济困、见义勇为、孝老爱亲等中华传统美德。具体来说,表现在以下五个方面。

其一,具有文明诚信、仁爱友善的品质。"文明"即人与人以礼义相处,言则温文尔雅,行则彬彬有礼,不尚暴力,不屈强权。"诚信"即诚实守信,"诚实"就是执事以敬,待人以诚;"守信"即"坚守自己的良知和担当,守住道德底线"。"爱人者,人恒爱之;敬人者,人恒敬之。"大学生要仁爱有德、与人为善,将"育善心、出善言、行善道"作为自己的行为准则。

其二,养成宽和待人、感恩师长的德行。宽和待人是一种与人交往时的尊重、理解和体谅,是一种互相关爱、志趣相投和道义相勖。大学生要"多一些宽容,少一些愤世嫉俗",学会感恩父母、老师、同学和社会,知恩图报,走出自我、关注社会、奉献公益、收获快乐。

其三,胸怀勇于担当、为民尽责的抱负。宋朝张载有云:"为天地立心,为生民立命,为往圣继绝学,为万世开太平。"范仲淹云:"先天下之忧而忧,后天下之乐而乐。"大学生应以天下兴亡为己任,承担起国家的进步、文明的提升、民族的富强大任,从自己做起,从当下做起。

其四,肩负弘法守则、佑启乡邦的责任。大学生要做爱国守法、弘扬与遵从社会公德和社会准则的表率。在履行公民义务或行使公民权利时,大学生要爱国守法、遵守社会规则,并且"敢于与违法违纪行为做斗争";更重要的是要秉承"格物、致知、诚意、正心、修身、齐家、治国、平天下"的立德修身之道,以"研究学术、造就人才、佑启乡邦、振导社会"为己任。

其五,崇尚自由平等、公平正义的精神。大学生应发扬"崇尚自由、张扬个性"的传统,"常怀独立之精神与自由之思想"。同时,要具有天下为公、人人平等的情怀,一方面,笃行"己所不欲,勿施于人"的做人准则,平等视人、待人;另一方面,应"克己奉公、维护公益、做事公允",把公平正义作为自己永远的价值追求,使自己成为维护社会公平正义的卫士。

(2)爱国主义传统。中华民族在历史上一直坚持不懈地进行着顽强的民族斗争,并在民族斗争过程中形成了深厚的爱国主义情怀。习近平总书记也一再强调,爱国是人世间最深层、最持久的情感,是一个人立德之源、立功之本。通过深化爱国奋斗精神的研究和阐释,总结提炼改革发展历史中的爱国奋斗精神元素,不断凝练新时代爱国奋斗精神的文化内涵和时代意义,引导广大学生弘扬爱国主义精神,把个人理想融入国家发展伟业,增强对党和国家奋斗目标的思想认同、情感认同、价值认同。

其一,具有国家意识,自觉捍卫国家利益。爱国是公民的第一天职。大学生承载着国家的未来、民族的希望,所以要把自己的人生价值主动融入民族振兴和国家进步之中,成为国家的栋梁、社会的中坚,肩负起中华民族伟大复兴的重任。换言之,大学生要自觉维护国家尊严和利益,做"公忠坚毅、担当大任、主持风气、转移国运的人才";坚决维护国家稳定和民族团结,坚决反对分裂。

其二,树立文化自信,弘扬优秀传统文化。大学生要铭记历史、坚守传统。一方面,要多研读中国传统文化经典,体悟儒家的"拿得起",道家的"看得开"和佛家的"放得下",树立民族文化的自豪感与自信心;另一方面,要弘扬传统文化中的"传道济民、爱国务实、经世致用、兼容并蓄"的优秀基因,在风云变幻的国际社会和全球化潮流中不迷失自我、不被功利和浮躁所诱惑。

其三,拥护中国共产党,践行社会主义核心价值观。这是每个大学生必须坚持的原则与必须履行的义务。为此,大学生须坚守社会的核心价值理念,弘扬中国特色社会主义核心价值观,且有忠于党、忠于人民的政治觉悟。当代大学生是中华民族伟大复兴的主力军、中华民族的梦之队,诚如梁启超所言:"崇德修学,勉为真君子,异日出膺大任,足以挽既倒之狂澜,作中流之砥柱。"

其四,要有国际视野。首先,要尊重世界多元文化。大学生要做具有全球化视野的世界公民。大学承担着让中国了解世界、让世界了解中国的责任,大学生应"始终瞄准世界之巅、国本之需",避免管窥之见,做到海纳百川。大学生应尊重世界多元文化的多样性与差异性,学会包容和欣赏地球村中的各种文化。其次,理解人类命运共同体,积极参与跨文化交流。大学生应积极参与跨文化交流,不仅要学习国际领先的科学文化知识,参与世界各个领域的高端研究,更要走在探求未知的最前沿,成为现代化进程的引领者、全球化时代的领导者,并能融汇不同文化之长,创造更具生命力的文化。

(四)中华优秀传统文化与思想政治理论课程的融合策略

高校思想政治理论课主要设置了4门主干课程,它们的基本内容都是马克思主义中国化的理论。其中,"概论"是马克思主义中国化的理论成果,"基础""纲要"2门课程是马克思主义中国化理论成果的运用,而"原理"从本质上说就是中国化的马克思主义,是运用中国语言、中国经验写就的马克思主义的基本立场、原则和方法,结合了中国优秀传统文化对中国革命和建设实践的解读。因此,在将中华优秀传统文化引入高校思想政治理论课的过程中,可以结合各门课的特点,各有侧重,进行有机融合。

1. 中华优秀传统文化与"原理"课的融合

"原理"课是对马克思主义哲学基本原理的介绍。马克思主义要想真正发挥效用,就必须和中国具体实践相结合。早在 1942 年,毛泽东在《如何研究中共党史》中就指出,我们要把马、恩、列、斯的方法用到中国来,在中国创造出一些新的东西。所谓"新的东西",就是"让马克思主义说中国话",将马克思主义的基本原则、立场、方法和中国的实际状况结合起来,创造出符合中国特色社会主义实践的马克思主义理论。在这过程中,中华优秀传统文化是马克思主义中国化的重要理论源头,是马克思主义中国化生根发芽、长出"中国特色"的"土壤""营养液"和"生根剂"。要想让学生真正理解马克思主义,可以借助中华优秀传统文化的注解和支撑。

例如,在讲解"社会主义从空想到科学的发展"专题时,可引入传统的"大同"思想。《礼记·礼运》说:"大道之行也,天下为公,选贤与能,讲信修睦。故人不独亲其亲,不独子其子,使老有所终,壮有所用,幼有所长,鳏寡孤独废疾者皆有所养。男有分,女有归。货恶其弃于地也,不必藏于己;力恶其不出于身也,不必为己。是故谋闭而不兴,盗窃乱贼而不作,故外户而不闭,是谓大同。"这一理想社会蓝图一直绵延到近代,被康有为、孙中山进一步阐发。在《大同书》中,康有为吸收了欧洲空想社会主义、资产阶级民主主义和达尔文的进化论,构建了一个"大同之世,天下为公,无有阶级,一切平等"的理想世界。孙中山则以"天下为公"为一生的追求目标,在《三民主义》中提出,"真正的三民主义,就是孔子所希望之大同世界",主张通过"民有""民治""民享"实现"公天下"的目标。毛泽东扬弃了传统"大同"理想中的空想成分,创造性地提出"经过人民共和国到达社会主义和共产主义,到达阶级的消灭和世界的大同"。可见,"大同"理想和共产主义之间既有空想与科学之分,同时也存在明显的文化延续,正如钱穆所言:"今天西方人所想象和追求的社会主义和共产主义……正是小戴《礼记·礼运篇》里所揭举的大同世界之理想所追求的。"中华传统文化和马克思主义在社会发展目标上的共同追求,使得马克思主义在传入中国后获得越来越广泛的社会认同。将传统"大同"理念引入教学中,不但可以让学生了解古代先哲对理想社会的美好追求,也可以让他们更好地认同中国共产党人伟大的社会主义实践,激发起他们浓厚的民族自豪感和自信心,让他们自觉承担起民族复兴的历史大任。

在讲授"唯物主义的历史发展"时,可以引入中国古代哲学中代表性的观点。例如,荀子的"形具而神生"、王充的"天地合气,万物自生"、范缜的"神即形也,形即神也。是以形存则神存,形谢则神灭也"、张载的"太虚不能无气,气不能不聚而为万物"、王夫之的"气者,理之依也",这些命题都是传统社会中物质第一性、意识第二性的朴素唯物主义思想的反映。融入这些内容能让学生感受到,在世界观上马克思主义和中国传统哲学一脉相承,但也要提醒同学马克思主义的辩证唯物主义和传统社会的朴素唯物主义的区别,从而帮助学生更好地树立科学的世界观和方法论。另外,中国传统的"天人合一"理念和"道法自然"思想都有明显的自然主义倾向,这与马克思主义哲学主张尊重自然、顺应自然界规律、人与自然和谐共生的思想高度契合。

实践观是马克思主义哲学的基本观点,与儒家"知行合一""经世致用"观点也有共通之处。马克思主义理论不是困守书斋的空想,而是马克思、恩格斯以及历代共产党人对艰苦卓绝现实斗争的理论思考,不仅仅是一种理论设想,更是改造现实的理论指导,正如马克思指出的,"哲学家只是用不同的方式解释世界,而问题在于改造世界"。因此,高校思想政治理论课教育应该引导学生将理论转为行动的能力,实现由"重知"到"重行"的转变。而"修身、齐家、治国、平天下""知行合一""经世致用"等儒家积极入世的精神作为根深蒂固的传统观念和中国文化的鲜明特征,深刻影响着中国人的思维方式和价值取向。从孟子"人之所不学而能者,其良能也;所不虑而知者,其良知也"(《孟子·尽心上》),到荀子"见之不若知之,知之不若行之,学至于行而止矣。行之,明也。明之为圣人"(《荀子·儒效》),再到王夫之"知之尽,而实践之而已。实践之,乃心所素知,行焉皆顺,故乐莫大焉"(《张子正蒙注·至当篇注》),都是对"行"层面的强调,唯有"行"才出"真知"。虽然中国传统文化所推崇的"躬行""践履"和马克思主义在实践内容要素上存在差别,但在关注生活现实并积极"改变世界"的问题上,两者有高度的共识。

2. 中华优秀传统文化与"概论"课的融合

"概论"课以马克思主义中国化为主线,以中国化马克思主义为主题,以建设中国特色社会主义为重点,全面系统地阐述了马克思主义中国化的历史进程及其理论成果。这些理论成果既体现了马克思主义的基本原理,更表现为马克思主义基本原理在同中国实践、中国历史、中国文化结合过程中的独特创造，是中国化的马克思主义，包含着许多中华文化的精髓，闪耀着中华文化的光辉。中国特色社会主义的"特"就"特"在马克思主义关于科学社会主义的先进理论与中华优秀文化的深度结合。中国特色社会主义，从道路、理论体系到制度，从总依据、总布局到总任务，很多地方都可以看到中华优秀文化深厚的历史渊源。从中国传统文化的角度来阐释中国特色社会主义道路，更具有说服力和感染力。

例如，毛泽东思想的精髓是实事求是。1941年毛泽东在《改造我们的学习》中对它进行了哲学上的解释："'实事'就是客观存在着的一切事物，'是'就是客观事物的内部联系，即规律性，'求'就是我们去研究。"在党的七大会议上，"实事求是"作为党的思想路线被确立下来。对此，邓小平给予了高度评价："马克思、恩格斯创立了辩证唯物主义和历史唯物主义的思想路线，毛泽东同志用中国语言概括为'实事求是'四个大字。"中国特色社会主义理论，是以邓小平同志为核心的党的第二代领导集体对于"什么是社会主义，怎样建设社会主义"这一根本问题的全面回答。习近平总书记也指出，中国特色社会主义这条道路来之不易，它是在改革开放三十多年的伟大实践中走出来的，是在中华人民共和国成立六十多年的持续探索中走出来的，是在对近代以来一百七十多年中华民族发展历程的深刻总结中走出来的，是在对中华民族五千多年悠久文明的传承中走出来的，具有深厚的历史渊源和广泛的现实基础。中国选择走中国特色社会主义道路，是历史的必然和人民的选择，也是中国传统文化创造性运用的结果。

可以说，成就非凡的毛泽东思想的主要来源，正是马克思主义和中华民族优秀传统文化。如果说前者是毛泽东思想得以凝结或升华的来源，那么后者则是其产生的前提或说根基，二者既具有历史纵向上的先后顺序，又具有共时性的交融关系，共同构成毛泽东思想诞生的两大思想来源。如果说马克思主义是毛泽东思想的政治性指导纲领，那么中华民族优秀传统文化则是毛泽东思想的文化性智慧母体。毛泽东精通中国传统，尤其对历史与军事的领悟与造化极深。当然，毛泽东自述其启蒙教育正是儒家"四书"。仅在《毛泽东选集》中，毛泽东本人提及孔子不下数十处，并多次引用《论语》中的经典名言，信手拈来，足见其国学蒙学功底之深厚。毛泽东深通历史，并在历史的浩瀚长河中感悟着中国乃至人类社会的脉动。毛泽东以经典的"四渡赤水、用兵如神"被奉为军事天才，毫无疑问，也是取法于中国传统兵家之道。此外，毛泽东对传统诗词歌赋烂熟于心，从他的许多作品中都可以看出，他对四大名著也情有独钟，并有独到的感悟与见解，书法更是自成一家，如此等等。可以说，中华民族优秀传统文化是毛泽东文化智慧的源头活水，既是其智慧灵感涌现的肥沃土壤，也是其才华横溢的阳光雨露。因此，在"概论"课介绍毛泽东思想的相关章节中，给学生增加毛泽东思想与中华民族优秀传统文化之间志气相感、骨肉相连、血脉相通、一以贯之的文化智慧，既可以增加思想政治理论课的鲜活性和文化厚度，又能够感受中华优秀传统文化的魅力，从而在教育上实现立德树人的教学目标。

3. 中华优秀传统文化与"基础"课的融合

"基础"课的教学内容大致包括四个专题：成才观、人生观、道德观、法制观。在成才观专题的教学中，可以融入自强不息的人生态度、奋发进取的拼搏精神、孜孜不倦的学习品质、天下兴亡匹夫有责的爱国情怀等传统文化内容，引导学生树立积极进取的人生态度，摒弃消极错误的价值取向。对于爱国教育，"带长剑兮挟秦弓，首身离兮心不惩"的屈原、"天下之本在国"的孟子、"留取丹心照汗青"的文天祥、"天下兴亡、匹夫有责"的顾炎武等，已经融入中国文化的筋脉之中，毋须太多理论讲解，学生就能深受感染，达到很好的教学效果；在人生观专题的教学中，可以融入儒家见利思义、义以为上、重义轻利的义利观和崇德向善的精神追求，引导广大青年学生自觉把个人前途与国家命运紧密联系在一起，努力争做新时代的优秀大学生。或者在课程框架内，以"家国情怀教育""人格修养教育""社会关爱教育"为重点，围绕"文化与人生""文化与中国发展""文化与世界"及"中国传统文化概论"等模块展开，结合小专题形式讲述传统文化中有关忠于祖国、志存高远、自强奋进、仁爱宽容、感恩怀德等内容，让学生深刻领悟，社会主义核心价值观是如何从博大精深的国学宝库中高度凝练出来，进而成为当下青年人建设社会主义强国的价值明灯。

中华传统美德作为中华优秀传统文化的核心价值理念，已成为中华民族独特的精神风标，也是社会主义核心价值观重要的精神源泉。从国家层面看，中华优秀传统文化所强调的"国家一统""富天下，强天下，安天下""民为邦本，本固邦宁""以人为本""天下文明""礼尚往来"等思想与社会主义核心价值观中的"富强、民主、文明、和谐"目标有一定的相通之处；从社会层面看，中华优秀传统文化所崇尚的"天人合一""道法自然""不患寡而患不均""天下为公""公则明""公则自廉""隆礼重法"等理念蕴含了"自由、平等、公正、法治"的价值理想；从个人层面看，中华优秀传统文化所倡导的"天下兴亡，匹夫有责""夙夜在公""鞠躬尽瘁""君子养心莫善于诚""言而有信""一诺千金""仁者爱人""厚德载物"等思想体现了"爱国、敬业、诚信、友善"的价值目标。纵观中华优秀传统文化上述三个方面的内容，其聚集着历代人民对美好生活的憧憬，其所表现的价值取向有助于社会的稳定和人际关系的和谐，对于大学生家庭美德、职业道德、社会公德的养成有着重要的价值和启示意义。

正如习近平总书记所强调的："国无德不兴，人无德不立。如果一个民族、一个国家没有共同的核心价值观，莫衷一是，行无依归，那这个民族、这个国家就无法前进。"因此，强化德育教育理应成为当下思想政治理论课教育的重中之重。中华传统文化极其重视对人们的道德教化，如《孝经》中所说的"教之可以化民也，是故先之以博爱，而民莫遗其亲；陈之于德义，而民兴行；先之以敬让，而民不争；导之以礼乐，而民和睦；示之以好恶，而民知禁"，这种重视道德教化的传统已经融入中华文化的血脉之中，潜在地成为中国人民的精神特质。如老子认为，最高明的教育方法就是对人"行不言之教"，孔子则提出"身正令从"的教育方法。相比于外力教化，中华传统文化更强调自我修养，如孔子提倡"见贤思齐"，子思强调"慎独"，老子主张"致虚极，守静笃"，庄子则认为"生德相依"、以养生促德育。在此基础上，先贤们还提出了启发诱导、因材施教、知行统一等教育方法。时至今日，这些方法对于高校思想政治教育仍具有借鉴意义。高校思想政治教育工作者在面向大学生开展社会主义核心价值观教育时，应当以身作则，重点培养学生的道德自律，在养成内在超越、保持精神宁静的基础上，正确处理人与人、人与社会、人与自然的关系。

4. 中华优秀传统文化与"纲要"课的融合

"纲要"课主要介绍近现代的仁人志士为中华民族的独立和富强前赴后继，努力拼搏并最终选择社会主义的历史。将传统文化融入该课程时，应当引导学生加深对民族精神的认同感，升华爱国主义情怀，从而深刻理解历史和人民选择中国共产党、选择中国特色社会主义的必然性。爱国主义是中华民族精神的核心，是中华民族生生不息、繁荣昌盛的精神动力。党的十六大报告指出："在五千多年的发展中，中华民族形成了以爱国主义为核心的团结统一、爱好和平、勤劳勇敢、自强不息的伟大民族精神。我们党领导人民在长期实践中不断结合时代和社会的发展要求，丰富着这个民族精神。"历史上的仁人志士忧国忧民的意识、以国家为己任的思想都是民族精神的具体体现，这些思想推动着中国社会向前发展，丰富和完善中华民族伟大的民族精神。爱国主义是一个历史范畴，不同时代、不同阶级都有各自的爱国主义内容。代表中国先进文化发展方向的中国共产党，是中华优秀传统文化的继承者和发扬者。在新民主主义革命时期，中国共产党人继承前人优秀的爱国主义传统，最终实现了国家独立和人民解放的历史任务；在社会主义建设时期，在爱国主义旗帜的引领下，中国共产党人和人民一道积极探索社会主义道路，取得了巨大的成果；在改革开放和社会主义现代化建设新时期，爱国主义再次得到彰显，中国共产党带领全国人民取得了改革开放的举世瞩目的成就。在爱国主义热情的感召下，面对诡谲不定的国际大环境，大学生要自觉承担起民族复兴的大任。"天行健，君子以自强不息；地势坤，君子以厚德载物""乐民之乐者，民亦乐其乐，忧民之忧者，民亦忧其忧""杀身成仁""舍生取义""先天下之忧而忧，后天下之乐而乐""居庙堂之高则忧其民，处江湖之远则忧其君""人生自古谁无死，留取丹心照汗青""国家兴亡，匹夫有责""居天下之广居、立天下之正位、行天下之大道，得志与发由之，不得志独行其道""为天地立心，为生民立命，为往圣继绝学，为万世开太平"等诸多传统责任理念，从不同的层面可以给予年轻人以精神支持和信念鼓励。

二、传统文化提升思想政治理论课获得感的途径

（一）在课堂教学中加强中华优秀传统文化教育

习近平总书记多次强调，中华优秀传统文化作为提高文化自信的重要途径，其历史渊源、发展脉络、基本走向不但要"进教室、进教材"，更重要的是要"进头脑"。这对思想政治理论课的要求就是提升大学生的获得感。《高等学校马克思主义学院建设标准（2017 年）》中明确提出："以学生获得感为评价导向，以'有虚有实、有棱有角、有情有义、有滋有味'为根本标准，在学生评教基础上进一步完善教师评价制度。"学生获得感是高校思想政治理论课"立德树人"的现实诉求和真切诠释，是高校思想政治理论课教学的最终意旨和根本方向，是学生主动参与教学过程，在价值判断、意义建构、情感生成、能力提升等体验上的愉悦感和成就感，是学生"身之所历、目

之所视、耳之所闻、心之所思"的过程。高校思想政治理论课堂作为理论素养、文化知识传递的重要场所,引入丰富真实的历史文化内容,既能增强学生的文化底蕴,也有利于其建立正确的人生观、世界观和价值观。

1.传统经典阅读

现代的大学生思维活跃、观念新颖,注重个性独立与自主,单纯的思想政治理论课理论讲授很难为学生们所接受,尤其是既定的结论灌输更容易引发学生的抵触与不满。中华优秀传统文化阅读可以弥补这方面的不足。思想政治理论课教师可以根据课程教学内容,推荐相关经典书目或者部分章节,鼓励学生课外阅读。这是因为,中华优秀传统文化是国之瑰宝、民族之魂,是中华民族生生不息、发展壮大的丰厚滋养,蕴含着丰富的思想政治教育内容,是高校思想政治理论课教学取之不尽、用之不竭的教学资料源泉。让学生阅读经典著作,不但可以丰富思想政治理论课教学内容,开拓学生的视野,让学生感受到中华民族向上、向善、向好的精神力量以及强烈的社会责任感与时代使命感,也有利于提升其人文素养与道德情操,使其具备上善若水的人文情怀、厚德载物的宽广胸襟、坚忍不拔的刚强毅力、舍生取义的英雄气概、荣辱不惊的人生智慧以及心忧天下的家国情怀,拥有高尚的道德品质、积极进取的精神面貌和正确的价值观。同时,借助中华优秀传统文化阅读,也可以夯实思想政治理论课的理论基础,提升思想政治理论课教学的文化内涵和吸引力、趣味性,将大学生思政教育从封闭的课堂教学延伸到广阔的历史长河中,化说教灌输于无形,潜移默化地对学生的思想观念、道德品质、行为方式、政治素养进行传统文化熏陶和浸染,使之形成正确的"三观"和社会公认的态度,实现思想政治教育全程育人、全方位育人的总体目标。

2.讨论促进思考

在中华优秀传统文化阅读过程中,思想政治理论课教师还可以指导学生开展读书活动、撰写读书心得或开交流会、讨论会。也可以采用专题式教学法,让学生参与到课堂讲授中。具体做法是:教师依据不同课程的特点,设置相应的教学专题,如"中华传统文化与中国特色社会主义""中华传统哲学与马克思主义哲学""中华传统美德与大学生人格修养""优秀革命传统文化与中国梦"等,将这些专题设计成相关问题或案例,课前布置,由同学分组准备 PPT 和演讲内容,课堂上向同学们展示 15 分钟;然后,全部同学针对其内容进行提问,报告小组进行答辩,随后学生和教师根据报告小组同学的总体表现打分并计入平时成绩。为了取得高分,演讲的同学会认真准备,发言的同学为了获得发言奖励,也会积极提问。在整个过程中,教师随时可以参加讨论,阐述自己的观点,或者根据学生的问题进行追问,引发同学深层次的思考和讨论。通过学生演讲辩论的方式,学生自主学习的主观能动性得以调动和发挥,他们从"要我学"向"我要学"转变,同时学生了解、熟悉并掌握思想政治理论课理论也得以促进,从而,实现自我教育。这是因为,"当我们主动用自己的语言去解释某些事时,我们会记得最牢……直到我试着讲出自己的见解我才真正理解它们。"①学习金字塔理论也认为,人们学到了他们所读到和听到的 20%、他们所看到的 30%、他们所说的 70%、他们所传授给别人的 95% 的内容。对于任何知识来说,听来的效果远远比不上大学生自己收集、整理、讲解的印象深刻,特别是公开发表某观点更能促进其对相关问题的理解和思考,从而形成正确客观的理论认知,实现思想政治理论课与传统文化的有机融合。

3.创新转化能力

创新精神是大学生五大核心素养之一"科学精神"的重要表现。在全球化、信息化时代,创新是社会发展的内在驱动力,勇于开拓和大胆创新是大学生应有的精神气质。为此,教师可以创新教学方式,采用学生喜闻乐见的方式将中华优秀传统文化和思政理论教学内容结合起来。例如,让学生来制作思想政治理论课相关教学材料或视频。以"基础"课为例,可以让学生自编自拍自导自演中华传统美德小视频,为中华古诗词拍摄 MV,或者根据某个历史事件表演一段历史剧,等等。通过这种方式,大学生对思想政治理论课教学内容和中华优秀传统文化的感性体验得以增加,同学们亲密关系获得培养的同时,增加了移情能力,进而养成互助友爱的行为习惯,自觉践行社会主义现代道德规范。另外,制作一个成功的视频需要剧本编写、摄影剪辑、表演展现、后期制作等程序,为大学生提供了展示才华的良好机会,满足了现代年轻人的表现欲,克服了思想政治理论课的呆板无趣,增加了思想政治理论课的趣味性和多元化。

(二)开展校园多元传统文化主题实践活动

中华优秀传统文化与思想政治理论课相结合,既要充分发挥课堂教学

---

① 戴维·迈尔斯.社会心理学[M].侯玉波,乐国安,张智勇,等,译.北京:人民邮电出版社,2006:121.

的主渠道作用,又要注重发挥校园内课外活动和社会实践的重要作用。①

　　1.多元主题活动

　　中华优秀传统文化可以依托主题团日活动、党日活动、文化艺术节、社团拉力赛等开展融知识性、教育性、趣味性、思想性为一体的校园文体活动,让大学生在亲身参与和互动体验中感受、认知并认同中华优秀传统文化的魅力。其中,丰富多彩的社团活动效果最为明显。学生社团是高校内具有共同兴趣爱好的同学自发组织的团体,具有参与人数众多、活动内容丰富的特点。在社团活动中加入中华优秀传统文化元素,必然能够引起大学生的强烈关注,如武术协会、曲艺协会、书画协会、志愿者协会等。各社团可以定期开展"品读经典""弘扬国学""传统文化展示周""青年志愿服务"等一系列活动,或举办书法竞赛、唐宋诗词三百篇背诵大赛、传统技能大赛等,将中华优秀传统文化通过主题活动融入大学生的生活。同时,还可以利用不同的节假日开展相关的主题活动。比如,在春节前后,开展春节策划活动,在玩乐的同时让大学生思考春节的意义,加深对春节的理解;在清明节时,可以开展踏青扫墓活动,在亲近大自然的同时缅怀革命先辈;在六一儿童节时,开展关爱留守儿童活动,加强爱幼教育;在端午节时,开展龙舟赛等纪念屈原的活动,进行集体主义和爱国主义教育;在中秋节时,开展家人和亲朋好友的团聚活动,进行亲情友情教育;在国庆节,开展爱国主题教育,培养爱国主义精神;在重阳节,开展敬老活动,进行尊老爱老的传统美德教育……通过这些活动,追溯传统节假日背后所蕴含的人文精神。另外,还可以利用学校博物馆、校史馆、图书馆、档案馆等,结合校史、院史、学科史和人物史的挖掘、整理和研究,发挥学校独特的文化育人作用。有条件的前提下还可以邀请一些社会名人,如道德榜样、革命老兵、职场精英、非物质文化遗产传人等,进入校园开设系列讲座,通过面对面的交流,利用"名人效应",增加大学生对传统文化或思政理论的亲和力和感染力,激发大学生自主传承悠久文化的积极性和主动性。

　　2.校园文化建设

　　校园文化是一所大学独特的精神气质,是大学生学习生活的共有精神家园。作为思想政治理论课教学环境的校园文化,对中华优秀传统文化的

---

　　① 教育部.关于印发《完善中华优秀传统文化教育指导纲要》的通知[EB/OL].(2014-3-28).
http://www.moe.gov.cn/srcsite/A13/s7061/201403/t20140328_166543.html.

传播和思想政治理论课教学效果的提升都有隐性的积极作用。为营造良好的校园文化氛围,高校可从校园物质文化、舆论氛围、人际关系等角度入手,将中华优秀传统文化融入校园文化建设。校园物质文化环境,主要指校园内的客观存在物,如学校中可见可触的教学设施、建筑物、花草树木、牌匾雕塑以及学校所处的自然环境等,它们作为德育的重要载体,处处凸显出学校独特的人文精神和文化内涵。具体可通过三方面呈现:一是和谐、精巧、实用的设计。校园建筑在总体布局上要符合中国"天人合一"的哲学思想,突出地域文化、民族特色。二是在基础设施建设和人文景观中融入传统文化元素,使学生的心灵在"润物细无声"中受到感染。可在建筑物外墙、校园文化长廊、教学楼走廊处悬挂张贴中华民族伟大历史人物(如民族英雄、学者哲人)的介绍,以及优秀传统名言警句、书法语录等,利用榜样模范作用对大学进行思想政治教育、传统文化熏陶。三是增设富有传统文化内涵的物质设施。可将民族英雄人物塑像,或显示学校个性的标志性景物及装饰物布置到主体建筑群中。同时,也鼓励学校建立校内博物馆、校史馆,通过展览代表性的文物或资料,将传统文化形象化、具体化。通过以上多元方式,把中华优秀传统文化和思政理念渗透到大学校园的各个角落,让大学生置身其中,化育于无形。

3.搭建网络平台

互联网时代,高校思想政治理论课实践教学也可以与现代信息技术融合,利用微信、QQ、微博等网络资源,建立思想政治理论课网络虚拟实践教学基地,突破外出实践参观的时空和经费限制,构建"线上—线下"师生互动新模式,拓展课堂之外的渠道和阵地,增加时代性和吸引力。一是建立教师博客、QQ课程群、班级微博等,根据课程内容设置讨论话题,鼓励学生发表自己的看法与观点,大学生之间互相点评,提升其认知的多元角度,训练其深入思考的能力和辨识力。教师也可以定期将自己的教学感悟和人生体会以日志形式分享给学生,实现与学生的及时互动,启迪其人生智慧和方向。二是在线建立各种资源库,例如红色文化资料库、传统文化资料库、时事要闻专栏、经典阅读资料库等,将古诗词赏析、红色文化、思想政治理论课相关理论等内容通过图片、文字、视频等形式呈现出来,拓展教学内容和形式。也可以鼓励学生在线观看爱国影视剧、纪录片、专题片,或者在线参观历史文化遗址纪念馆、革命纪念馆、革命根据地等,上传参观记录和观影感受,增加对传统文化和思想理念的情感体验和理性认知。三是让学生参与到网络教学资料库的建设中来。例如,开设专门板块,让学生分享具有地域特色的节庆活动、习俗风俗和传统工艺等信息,使他们在愉快的氛围中了解传统的节庆节令。春节期间,学校可组织学生开展征集"全家福"的活动,让他们在学校官方论坛、微信群、QQ 群中发布照片、畅谈感想等;或是组织学生在平台上讨论南北方不同的春节庆祝方式等主题,增强学生们的家庭观念,塑造家国情怀。同时,还可以鼓励学生自己制作公益微视频或者红色文化、传统文化宣传片,并上传网络,口碑效果好的还可以在课程成绩上适当加分,以鼓励学生参与的积极性。总之,善用网络,不但可以丰富教学内容、拓展教学形式,也可以激发学生自我教育的主体性,在搜寻、反思素材的过程中实现传统文化和思想政治理论课内容的自我教育,增加思想政治理论课的趣味性和学生的获得感。

(三)建设传统文化实践基地

"知行合一"虽然是王阳明提出来的理念,但自古以来就是先哲们在知行观上的共识。荀子曾说:"不闻不若闻之,闻之不若见之,见之不若知之,知之不若行之,学至于行而止矣。行之,明也。明之为圣人。"(《荀子·儒效》)王阳明也强调,"真知即所以为行,不行不足谓之知"(《传习录·上》)。只有把"知"落实到"行"的层面,才会产生真知,这和马克思主义哲学实践观的意念相通。

1.校外社会调研

古人言"读万卷书,行万里路",强调要理论联系实际,学以致用。根据《中国大学生思想政治教育发展报告(2014)》,大学生对"社会实践活动"对自身思想品德发展的影响认可度最高,远高于其他因素。中央十六号文件指出,高校要以"坚持政治理论教育与实践教育相结合"为原则对学生进行思想政治教育。当前高校思想政治理论课教学大纲中,也要求专门设置实践课时。因此,在思想政治理论课教学实施过程中,鼓励学生走出校园,到社会中去参观调研,增加其感性认知,也是培养大学生成为合格社会主义事业接班人的重要举措。例如,多年来,浙江工商大学思想政治理论课社会实践一直在有序开展。例如,有的思想政治理论课教师每学期都会带学生去湖州马长林警务室调研,就关于延迟大妈退休年龄意愿的调查、关于当今社会人们做志愿者意愿的调查等课题开展座谈会;有教师带学生赴余杭经信局调研,就关于激发和保护民营企业家精神的调查、关于微小浙商调查（微小浙商案例）等课题与相关负责人进行面对面交流；有教师带学生参观余杭梦想小镇，在 555 电商产业园与企业领导人亲密接触；还有教师带学生远赴江山市第一中学，就关于浙江省高考招生制度改革现状做调查，和中学师生开展多场座谈会，发放问卷 500 份，为浙江省高考改革提供了建设性意见。在和参与调研的学生访谈中，教师们发现，虽然每次调研无论是从选择联系、接洽调研目的地还是组织学生往返都困难重重，其间还会有种种突发状况，但在师生的共同努力下都能一一克服；而且，被选为班级代表参与实地调研也是一种荣耀。在调研中，学生们不但了解了社会现实，也学到了社会治理的诸多经验，提升了专业知识转化为实践的能力，比课堂理论教学效益更大。因此，学生外出调研的积极性逐年高涨。

2. 建立实践基地

地方传统文化积淀着民族精神最深沉的价值追求，是中华民族独特的精神标志，是中华民族生生不息、不断壮大的丰厚滋养，是新时代中国特色社会主义理论体系植根的文化沃土。挖掘城市历史文化价值，提炼精选一批凸显文化特色的经典性元素和标志性符号，建立本土化的传统文化教育实践基地，可以使思想政治理论课更贴近学生生活，增加学生的归属感和自豪感，培养其爱国主义精神。例如，浙江素有"鱼米之乡、丝茶之府、文物之邦、人文渊薮"的盛誉，在历史的长河中，浙江涌现出一大批在中国历史上占有一席之地的各业名人，如于谦、龚自珍、章太炎、钱学森、宗庆后、陆游、鲁迅、秋瑾、蔡元培、竺可桢、周恩来、沈钧儒、王国维、茅盾、金庸、邵逸夫、包玉刚、吴晗、童第周、严济慈、张静江、钱玄同、苏步青、南怀瑾、章乃器、吴菊萍、吴斌、黄小荣、吴连表等。他们有的是爱国将领、爱国诗人、归国科学家，有的是商界风云人物、各界精英，有的是平凡工作岗位上的最美妈妈、最美司机、最美警察，在他们身上都体现了崇高的理想信念、自强不息的责任意识和无私的利他人格，是学生提升思想政治素养的优秀模范。当然，也可以根据地方资源的性质有所侧重。例如，革命文化纪念地、历史建筑、传统民居、工农业遗产、名城名镇名街名人故居等应侧重于认知目标，强调学生对地方传统文化资源的理解与认知，开展历史和社会责任感教育和爱国主义教育；地方传统文化中偏重于精神方面的文化资源，如慈善文化、孝敬文化、诚信文化、地方传统节日文化等，应着重于情感目标的培养，培养学生对地方文化的精神体验；对于地方传统文化侧重价值方面的文化资源，如修齐治平、尊时守位、知常达变、诚实守信、建功立业等，应注重对学生的价值引领,突出学生价值观的选择。总之,融优秀地方文化资源于思想政治理论课之中,可以增强思想政治理论课的实效性、针对性和科学性,使思想政治理论知识更能入脑、入心。

3. 鼓励社会服务

各类观察证实,善行会增加善意,恶行会增加恶意。一个参与环保公益活动的人,其环保态度会更坚定,一个充当过志愿者的人其助人态度也会更明确。这是因为,认知神经学家证实,这些实践活动经由主体整理、类化、加工形成具有组织化的经验知识结构和个体行为模式。因此,可以通过塑造公民的习惯而使他们变得更好。当然,人生观、世界观和价值观是个体在长期社会生活中形成的持久、稳定的反应倾向,需要不断刺激和强化。因此,鼓励学生利用课余时间开展志愿服务是培养学生高尚的道德人格、勇于担当的责任意识的有效方式。例如,重阳节期间,组织学生到敬老院看望孤寡老人,除了让老人感受到人与人之间的温暖与真情外,还可以增强学生的公德意识、社会责任感和历史使命感,培养他们尊老爱幼的美德,加深他们对社会的了解,让他们更好地践行社会主义核心价值观。也可以由学校出面,组织学生在当地举办重大集会活动(如 G20 峰会、亚运会、马拉松、残奥会)时做志愿者。在寒暑假期间,鼓励学生参加"三下乡"暑期社会实践、学雷锋志愿服务、义务献血、党员义工进社区等社会实践。或者依托重要历史时刻,开展以改革开放 40 周年、中华人民共和国成立 70 周年为主题的研学实践活动,鼓励广大学生在社会实践和志愿服务中长知识、受教育、长才干,升华思想认知,用实际行动践行社会主义核心价值观,实现思想政治理论课和中华传统文化"立德树人"的总目标。

第九章　社会思潮对大学生思政课获得感的影响及其对策

马克思主义认为,虽然社会存在决定社会意识,但社会意识对社会存在具有能动的反作用,科学的、先进的社会意识会对人类社会的发展产生积极的促进作用,错误的、落后的社会意识则会对人类社会的发展产生消极的阻碍作用。社会思潮作为一种社会意识,对人类社会的发展和大学生的思想行为也具有能动的反作用,只不过由于社会思潮的性质较为复杂,有些社会思潮是科学的、进步的,有些社会思潮是错误的、落后的,有些社会思潮是科学的、进步的因素与错误的、落后的因素并存的。因此它们对人类社会的发展与大学生的思想行为所产生的影响也较为复杂,有些社会思潮主要产生了积极影响,有些社会思潮主要产生了消极影响,有些社会思潮既产生了积极影响又产生了消极影响,有些社会思潮所产生的影响在性质上一时难以辨明。客观把握多样化社会思潮对大学生思想行为的影响现状,积极探寻引领大学生思想的有效路径,增强思政课教学效果,是引导学生树立正确社会意识的必然举措。

一、影响我国高校的社会思潮

2010 年至 2014 年,人民论坛问卷调查中心通过邮件、电话等方式对专家进行调查与意见征集;通过网络文献资料收集与统计,了解各类社会思潮在学界和网络空间的活跃程度;在人民论坛网、人民网、网易等网站推出调查问卷,了解网友对各种社会思潮的关注程度,以关注度(学界及公众对某社会思潮的关注程度)、活跃度(社会思潮参与讨论交锋的活跃程度)、影响力(社会思潮核心观点对舆论与政策的影响程度)3 个指标为标准,连续5 年评选出最受关注的国内外十大社会思潮。在吸收人民论坛调研成果的基础上,我们从 20 个备选社会思潮中选出了当前最受我国大学生关注的十大社会思潮:新自由主义、民族主义、消费主义、道德相对主义、生态主义、民主社会主义、宪政主义、公共知识分子思潮、历史虚无主义、"普世价值"论。

(一)新自由主义

新自由主义是近年来在世界范围内影响很大的社会思潮,也是近年来在我国最为活跃、影响最大的社会思潮之一。人民论坛问卷调查中心的调查结果显示,2010 年至 2015 年,新自由主义连续 6 年入选"最受我国民众普遍关注的十大社会思潮",其中 2010 年、2013 年、2014 年更是位居"最受我国民众普遍关注的十大社会思潮"之首。

新自由主义发端于西方,由古典自由主义、现代自由主义嬗变而来。17、18 世纪,由于工业革命的发生与资本主义制度的建立,古典自由主义逐渐形成,其代表人物有亚当·斯密、詹姆斯·麦迪逊、托马斯·杰斐逊等。其中亚当·斯密在《国富论》一书中提出了"经济人"概念,认为社会利益以个人利益为基础,提出了倡导自由竞争、反对政府干预、经济应由市场这一"看不见的手"来引导等观点,奠定了古典自由主义的理论根基。古典自由主义最早提出了言论自由、思想自由、信仰自由、自由市场等概念,重视个人利益与个人权利,认为政府不应干预经济。19 世纪末,随着资本主义的发展,童工、污染、贫困等问题日益凸显。为了探索解决这些问题的方案,现代自由主义逐渐形成。现代自由主义,又称新政自由主义、社会自由主义、左翼自由主义、革新自由主义或福利自由主义,其代表人物为霍布豪斯等。现代自由主义在经济上采取凯恩斯主义,认为政府应介入并干预经济与市场,强调公平重于效率,主张发展福利主义和社会规划。1927 年,奥地利经济学家米瑟斯在《自由主义》一书中,强调资本主义与市场自由的普遍性、必要性和合理性,反对社会主义制度,奠定了新自由主义的理论基础,但由于凯恩斯主义的强大影响,米瑟斯的思想理论并没有为西方社会所重视。20 世纪七八十年代,新自由主义代表人物哈耶克、弗里德曼等人,抓住了资本主义世界出现"滞涨"危机、凯恩斯主义陷入理论困境的时机,大力宣扬经济自由化、减少政府对市场的干预等观点,很快取得了垄断资产阶级的支持,新自由主义迅速在西方世界扩大影响。"华盛顿共识"后,新自由主义更成为西方发达资本主义国家意识形态渗透的重要武器,逐步向全世界蔓延。

新自由主义的某些观点（如减少行政干预、节约行政经费、提高行政效率、坚持依法行政等）均有其合理之处，值得借鉴吸收，但新自由主义在经济上推行自由化、私有化和市场化，在政治上推行多党制、三权分立、宪政民主等西方资产阶级民主政治制度，在价值观上奉行"个人主义"，从根本上说是一种服务于垄断资产阶级利益的思想理论体系，我们必须对其保持高度警惕。实践证明，新自由主义思潮的实行给广大第三世界国家、世界社会主义事业带来了严重危害。以"华盛顿共识"为范本的"休克疗法"、翻版于新自由主义的新东欧经济学，经济上，使得阿根廷等拉美国家国有资产流失严重、失业率不断增长、贫困人口不断增加、财富大量外流、债台高筑，使得苏联、东欧等国经济大幅滑坡、通货膨胀严重、财政赤字增加，使得墨西哥、东南亚等国相继爆发金融危机；政治上，使得很多第三世界国家以及苏联、东欧等国政局动荡、国家分裂、执政党更迭、"颜色革命"频发、犯罪猖獗、民众遭殃；思想上，将西方的自由、民主、人权美化或绝对化为"普世价值"，对社会主义加以丑化、对共产党加以妖魔化。2008年美国爆发的金融危机以及此后爆发的欧债危机，更是充分暴露了新自由主义的问题、弊端和实践困境。

（二）民族主义

对于民族主义这一概念，尚没有一个被普遍认可的解释，美国外交家和历史学家卡尔顿·海斯曾指出："对爱国主义、民族性和民族主义的属性和历史的完整且系统的研究，在任何语言中都不存在。"[1]英国学者白芝皓也曾指出："如若不问何为民族主义，人皆以为自知，但要详究，却又不知。"[2]对于民族主义的解读，可谓众说纷纭。有学者将民族主义解读为一种个人对民族国家高度忠诚的思想情感，也有学者将民族主义解读为一种重要的政治原则，即民族自治政府是政府的唯一合法形式，还有学者将民族主义解读为一种维护民族利益的意识形态运动。综合已有观点，可将民族主义的基本内涵界定为：一个民族以民族统一、民族独立、民族强大为主要内容的共同的思想情感、理想目标、价值取向与实践活动。

关于民族主义思潮的生成演变，有学者认为，民族主义作为学术概念，

[1]　CARLTON J H H. Essays on Nationalism[M]. New York：The Macmillan Company，1982：2.

[2]　Otto B. The Nation[M]// GOPAL B. Mapping the nations. London：Verso，1996：39.

最早是 1409 年在德国莱比锡大学召开的"波西米亚和波西米亚民族的宗教和经院哲学"辩论会上提出的;也有学者认为,民族主义发端于 18 世纪的欧美地区,以波兰被瓜分、美国独立战争、法国大革命为主要标志;现代西方学者普遍认为,"民族主义"一词最早是法国传教士奥古斯丁•巴洛于 1789 年提出的。民族主义思潮在思想内容上经历了弘扬民族文化传统、呼唤民族意识觉醒、追求民族独立与解放三个阶段;在实践方式上经历了美法革命、"一战"前后的帝国主义战争与弱小民族的民族解放运动、20 世纪中叶的大国沙文主义与地方民族主义、冷战后的霸权主义与反霸权主义等阶段。

民族主义的基本主张主要有:民族高于国家,每一个民族都有自己的独特性,都应当独立自主或充分自治,每个民族的权利、自由、安全都应得到尊重和保护等。民族主义的种类多种多样,有经济民族主义、政治民族主义、文化民族主义、宗教民族主义、极端民族主义等。民族主义是一把双刃剑,有时它是一种"强力胶",有利于弘扬爱国主义精神,增强爱国主义情感、民族认同感和凝聚力;有时它又是一种"毒品",会使一个民族陷入一种偏执性的狂热,易于诱发多民族国家的民族分裂主义和民族分离主义,破坏社会的安定和谐。

(三)消费主义

消费主义是发端于西方发达资本主义国家的一种社会思潮,最早兴起于 19 世纪末 20 世纪初的美国。"二战"后,消费主义思潮更是滥觞于西方社会。生产商为了扩大市场、推销商品、赚取利润,渴望人们多消费、快消费、早消费;政府部门为了解决生产相对过剩与消费不足的矛盾、刺激经济的发展,不断出台各项鼓励与刺激消费的政策;一些民众也开始把无休止、无节制的消费当作一种生活习惯,在纸醉金迷、醉生梦死中追求人生的"幸福"与"快乐"。在经济全球化时代,消费主义成为西方发达资本主义国家推销个人主义、享乐主义、利己主义意识形态的渗透手段,正如一位美国人士比尔•麦克基本所言:"消费主义是到目前为止最强有力的意识形态——现在,地球上已经没有任何一个地方能够逃脱我们的良好生活愿望的魔法。"①

---

① 比尔•麦克基本. 自然的终结[M]. 孙晓春,马树林,译. 长春:吉林人民出版社,2000:14.

消费主义主张消费至上,把对物质财富与自然资源的无节制、无限度的贪婪占有作为价值取向与生活方式,把消费品是否为高档品牌、能否消费得起高档品牌产品、能否先人一步消费高档品牌产品当作是否有身份地位的重要象征,具体表现为奢侈消费、过度消费、超前消费、攀比消费、面子消费等形式。关于消费主义思潮,美国销售分析家维克特·勒博指出:"我们庞大而多产的经济……要求使消费成为我们的生活方式,要求我们从中寻找我们的精神满足和自我满足……我们需要消费东西,用前所未有的速度烧掉、穿坏、更换或扔掉。"①

(四)道德相对主义

道德准则与评判标准是绝对性与相对性的统一。一方面,不同民族、不同时代有着共同的道德准则与评判标准,道德准则与评判标准具有共同的、永恒的道德价值,是绝对的;另一方面,不同民族、不同时代的道德准则与评判标准又存在差异、对立与冲突,道德准则与评判标准又具有差异性、具体性和不确定性,是相对的。道德相对主义否定了道德准则与评判标准的绝对性,夸大了道德准则与评判标准的相对性,将价值取向、道德判断、道德选择主观化、个体化、私人化、情感化,主张人们的道德判断与道德选择有不受任何外界干预的绝对自由。

道德相对主义发端较早。古希腊时期,道德相对主义就已形成,如古希腊哲学家皮浪提出"绝不可能有任何合理的理由,使人去选择某一种行为途径而不选择另外的一种"②,否认了道德行为的差别性;我国早在先秦时期,就有了道德相对主义,如道家学派的代表人物庄子提出,"自我观之,仁义之端,是非之涂,樊然殽乱,吾恶能知其辩"(《庄子·齐物论》)、"是亦彼也,彼亦是也,彼亦一是非,此亦一是非"(《庄子·齐物论》),否认道德评判与道德行为标准的客观性;在近现代,资产阶级为了打破基督教神学在意识形态领域中"一家独大"的局面,标榜、夸大个体自由与价值多元,道德相对主义逐渐发展成为一种社会思潮。如英国哲学家霍布斯提出:"一个人称之为公正,另一个人会称之为残酷。"③美国著名神学家 J. 弗莱彻提出:"没有现成的戒律可供依从,每个人都要依照自己对条件和后果的判断为

---

① 让·波德里亚.消费社会[M].刘成富,全志钢,译.南京:南京大学出版社,2000:70.
② 罗素.西方哲学史:上卷[M].北京:商务印书馆,1963:279.
③ 霍布斯.利维坦[M].何兆武,李约瑟,译.北京:商务印书馆,1985:27.

自己做出道德决断。"①他们的提法虽有所不同,但都主张道德判断没有一个客观公认的标准,道德在本质上是个人的。

(五)生态主义

生态主义兴起于西方发达资本主义国家,它反对"人类中心主义",主张人与自然之间应该和谐相处,"生物圈"的所有物种一律平等,抽象地强调保护生态环境与人类整体利益。

20世纪60年代末,西方发达资本主义国家陷入了一场新的危机,不仅经济衰退、通货膨胀、社会矛盾尖锐,而且诸如大气污染、水污染、物种灭绝、温室效应等生态问题也日益严重,生态环境日益恶化。面对新的危机,人们开始反思:人类与自然界之间究竟是一种什么样的关系?人类是否可以无限度地开发自然资源?人类在满足自身需求时是否要考虑环境的承载能力?如何全面认识现代科技的发展?……对于这些问题的深入思考,直接促成了生态主义思潮的形成。

生态主义思潮在西方社会的演变大致经历了3个阶段。20世纪60年代至70年代为崛起阶段。伴随着对工业主义后果的批判性反思,生态主义者(如雷切尔·卡逊等人)的关注重点是环境资源问题;20世纪70年代初至80年代末为蓬勃发展阶段。伴随着对现代科技发展后果的批判性反思,生态主义者(如阿伦·奈斯等人)的关注重点是现代科技的运用问题;20世纪90年代后为全面发展阶段。伴随着对资本主义发展后果的全面性、批判性反思,生态主义者(如安德鲁·杜伯森等人)不仅关注环境、科技问题,也关注政治与文化问题。

我们既要认识到,生态主义思潮中含有一些积极的、进步的、合理的因素,值得我们借鉴与吸收;又要认识到,就社会制度的层面而言,资本主义制度本质上是一种以资本剥削、掠夺、扩张为基本特征的社会制度,是反生态性的。西方发达资本主义国家才是导致人类环境恶化与生态危机的罪魁祸首。

值得警惕的是,西方发达资本主义国家正以"生态"为话语,试图抢占人类生态文明的制高点、道义权、话语权,利用人们对于生态问题的普遍关注,将生态主义思潮作为对外势力扩张与意识形态渗透的重要工具。它们

---

① 陈瑛,廖申白. 现代伦理学[M]. 重庆:重庆出版社,1990:288.

在生态问题上搞双重标准,闭口不谈自身对人类生态安全的危害,百般推卸自身本应承担的维护人类生态安全的主要责任,极力推卸生态破坏的历史与现实责任,不承认发达国家应为其在工业化进程中累积造成的环境污染"买单",反而要求发展中国家承担起维护人类生态安全的主要责任,单方面、片面性、不公正地要求发展中国家制定更大力度的减排目标;它们打着"生态"的旗号行敛财之实,仅以碳关税为例,欧盟、美国为了摆脱金融危机的困境,实行生态名义下的贸易保护主义,提出对高能耗进口产品征收二氧化碳排放特别关税,制造"绿色壁垒",实施"绿色关税""绿色市场准入""绿色反补贴"等"劫贫救富"的措施,发展中国家为此承受了严重的经济损失;它们将生态问题政治化,刻意夸大发展中国家的环境污染与生态危机,利用生态问题攻击他国的社会制度与执政党,干涉他国内政,动摇他国民众的自信心,在他国制造动乱与动荡;它们将生态问题意识形态化,以"生态"的名义塑造所谓的"全球共识",利用生态问题包装与推销自由、民主、平等、博爱、人权等西方资产阶级价值观,鼓吹超阶级、超国家、超民族、超时代、超社会制度的"全人类利益高于一切",甚至牵强附会地把雾霾与社会主义制度联系起来,对社会主义国家进行攻击。

(六)民主社会主义

民主社会主义本质上是一种资产阶级、小资产阶级的改良主义思潮,它反对马克思主义指导、共产党执政、无产阶级革命,鼓吹指导思想多元化,在抽象的民主、自由、人权、人道等理念原则的支配下,主张以多党制、三权分立、议会民主等资产阶级民主制为工具,通过渐进的、改良的、和平的方式,来解决资本主义社会的社会矛盾和社会问题。

与改良主义的斗争一直伴随着马克思主义的发展历程。马克思、恩格斯在创立马克思主义时,就与改良主义者划清了界限,1847年恩格斯在《共产主义原理》中用"资产阶级社会主义者""民主主义的社会主义者",1948年马克思、恩格斯在《共产党宣言》中用"法国式的民主社会主义者""社会主义民主党"等概念,来称呼赖德律-洛兰、路易·勃朗、瑞士激进派等有别于"共产主义的党"的改良主义派别。列宁时代,为了同伯恩施坦、考茨基、鲍威尔等功利主义者划清界限,列宁决定恢复"共产党"的名称。他指出,"我们应该像马克思和恩格斯那样称自己为共产党""'社会民主党'这个名称在科学上是不正确的"。① "既然这样的'社会民主党人'希望成为多数并建立一个正式的'国际'（在国际范围内为民族沙文主义辩护的联合会），那么，抛弃被他们玷污和败坏了的'社会民主党人'这个称号而恢复共产党人这个原先的马克思主义称号，不是更好吗？"②此后，共产党一直同党内外的各种改良主义者展开坚决斗争。

1919年，在英国工党领袖麦克唐纳的组织下，第二国际在瑞士伯尔尼恢复活动，并于1923年在德国汉堡成立了"社会主义工人国际"，同时开始使用以改良主义为主旨的"民主社会主义"来称呼自己的思想体系，由此开始了民主社会主义同共产主义、科学社会主义长期对立的局面。1951年，社会党国际在法兰克福召开成立大会，第一次明确宣布把"民主社会主义"作为自己的政治纲领，并用之刻意凸显"民主"的社会主义与无产阶级"专政"的社会主义的区别，刻意突出自己反对马克思主义、共产党、无产阶级革命与无产阶级专政、社会主义国家的政治立场。此后，《奥斯陆声明》《利玛宣言》《斯德哥尔摩宣言》皆重申了"民主社会主义"的政治主张。后来资本主义国家产生的吉登斯的"第三条道路"、社会主义国家产生的直接导致苏联解体、东欧剧变的戈尔巴乔夫的"人道的民主的社会主义"，都是民主社会主义的变种。

改革开放前，由于半殖民地半封建社会条件下，广大中国民众无任何民主可言，我国工人阶级运动一直高举马克思主义旗帜，坚持中国共产党领导，对帝国主义的封锁政策与资产阶级意识形态渗透保持高度警惕，民主社会主义思潮基本上没有对我国产生过大的影响。改革开放后，由于人们的主体意识与民主意识大大增强，一些社会问题与社会矛盾日益凸显，苏联解体、东欧剧变后，国际共产主义运动陷入低潮。一些人认为，在我国传播民主社会主义思潮的土壤、气候、动力与内外部条件已经成熟，于是他们充当了西方敌对势力"和平演变"我国的"马前卒"与"主力军"，打着"马克思主义"与"社会主义"的旗号，行修正与歪曲马克思主义、反社会主义、否定中国共产党领导之实，故意混淆科学社会主义与民主社会主义、中国特色社会主义与修正主义的本质区别，公开喊出"民主社会主义才是马克思主义的正统""为了避免修正主义之嫌，我们称之为中国特色社会主义"

---

① 列宁.列宁选集：第3卷[M].北京：人民出版社，1995：64.

② 中共中央马克思恩格斯列宁斯大林著作编译局.列宁全集：第26卷[M].北京：人民出版社，1984：97.

"只有民主社会主义才能救中国"等口号,具有很强的欺骗性与迷惑性。

(七)宪政主义

"宪政"是一个由西方资产阶级提出、具有西方政治文化背景和内涵的概念。15 世纪晚期,英国的封建贵族与大资产阶级相互妥协,确立了世界上最早的君主立宪政体。17 世纪后半期,英国学者约翰·洛克最早使用了"君主立宪"一词。法、美等国的资产阶级民主制度建立后,制定了奠定现代西方思想法律基础的 1789 年法国《人权宣言》与 1787 年《美国宪法》。此后,宪政的观点在西方逐渐深入人心,一些国家效仿法、美,建立了资产阶级民主共和国,民主共和的宪政逐渐取代了君主立宪的宪政而成为西方宪政的主流。

西方宪政旨在将资产阶级专政用宪法的形式确立下来,它以资产阶级私有制为基础,以多党制、议会民主、三权分立为基本内容,以资产阶级私有财产与个人权利神圣不可侵犯为价值取向,以抽象的自由、平等、人权为主要工具。关于西方宪政的实质,马克思曾经指出,"宪法首先要确立的是资产阶级的统治。因此宪法所说的结社权显然只是指容许那些能与资产阶级统治即与资产阶级制度相协调的社团存在"①"这个虚伪的宪法中永远存在的矛盾足以说明,资产阶级口头上标榜自己是民主阶级,而实际上并不如此,它承认原则的正确性,但是从来不在实践中实现这种原则,法国真正的'宪法'不应当在我们所叙述的宪章中寻找,而应当在我们已经向读者简要地介绍过的以这个宪章为基础制定的组织法中寻找。这个宪法里包含了原则,——细节留待将来再说,而在这些细节里重新恢复了无耻的暴政!"②毛泽东也曾指出:"像现在的英、法、美等国,所谓的宪政,所谓的民主政治,实际上都是吃人政治。"③

近代中国,为了实现民族独立、民富国强,康有为等封建主义改良派、孙中山等资产阶级民主派先后借鉴与试行了西方宪政。封建主义改良派先后颁发了《钦定宪法大纲》《议院法要领》《选举法要领》《逐年筹备事宜清

①　中共中央马克思恩格斯列宁斯大林著作编译局.马克思恩格斯选集:第 1 卷[M].北京:人民出版社,1995:423.

②　中共中央马克思恩格斯列宁斯大林著作编译局.马克思恩格斯全集:第 10 卷[M].北京:人民出版社,1998:692.

③　毛泽东.毛泽东选集:第 2 卷[M].北京:人民出版社,1991:736.

单》《宪法重大信条十九条》等宪法性文件,力推君主立宪宪政;资产阶级民主派则颁发了《国民政府建国大纲》,力推民主共和宪政。但由于当时的宪政理念脱离了广大民众的需求,缺乏广大民众的支持与参与,宪政派的两面性、软弱性和妥协性,慈禧等封建独裁势力与蒋介石等军事独裁势力对宪政的排斥、压制与打击,中国近代史上的"宪政"迷梦先后破产。历史证明,西方宪政之路在中国走不通。

毛泽东主张对宪政问题进行具体的、阶级的分析,反对抽象地谈论宪政,尤其是明确反对西方宪政,他指出:"但是我们现在要的民主政治,是什么民主政治呢?是新民主主义的政治,是新民主主义的宪政。它不是旧的、过了时的、欧美式的、资产阶级专政的所谓民主政治;同时,也还不是苏联式的、无产阶级专政的民主政治。"[①]他还指出:"中国的顽固派所说的宪政,就是外国的旧式的资产阶级的民主政治。他们口里说要这种宪政,并不是真正要这种宪政,而是借此欺骗人民。他们实际上要的是法西斯主义的一党专政。中国的民族资产阶级则确实想要这种宪政,想要在中国实行资产阶级的专政,但是他们是要不来的。因为中国人民不要这种东西,中国人民不欢迎资产阶级一个阶级来专政。"[②]毛泽东虽然也提出了"新民主主义的宪政"的概念,但他认为,"新民主主义的宪政"不是目的,而是实现"社会主义的民主"的手段,是在实行"社会主义的民主"的条件尚不成熟的新民主主义社会所采取的一种过渡手段,他指出:"现在,我们中国需要的民主政治,既非旧式的民主,又还非社会主义的民主,而是合乎现在中国国情的新民主主义。目前准备实行的宪政,应该是新民主主义的宪政。"[③]"社会主义的民主怎么样呢?这自然是很好的,全世界将来都要实行社会主义的民主。但是这种民主在现在的中国还行不通,因此我们也只得暂时不要它。到了将来,有了一定的条件之后,才能实行社会主义的民主。"[④]由于毛泽东等中国共产党领导人对西方宪政的本质有着清醒的认识,所以此后很长一段时间内,宪政主义思潮在我国偃旗息鼓。

(八)公共知识分子思潮

公共知识分子思潮起源于西方。1894 年,法国一批著名知识分子为抗

---

①　毛泽东.毛泽东选集:第 2 卷[M].北京:人民出版社,1991:732.

②　毛泽东.毛泽东选集:第 2 卷[M].北京:人民出版社,1991:732.

③　毛泽东.毛泽东选集:第 2 卷[M].北京:人民出版社,1991:733.

④　毛泽东.毛泽东选集:第 2 卷[M].北京:人民出版社,1991:732-733.

议陆军上尉犹太人德雷福斯受人诬陷,而在报上刊登抗议书,这份抗议书被称为"知识分子的宣言",从此,公共知识分子作为一支重要的社会力量登上了历史舞台。此后,美国作家维廉·詹姆斯、德国社会学家马克斯·韦伯、德国哲学家卡尔·曼海姆等进一步阐述了知识分子的"独立性""超越性""公正性"。1987年,美国哲学家雅各比在《最后的知识分子》一书中最早提出了"公共知识分子"这一概念,呼吁知识分子应勇于充当富有责任感的引路人,但他对"公共知识分子"概念的界定非常模糊。之后,法国哲学家利奥塔、布迪厄,美国学者萨义德等进一步论述了"公共知识分子"问题,公共知识分子在西方逐渐成为一种理论思潮。

公共知识分子思潮主张知识分子应是一个超脱于阶级、阶层与个人利益的界限,具有独立性、公正性、中立性的群体。马克思主义认为,知识分子从来就不是一个独立的阶级,而是依附与服务于一定阶级的阶层,判断知识分子的性质主要是看它依附与服务于哪一个阶级。古今中外,所有的知识分子都有自己的阶级立场和政治倾向,位于一定阶级、阶层之上的绝对中立、公正、客观的所谓"公共知识分子"是不存在的。在我国社会主义社会,知识分子是工人阶级的一部分。

(九)历史虚无主义

历史虚无主义并不是要虚无否定所有的历史,而是以历史唯心主义为理论基础,从特定的政治目的和主观臆想出发,以支流否定主流,以片面否定全面,以个别否定整体,以主观推理否定客观规律与客观事实,有选择、有重点地虚无否定某一阶段或几个阶段的历史。

(十)"普世价值"论

世上本没有什么永恒的、绝对的、"普世"的价值,各种具有差异性的价值观与文明均有其独特价值,彼此之间本应相互沟通、平等对话、取长补短,以便共同进步。但是,有些人为了用一种自以为优越、进步的价值观与文明取代其他所有的价值观与文明,于是便炮制了"普世价值"论。"普世价值"论者的重点与根本目的并不在于讨论"世界上有没有普世性价值",而在于美化、推销他们所认同的价值观。其基本手法是:(1)抽取价值观的阶级性、具体性、历史性内容,通过一些抽象性、普遍性的形式,用民主、自由、平等、人权等人类的共同价值追求来论证普世价值的存在;(2)论证只有资本主义市场经济才能保证民主、自由、平等、人权等价值观的实现,把资本主义价值观美化、绝对化,上升为"普世性"价值观,不认同乃至根本否定与之相左的社会主义价值追求;(3)盗用普世价值的名义,在全世界推销资本主义价值观。从根本上说,"普世"概念一般是强势群体对弱势群体、上位群体对下位群体、发达国家对发展中国家使用的。

二、多样化社会思潮对大学生的影响分析

多样化社会思潮对大学生思想行为的影响在性质上是复杂的,积极影响与消极影响并存,影响具有差异性,现实影响较为有限,但潜在影响不容忽视。多样化社会思潮既对大学生思想行为产生了积极影响,如有利于大学生开阔视野、活跃思维、理性思考、关注现实,增强了大学生的现代意识等,也对大学生的思想行为产生了不容忽视的消极影响,如使大学生政治信仰模糊、价值观扭曲、思想混乱、疏离主流意识形态、背离传统美德、容易引发大学生的不良社会心态和群体性事件等。

(一)积极影响

一些社会思潮主动向马克思主义主流意识形态靠拢,其中也含有一些积极合理的因素、进步的观点与正能量,对当代大学生的思想行为产生了积极影响。

1.创新意识增强

多样化社会思潮从不同视角,运用不同方法,以一种不同于传统、正统与权威的思维方式,对社会现实进行批判与反思,对社会问题发表了各种观点、看法,提出了各种见解、主张。这些批判与反思、观点与见解,有很多是片面的、极端的、激进的,有些甚至是反动的、错误的、落后的,但其中也含有一些合理因素与值得借鉴之处。例如,新自由主义从根本上否定社会主义公有制,否定任何形式的国家干预,大力宣扬自由化、私有化、市场化,这无疑是错误的,但是它强调市场在资源配置中的决定性作用,主张减少政府干预、提高行政效率、倡导人的自由发展等思想,具有一定的合理性;又如,生态主义虽然是西方发达资本主义国家对外势力扩张与意识形态渗透的重要工具,但是它对人与自然关系的反思、对生态问题的重视、对生态保护的呼吁,无疑又是可取的;又如,民主社会主义奉行"多元论"与"实用

主义",强调价值中立与指导思想多元化,倡导"人道的、民主的社会主义"
"西欧共产主义""多党制"与"全民党"等思想,推崇西方的"福利社会模
式",主张中国应该走资产阶级改良主义道路,这无疑是虚伪的、错误的,苏
联亡党亡国的惨痛教训也证明民主社会主义之路在我国走不通,但是它主
张改善人们的物质生活、提高人们的经济社会权利、扩大公民的政治参与、
完善社会保障与福利制度等思想,具有值得借鉴之处;再如,宪政主义认
为,西方宪政具有"普世价值",主张我国应该照搬西方宪政,实行西方"多
党制"与"三权分立",这无疑是错误的,但是它强调宪法与法律的权威性,
对于我们坚守法治思维与法治方式,加强社会主义法制建设,建设社会主
义法治国家,全面深入推进依法治国、依法行政,具有积极的促进作用。这
些合理因素在很大程度上开阔了大学生的视野,活跃了大学生的思维,激
发了大学生的灵感,丰富了大学生的思路,从而增强了大学生的创新意识。

2. 主体意识增强

多样化社会思潮是大学生了解社会的窗口。虽然多样化社会思潮的
性质、内容、立场、观点等各不相同,但是它们为了争取更多大学生受众、扩
大自身影响力,都注重"针砭时弊",从社会现实出发,关注现实问题与大学
生的现实需求。有的社会思潮关注人类普遍关注的现实问题,如和平与发
展问题、环境污染问题、粮食安全问题、人权问题、全球化问题、反恐问题
等;有的社会思潮关注国内民众普遍关注的现实问题,如公平正义问题、贫
富差距问题、腐败问题、住房问题、医疗问题、教育问题、食品安全问题、社
会保障问题、道德冷漠问题等;有的社会思潮关注当代大学生成长成才过
程中遇到的各种现实问题,如大学生的心理健康、学习生活、毕业就业、爱
情婚恋、社会适应等问题,并就这些问题积极主动地为大学生"建言献策"
"释疑解惑",从而引起了大学生的浓厚兴趣,于是他们纷纷围观,并逐渐参
与到讨论中来。如生态主义高举"生物圈平等主义"大旗,倡导文化多元
论,主张建立绿色和谐关系,实现绿色和谐发展,非常适合青年大学生的
"胃口"。在多样化社会思潮的影响下,当代大学生不再"两耳不闻窗外事,
一心只读圣贤书",而是"家事、国事、天下事,事事关心",开始关注并理性
思考经济、政治、文化、环境等一系列社会现实问题,就这些问题向老师发
问请教,与同学讨论,通过各种社团组织积极开展社会实践活动,并将思考
结果通过微信、微博等自媒体发布出来,与大家分享,大大增强了他们的主
体意识。他们不仅普遍关注国内外重大现实问题,而且能够主动思考、积

极探寻解决这些问题的有效途径。

3. 独立意识增强

当代中国高校校园多样化社会思潮种类繁多，按其涉及领域来分，有经济思潮、政治思潮、文化思潮等；按其涉及学科来分，有经济学思潮、政治学思潮、法学思潮、社会学思潮、历史学思潮等。这些思潮的思想来源、生成演变、主要观点、理论体系、理论实质、社会影响、发展趋势不尽相同。通过各种渠道与途径扑面而来的泥沙俱下、良莠不齐的多样化社会思潮，既给当代大学生提供了接触、认识、评判各种思想观点的机会，也使得他们一时间眼花缭乱、不知所措。面对多样化社会思潮，当代大学生往往会根据自己的成长经历、利益需求，对它们的对与错、是与非、善与恶、合理与不合理、科学与不科学、进步与落后、积极与消极等进行独立的评判与思考；并在此基础上，有选择地对它们加以认知、鉴别、取舍、扬弃，使它们"为我所用"，从而增强了他们的独立意识与分析问题、解决问题的能力。

4. 民族意识增强

在经济全球化时代与互联网时代，西方发达资本主义国家利用经济、科技、资金、人才等方面的先发优势，加紧对广大发展中国家进行资本输出、政治扩张与意识形态渗透。苏联解体、东欧剧变后，社会主义中国更是成为西方发达资本主义国家输出、扩张与渗透的重点对象，它们不仅对我国的内政、外交、人权、主权等横加干涉、无端指责，大肆宣扬"中国威胁论""中国崩溃论"，而且极力支持"藏独""疆独""台独""港独"等民族分裂主义分子，极尽丑化、分化、妖魔化、同化中国之能事。一些社会思潮则成了西方发达资本主义国家丑化、分化、妖魔化、同化中国的重要工具与手段。例如，新自由主义大力宣扬资本主义市场经济与私有制的优越性，攻击中国特色社会主义市场经济是"假市场"，鼓吹经济"私有化"；民主社会主义美化欧美社会，诟病我国的人权状况与社会现实，鼓吹指导思想"多元化"，试图推动改革开放向资本主义方向演变；"普世价值"论宣称西方资本主义的民主政治制度模式与价值观具有普世的、永恒的价值，等等。西方发达资本主义国家的所作所为引起了当代大学生的强烈愤慨与不满，他们的民族意识被唤醒，爱国热情空前高涨，主动思考"在全球化过程中，如何保持与增强中华民族文化的独立性、特色、优势、话语权""如何实现中华民族伟大复兴的中国梦""全球化的时代背景下，要不要、怎么样弘扬爱国主义精神"等问题。

5.现代意识增强

现代意识是反映现代社会发展的历史进程,符合现代社会发展需求的观点、观念与思想意识的总称。现代意识内涵丰富,包括问题意识、世界意识、法治意识、竞合意识等诸多意识。问题意识是人们在认识世界、改造世界的过程中,对各种社会现象与社会问题所产生的怀疑、困惑、焦虑的心理状态与兴奋、冲动、好奇、探寻的情感冲动,它有利于培养当代大学生的独立性、创造性、批判性思维,增强当代大学生的创造意识、独立意识与责任感、使命感;世界意识倡导以全球的视野、人类共命运的责任感、世界整体的思维,去观察、认识、思考、解决问题,它有利于培养当代大学生开阔的视野、开放的胸襟、宽容的心态与系统性思维方式;法治意识是人们崇尚、信守、维护法律的权威,自觉地学法、知法、守法、用法、护法的思维方式。增强法治意识是当代大学生成长成才的必然要求;竞合意识倡导竞争与合作的统一,认为竞争中有合作、合作中有竞争,二者相互渗透、相互促进、密不可分。现代社会的竞争趋势越来越明显,社会分工与学科分化越来越细、越来越需要合作。通过合作式的竞争以实现双赢、共赢,是当代大学生走向成功的必由之路。

多样化社会思潮中所含有的民主与科学、公正与法治、友善与和谐、竞争与合作、民主与自由、效率与公平等思想内容,有利于当代大学生培育现代社会发展所需要的现代理念。

(二)消极影响

一些社会思潮所散布的消极的、落后的、腐朽的世界观、人生观和价值观,所传播的反党、反人民、反社会主义、反马克思主义、仇视现实社会的观点,对大学生思想行为产生了不容忽视的消极影响。

1.疏离主流意识形态

多样化社会思潮在思想内容上都有异于主流意识形态的方面,它们对待主流意识形态的立场、态度往往是批判性的,并以此作为博取眼球、吸引受众、扩大影响的重要手段。一些社会思潮利用社会主义、共产主义事业发展过程中出现的一些挫折(如苏联解体、东欧剧变等),炮制马克思主义"过时论""无用论""空想论""失败论"等各种论调,试图从根本上动摇人们的马克思主义信念;一些社会思潮以歪曲、造谣、污蔑为手段,曲解马克思主义的阶级斗争理论与革命学说,试图从根本上否定马克思主义的真理性、科学性与价值性；一些社会思潮以抹黑、丑化为手段,利用中国特色社会主义事业发展过程中所出现的一些失误,丑化领袖人物、攻击中国共产党、动摇中国特色社会主义"四个自信";一些社会思潮借用西方的"民主""自由""平等"等招牌,炮制马克思主义"学派论",声称各种思想理论观点都是平等、平权的,"没有谁指导谁的问题",主张取消马克思主义这一国家意识形态,试图削弱马克思主义的主导力、引领力;一些社会思潮以美化为手段,将西方资本主义民主政治制度与价值观"普世化",宣称要用"普世之光"照亮中国,试图以西方资产阶级意识形态消解、取代马克思主义主流意识形态;一些社会思潮利用"全球化",炮制"民族国家主权过时论""人权高于主权论""全球民主化论""世界趋同论",声称全球化时代人类文明发展的总趋势是经济、民主政治与思想文化等方面的全方位"全球化",声称社会主义与资本主义越来越"趋同",故意抹杀二者的本质区别,宣扬意识形态淡化论、意识形态终结论、非意识形态化、价值中立论、阶级调和论等论调,标榜自身的正义性与科学性,寻求自身的合法性,试图削弱马克思主义主流意识形态的影响力,等等。多样化社会思潮炮制的各种论调,借助互联网等新兴媒体,在我国高校校园内传播,在一定程度上使得部分大学生开始疏离马克思主义主流意识形态。

2.理想信念淡薄

一些社会思潮对马克思主义主流意识形态、社会主义与共产主义事业的攻击,在一定程度上动摇了当代大学生的中国特色社会主义共同理想、共产主义远大理想与马克思主义坚定信念。

此外,一些社会思潮所传播的错误的、落后的、腐朽的、消极的人生态度与价值观念,也给当代大学生正确理想信念的确立带来了一些负面影响。如在后现代主义、享乐主义、消费主义等社会思潮的影响下,部分大学生放弃对自然、社会、人生的终极思考,嘲笑传统、游戏人生、消极颓废,推崇物欲与感官享受,信奉"今朝有酒今朝醉"的及时行乐、"当一天和尚撞一天钟"的混日子,不求上进、不思进取、生活空虚无聊、心理孤独寂寞、精神虚无迷惘、理想信念淡漠。

3.价值观扭曲

价值取向是价值观的核心,是个体在价值追求、价值评价、价值选择等方面的一种倾向性态度。在个人主义、实用主义、功利主义、新自由主义等社会思潮的影响下,当代大学生往往更加重视自我利益需求的满足与自我价值的实现,更加强调社会、集体对个人需求的尊重与满足,把自我需要、自我发展作为首要的价值取向,把自我的经济利益需求和实惠当成学习、生活、择业、交友的首要追求,更有部分大学生自私自利,只重视个人物质欲求与感官享受的满足,缺乏应有的社会责任感。部分大学生的价值取向呈现出明显的功利性。

价值取向上的个体性与功利性,导致了当代大学生价值评判标准上的模糊性。所谓价值评判标准,是人们衡量事物有无价值或价值大小的尺度与依据。多样化社会思潮所推销的多样化价值评判标准,使得相对单纯幼稚、考虑问题简单化与理想化的大学生一时无法辨别真伪,感到迷惘迷惑、无所适从,价值判断标准的稳定性相对较差,往往随着自己的所见所闻、利益需求和内心感受的变化而不断发生变化。

价值评判标准上的模糊性,导致了部分大学生价值观扭曲,主要表现为价值认知与价值选择之间的不一致性、对人对己的双重价值标准。如部分大学生虽然对某些价值准则在观念上高度认同,但是在实践中又不愿践行甚至违背这些准则。

4.背离传统美德

新自由主义、个人主义、实用主义、功利主义、拜金主义、享乐主义、消费主义等社会思潮,将反传统、反权威的思维方式,反现实的批判手法,反社会主义、反集体主义的价值准则,用各种新奇的形式加以包装并在大学生中加以推销,迎合了部分大学生的叛逆、好奇心理与自由、独立意识,使得部分大学生是非、善恶、美丑、荣辱不分,道德素质下降,社会公德意识薄弱,背离传统美德。

在多样化社会思潮的影响下,部分大学生背离和舍弃了中华民族诸多传统美德。在实用主义、功利主义、拜金主义等社会思潮的影响下,部分大学生在学习生活态度上表现出明显的功利色彩,学习上,他们往往"临时抱佛脚",以致"书到用时方恨少";生活上,他们往往以能否获取眼前利益来决定取舍,在师生关系上,课上课下、考前考后两个样,在同学关系上,以家庭背景、身份地位作为是否交往相处的首要因素,甚至有少数大学生唯利是图,为了获取个人利益与金钱而不择手段、铤而走险、以身试法。再如,勤劳俭朴是中华民族的一大传统美德,《尚书·大禹谟》中倡导:"克勤于邦,克俭于家。"《左传》中强调:"民生在勤,勤则不匮。"《古今药石·续身警》中强调"勤"有三益:"可以勉饥寒""可以远淫辟""可以致寿考"。《传家宝》二集卷四《留心集》中强调"俭"有四益:"俭可养德""俭可养寿""俭可养神""俭可养令"。民间也一直流传"成由节俭败由奢"等俗语。但是在享乐主义、消费主义等社会思潮的影响下,相当一部分大学生认为勤劳俭朴在当今时代已经过时、"不入流",有人不顾自身条件而一味攀比、讲究排场、花钱大手大脚,有人消费观念扭曲、热衷于购买奢侈品和名牌商品,甚至有少数人为了获取钱财而置道德、法律于不顾。

5.引发群体性事件

在经济全球化时代,西方敌对势力从未放弃对我国的意识形态渗透,一直对我国实施西化、分化与"和平演变"战略。近年来,"颜色革命"在一些国家的成功上演,使得西方敌对势力极为兴奋,它们非常渴望并积极推动"颜色革命"在中国的上演,将之作为"和平演变"中国的主要手段。在中国香港发生的以青年大学生为主体的所谓"占领中环"运动,实质上就是"颜色革命"在香港的翻版。

各种西方社会思潮是西方发达资本主义国家实施"和平演变"、发动"颜色革命"所利用的主要思想工具。它们通过网络、电影电视、学术交流、合作办学等途径与渠道,向我国民众特别是青年大学生散布各种西方社会思潮,推销各种西方资产阶级价值观,试图影响、侵蚀、搞乱我国民众特别是青年大学生的思想;它们运用各种西方社会思潮,对我国社会现实进行主观性、片面性、持续性的"揭短"与批判,攻击中国共产党与社会主义制度,分化、瓦解、动摇我国民众特别是青年大学生对中国共产党的信任、对中国特色社会主义事业的信心;它们以各种偶发性、突发性事件为契机,直接煽动、组织、策划各种群体性事件。

三、有效引领大学生思想的路径

加强主流意识形态对非主流社会思潮的引领是党中央为应对国内外形势发展而做出的重大战略部署。高度重视非主流社会思潮对当代大学生所产生的复杂性影响,积极探索以马克思主义主流意识形态引领高校校园多样化非主流社会思潮的有效路径,不断增强以马克思主义主流意识形态引领高校校园多样化非主流社会思潮的能力水平,对于高校意识形态建设具有重大的现实意义。

作为思政课教学,实现用马克思主义理论、中国特色社会主义理论体系引领大学生思想,必须处理好多样化社会思潮的影响。"尊重差异、包容多样",最大限度地达成当代大学生的思想共识,是一个用马克思主义主流意识形态引领高校校园多样化非主流社会思潮的复杂的、系统的实践活动过程。"尊重差异、包容多样"是以马克思主义引领高校校园多样化非主流社会思潮的基本方针与必然要求。只有"尊重",才有"引领"的可能;正是由于"差异"与"多样"的存在,才有"引领"的必要。最大限度地达成当代大学生的思想共识是"引领"的根本目标,能否形成大学生的思想共识是检验"引领"工作成功与否的根本标准,如果能够达成大学生的思想共识,就说明"引领"工作是成功的;反之,则说明"引领"工作是失败的。其中,"尊重差异、包容多样"是手段,最大限度地达成大学生的思想共识是目标,二者相互联系。

(一)正确处理"一元主导"与"多样并存"的关系

一方面,马克思主义主流意识形态的"一元主导",牵引着多样化非主流社会思潮的流变方向,对多样化非主流社会思潮有着强大的整合功能,引导着多样化非主流社会思潮和谐有序的发展,决定着整个高校意识形态的发展走向。如果没有马克思主义主流意识形态的"一元主导",整个高校意识形态的发展就会失去正确的方向,不知道往哪走,多样化非主流社会思潮就会失控,像没头苍蝇似的瞎碰乱撞,从而陷入一种无序状态,大学生就会产生思想混乱;另一方面,多样化非主流社会思潮的有益成分是对马克思主义主流意识形态的丰富补充,可以为马克思主义的发展不断提供丰富的滋养,多样化非主流社会思潮的争鸣与论战,有利于当代大学生的思想解放和观念更新,有利于激发当代大学生的创造活力,有利于保持高校意识形态的蓬勃生机。仅有"主导"而无"多样",高校意识形态建设就会孤掌难鸣、死气沉沉。正因为如此,改革开放以来,中国共产党对于人民内部思想领域的矛盾和冲突始终坚持以民主、协商的方式加以解决,既为多样化非主流社会思潮的生成流变提供了宽松环境,又为马克思主义的创新发展提供了丰富的智慧和资源。可见,只有既坚持"一元主导",又包容"多样",以"主导"统摄"多样",以"多样"滋养"主导",马克思主义才能在多样化思潮中确立主导地位、寻求最大共识,才能以主导扩大共识,以共识巩固主导。借口"多样"以削弱、否定"主导",或借口"主导"以强行取消"多样",都是错误有害的。

（二）塑造"尊重""包容"的校园文化氛围

校园文化对大学生的社会心理、思维方式、处事态度等具有潜移默化的浸染、塑造、熏陶作用。"尊重""包容"的校园文化氛围，是"尊重差异、包容多样"，最大限度地达成当代大学生思想共识的环境要求。

要塑造"尊重""包容"的校园文化氛围，就必须做到以下几点。

一要尊重社会思潮的差异性。高校意识形态建设要确立差异互补、多样共生的"和而不同"理念，摒弃"同于己者为是之，异于己者为非之"（《庄子·寓言》）的"斗异伐非"的思维方式，充分尊重社会思潮的多样性特点和合理性差异，积极吸收各种社会思潮中蕴含的一切合理成分与积极因素，大胆借鉴所有社会思潮在理论形式、表达方式与传播手段上的一切可取之处，不断增强马克思主义主流意识形态的包容度与引领力，以最大诚意、尽最大努力求和谐、寻共识。

二要尊重当代大学生思想状况的差异性。人的思想政治品德是"按照心理—思想—行为和习惯的程序，由简单到复杂、由低级到高级、由不稳定到稳定、由不完善到完善发展的"[①]，是主观因素和客观因素交互作用的产物。人的思想政治品德的形成发展是在社会实践基础上主客观因素相互平衡、相互协调的结果，是主体内在思想矛盾运动转化的结果。在当今时代，大学生的思想道德状况具有鲜明的层次性、多样性、差异性。"尊重差异、包容多样"，就是要尊重当代大学生思想道德状况的差异性，既明确方向性、倡导先进性，又重视层次性和广泛性；既鼓励、推广、学习先进人物及其先进品德、先进事迹，又照顾到多数人的思想道德现实水平；既发掘、培育、倡导当代大学生中的积极健康的思想，又充分尊重不同家庭出身、不同认识水平的大学生的思想实际以及他们的各种正当、无害的利益需求；既要求所有的大学生都要学先进、赶先进，又充分尊重，并依据不同群体、不同层次的大学生的思想实际提出不同层次的多样化要求；既鼓励大学生畅所欲言、完善自身、勇敢争取自身权益，又引导他们善于倾听他人的声音、欣赏他人的优点、尊重他人的权利、履行自身的义务。只有这样，才能广泛团结当代大学生，充分激发他们追求真、善、美的潜能，更好地用马克思主义主流意识形态引领高校校园多样化非主流社会思潮，最大限度地达成当

---

① 邱伟光，张耀灿.思想政治教育学原理［M］.北京：高等教育出版社，1999：94.

代大学生的思想共识。如果搞"一刀切",用一个统一标准强制性要求所有的大学生,则往往会"拔苗助长""欲速则不达"。

(三)以马克思主义立场观点方法具体分析、区别对待高校校园多样化非主流社会思潮

"马克思主义的立场解决的是为什么人讲话、为什么人服务的价值观问题。坚持马克思主义立场,就要将最广大人民群众的根本利益作为分析、解决问题的根本立足点和出发点;马克思主义的观点解决的是关于自然、社会和思维的发展规律的根本认识的真理观问题。坚持马克思主义观点,就要坚持马克思主义关于整个世界特别是人类社会发展的一系列问题的真理性认识和科学性总结;马克思主义的方法解决的是如何认识世界和改造世界的方法论问题。坚持马克思主义方法,就要坚持辩证唯物主义和历史唯物主义的根本方法。马克思主义的世界观与方法论、真理性与价值性的高度统一,决定了马克思主义立场、观点与方法不容分割。……马克思主义的立场观点方法,是贯穿于马克思主义理论体系之中的'红线'和'纽带',是马克思主义的精髓和灵魂之所在,是我们认识世界和改造世界的强大思想武器。"[1]是"政治上军事上的望远镜和显微镜"[2]。中国共产党一贯坚持应用马克思主义的立场、观点、方法来分析解决现实问题。早在新民主主义革命时期,毛泽东就要求党的理论工作者"真正领会马克思列宁主义的立场、观点和方法……并且应用它去深刻、科学地分析中国的实际问题"[3]。1978年,邓小平在全军政治工作会议上强调,坚持马克思主义,"主要的是要用马克思主义的立场、观点、方法来分析问题,解决问题"[4]。江泽民同志也强调:"我们学习理论,关键是要学会运用马克思主义的立场、观点、方法来观察和解决问题。"[5]胡锦涛同志明确指出:"坚定理想信念,重要的就是要坚持用马克思主义的立场、观点、方法来认识世界,认识

---

① 崔华前.论马克思主义立场观点方法在政治学领域的实际应用[J].政治学研究,2012(6):12.

② 毛泽东.毛泽东选集:第1卷[M].北京:人民出版社,1991:212.

③ 毛泽东.毛泽东选集:第3卷[M].北京:人民出版社,1991:814-815.

④ 邓小平.邓小平文选:第2卷[M].北京:人民出版社,1994:118.

⑤ 江泽民.江泽民文选:第2卷[M].北京:人民出版社,2006:286.

人类社会发展的客观规律。"①习近平总书记强调:"高举毛泽东思想、邓小平理论、'三个代表'重要思想的旗帜,不断开创中国特色社会主义事业新局面,不断开创马克思主义在中国发展的新境界,最重要的是始终坚持贯穿这个科学思想体系的活的灵魂,始终坚持马克思主义立场、观点和方法。"②习近平总书记还强调:"马克思主义中国化,就是把马克思主义基本原理同中国具体实际和时代特征结合起来,运用马克思主义的立场、观点、方法研究和解决中国革命、建设、改革中的实际问题。"③"新干部、年轻干部尤其要抓好理论学习,通过坚持不懈学习,学会运用马克思主义立场、观点、方法观察和解决问题,坚定理想信念。"④2010 年 4 月,习近平同志还专门在《求是》杂志上发表题为《深入学习中国特色社会主义理论体系 努力掌握马克思主义立场观点方法》的文章,文中强调:"马克思主义立场观点方法,贯穿于马克思列宁主义、毛泽东思想和中国特色社会主义理论体系之中,是马克思主义科学思想体系的精髓所在。党员领导干部只有努力学习和掌握马克思主义立场观点方法,才能从根本上不断提高自己的思想理论水平和辨别是非能力,增强认识世界和改造世界的能力,坚定中国特色社会主义信念和共产主义理想;才能全面、正确地理解和贯彻党的基本理论、基本路线、基本纲领、基本经验和各项方针政策,坚定不移地继续解放思想、坚持改革开放、推动科学发展、促进社会和谐,为夺取全面建设小康社会新胜利而奋斗;也才能不断改进工作作风和工作方法,增强工作的原则性、系统性、预见性、创造性,克服和避免摇摆性、片面性、盲目性,把自己的工作做得更好。因此,我们党郑重提出的党员领导干部要真学真懂真信真用中国特色社会主义理论体系的要求,既要求真学真懂真信真用这一理论体系的基本内容,又要求真学真懂真信真用贯穿其中的马克思主义立场观点方法。"⑤"掌握和运用马克思主义立场观点方法来研究和解决中国的实

---

① 中共中央文献研究室.十六大以来重要文献选编:中[M].北京:中央文献出版社,2006:621.

② 习近平.深入学习中国特色社会主义理论体系 努力掌握马克思主义立场观点方法[J].求是,2010(7):18.

③ 中共中央文献研究室.十七大以来重要文献选编:上[M].北京:中央文献出版社,2009:241.

④ 习近平.习近平谈治国理政[M].北京:外文出版社,2014:154.

⑤ 习近平.深入学习中国特色社会主义理论体系 努力掌握马克思主义立场观点方法[J].求是,2010(7):17.

际问题,是以毛泽东同志为主要代表的中国共产党人留给我们的传家宝。"①我们应该保持和发扬党的优良传统,坚持运用马克思主义的立场观点方法来观察、分析当前我国高校校园多样化非主流社会思潮。

那么,究竟如何应用马克思主义的立场观点方法来观察、分析高校校园多样化非主流社会思潮呢? 邓小平在这方面给我们做出了榜样。对于"一窝蜂地盲目推崇"西方社会思潮现象,邓小平表示质疑:"对于现代西方资产阶级文化,我们究竟应当采取什么态度呢? 经济上实行对外开放的方针是正确的,要长期坚持。对外文化交流也要长期发展。经济方面我们采取两手政策,既要开放,又不能盲目地无计划无选择地引进,更不能不对资本主义的腐蚀性影响进行坚决的抵制和斗争。为什么在文化范围内的交流,反倒可以让资本主义文化中对我们有害的东西畅行无阻呢?"②邓小平认为,消除这一现象的根本途径就是运用马克思主义分析、鉴别和批判西方社会思潮,他强调:"我们要向资本主义发达国家学习先进的科学、技术、经营管理方法以及其他一切对我们有益的知识和文化,闭关自守、故步自封是愚蠢的。但是,属于文化领域的东西,一定要用马克思主义对它们的思想内容和表现方法进行分析、鉴别和批判。"③在此基础上,邓小平还以"人道主义"为例,对如何运用马克思主义立场观点方法分析、鉴别和批判西方社会思潮,给予了说明:"人道主义作为一个理论问题和道德问题,当然是可以和需要讨论的。但是人道主义有各式各样,我们应当进行马克思主义的分析,宣传和实行社会主义的人道主义(在革命年代我们叫革命人道主义),批评资产阶级的人道主义。"④可见,对于各种西方社会思潮,邓小平站在人民的立场上,对它们进行了马克思主义的辩证分析与具体分析。习近平总书记也结合当时党的工作重点,对如何学习和掌握马克思主义的立场观点方法提出了总的要求,强调坚持马克思主义立场就是要"始终站在人民大众立场上,立党为公、执政为民,把服务群众、造福百姓作为最大责任";学习和掌握马克思主义观点就是要学习和掌握"马克思主义关于人类社会发展规律及其历史趋势的基本观点,始终坚定中国特色社会主义信

① 习近平.深入学习中国特色社会主义理论体系 努力掌握马克思主义立场观点方法[J].求是,2010(7):17.

② 邓小平.邓小平文选:第3卷[M].北京:人民出版社,1993:43-44.

③ 邓小平.邓小平文选:第3卷[M].北京:人民出版社,1993:44.

④ 邓小平.邓小平文选:第3卷[M].北京:人民出版社,1993:41.

念和共产主义理想";"马克思主义关于生产活动是人类社会存在和发展根本前提的观点,始终把发展作为党执政兴国的第一要务";"社会主义经济政治文化社会协调发展的观点,把中国特色社会主义事业全面推向前进";"马克思主义关于人的全面发展的观点,在发展中始终坚持以人为本";学习和掌握马克思主义方法必须学习和掌握"唯物辩证的思想方法""实事求是的思想方法""群众路线的工作方法"。①

邓小平对待西方社会思潮的马克思主义立场观点方法、习近平关于学习和掌握马克思主义立场观点方法的总要求,对于我们今天观察、分析高校校园多样化非主流社会思潮仍具有方法论指导意义。对于高校校园多样化非主流社会思潮,我们既应该挖掘其中蕴含的能够顺应时代发展潮流、有利于维护人民利益、有利于维护社会和谐稳定、有利于促进社会文明进步与大学生成长成才的积极因素,也必须认清它们中的各种损害人民利益、危害大学生成长成才的消极因素;既应该识别哪些思潮有利于维护人民利益与促进大学生成长成才,又必须认清哪些思潮损害了人民利益、危害了大学生成长成才;既应该发现某一思潮中蕴含的积极因素,又必须认清其中含有的消极因素;既应该分清主要起积极作用的进步思潮与主要起消极作用的落后思潮,还应该认识到某些思潮是积极作用与消极作用难分伯仲的中间思潮。在此基础上,我们还应该对高校校园多样化非主流社会思潮加以区别对待。对于它们中所蕴含的积极因素,我们应该大胆借鉴、吸收;对于它们中含有的消极因素,我们应该坚决舍弃;对于有利于维护人民利益、促进大学生成长成才的各种进步思潮,我们应该充分肯定、积极支持;对于各种反党、反人民、反社会主义、反马克思主义、违反国家法律法规、损害人民利益与危害大学生成长成才的落后思潮,我们必须与之做坚决的斗争,对之进行彻底的批判与揭露,遏制其滋长蔓延;对于各种中间思潮,只要它们不反党、不反人民、不反社会主义、不反马克思主义、能够在国家法律法规允许的范围内传播,我们就应以宽广的胸怀,持"尊重"与"包容"的态度,允许它们的存在,采取协调的办法对它们进行温和的、渐进式的引领,促使它们逐渐主动放弃消极因素与消极态度,充分发挥积极因素与积极态度,逐渐向马克思主义主流意识形态靠拢和看齐。

---

① 习近平.深入学习中国特色社会主义理论体系 努力掌握马克思主义立场观点方法[J].求是,2010(7):19-24.

（四）搭建有管控的社会思潮沟通交流平台

思想认识问题，只有坚持以理服人、民主讨论、平等交流，通过摆事实、讲道理才能真正彻底地加以解决。思想共识的达成，仅靠简单的说教、粗暴的批判、强制的行政命令是无法实现的。关于如何解决思想认识问题，毛泽东曾指出："我们主张有领导的自由，主张集中指导下的民主，这在任何意义上都不是说，人民内部的思想问题、是非的辨别问题，可以用强制的方法去解决。企图用行政命令的方法，用强制的方法解决思想问题、是非问题，不但没有效力，而且是有害的。我们不能用行政命令去消灭宗教，不能强制人们不信教。不能强制人们放弃唯心主义，也不能强制人们相信马克思主义。凡属于思想性质的问题，凡属于人民内部的争论问题，只能用民主的方法去解决，只能用讨论的方法、批评的方法、说法教育的方法去解决，而不能用强制的、压服的方法去解决。"①"我们曾经把解决人民内部矛盾的这种民主的方法，具体化为一个公式，叫做'团结——批评——团结'。讲详细一点，就是从团结的愿望出发，经过批评或者斗争使矛盾得到解决，从而在新的基础上得到新的团结。按照我们的经验，这是解决人民内部矛盾的一个正确的方法。"②"利用行政力量，强制推行一种风格，一种学派，禁止另一种风格，另一种学派，我们认为会有害于艺术和科学的发展。艺术和科学中的是非问题，应当通过艺术界科学界的自由讨论去解决，通过艺术和科学的实践去解决，而不应当采取简单的方法去解决。……对于科学上、艺术上的是非，应当保持慎重的态度，提倡自由讨论，不要轻率地作结论。我们认为，采取这种态度可以帮助科学和艺术得到比较顺利的发展。"③邓小平也曾指出："无论如何，思想理论问题的研究和讨论，一定要坚决执行百花齐放、百家争鸣的方针，一定要坚决执行不抓辫子、不戴帽子、不打棍子的'三不主义'的方针，一定要坚决执行解放思想、破除迷信、一切从实际出发的方针。"④"过去那种简单片面、粗暴过火的所谓批判，以及残酷斗争、无情打击的处理方法，决不能重复。无论是开会发言、写文章，都要进行充分的说理和实事求是的科学分析。参加讨论和批评的人，首先要对讨论和批

---

　① 中共中央文献研究室.毛泽东文集:第7卷[M].北京:人民出版社,1999:209.
　② 中共中央文献研究室.毛泽东文集:第7卷[M].北京:人民出版社,1999:210.
　③ 中共中央文献研究室.毛泽东文集:第7卷[M].北京:人民出版社,1999:229-230.
　④ 邓小平.邓小平文选:第2卷[M].北京:人民出版社,1994:183.

评的问题研究清楚,绝不能以偏概全、草木皆兵,不能以势压人、强词夺理。对有错误的同志,要采取与人为善的态度,给他们时间认真考虑,让他们进行合情合理的澄清论点和事实的答辩,尤其要欢迎和鼓励他们进行诚恳的自我批评。有了这种自我批评就好,不要揪住不放。批评或自我批评都要站在马克思主义立场上,不能站在'左'的立场上。"①江泽民同志也曾指出:"百花齐放、百家争鸣,反映了哲学社会科学发展的一般规律,是繁荣和发展我国哲学社会科学的重要方针。要提倡理论创新和知识创新,鼓励大胆探索,形成有利于创新的生动活泼的局面,在实践中不断认识真理、服从真理、发展真理。要开展平等、健康、活泼和充分说理的学术争鸣,活跃学术空气。"②胡锦涛同志曾强调:"做宣传群众、教育群众的工作,要讲究方式方法,善于摆事实、讲道理,努力做到深入浅出、以理服人,使群众能听得明白、听得进去,真正产生实际效果。"③习近平总书记也曾强调:"要坚持百花齐放、百家争鸣的方针,发扬学术民主、艺术民主,营造积极健康、宽松和谐的氛围,提倡不同观点和学派充分讨论,提倡体裁、题材、形式、手段充分发展,推动观念、内容、风格、流派切磋互鉴。"④

　　大学生的思想认识问题,属于人民内部矛盾的问题,必须坚持以理服人、民主讨论、平等交流,注重摆事实、讲道理。大学生思想共识的达成,仅靠简单的说教、粗暴的批判、强制的行政命令是无法实现的。因此,我们必须搭建多样化社会思潮的沟通交流平台,让各种社会思潮都有机会平等充分地阐释自己的观点、展示自己的意愿、表达自己的诉求,让所有大学生都有机会发言、发声。所谓真理越辩越明,这种多样化社会思潮之间平等的观点沟通交流、思想交锋争鸣、学术探讨商榷,有利于马克思主义主流意识形态吸收、借鉴、融合各种非主流社会思潮的合理成分和积极因素,丰富与完善自身;有利于马克思主义主流意识形态在和各种非主流社会思潮的沟通交流中,彰显自身的优越性,通过展现和散发自身的真理魅力来吸引非主流社会思潮向自身靠拢;有利于增强大学生辨别是非的能力,引导他们准确区分、科学对待多样化非主流社会思潮,使各种反动的、腐朽的、消极

　　① 邓小平. 邓小平文选:第 3 卷[M].北京:人民出版社,1993:47.
　　② 江泽民. 江泽民文选:第 3 卷[M].北京:人民出版社,2006:493.
　　③ 中共中央文献研究室. 十六大以来重要文献选编:中[M].北京:中央文献出版社,2006:317.
　　④ 习近平. 在文艺工作座谈会上的讲话[N]. 人民日报,2014-10-16(1).

的、错误的、落后的非主流社会思潮丧失生发的土壤和市场；有利于不同群体、不同层次的大学生找到利益契合点，缓解大学生群体的内部矛盾，消除大学生群体的"内耗"，从而最大限度地达成当代大学生的思想共识。

当然，这种社会思潮的沟通交流平台，决不是放任自流的，而是有管控的，它只适用于愿意与马克思主义主流意识形态展开平等的、说理式的沟通交流的非主流社会思潮，是以划清思想界限、澄清思想是非、区分思想观点为基础，以"学术无禁区，宣传有纪律"为前提的。在沟通交流中，决不允许有些人打着"沟通交流"的幌子，利用课堂、学术讲座、学术报告等形式公然向大学生传播各种反主流、反马克思主义思潮；决不允许一些反主流社会思潮者、反马克思主义者打着"沟通交流"的幌子，对马克思主义与马克思主义者进行嘲笑、讽刺、围攻。决不是无原则的"沟通交流"，决不是要与反主流、反马克思主义思潮及其传播者求对话、求合作、求和谐，因为这无异于"与虎谋皮"，而必须理直气壮地与之展开旗帜鲜明、毫不妥协、针锋相对的斗争。实际上，马克思主义总是在与反马克思主义思潮的斗争中，不断丰富与发展自身的。一部马克思主义的发展史，实际上就是一部同各种反马克思主义思潮斗争的历史。对于马克思主义这一通过斗争而发展自身的历史与趋势，毛泽东曾给予了总结与预测，他指出："马克思主义也是在斗争中发展起来的。马克思主义在开始的时候受过种种打击，被认为是毒草。现在它在世界上的许多地方还在继续受打击，还被认为是毒草。在社会主义国家里，马克思主义的地位不同了。但是就是在社会主义国家，还是有非马克思主义的思想存在，也有反马克思主义的思想存在。……马克思主义必须在斗争中才能发展，不但过去是这样，现在是这样，将来也必然还是这样。"①

（五）积极寻找共鸣点

马克思主义主流意识形态引领高校校园多样化非主流社会思潮，之所以具有现实可能性，是因为它们之间有共鸣点，有相通相融之处，能够引起当代大学生的思想共鸣与情感共鸣。如果它们相互之间风马牛不相及、毫不相干、根本对立、水火不容，如果马克思主义主流意识形态不能引起当代大学生的思想共鸣与情感共鸣，就谈不上什么"引领"。因此，用马克思主

---

①　中共中央文献研究室.毛泽东文集：第 7 卷［M］.北京：人民出版社，1999：230.

义主流意识形态引领高校校园多样化非主流社会思潮,必须:一要积极寻找马克思主义主流意识形态与高校校园多样化非主流社会思潮之间的共鸣点。马克思主义主流意识形态本身就是借鉴、吸收、融合了人类历史上各种合理的、进步的、积极的思想内容,而形成的一种迄今为止最科学、最先进的思想理论,高校校园多样化非主流社会思潮中也蕴含着一些积极的、进步的思想内容,这决定了二者之间必然有共鸣点。有些非主流社会思潮(如"新左派"与民族主义思潮)虽然存在着片面与极端之处,但"新左派"思潮主张维护公有制的主体地位、加强人民民主专政、坚持马克思主义的主导地位,民族主义思潮中蕴含的强烈的爱国情感等,与马克思主义主流意识形态之间就有共鸣点;有些非主流社会思潮的思想观点,与社会主义核心价值观所倡导的"民主""自由""平等""公正""法治"等也有着共鸣点。寻找到这些共鸣点,我们就能有针对性地做好"引领"工作。

其二,要使马克思主义主流意识形态引起当代大学生的思想共鸣与情感共鸣。要充分挖掘与鼓励不同层次的大学生的"正能量",增强当代大学生对马克思主义主流意识形态的认同感。高校意识形态建设要对大学生与时代的呼唤做出积极的话语回应、方法回应、内容回应,在话语上,要善于运用生动形象,亲切可人,为当代大学生所喜闻乐见、耳熟能详的概念、范畴;在方法上,要使马克思主义主流意识形态走进校园,贴近当代大学生的生活实际;在内容上,要善于从高校校园多样化非主流社会思潮的争鸣与比较中汲取养分。只有这样,马克思主义主流意识形态才能引起当代大学生的思想共鸣与情感共鸣,才能为当代大学生所真心认同、自觉践行。

第十章　形成课程思政与思政课程的协同效应

在教学改革的理论探究与实践探索中,努力探索和实现形成思政课程与课程思政的协同效应,实现自然有效的课程思政教学理念和模式,增强大学生思想政治理论课获得感。

一、课程思政的意义与作用

(一)课程思政的意义

1.政治意义

2019 年 10 月,党的十九届四中全会通过了《中共中央关于坚持和完善中国特色社会主义制度、推进国家治理体系和治理能力现代化若干重大问题的决定》,为坚持和完善中国特色社会主义制度、推进国家治理体系和治理能力现代化提供了科学指南与基本依循。高校校园是"隐形战场",高校是意识形态斗争的重要阵地,在高校中正上演着一场价值观争夺战。因此,必须把课堂教学空间纳入有效管治空间,建构起与现实制度生态相匹配的课程生态。

哲学伦理学家汉斯•约纳斯在其名著《责任原理》中,把"避免最大的恶之准则"视为技术时代伦理学的核心标准。"避免最大的恶之准则"要求人们把"不做"作为最重要的行为选项。[①] 然而,这是"消极伦理学"的理论假设。在中国特色社会主义新时代,更需提升课堂教学能力,建构起一种"积极伦理学"。

做好课程意识形态工作,事关国家的前途命运与长治久安。党的十八

① 甘绍平.一种超越责任原则的风险伦理[J].哲学研究,2014(9):87-94.

大以来,我国意识形态领域形势发生了全局性、根本性的转变,社会主义核心价值观总体上已经牢固树立。但是,高校意识形态领域仍不平静,仍然存在"西风"与"东风"的斗争和较量。由于历史与现实的复杂性,高校意识形态多元纷争,甚至成为西方资本主义意识形态向我国社会主义意识形态进攻的前沿阵地。

2. 现实意义

以网络为媒介的新兴组织的崛起,对国家意识形态造成深刻挑战。早在 20 年前,黑客约翰·巴洛就"信息传输、关系互动和思想本身"与"物质实体",在建立"物质实体"基础上进行"物质强制(Physical Coercion)"与"关于财产、表达、身份、迁徙的法律概念及其情境"的对比,论证了国家机器在信息社会中地位的衰落,甚至发布了《网络独立宣言》。此种叙述或危言耸听,却阐明虚拟组织通过互联网技术将在其无严格资格限制的网民之间实现超越地域局限的信息交流,从而造成"去中心化"的意识形态解构。在网络世界尤其在自媒体时代,人人都可以随时随地自由发声,各种不良信息以精美的文字、图片、音频、视频等形式呈现,良莠不齐、真假难辨。如果无法有效规制这种状况,事实将成为被网络媒体夸张与放大的"事实",造成"'我'要新闻自由,但记者要传播'我'要的新闻"的网络异化。马克思在《1844 年经济学哲学手稿》中论述了异化理论,指出人的异化表现为四个方面:一是人与其劳动产品的异化,二是人与劳动的异化,三是人与其类本质的异化,四是人与人关系的异化。在网络时代,人在网络空间中的异化不同于物质生产劳动下的异化——受"被制造"的不良虚拟产品所误导、诱导从而偏离人的自由和全面发展之异化。

在意识形态斗争领域没有任何妥协退让的余地,必须敢于"亮剑"。在课程思政教育过程中,我们不仅要筑起网络"防火墙",还要筑起"心的长城",用我们的网络爱国民主墙对抗所谓的"民主墙"。更重要的是把政治方向摆在第一位,以喜闻乐见的方式让主流话语得到当代大学生认同。

3. 教育教学意义

有助于统整"课程思政"元素。实现在专业课中有思政元素,也在思政课中体现专业元素,从而打通思政课与专业课之间的"中梗阻",实现思政教育与专业教育的相融性。虽然无法穷尽专业与思政课的契合点,思政课也有其自身的课程体系不容拆解,但是,如果能在一门思政课中找到几个可以和专业相契合的"亮点",那么就有助于帮助该门课成为与学生的美好约定,让思政课程在整个高校课程中留下一道风景。风景,不仅是外在美丽的象征,还表征着一种超越教材而与学生现实相联结的精神关联。

有助于"教"与"学"之间的意义建构。如果思政课要避免成为"水课"而成为"金课",就要真正"入耳""入脑""入心""入眼"。对于高校思政课而言,"教材"是统编的,但"学材"应允许差异性。针对不同专业背景和知识储备的学生量身定制具有特色的思政课,在尊重学生鲜活个性、专业特性的基础上开展思想政治教育,不仅不会淡化思想政治教育的思想性、政治性和教育性,反而有助于提升教育实效性,生发出教学智慧。实践表明,具有契合专业课特色的创意性"思政课"教学法,也符合00后大学生的思想状况、思维方式和认知方式。

(二)课程思政的作用

1. 有助于创新话语权表达方式,构造风清气正的教学话语空间

话语是一种象征性权力。语言关系实际上是符号权力的关系,言说者和听众分别所属的各种群体之间的力量关系转而以一种变相的形式表达出来。在当代世界国际关系中,少数西方国家凭借其政治、经济、文化的强势地位,试图对其他国家维持并巩固网络话语霸权。在"后冷战时代"主要依靠三种途径:信息霸权、意识形态霸权以及文化霸权。

就信息传播中的话语霸权而言,德国思想家尤尔根·哈贝马斯在《作为"意识形态"的技术与科学》中指出了技术理性的概念早已渗透在技术设备的设计中。在网络时代,少数西方发达国家利用信息技术优势,制造着信息流通中的"不对称",散布不实之词,对他国事务妄加评判。冷战结束后,西方一些媒体利用各种手段加紧对我国实施"西化""分化"战略,制造出具有鲜明西方意识形态偏见的"自由""民主""人权""多党制""议会制""三权分立制"以及"自由主义经济"等话语。针对中国和平发展,通过信息技术操控世界舆论场或网络(自)媒体,不断抛出"中国强硬论""中国傲慢论""中国威胁论""中国崩溃论"等虚假论调或恶意攻击。

因此,在专业课程中融入思政元素,有助于针对青年创新话语权表达方式,建构"共在"的网络场域。在相当长时期内,"灌输"被认为是意识形态行使话语权的重要方式。网络传播的全球性、交互性和超文本链接方式使得"灌输"已不可能,阐释并宣扬主流话语必须依靠有艺术性的思想传播。为此,才要求"最高限度的马克思主义=最高限度的通俗化"。政府宣

传部门工作者亦需走下"神坛""讲坛",将课堂教学空间建构成对话平台。社会各界"大咖"也可以通过一系列正能量教学互动,有效传播真理、分享意义,让正义的话语润物无声地传播到课堂教学空间。

2. 有助于强化高校管治能力,理直气壮地唱响新时代主旋律

阿雷恩·鲍尔德温(Elaine Baldwin)在其著作《文化研究导论》中提出,当代网络话语的言说方式,烘托出别具一格、特色鲜明的亚文化,它们可能反对或抵制主导的价值和文化。正是这种颠覆传统的"亚文化"的存在,表征着主流话语"生态系统"面临着意义解构的危机。

日本学者中野收曾在《现代人的信息行为》中,也提出了非常容易接受大众媒体影响的"容器人"的概念。如此看来,网络媒体扩大并丰富着"容器人"之容量。调研发现,当下一部分青少年在"浅阅读"中丧失了真正的"自由",在丧失批判性思维的同时成为网络信息时代的"容器人";相当一部分大学生作为"网络看客",在被动接收信息中异化为网络信息时代的"容器人";也有一部分大学生作为"网络哄客",在网络空间的嬉笑怒骂中制造着由"网络看客"的话语狂欢。

课程思政的实时互动打破了思政课程的原有组织界限和特征,从而使得传统的思政课教学模式发生了重大的结构性变化。课程思政实现着多主体之间的交互主体性,变"我—他"关系为"我—你"关系,更应进一步探求对话本体,化主体间性为本体共性,变成"我们"的关系。人与人之间不是原子化的个体关系,共同的意义世界由社会群体的共同表达和话语交往而生成。

中华人民共和国成立70多年来,经过几代人的不懈奋斗,我们基本解决了"挨打""挨饿"两个问题,但"挨骂"问题还没有得到根本解决。一些西方媒体仍然通过各种方式在"唱衰"中国。只有形成思政课程与课程思政的协同效应,鼓励多主体、多渠道、多形式参与"大思政"课程建设,才能营造健康的教学生态。课程思政有助于通过多种"教学语言"沟通方式,讲好中国故事,树立新时代中国良好形象,传播好中国声音,从而向当代大学生展现一个真实的中国、立体的中国、全面的中国。

宋代王安石在《游褒禅山记》中,提出天下奇景异观常在险远之处。然而,"非有志者,不能至也……力不足者,亦不能至也……至于幽暗昏惑而无物以相之,亦不能至也"。唯有"志""力""物"协同,才能探寻到壮丽的景观。在此意义上,课程思政也是"考验场"与"试验田",我们需要运用志气、

定力与有效媒介手段,进而达到新时代思想政治教育的理想境地,全方位增强大学生思想政治理论课的获得感。

二、"大商科"课程视域下的思政课程与课程思政

一段时间以来,在一些高校,思政课处于被专业课程边缘化、被实用课程去平衡化以及被量性评价制式化的境遇。从现代与后现代课程观的融合视域来看,高校思政课具有升华技术教育的价值,从而超越专业课程;具有探寻职业幸福的价值,从而为实用课程拓展根基;具有建构生活意义的价值,从而有助于扬弃量性评价。浙江工商大学的"大商科"课程建设,通过融合创新体现协同育人价值,通过专业成才彰显精神成人价值,通过通识教育彰显"精神成人"价值。在"大商科"课程视域下,实现上述价值需要统合思政课程,使之成为基础课程核心;统合基础课程,使之成为高校课程建设基础;统合所有课程,使之成为人才成长摇篮。

党的十八大以来,以习近平同志为核心的党中央高度重视思政课程建设,思政课在课程体系中的地位得到了相当程度的提高。2018年全国教育大会,为加快教育现代化、建设教育强国、办好人民满意的教育指明了方向、描绘了蓝图、部署了任务,在我国教育发展史上具有里程碑意义。大会上,习近平总书记的重要讲话是指导新时代教育改革发展的纲领性文献。习近平总书记强调,培养什么人是教育的首要问题,社会主义建设者和接班人必须德智体美劳全面发展。要加强德育课程、思政课程建设,充分挖掘各门课程中的德育内涵,健全全员育人、全过程育人、全方位育人的体制机制。加强爱国主义、集体主义、社会主义教育,强化国家安全教育,增强做中国人的骨气和底气。

研究发现,高校思政课不同程度地存在一些问题。如,在课程管理层面,被专业课程边缘化;在课程编制层面,被实用课程去平衡化;在课程评价层面,被量性评价制式化。如此等等,影响了大学生在思政课中的获得感。

本篇从现代课程观与后现代课程观的融合视域,在厘清高校思政课课程价值定位的前提下,对浙江工商大学"大商科"课程思政与思政课程重构进行了思考。

(一)构建课程的理论支撑:现代与后现代课程观的审视

1.现代课程观:构建课程的现实性基础

19世纪以后,伴随着民族主义和工业革命的兴起,增添了国语、历史、地理等人文课程,职业教育纳入学校课程。20世纪初至20世纪30年代,发生了一场世界性的课程改造运动,要求课程符合学生心理特征以及社会需要,尤其以杜威"学生""经验""做中学"为鲜明的理论表征,在教育领域掀起了一场"哥白尼式的革命",从而开启了现代课程观。现代课程观强调学校教育与社会教育、普通教育与职业教育、专业教育与教养教育的统一,强调科学、技术与文化的统一。现代课程观发展到后来,以科学的课程理论为追求,期求将企业的科学管理与控制的理念运用于学校管理乃至课程设计,以"泰勒原理"为典型范式。20世纪70年代开始,一场课程领域的"概念重建"思潮异军突起,呼吁从非理性、多元性、差异性等角度理解课程。

2.后现代课程观:构建课程的理想性追求

但是,现代课程观以"泰勒范式"为典型,过于注重科学化的预测与控制而缺乏弹性,无法应对多元又迅速发展的现代社会。课程固然以就业为导向,但是所就之"业"乃是变动不居的。因此,大学教育必须处理好人才培养的针对性和应变性的关系。在产业结构和技术结构变化迅速的条件下,职业和岗位也处于不断变化之中,过于强调针对性,必然会使专业过窄,职业知识和能力受限,难以适应就业市场的变化。

此种形势下,后现代课程观可资借鉴。后现代课程观企图解构行为目标、标准化测验、量化研究及一切科技主义,崇尚非线性、模糊性、不确定性。后现代课程的旨趣为设计一种既能容纳又能拓展的课程,这种课程通过不平衡与平衡之间的基本矛盾以促成新的具有综合性及转变性的再平衡化的出现。

然而无论如何,"泰勒原理"提出的基本问题是任何研究课程都无法回避的,即课程编制必须考虑4个基本问题:学习目标的选择与界定,即学校应实现哪些教育目标?学习经验的选择和创造,即要实现上述目标学校应提供何种学习经验?学习经验的组织,即如何有效组织上述学习经验以实现最佳效能?课程评价,即学习经验的效果如何评价?

综上所述,构建以就业为导向的课程,应"扬弃"现代课程观。现代课程观体现出现实性,后现代课程观体现出理想性。本文的论述方式以现代课程观为理论基础,同时又涵盖了对后现代课程的理想性追求。

(二)"大商科"思政课程与课程思政的建设环节

1.课程目标的制定

当前,中国的大学评价风靡一时,"办学规模""科研成果""学科门类"成为热门指标。这些所谓的"热门指标",不应成为高等院校单纯的办学目标。如果高等院校被"牵着鼻子走",就会相形见绌。

尽管课程目标制定必须面向就业,但就业并非简单地"瞄准就业率"。换句话说,要想"瞄得准",就不能不细致分析与就业相关的要素。与就业息息相关的要素至少有两个,一个是行业,一个是企业。第一,课程目标制定要把握行业发展动态。要了解国家关于该行业的相关政策、行业动态和发展趋势,可以聘请行业中精英人物,为校内专业提供行业信息并进行分析。第二,课程目标的制定要与企业的人才培养目标结合起来。这里很容易被遗漏的目标要求就是人才的政治标准。

2.课程内容的设计

以往课程比较流行的是"三段式"模式——初期以基础课为主,中期以专业基础课为主,后期以专业课为主。这种课程模式不是以培养学生专业能力为核心,而是寻求学科体系的自我完善。根据上述课程目标,课程内容应贴近行业、贴近企业、贴近实际。落实到课程内容上,就是要以大学生的职业体验为中心。大学生的职业体验不仅仅是实习、实训,而是理论与实践的磨合,更是人格品质的历练。因此,职业体验是为大学生职业生活做好准备的全方位体验。

在课程内容上,应围绕如何实现培养目标这一中心,并着力将此种目标转化为大学生的职业体验。这必然伴随着原有的以学科为中心的课程体系的解构,课程由此打破"三段式"模式,进行学科统整和学校教学资源的整合,从而构建核心课程。大学核心课程可以概括为"一个中心,三条主线"。"一个中心",即"以就业为导向",提供给大学生切实的职业体验。"三条主线",一条为公共基础课,包括普通基础教育和人文教育课程;另一条为专业理论课,包括专业理论和为专业理论学习奠定基础的相关理论课程;最后一条是技术技能课,包括校内技术技能基础素质训练和在生产一线顶岗实训课程。"三条主线"不是先后关系而是平行关系,它们贯穿于大学生学习的始终。当下课程存在的问题是：第一、第二条主线往往脱离大学生的职业体验，陷入空头理论；而第三条主线又脱离理论教育，尤其表现为大学生在实习时几乎与学校失去了学业上的联系。

3.课程实施

当前，仍有一些高等院校习惯于分科教学，将本学科理论系统传授给学生，不自觉地体现了以学科为中心的传统课程论遗痕。杜威在论述经验的重要性时讲道："在我们对事物有所作为和我们所享受的快乐和所受的痛苦这一结果之间，建立前前后后的联结。在这种情况下，行动就变成尝试；变成一次寻找世界真相的经验；而承受的结果就变成教训——发现事物之间的联结。"他在论述教育与职业时又强调了"作业"的重要性——"通过作业进行的训练，是为职业进行的唯一正当的训练"。

对于大学生而言，"作业"不仅仅是以直接经验为基础的实习、实训，而且是大学生的职业生活体验。这种生活不仅仅是将来走向工作岗位要过的生活，而是现在就经验着的生活历程。只有将课程转化为大学生的职业生活体验，他们才能在学校学习与岗位工作之间实现"无缝对接"。

要将大学生的职业生活体验落到实处，就要为大学生的职业生活提供现实情境。如果说实习实训中心等场所是"硬件"，那么如何利用好这些"硬件"——如何组织学生的经验则是"软件"。将来理想的课程实施模式应该是：无论是公共基础课、专业理论课还是技术技能课，都要以工业中心为中心；无论是教学、科研、管理还是服务，都要以此为中心；学校与行业、企业的合作制定的培养规划，也要以此为中心。到那时，实习实训中心应被"职业中心"所取代。"职业中心"没有脱离学校教育，但又真正体现了以就业为导向。它体现了职业性、技术性、共享性和开放性，它提供了生产实习、专业技能训练、毕业设计与创新研究、顶岗实习等全方位的职业体验。

4.课程评价

"以就业为导向"应关注作为整体"人"的存在。课程评价不应仅仅关注就业率。就业率仅仅是数字而已，数字背后是大学生作为职业人的成长与成才。泰勒原理的最大功绩就是为课程开发提供了一种基本范式，但其有原则缺弹性、重结果轻过程、重外在表现轻内在素质，从而造成作为整体的人之缺失。课程评价不应囿于预设的课程目标而进行量化评定，而应"以人为本"，关注大学生作为一个活生生的人之全面发展过程。在课程开发的过程中，必须关注真实存在的人。

因此，评价大学生不应考察其掌握了多少死记硬背的知识，而应着眼于他们能否在复杂环境下，将固定的知识转化为娴熟的高级技能。也正是如此，知识不是体现在固化的课堂教学中，而是体现在驾驭客观事物中的一种方法。在此过程中，学生的情感、态度和价值观也可养成。以机械设计专业为例，学生不仅要掌握机械设计知识，还要开发创意，要体验追求精益求精的过程以及掌握提高技艺的方法。与此同时，也应培养大学生的劳动意志力、对模具设计的审美能力等人文品格。大学生不是掌握技能的劳动工具，更不是机器人。评价大学生成才，应将其视为完整的"人"。

综上所述，大学课程既要容纳现代课程观特质，又应具有后现代课程观的张力。

(三)"大商科"课程彰显思政课价值

1.融合创新体现协同育人价值

党的十八大以来，习近平同志多次就培育和践行社会主义核心价值观做出重要论述、提出明确要求。他在北京大学师生座谈会上发表了重要讲话，以培育和践行社会主义核心价值观为主题，深刻回答了在当代中国，我们应该坚持什么样的核心价值观，为什么要自觉践行以及如何培育和践行社会主义核心价值观等重大命题。

"大商科"课程立足于高等教育发展态势与浙江现状，面向商科人才社会需求的结构性转变，探索"一体多元"的大商科人才培养模式。"大商科"课程特色，主要体现在"工商融合、创新引领"上，将商科教育、人文教育与理工教育的相关要素相互渗透，培养具有创新创业素质的大商科人才。其中，"融合"是手段，"创新"是目的，"融合创新"是大商科人才培养的内涵要求。"大商科"课程既有在历史演进中对专业教育改革创新的构想，也有将人格建构与专业素养融合的通识教育探索。而不论是价值共创与利益共生协同的"双创教育"，还是基于"一体多元"课堂协同的课堂教学，都体现出"大商科"课程对思政课价值的认可与彰显。当前，"大商科"课程形成了课堂教学、校园文化和社会实践多位一体的育人平台，推动社会主义核心价值观进教材、进课堂、进学生头脑。具言之，在"思政课"教学之维，实现理论逻辑、教材逻辑、教学逻辑和话语逻辑的复合建构；在"第二课堂"之维，发挥大学生党建平台的带动作用，深化对大学生社团的价值引领作用，促进校园文化的育人作用。

2.专业成才彰显精神成人价值

习近平总书记说,人文精神是民族文化的灵魂和支柱。大学生要积极培养吃苦、宽容、乐观和合作的精神,学习或做事要吃得起苦,为人或共事要多予宽容,受挫或遇事要乐观向上,创业或成事要融入团队。近年来,浙江工商大学以"立德树人"为根本任务,以"专业成才、精神成人"为人才培养理念,以培养具有"大商科"特色的高层次应用型、复合型、创新型人才为人才培养目标,加强"学生中心、教师发展、课堂开放"的教学文化建设,积极探索本科人才培养模式改革创新,深入开展"一体多元"的课堂教学创新与实践,提高了学校的人才培养质量。总的来说,融合先进的人才培养理念,融合多元的人才培养机制,融合多样的人才培养手段,是浙江工商大学"大商科"人才培养的实践路径。

人文精神有多个层次。总体讲,首先表现为对人类的自我关怀,其次表现为对他人尊严的尊重、对他人价值的肯定和对他人命运的关切,再次表现为对整个人类精神文化遗产的高度重视,最后表现为通过对理想人格的塑造实现人的全面发展。"专业成才、精神成人"是浙江工商大学"大商科"课程人才培养的核心理念,它融合了"培养才能"和"陶育人格"两种先进的大学人才培养理念,将通识教育的育人理念和专业教育的育才理念紧密结合,使得"大商科"人才不仅仅是"经世之才",也是"济民之士"。从培养目标来看,着力于培养高层次应用型、复合型、创新型人才,而非具有单一知识结构的商科人才,体现了人才培养理念与现代知识经济社会的适应融合。可见,"大商科"人才培养机制并不是封闭单一的课堂育人、学校育人,而是以能力培养、素质提升、个性发展为目标,以提高学生实践能力为重点,创新社会协同育人机制。譬如,深化产学研协同育人,创新校政、校企、校院合作机制,加大推进社会力量在专业建设和人才培养中的参与力度,构建互惠互利、相互促进的社会力量参与人才培养的协同育人长效机制。可见,"大商科"人才培养模式充分利用各种手段,协调多元育人资源,共同达到培养目标。除了重视课堂教学外,还充分发掘创新创业教育,校外实践教育,第二校园求学,学生学习社区等第二、三、四、五课堂,不断探索充实"大商科"育人内涵。

"大商科"人才培养宗旨是特色发展,基本方法是融合创新,价值导向是追求卓越,实施策略是"经管为主、工商融合、多科交叉、协调发展"。可见,"大商科"之"科"已经超越了学科的阈限,实际上指涉总体的课程变革。

英语中的"课程"(Curriculum)一词源自拉丁语"跑道"之意。一种好的课程架构，能够为学生提供各种"跑道"，设置规则，让学生以自己的方式到达属于自己的终点。

3. 通识教育彰显"精神成人"价值

习近平总书记在全国高校思想政治工作会议上强调，要用好课堂教学这个主渠道，各类课程都要与思想政治理论课同向同行，形成协同效应。课堂思政指以构建全员、全程、全课程育人格局的形式，让各类课程与思想政治理论课同向同行，形成协同效应，把"立德树人"作为教育的根本任务的一种综合教育理念。

在"大商科"课程中，通识教育体现了"融会贯通"的课程思政新理念。为了更好地实现通识教育的目标，并突出"大商科"的人才培养特色，浙江工商大学把通识选修课程分为"文学·历史·哲学""艺术·宗教·文化""经济·管理·法律""写作·认知·表达""自然·工程·技术""创新·创意·创业"六个模块。其中，文科类学生需选修"自然·工程·技术"模块学分、理工类学生需选修"文学·历史·哲学"类学分，非经管法类学生需选修"经济·管理·法律"类学分。

教育的核心和关键是德育，教育的根本目的是育德。在"大商科"课程视域下，所有课程都承担着育人使命，从而与思政课程相通相契。例如，在"习近平法治思想""中华诗词之美""中华传统思想：对话先秦哲学""人生·人心""马克思主义的时代解读"等通识课中，着力培养学生高举远慕的心态、慎思明辨的理性、永无止境的求索，从而达到洒脱、通达的境界。如是，当高校教育某种程度上存在着知德分离、智德分离、技德分离的状况时，在"大商科"课程中得到了相当程度的消弭。

（四）在"大商科"课程内在统一中增强获得感

1. "大商科"课程将思政课程作为基础课程核心

高校的思政课程作为狭义思政课，与高校语文、英语、数学、体育以及心理健康等课程一道被称为基础课程。将思政课纳入基础课程，恰恰是对其育人基础价值的承认。

高校思政课要实现其升华技术教育的价值，需以整合的方式发挥力量，这就需要建设核心课程。核心课程(Core Curriculum)由学习解决现实生活问题的中心课程和学习核心课程所必需的基础知识与技能的周边课程组成。思政课程（包括理论课和实践课）因为其具有鲜明的主题思想、问题意识和实践品格，可作为基础课程的核心课程。

虽然基础课程中的每一门课程教学目标不尽相同，所涵盖的课程也不必限定在上述门类，但可以思政课为核心，帮助大学生升华技术教育、探寻职业幸福以及建构生活意义等。

2．"大商科"课程在课程思政中融入思政价值元素

"人的每种技艺与研究、实践与选择，都以某种善为目的。"①思政课育人，以教人向善为旨归，而幸福是最高的善。高校"术业有专攻"，但其共同的教育目的是帮助大学生在职业中找到幸福。

高校思政课要实现其探寻职业幸福的价值，可以通过统合基础课程逐渐达到隐性德育效果。第一，建设相关课程（Correlated Curriculum）。破除行政划分造成的学科区分，扩大基础课程的包容力。例如，实现财经法规与法律基础、专业英语与综合英语、高等数学与计算机文化基础等课程的关联，取消各门课程的各自为政，建构知识点之间的有意义联结。第二，在相关课程基础上建设融合课程（Fused Curriculum）。消弭学科、课程界限，将若干学科统整为贯注科学精神和人文精神的理工课程和人文社科课程，进而以职业素养（尤其是职业价值观、职业幸福感）为核心要素将其融贯为一体。第三，在融合课程的基础上建设广域课程（Broad-Fields Curriculum）。把课程所囊括的相似学科加以整合，把原先因课程管理、编制所造成的条块分割，统合为渗透德育的课程生态系统。"人的问题，人的认识、人的自由、人的创造问题是最基本的、原初性的问题。认识之谜和存在之谜就隐藏在人之中。正是人才是世界上神秘的存在物，是从世界出发无法解释的存在物。只有通过这个存在物，才有可能向存在自身突破。"②上述三种课程建设，其要旨在于将人视为意义载体，把人生幸福问题设置在隐性德育过程中（见图10-1）。

值得一提的是，在专业课程、实用课程中加强课程思政建设，不仅要关注知识和技能，也要关注过程和方法，更要关注大学生职业情感、态度和价值观的养成。以模具专业为例，学生不仅要掌握机械设计知识，还要能精益求精地从事模具设计，主动探求模具创意方法；更重要的是要磨炼劳动

---

① 亚里士多德.尼各马克伦理学［M］.廖申白，译.北京：商务印书馆，2003：xiv.

② 尼古拉·别尔加耶夫.论人的使命［M］.张百春，译.上海：上海人民出版社，2007：15.

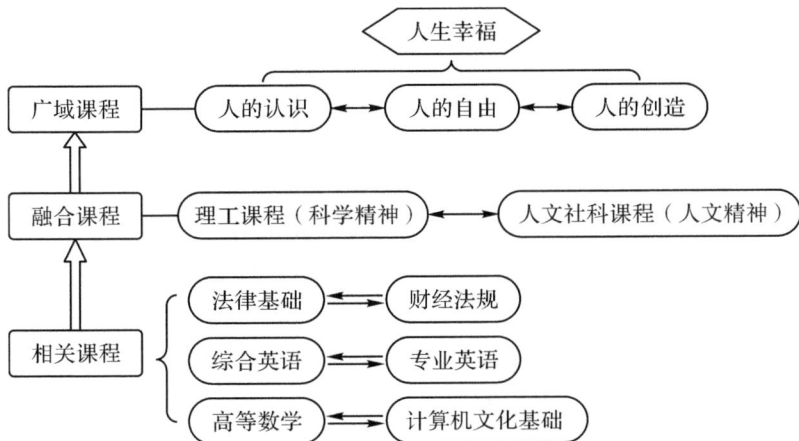

图 10-1 "大商科"课程思政关联课程示意图

意志、砥砺人文品格以及陶冶道德情操。思政课中心统合并不仅仅开设"通识教育"课程,也在"隐性课程"中以血脉、精神和灵魂"嵌入"专业课程或实用课程群,发掘"德育内容中被技术理性压制的无声的'缄默内容'(包括完整人性的丰富世界中关于精神意义以及鲜活的生活实践)"[①]。

3."大商科"课程将协同育人作为价值理想

习近平总书记在全国高校思想政治工作会议上强调,思想政治工作从根本上说是做人的工作,必须围绕学生、关照学生、服务学生,不断提高学生思想水平、政治觉悟、道德品质、文化素养,让学生成为德才兼备、全面发展的人才。习近平还对大学教育提出道德要求——大学不仅是知识的殿堂,也是道德的圣地;大学既要教知识,又要教做人。高校的重要特质,不是培训人力资源,而是培养人才。正如有学者指出的:"高等教育机构不仅仅是职业养成或预备的机构,也是政治教化的机构、文化传承的机构、科学新人的摇篮。"[②]

"课程开发的过程,必须关注人作为一个活生生的复杂存在。"[③]要实现建构生活意义的价值,就要从学校文化视野将思政课理解为广义思政课。高校课程统合可以概括为"一个中心、四方联动"。"一个中心",即课程领

---

① 李西顺.我国德育范式的特征及转型趋势[J].教育发展研究,2010(24):47-50.

② 石中英.教育哲学的责任与追求[M].合肥:安徽教育出版社,2007:364.

③ WILLIAM F P WILLAM R, PATEICK S, et al. 理解课程(Understanding Curriculum)[M].影印版.北京:中国轻工业出版社,2004:190.

导、编制、实施以及评价均以人为本,为大学生创造切实的"职业人"体验。"四方联动",一方是基础课程,包括思政课程和其他基础课程;一方是专业理论课程,包括专业理论课程和为专业理论学习奠定基础的相关理论课程;一方是技术技能课程,包括校内技术技能基础素质训练和在生产一线顶岗实用课程;一方是就业指导课程,不仅要导"就业",也要导"精业""敬业"和"乐业"。在德育作为"主线""红线""底线"的根本前提下,"美德""自由""幸福"等德育主题渗透在校园文化的物质、精神、制度和生态等各层面,贯穿于大学生学习生涯的始终,进而延展到其职业生涯历程。经过中心化统合的高校课程,思政课的存在意义得以彰显,价值定位得以厘清,课程体系架构也与高校育人使命适切(总括如图 10-2)。

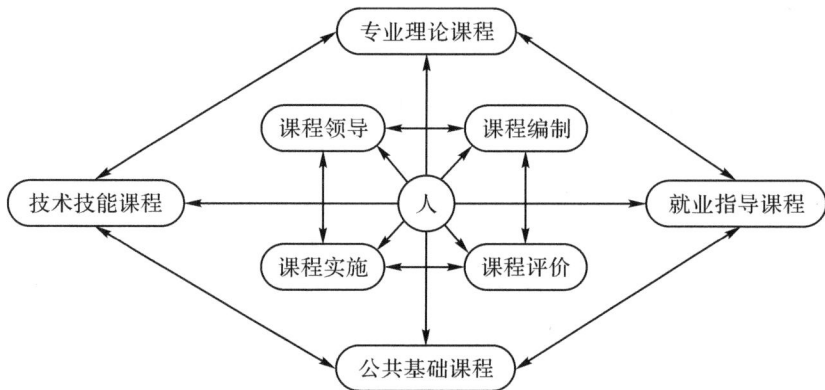

图 10-2 "大商科"协同育人课程示意图

综上所述,"大商科"视域下的思政课程与课程思政,是根据以人为本的价值统一原则,将"大商科"课程改造为人才成长的摇篮。其价值理想是让当代大学生"真心喜欢、终身受益",且足以激励、浸润他们的一生,让思政课与"大商科"课程一道成为他们不断回望的精神家园。

三、通过"专业定制"对思政课程与课程思政的资源挖掘

(一)高校思政课教学"专业定制"的理论基础

学界对在思想政治理论课教学中的专业定制研究比较鲜见。以"专业定制"为关键词搜索,集中于生产、经济领域的文献较多,而近两三年的数

据显示,在教育领域也出现了"定制"一词。近 5 年来,《光明日报》等媒体报道了"为学生量身定制思政课"的若干做法,如厦门大学以问题为导向的专题教学模式、山东大学按需"备菜"的思政课等。若干革命老区所在高校思政课依托红色资源,采取了生命叙事教学、历史情境教学、实践体验教学、日常生活教学和文献阅读教学等教学方式。[①]但是,上述课堂教学创新需要拓展理论根基。

1．"泰勒原理"：重视学生的学习经验选择

以美国著名教育学家、课程理论专家、评价理论专家拉尔夫·泰勒(Ralph W. Tyler)命名的"泰勒原理"(the Tyler Rationale),表述了课程编制与课程开发 4 个不可或缺的原理,并关联着课程编制与开发过程中必须考虑的 4 个"问题"：第一,要求学生达到何种教育目标？ 第二,准备何种教育经验去达到这些目标？ 第三,这些教育性的经验如何加以有效地组织？第四,如何判定这些目标达成与否？ 其逻辑过程是"确定教育教学目标—选择学习经验—组织学习经验—实施教育评价"。"泰勒原理"的基本原理就在于,有逻辑地进行课程编制中的这 4 个阶段的内容分析。

后继课程学者与教学专家惠勒、蔡斯等提出构成课程过程或教学设计元素的多种方面,都强调目的(Aim)、学年(Year)、学科目标(Goal)、教学目标(Objective)的选择,要有达到这些目的和目标的计划化的学习经验,选择提供了某种类型经验的教学内容(教材),学校与课堂内教学过程的学习经验与内容的组织与综合,关心学生的需求与兴趣的信息,关切社会变革、技术变革与意识形态变革等现实问题,以理想的路径选择组织符合学生独特认知逻辑结构的教学内容等。并重新界定了"学问"——产生教师与学生适当经验的教育源泉。[②]

"泰勒原理"的启发意义在于：学生、社会、学科是制定思政课教育目标的"目标源"；同时,还要根据教育哲学和学习心理进行过滤,从而制定特定的思政课教学目标。

2．教学"意向性活动"：从教师意向到尊重学生意向

美国教育学者史密斯在《教学的定义》一文中,对教学含义提出了 5 种定义方式。(1)学生描述式定义,即教学是传授知识或技能,这是传统意义

---

① 程东旺.红色资源在高校思想政治理论课教学中的应用[J].教育探索,2016(7)：106-109.
② 钟启泉.现代课程论：修订版[M].上海：上海教育出版社,2003：266-269.

上的教学。(2)学生成功式定义,即教学定义为 X 学习 Y 所教的内容的一种活动。(3)学生意向式定义,即教学是一种有意识的意向性活动,目的在于诱导学生学习。教师行为以教师自身的信念体系和思维方式为基础,教学表现受其意向所左右。(4)学生规范式定义,即教学是一种规范性的行为活动方式。"教学"是个表示归属的词,代表着教学活动或行为方式要符合特定的道德条件("善意"的行为)。(5)学生科学式定义,这是由得到经验证实的教学效果与有关的教师行为之间的关系来表示的,是由若干命题配合而成的定义,其公式是 $a = df(b, c\cdots)$。其中,a 指"教学有成效"这个命题,(b, c\cdots)表示各种命题组合,如"教师发出反馈信息""教师说明定义规则并举出正反两方面实例"等,df 表示 a 和(b, c\cdots)之间的变化关系。

史密斯还提出课程编制的"五大准则"。(1)系统知识准则。这个准则注重学科本身的系统性、文化的累积与传递以及逻辑系统的安排,但对学生的兴趣、需要、本性,以及社会发展需要与方向注意不够。(2)历久尚存准则。这个准则重视人类文化的保存与传递,但忽视了学习者的本性、兴趣与需要,也忽视了社会发展进步要求。(3)生活效用或社会效率准则。这个准则以个人的社会生活为着眼点,认为对人生有用的教材即为好教材。凡能促进人生各类活动的教材,即为具备社会效率的教材,即为有用的教材。这个原则虽重视社会生活需要,但忽视学习者的本性、兴趣与当下社会需要。(4)兴趣需要准则。这个准则以学习者当前的兴趣与需要为着眼点。这个准则特别重视学习者在各年龄阶段所表现的兴趣与需要,即重视学习者的本性。其缺点是不易获得系统知识,更可能易遗漏国家与社会所需的系统知识或学问。(5)社会发展准则。这个准则是对"学生本位主义""兴趣中心主义"的矫正,将个人利益和幸福感与社会制度、社会发展相关联。

综上所述,思政课教学要真正提升实效性,必须根据"学生规范"重新定义科学的教学概念,在"系统知识准则""历久尚存原则""生活效用准则"的基础上,将兴趣需要准则与社会发展准则相结合。研究发现,一些思政课堂学生"抬头率"之所以不高,固然与思政课教师的水平有一定关联。但是,期待所有思政课教师都能通过个人魅力来吸引学生"抬头"是不现实的。从根本上讲,应在以思政课教师为主导、以学生为主体的教学理念前提下,尊重学生的"学习意向性"。将思政课堂学习创造性地转换为学生行使民主学习权利、履行社会责任的"场域"。这就要求在课程编制及教学设计过程中,学习者的个人兴趣、个性化需要等得以体现。

此外,教学"建构主义"以学生为中心的教学观,也给"专业定制"带来启发意义。正如有学者指出的:"建构式学习的目标重在使学习者对知识形成深层理解,其过程以高水平的思维为核心,而不是记忆。它强调自我监控,相互交流、合作与支持,学习过程中的信息更具有情境性、更为多样化,并且会利用有力的建构工具来促进学习者的知识建构活动。"①马克思主义本来就不是理论教条。借鉴建构主义学习观,思政课要真正发挥学生主体性,应该在教学过程中遵循以下原则:第一,思政课教师的教学态度应该是主导学生进行"积极学习"。学习应该是积极的,因为当学生以有意义的方式学习而对输入的信息进行加工时,他们容易形成"兴趣点"与"兴奋点"。第二,在动态的学习过程中,思政课教师应鼓励学习者确立自己的目标,通过不同的途径达到目标,并评定自己在达到目标过程中获得的进步。第三,思政课教师的教学效果应体现为学生学习效果。学习者必须从事自我监控、自我测试、自我检查等活动,以诊断和判断他们在学习过程中所追求的是否是自己设置的目标。思政课教师必须学会面对动态的、持续的、不断呈现的学习过程与学习者的进步。

(二)面向思政课学习者探究"专业可能"

高校思政课教学"专业定制"有助于整合"课程思政"元素,有助于"教"与"学"之间的意义建构,有助于实现思想政治教育转"识"成"智"。本文运用"泰勒原理""教学意向性活动""建构主义"等教学理念,为高校思政课"专业定制"探寻理论基础,并提出如下思政课教学"专业定制"的路径:面向思政课学习者探究"专业可能",在课程开发与教学设计中实现教师教学特长和学生专业特色的耦合,以及在个性化学习场域中融贯"思政课堂"与"专业空间"。

思政课程具有"量大面广""专业全覆盖"的课程属性,给思政课教师提出了教学普遍性与特殊性如何结合的重要课题。"定制"(Customized)本为商业用语,意思是为客户量身剪裁。因其符合当今时代人们追求品质和个性的心理,被一些未来学者预测为"改变未来的十大技术"。本文借用"定制"这个名词以及"客制化""个性化""契约化"等内涵,将思政课教学的"专

---

① 陈旭远.课程与教学论[M].长春:东北师范大学出版社,2002:402.

业定制"界定为：在尊重新时代大学生专业特性、思想个性的基础上，发挥教师教学特长，从而实现"教"与"学"的契合，教师教学特长和学生专业特色的耦合，从而有助于展开思政课教学的"深度学习"。

思政课目标、内容以及方法，当以"专业定制"为路径，探求思政课向专业敞开的可能性。正如有学者指出的："在这个时代发生了人的生存模式与生存理念从预成论向生成论的转变。人们的生命与发展不再仅仅由过去已经存在的一切所决定，而同时要为未来、为尚未存在的可能、为人所设定的目标与理想所引导、所规约。"①在此意义上，思政课运用"专业定制"并非工具理性，而是有着深刻的价值理想。

思政课的"本真教育"不仅要回归现实"生活世界"，还要面向未来"可能世界"。"可能世界"就是意义丰富、五彩缤纷的现实生活世界，回归、面向"生活世界"的思政课也就是"本真教育"。有学者指出："道德教育的根基在本真教育中。本真教育是既授人以生存的手段和技能，又导人以生存的意义和价值；既使人懂得何以为生，又使人懂得为何而生，拥有人所特有的意义世界。"②教学空间是现实生活世界的折射，为"可能世界"提供各种"可能"的平台，思政课教学空间是搭建"意义世界"的舞台。思政课教师虽然不是专业课教师，但要有学科大视野，会讲学科故事。譬如，面对理工科专业（机械类等）的大学生，可以将"中国导弹之父""两弹元勋""中国核潜艇之父"等人物故事勾画为一个教学系列，整合到"基础"课、"概论"课等章节的教学版块中；也可以从国家精品课程、精品在线开放课程、"慕课"、"爱课程"等资源库中，乃至从"抖音"等新媒体资源库中，发掘契合所教专业的相关资源，进行"菜单式"的教学设计。

在网络时代，马克思所讲的"类生命"有了科学技术支撑。有学者指出："网络是思政课的技术工具、互动平台，是一个开放的、动态的、不断扩展的虚拟空间。网络思政课就是要在网络虚拟空间积聚思政课信息，开发思政课资源，进行思政课活动，实现与现实思政课的对接，开创以实际带虚、化虚为实、虚实相生、互动互进的现代思政课格局。"③然而，网络思政

---

① 鲁洁.培养有理想的人——世纪之交对德育的一点思考[M]//朱小蔓.道德教育论丛：第1卷.南京：南京师范大学出版社，2000：4-5.

② 鲁洁.教育的返本归真——德育之根基所在[M]//朱小蔓.道德教育论丛：第2卷.南京：南京师范大学出版社，2002：47.

③ 王荣发.德育的逻辑[M].上海：华东理工大学出版社，2013：78.

课不单单是通过网络或运用网络开展的思政课,而是在彼此发现"特点""优点""闪光点""兴奋点"中化"虚拟世界"为"现实世界",师生一道在"教学发现"中探求世界、人生、历史与社会的真理中生发出"意义世界"。

需要指出的是,"专业定制"并不意味着秉持"专业精神"而失去家国情怀与人类命运共同体的关切。思政课教学应彰显"人的社会关系总和"的类本质,在师生之间建构出深层的人与人命运之勾连。正如有学者指出的:"要思政课教师怀着对中华民族历史命运和伟大复兴的深厚情怀,对中国共产党人领导和带领人民革命、建设和改革光辉历程的深厚情怀,对广大青少年的人生及其成长的深厚情怀,对人类前途命运的深厚情怀。有了这样的情怀,就会把自己的命运、情感同民族的命运、青少年的命运、人类的命运融汇在一起。"[①]

(三)在课程开发与教学设计中实现教师教学特长和学生专业特色的耦合

课程开发应注重实现从行为目标到体验目标的转化,在课程开发中达成课程理解,将全国统编教材转化为专业定制的"学材",处理量化评价与质性评价的关系,以实现从课程管理到课程领导的组织方式的转变。以"因材施教"和"因需施教"为原则,根据学生的学科背景、知识结构、思维方式等方面的差异,从教学内容、教学方法等方面开展分众化改革与创新,扭转思想政治理论课教学中的同质化倾向。

在项目组所在团队推进"专业定制"课堂教学改革的探索过程中,把"画说""家乡美""读写议""时政评议"等"专业定制"路径与教材知识点进行有机结合,并进行系统化梳理。将社会主义核心价值观、专业元素以及教学理论与学习行为等融为一体。譬如,通过艺术设计传承"红色记忆"。在教学实践中,要求学生在艺术作品中突出思想性、政治性、教育性,通过手绘、视频、动漫等形式,深入阐释课程中所蕴含的思想政治教育主题及元素。[②] 同时,结合新时代大学生专业特性,在尊重学生个性特点的基础上,发挥教师教学特长,精心设计课堂教学模式,把教师的教学特长和学生的

---

① 王让新. 思政课教师要乐为、敢为、有为[EB/OL]. (2019-04-24). http://www.cssn.cn/sxzzjypd/sxzzjypd_bwsf/201904/t20190424_4868890.html.

② 教学实践表明,随着新时代大学生艺术修养能力的提升,此思政课"专业定制"教学路径并不局限于艺术生。

专业特色结合起来,从而实现"教"与"学"的契合、教师教学特长和学生专业特色的耦合,在思政课程中融入专业元素,示例见表 10-1。

表 10-1 高校思政课"专业定制"示例表①

专业(类别)	专业元素示例	思政课主题(要素)	"专业定制"路径
艺术类	旗帜、服装设计	中国特色社会主义红色元素	思政艺术作品表现
法学类	法律法规学习	党领导全面依法治国	模拟法庭
人文类	经典文艺作品	马克思主义经典著作解读	读、写、议
新闻类	时事热点	当代中国与世界发展变化	时政评论
统计类	图表分析、大数据发掘	社会实践调研、中华人民共和国成立以来历史数据分析	社会实践调研
旅游类 农学类	红色旅游、绿色经济	美丽中国、"两山"理论、生态经济	家乡美展示、美丽乡村示范
外语类	东语、西语	"一带一路"	习近平"金句"翻译
食品类 医学类	食品安全、食品创新	人民群众对美好生活向往、在发展中保障和改善民生	中华人民共和国成立、改革开放以来的食品变化
机械工程类 信电工程类 天文类 历史类	天宫、蛟龙、天眼、悟空、墨子、大飞机等科技原理	中国"强起来"的标志、党的十八大以来的历史性变革、爱国主义科学家	大国重器观摩、中国现代化历程追溯、中华人民共和国成立以来重大工程展示
管理类	经济管理、社会治理、企业管理	习近平治国理政特质、新时代社会治理	模拟治理(如果"我"是……)
经济类	中国特色政治经济学	基本经济制度、分配制度、建设现代化经济体系、供给侧结构性改革	民营经济发展史、改革开放"先锋人物"个案分析

4. 在个性化学习场域中融贯"思政课堂"与"专业空间"

习近平总书记在学校思想政治理论课教师座谈会上强调的"八个统一",其中一条是"坚持统一性和多样性相统一"②。这就要求思政课教学改

---

① 不同高校专业设置有所不同,专业元素与思政课主题也很多;在此仅做示意,不进行学科门类严格区分和案例穷尽。

② 习近平. 用新时代中国特色社会主义思想铸魂育人 贯彻党的教育方针落实立德树人根本任务[N]. 人民日报,2019-03-09(1).

革要结合学生的专业特点、个性特点,实施精准化教学,使思政课真正打动学生的内心,在"意义世界"中营造育人空间,从而将书本知识转化为"价值信息",建构出富有意义关联与命运勾连的"学习场域"。

从中观层面来讲,高校思政课程与课程思政的整个框架可以分为三层结构:社会实践课程、基础课程与专业课程。这三层课程又可分为学力形成与人格形成两大部类。作为基础课程,思政课往往被认为与人格形成相关;作为专业课程,往往被认为与学力形成相关。然而,"学力形成"与"人格形成"不是彼此割裂的两个过程,而是伴随大学生专业成长与人格提升的融贯过程。因此,思政课程与课程思政也不应是两种教育教学的分野,而应相互借鉴、相辅相成。因此在某种意义上,思政课是培养学生人格而有着一定专业(知识)含量的"基础学力课程"。

总之,将"专业定制"应用到高校思政课教学中,有助于实现专业特色、教师专长与课程内容的有机统一,将课堂教学时间浓缩为"金课"时光,让课堂教学充满"闪光点""兴趣点""兴奋点"。如是,教学过程变成了富有内在生命彰显与沟通的"我—你"关系发现之旅。

四、场景时代的思政课教师主题赋能

网络媒介对思政课形成了意义危机。教师陷入"录像主义"误区,学生"信息过载"成为"容器人",师生关系遭受网络话语的"颠覆"与"反叛"。伴随着互联网从 Web 2.0 发展到 Web 3.0,场景时代正在到来,为思政课改进提供了契机。网络主体之间建构起语义关联,赋予了意义关联,并架构起权力关联。因此,思政课应建构网络主体性,化育人的本体共性;寻找意义世界,化"虚拟世界"为"现实世界";建构命运关联,化网络"媒体"为命运"媒介",从而在变革师生关系、重构话语体系中进行主体赋能。

当前,互联网发展速度已经超过了人们对其认知的速度,场景时代形成了围绕个体赋能的互联网空间环境。2014 年,美国媒体人罗伯特·斯考伯、谢尔·伊斯雷尔在其出版的著作《即将到来的场景时代》中,在若干互联网"炒作点"一个一个不停出现的时代背景下,抽取场景时代的 5 种技术力量:大数据、移动设备、社交媒体、传感器和定位系统,关注它们的联动效应,并展示了未来 25 年互联网将进入的新时代——场景时代。在这个新时代里,工商业模式以及人们日常生活、工作和学习的图景发生了改变。

一个巨大的大脑组织,能够分析数据并根据相关信息进行创意性思考;访问互联网的媒体不再限于计算机和手机,从手表、电视机乃至于衣物,一切事物皆有可能连接至互联网;互联网与其他媒体融合,媒体之间的界限将消失;用户将与互联网保持持续不断的连接和更新,"人—网—人"将以大尺度、超速度切换……思政课也要主动迎接挑战,营造出主体赋能的师生共享共治空间。

(一)意义危机:网络媒体对思政课构成的挑战

海德格尔说,意义是在人领会着自身并展开自己的生活活动中加以关联的东西。没有意义,人的生存就丧失了安身立命之本;思政课没有意义建构,就失去了生命关切和教育方向。然而,网络媒体深刻改变着思政课原有系统,思政课潜伏着"意义危机",具体如下。

1.教师:陷入"录像主义"误区

教师是思政课的主导者。思政课应该依托真实情境,立足于现实生活世界。然而,伴随教室的多媒体化,立足于现实生活世界的教学空间日益"浅表化"。真实生活成为"被印象"的景观,教师也不由自主地满足学生仅仅注重感官效果的观看期待。处于这种境遇的思政课教师容易陷入"录像主义"(Videoism)。

所谓"录像主义",指的是:"从书本向录像、从文本向视窗的文化转移,带动着认知活动的迁移。人们接受世界并做出相应反应的方式在技术的介入下发生了根本的转变,大家越来越习惯通过由技术建构起来的生活形式来生活。"①如此,以手段代替内容,用技术遮蔽理性。在此过程中,媒体往往以生动逼真的技术力量"虚构"世界。于是,现实生活的完整叙事性遭到破坏,压缩在若干"比特"中,造成"直觉增速"(Perceptual Speedup)。

网络媒体也催生出"读图时代""刷屏时代"。思政课教师理应对网络时代保持省察的态度,将在网络视窗中目光游移的学生引向智慧生成与精彩观念诞生的世界中。

2.学生:"信息过载"成为"容器人"

在 Web 3.0 场景时代,网络空间的发生机制与本质内容有了翻天覆地的变化。网民参与者直接影响了网络空间的规模。网络空间包含了许多

---

① 任友群,王旭卿.教育技术的后现代思考[J].中国电化教育,2003(11):9-13.

关于认同、社交、民主、所有权、隐私、机密和排挤的问题。网络空间更加强调互相作用的社会意涵,其所指涉的空间是非自然的、客观的、非传统的完全由社会所生产的。许多在线活动并不是信息取向的,网络空间的首要用途不是搜集信息,而是承载大量的社会互动与沟通。

网络媒体以其海量信息以及别具一格的视听效果"诱惑"着"受众",从而造成学生"信息过载"。学生对信息反映的速度远远低于信息传播的速度;网络媒体中的信息量超过了学生所能承受、辨别、审问的级别;大量的冗余数据严重干扰了学生对相关有用信息的判断和选择。正如美国学者约翰·奈斯比特在《大趋势——改变我们生活的十个新方向》一书中指出的那样,失去控制和无组织的信息在信息社会里并不构成资源;相反,它成为信息工作者的敌人。

"信息过载"带来的严重后果是学生信息消费的"快餐化",以及逃避现实生活世界的"浅阅读"。正如阿尔温·托夫勒在《未来的震荡》中所说的:"有时选择不但不能使人摆脱束缚,反而走向反面——成为无法选择的选择。"网络信息系统模塑着学生的世界观,造成哈贝马斯所指称的"生活世界殖民化"。研究发现,一些学生在"浅阅读"中丧失了真正的"自由",在"复制""拼贴""恶搞"文化中丧失了创造活力,在被动接收信息中"异化"为网络信息时代的"容器人"。

学生是思政课的主体,也是网络时代的主体。思政课理应引导学生甄别、筛选网络信息,将网络主体培育成具有反思批判精神的理性主体。

3. 师生关系:网络话语的"颠覆"与"反叛"

话语是思政课教育教学的重要媒介。正如文化哲学家卡西尔所言:"语言的具有决定意义的特征并不是它的物理特性,而是它的逻辑特性。从物理上讲,语词可以被说成是软弱无力的。但从逻辑上讲,它被提到了更高的甚至最高的地位:逻各斯成为宇宙的原则,并且也成了人类知识的首要原则;在这个人类世界中,言语的能力占据了中心的地位。因此,要理解宇宙的意义,我们就必须理解言语的意义。"[①]

在"前网络时代",思政课教师作为"把关人"牢牢掌握着话语主导权。然而,随着网络新兴媒体的出现,必须对传统的"把关人"理论重新审视。正如有学者指出的:"网络技术的实时互动与异步传输并举的功能打破了

---

① 卡西尔. 人论[M]. 甘阳,译. 上海:上海人民出版社,1985:143.

信息垄断,瓦解了统一舆论,从根本上打破了原有公共领域的组织界限和特征,使传统的公众意见模式、观念模式、舆论模式发生了重大的结构性变化。"①由是,思政课主客体传统角色被颠覆,"把关人"角色被重新界定:"'把关人'同时又是传播者,兼有传媒和受者的双重视野,它使网络'把关人'的角色在传播和接受中不断变换。"②网络社群文化影响到网络参与者的沟通及行为。而在其中,互惠和信任被普遍认为是影响个人知识分享的重要因素。信任助力于个体自我赋能的过程,进而提升了其社会能动性。由此,社交网络打破了信息垄断,进一步推动着互联网信息内容的去中心化,由传统的门户网站创造信息、搜索引擎传递信息逐渐转向全体网民共同创作内容、分享信息,提升了网民参与的积极性,促进了互联网内容的多元化。每一个网民都有可能成为信息内容的提供者,互联网世界由此变得更加扁平。

互联网既为信息共享提供了可能空间,也因网络参与者使用能力的差异性造成了不平等。所谓"数字鸿沟",是描述人们接入和使用信息技术不平等的概念,"不平等"体现在年龄、性别、种族、地理区域以及社会经济因素等方面。如果说传统思政课堂中存在着教师与学生的"信息不对称",那么新时代的思政课堂便可能出现学生与教师之间的"信息鸿沟"(学生掌握的信息有可能比教师更新更多)。网络媒体的"革命意义"在于,破解信息交流的时空限制,互联网生态随之发生潜移默化的改变。在这个"普遍技术时代"(Age of Pervasive Technology),信息系统对个人、机构及社会有着无所不在的影响力。在网络成为人们生活的一部分之后,青年世代成为网络科技与手机通信产品的"玩家"。

网络话语改变了话语言说方式,基本上具有网络的"反叛""解构""颠覆"特质。网络话语在学生群体中流行,表征着网络时代的意义危机。正如海德格尔所指出的:"话语有可能变成闲言。闲言这种话语不以分成环节的领会来保持在世的敞开状态,而是锁闭了在世,掩盖了世内存在者。"③当代学生网络话语的言说方式,烘托出别具一格的校园文化,体现出鲜明

---

① 黄晓春.理解中国的信息革命——驱动社会转型的结构性力量[J].新华文摘,2010(8):121-124.

② 黄楠.新媒体环境下"把关人"理论的变异与危机管理[M].上海:复旦大学出版社,2008:10.

③ 马丁·海德格尔.存在与时间[M].陈嘉映,王庆节,译.上海:生活·读书·新知三联书店,2006:196.

的亚文化色彩。有学者指出："亚文化是与身处的阶级语境相联系的,青年亚文化产生于社会结构和文化之间的一个特别紧张点,它们可能反对或抵制主导的价值和文化。"①正是这种颠覆传统师生关系的"亚文化",表征着思政课"生态系统"面临着意义建构的危机。

此种"危"发生于网络时代,网络时代进展到 Web 3.0 时代,也为化"危"为"机"提供了契机。

(二)主体赋能:Web 3.0 场景时代的重要特质

当前,互联网发展经历了 3 个阶段:搜集众多信息的门户网站是 Web 1.0 阶段,搜索巨头的崛起是 Web 2.0 阶段,以社交网络(Social Networking Services,SNS)兴起为标志的是 Web 3.0 阶段。在 Web 3.0 阶段,网民不光依靠门户网站、搜索引擎来获取信息,更作为网络主体创造和传递信息,依托场景打破原有信息壁垒,构建起全新的互联网人际关系网络。在此种网络形态下,烘托出具有动态性、互动性、关联性、分享性、参与性等特征的场景时代。在跨越时空的彼此相连、无时差对接的场景中,网络主体自发组织、敞开资源,共同创作新信息及互联网产品。概言之,Web 3.0 场景时代为网络主体之间的语义关联、意义关联以及深层精神关联提供了可能,从而实现着网络主体之间的彼此赋能。所谓赋能(Empower),具有通过赋予行为主体合法权力(Power),从而帮助其得到自我实现(Self-Actuallzation)之意涵。在此意义上,赋能意味着网络行为主体选择权与行动自由权的拓展。

1. 网络主体之间建构起语义关联

网络用户行为大致可分为两种类型:一种是用户作为使用者浏览系统,如人机接口互动(Human-Computer Interaction)。虽然用户需求依靠此种行为得到了一定程度的满足,但实则它是消费者行为(Consumer Behavior)。网络用户还是信息的被动接受者(客体),而非真正的网络主体。另一种是以使用者为观察点,强调以完成任务为导向,体现出网络主体的信息行为(Information Behavior)等。此种行为能有效地拓展网络空间,其意义不仅在于查询相关信息,还在于能够有效地利用相关信息拓展语义关联。

① 阿雷恩·鲍尔德温.文化研究导论[M].陶东风,译.北京:高等教育出版社,2004:330.

作为硬件和基础设施的互联网,终端或者机器的连接本身并没有赋能的功能和意义。但是在 Web 3.0 场景时代,网络主体通过互联网的接入和使用以及对知识和信息的生产和获取,使互联网具有了赋能的意义。互联网的连接属性所带来的能力和能量,尤其是社交网络的普及和应用,个体、群体和社会组织的连接,进一步放大了互联网的社会意义,为网络主体的集聚效应开启了更多的可能空间。互联网专家提姆·柏纳李曾设想:语义网(Semantic Web)的扩展使得网络中所有的信息都具有语义,可以实现机器可识别语义的数据的自动存取和利用,以便于人和计算机之间的交互与合作。作为互联网新生态,Web 3.0 助推网络主体利用网络勘探信息,以及拓展线上线下行动空间。这类似于维特根斯坦提出的"语言游戏"命题,认为想象一种语言,意味着想象一种生活形式:"不要说必定存在某种共同点,否则它们就不会被叫作'游戏'了——而要睁眼看看是不是究竟存在着共同点。因为,如果你看一看这些游戏,你就不会看到所有游戏的共同点,而是看到诸相似之处和亲缘关系,以及整整一系列相似之处和亲缘关系。"①

语义网的构建,在仿佛"戏说"的话语方式中,为主体之间创造出新的关联形式,即语言在网络情境中以带有语义的方式被言说。进而言之,语言不同于言语:"'语言'表述的是外在于个人的社会性存在,它作为制约人的存在的'制度'而存在,作为人的存在的'规则'而存在。在这个意义上,是'语言'占有个人,个人是历史的'结果'。'言语'表述的是历史性存在的个人的语言实践,它作为个人的物理的、生理的和心理的统一性活动而存在,作为个人活动而存在。在这个意义上,是个人占有'语言',言语是语言的现实。正是在这种语言占有个人与个人占有语言的双重化过程中,人类意识超越了它的内在性、一极性、单一性和非历史性,获得了多样性的表现形态。"②语言是为了对话,是要在特定情境中被言说为话语。在语义网情境下,网络语言才成其为真正的"网络话语"。"沉默的大多数"不再沉默,而是以网络生存状态,作为网络主体"共在"。

2. 网络主体之间赋予着意义关联

人之为人是"存在"(Being)。海德格尔说:语言是存在之家。伽达默尔

---

① 撒穆尔·伊诺克·斯通普夫,詹姆斯·菲泽.西方哲学史[M].第 7 版.丁三东,张传友,邓晓芒,等,译.北京:中华书局,2005:644.

② 孙正聿.属人的世界[M].长春:吉林人民出版社,2007:130-131.

说:"能理解的存在就是语言。"然而在现代社会,工具理性的流行造成某种程序上与价值理性的背离,把多向度语言"清洗"成单向度语言。马尔库塞在《单向度的人》一书中深刻指出:"当思想不再超越一种既是纯公理的(数学和逻辑),又是与既定话语和行为领域共有的概念框架时,思想便与现实处于同一水平上。"[①]Web 3.0 场景时代,网络主体建构出思想的超越性维度,从而将网络世界融贯为意义世界。

Web 2.0 虽然方便了用户信息检索,并有一定互动功能,但是无法把握语境(Context)。而在 Web 3.0 时代,在计算机关联数据语言支持下,呈现了科技与社会之间复杂的关系。在这种复杂的关系中,对互联网的理解表现为技术性和社会性的双重维度,将在人与人之间建立起意义关联。对互联网赋能的考察,亦不能回避这两个维度的共同在场。在 Web 3.0 场景时代,"本体"虽然以"文件"的形式存在,却以计算机语言变革的方式,从深层架构起网民之间的人际关系以及角色意义,社会关系展现出意义关联之特质。一方面,网络空间呈现出信息传播层面上的概念空间(Conceptual Space);另一方面,更为重要的是,网络空间又可迅速拓展为具有不同形式的数字互动与数字传播方式的意义空间。在此空间,文字、想象与声音融为一体,在交互作用中消弭了传统的二元时间论,创造出"真实的虚拟"与"虚拟的真实",创造出无地理空间性状的新社会空间。

网络空间可以分为"表面网络"(Surface Web)和"深层网络"(Deep Web),"表面网络"是通过超链接可被传统搜索引擎爬取到的静态页面,"深层网络"则由可在线访问的数据库组成。与前者相比,它所包含的信息更丰富,更能代表网络的延展性意义。于是,互联网衍生出自我判定的权能,在技术性中抽离出具有多重意义的社会性。正如尼古拉斯·尼葛洛庞帝在《数字化生存》一书中所预言的,"后信息时代"不止于"数字化生存",还有"良性关联"(Good Connections):"通过发掘符号的结构以及产生机理,我们将超越'比特'的浅表外观。在模块构建的深层,我们会发现影像和文本的意义——这才是数字化生活至为重要的方面。"[②]在此意义上,网络主体在信息分享与话语沟通中,真正创造出属于人的意义世界。

---

　　① 赫伯特·马尔库塞.单向度的人[M].刘继,译.上海:上海译文出版社,1989:153.

　　② NICHOLAS N. Being Digital[M]. New York: Random House Audio Publishing, 1995: 187.

3.网络主体之间架构起权力关联

提姆·柏纳李指出:全球互联网与其说是一个科技的发明,不如说是一种社会的发明。Web 3.0 场景时代一个显著特点在于,信息在量级式累加的同时,还作用于互联网参与者的日常决策。网络空间中的数据正愈来愈被社会所重视,随着对大量数据进行收集、处理、分析的方法、流程和工具愈趋成熟,海量数据的应用范围愈来愈广泛。在 Web 3.0 场景时代,一系列问题通过互联网参与者的信息渠道与行动词语表在网络空间被加以表达,这同时也是网络公共领域的权力建构过程。

网络自身是机器的关联。因此在网络时代,人容易被网络机器所"异化"。正如有学者指出的:"未来人机系统是高度自动化、精确化的,但是如果人在丰富多彩而又往往模糊不清的情感世界中也自动化、精确化而缺少人情味的话,则会导致人们对现实生活中的他人及社会的幸福漠不关心。现实社会中人与人交往的丰富性,被平面化、单调化和刻板化。"①因此,必须从机器的语言中解析出人的语言,建构出人的话语。而话语(Discourse)与权力(Power)相关,话语权关乎权力关系,但是网络话语深刻改变着传统的人际关系构型。米歇尔·福柯认为:"话语不再是与事物的认识相联系的,而是与人的自由相联系的……在我们定义语法的内在法则时,我们就在语言与人的自由命运之间结成了一种深刻的同源关系。"②具有意义关联属性的"网络话语"不仅变换着沟通媒介,更创造出人类彼此之间的"权力关联"。

正是在"权力关联"的场景下,互联网体现出对网络主体的赋能(Empower)意义。在媒介与网络主体对话过程中,在网络的开放空间中,非特定组织化的网络个体重构为多元对话的虚拟社区。媒介新技术带来的"去中心化",使每一位参与者都成为平等主体,其传播与反馈相对不受限制,从而使资源共享和决策公开成为可能。因此,这里所赋之"能",首要的不是政治权力,而应被理解为在网络日常生活世界中真实性、真诚性和合理性表达的能力。

---

① 郭明飞.网络发展与我国意识形态安全[M].北京:中国社会科学出版社,2009:248.
② 米歇尔·福柯.词与物——人文科学考古学[M].莫伟民,译.上海:上海三联书店,2001:379-380.

(三)思政课主体赋能的路径探寻

美国教育家查理斯·西尔伯曼在《教室的危机》中指出了一种教学"风险",即教学内容正当性与学生自我意义建构的分离:"学者知道学生应当学习什么,但潜藏着一种危险:他们不过问学生想什么。他们不考虑学生的特点、兴趣、要求,仅仅着眼于专门科学的知识结构、理论系统去构成学科内容。"[①]西尔伯曼在此提出了课程是否适合学生的教育"适切性"(Relevance)问题。思政课的"意义危机"发生于网络时代,Web 3.0 场景时代也为化"危"为"机"提供了可能。Web 3.0 时代建构出语言、言语以及话语的语义关联——这不是简单的"互联网＋",而是挖掘互联网所隐喻的生命本体。在此意义上,思政课需要探寻师生之间的本体、意义关联,以及深层意义上的精神关联。

1. 建构网络主体间性,化育人的本体共性

"互联网＋"作为赋能者,"＋"作为一个符号,本身也具有连接的象征意义。但是,它所连接的并不是狭隘的个体或者群体,而是广袤的信息传播主体以及自组织者。这种连接背后蕴含着主体之间的碰撞、交融与共识,也赋予信息交流与话语沟通以本体论意义。如果说信息分享是主体之间信息获取(Getting Information)和信息给予(Giving Information)的双向建构,那么 Web 3.0 还具有信息探查(Probing Information)的本体论功能。在此过程中,个人是信息的获取者、提供者与省察者的"三位一体"。

思政课要促进人的全面发展,必须在把握 Web 3.0 场景时代演进的基础上,化网络主体间性为本体共性。有学者指出,在"知识时代",社会意义是以信息技术为基础构建起来的技术形而上学体系,从而形成了由现代信息技术操控社会意义的"指涉场":"由于这个社会意义场的虚拟性和抽象性,使得由这种自我指涉所建构起来的社会意义成为脱离人类社会现实'文本'的抽象存在,而人作为社会交往主体成为这种虚拟、抽象的现代社会文本的词语装配者,成为社会符号运作和操作的对象。成为信息社会的客体和'他者',成为被现代社会技术操作的对象,这就是作为社会交往主体的人在信息社会里的遭遇和命运,同时也是整个社会的遭遇和命运。"[②]

①　钟启泉.现代课程论:修订版[M].上海:上海教育出版社,2003:154.
②　卢光明,杨树芳.信息的意义指涉与信息社会人类的命运[J].自然辩证法研究,2007(6):84-87.

　　网络是人的发明,人类终归是信息的掌控者,人才是网络时代的主体。我们非但不能被信息技术"异化",还要善加利用网络媒介探求思政课对话本体。我们一方面要认识到网络多主体之间的交互主体性,变"我—它"关系为"我—你"关系;另一方面,应进一步探求对话本体,化主体间性为本体共性,变成"我们"的关系。"我们"要进入被信息遮蔽的生活,"我们"一道展示生命,"我们"一道建构道德规范。如此,"我"和"你"没有了二重分裂,只有我们这一共同的世界。正如"信仰之海"运动精神领袖邓·库比特所指出的:"在自我中并没有所谓的内在天地,可以通过它达到什么比现世更真实的世界。共同世界就由我们的表达和我们的符号交换而生成。"①海德格尔更从"生存论"角度阐释"此在"(Dasein)到时的世界存在意义,"世界既非现成在手的也非上手的,而是在时间中到时。世界随着诸绽出样式的'出离自己'而'在此'。如果没有此在生存,也就没有世界'在此'"②。

　　在"此在"意义上,在网络世界中化育出"共同此在"(Mitdasein)的"共同世界"(Mitwelt),是思政课对话的"本体"所在。因此,人应该是"数字化生存"(Being Digital)的主体,思政课的终极目的是培养"整全的人",思政课理应是面向人的丰富性、超越性敞开的"整全思政课"。正如有学者指出的:"网络空间已成为人的生活空间的延伸,网络空间由生活空间升华为影响人们的价值塑造的德育空间,需要人作为主体的承认与接受使其变成现实。"③当然,也应共担网络主体责任,这种责任感意味着通过在线网络而形成的"共在感"。

　　2.寻找意义世界,化"虚拟世界"为"现实世界"

　　"虚拟的"是尚未"现实化"的,但"虚拟的"可能成为"现实的"。正如有学者指出的:"在这个时代发生了人的生存模式与生存理念从预成论向生成论的转变。人们的生命与发展不再仅仅由过去已经存在的一切所决定,而同时要为未来、为尚未存在的可能、为人所设定的目标与理想所引导、所规约。"④

---

　　①　DON C. Solar Ethics[M]. Norwich :SCM Press,1995:9.

　　②　马丁·海德格尔.存在与时间[M].陈嘉映,王庆节,译.上海:生活·读书·新知三联书店,2006:414-415.

　　③　欧旭理,罗方禄.共享·共融·共识——大数据时代高校德育理念转型[J].现代大学教育,2017(3):73.

　　④　鲁洁.培养有理想的人——世纪之交对德育的一点思考[M]//朱小蔓.道德教育论丛:第1卷.南京:南京师范大学出版社,2000:4-5.

思政课的"本真教育"不仅要回归现实"生活世界",还要面向未来"可能世界"。"可能世界"就是意义丰富、五彩缤纷的现实生活世界,回归、面向生活世界的思政课也就是"本真教育"。有学者指出:"道德教育的根基在本真教育中。本真教育是既授人以生存的手段和技能,又导人以生存的意义和价值;既使人懂得何以为生,又使人懂得为何而生,拥有人所特有的意义世界。"①网络世界是现实生活世界的折射,是为"可能世界"提供各种"可能"的平台,是搭建"意义世界"的世界。

在 Web 3.0 场景时代,虚拟世界与现实世界的界限将弥合为"可能世界",互联网将发展成三维环境(Web 3D),为创造"意义世界"提供了广阔空间。一方面,人际关系变得更加虚拟化;另一方面,计算机术语"虚拟的"(Virtual)也可译为情境语言"实质的",因为"虚拟世界"将从多维度展示人的"类"本质和多"面相"。人向更加丰富的维度展开,为智慧的生成、文化的创造以及创意思维的产生提供了可能。习近平总书记在学校思想政治理论课教师座谈会上强调的"八个统一",其中一条是"坚持统一性和多样性相统一"。这就要求思政课教学改革要结合学生的专业特点、个性特点,实施精准化教学,使思政课真正打动学生的内心,在"意义网络"中营造育人空间,从而将网络信息转化为"意义信息",建构出富有意义关联与命运勾连的"现实世界"。

在 Web 3.0 场景时代,马克思所讲的"类生命"有了科学技术支撑。在此意义上,网络思政课是不可阻挡的时代潮流。有学者指出:"网络是思政课的技术工具、互动平台,是一个开放的、动态的、不断扩展的虚拟空间。网络思政课就是要在网络虚拟空间积聚思政课信息,开发思政课资源,进行思政课活动,实现与现实思政课的对接,开创以实际带虚、化虚为实、虚实相生、互动互进的现代思政课格局。"②然而,网络思政课不单单是通过网络或运用网络开展思政课,而是化"虚拟世界"为"现实世界",师生在一道探求世界、人生、历史与社会真理的过程中生发出意义世界。

3.建构命运关联,化网络"媒体"为命运"媒介"

2018 年 11 月,习近平总书记在致浙江乌镇召开的第五届世界互联网大会的贺信中,提出了"构建网络空间命运共同体"的精辟论断。思政课目

---

① 鲁洁.教育的返本归真——德育之根基所在[M]//朱小蔓.道德教育论丛:第 2 卷.南京:南京师范大学出版社,2002:47.

② 王荣发.德育的逻辑[M].上海:华东理工大学出版社,2013:78.

标、内容以及方法,当以"命运共同体"为背景,探求其存在意义。

具体到思政课开设的课程,应发掘马克思主义"社会关系的总和"的网络特质,充分运用互联网建构起相互关联的实感,深层建构世界历史范围内的人与人命运之勾连。

总之,思政课语义赋能,就是在 Web 3.0 场景时代的背景下,运用网络把握世界、人生以及价值的"本体",让师生一道建构出命运共同体的意义世界。

五、思政课程与课程思政的探索案例

(一)线上线下融合式教学

思政课涉及历史与现实、理论与实践,涉及经济、政治、文化、社会、生态、外交、国防、党建、军事等各个领域与内容。这门课特别强调"红线""底线",同时也要让青年大学生"真心喜欢""终身受益"。因此,马克思主义中国化教研部全体教师面临的问题,归结起来是:如何展开历史与现实的对话? 如何实现理论与实践的和合建构? 如何在包罗万象的教学内容中生成教学主题,采取适合当代青年学生的教学方法,从而帮助大学生系统掌握马克思主义中国化的形成发展、主要内容和精神实质,不断增强中国特色社会主义道路自信、理论自信、制度自信、文化自信,坚定中国特色社会主义理想信念? 对于上述问题,课题组成员在教学实践、思考与反思过程中,苦苦寻找"教学之谜",并给出各自的解答,而又有着相当程度的共性。

1. 用适切的教学路径回归思政课教学宗旨

必须回归思政课的教学宗旨,达致真正的教学实效性。"原理"课理应探究存在之道,探究人类社会历史发展之道;"基础"课理应探索人生之道,探索如何过上美好生活之道;"概论"课理应探求中国发展进步之道,探求党带领人民过上幸福生活之道;"纲要"课理应探寻近现代史兴衰治乱之由,探寻中华民族复兴之道。而"成龙配套"的高校思想政治理论课,终归要探寻安身立命之本、为人处世之要、社会发展之纲、和谐共生之道。

同时,实现教育目标也需要适切的教学路径。高校思政课作为公共基础课程,在某种意义上是一种中国特色社会主义公民素养教育,不是纯粹的学术性、学理性、知识性的教育。既然马克思主义是与时俱进、面向真理敞开的"科学",思想政治教育不应采用"灌输式"的教学方式。思想政治理论不是僵死知识的堆积,也不是闪耀的思想片段,更不是"预设"现成的答案,而是探究世界、人生、国家、社会发展之真理的系统化理论成果。

2.运用网络平台开展对话教学

教师应该走下"神坛""讲坛",将论坛、QQ群、网络学习平台建构成对话平台,运用"交往理性"在网络空间与现实空间的重叠冲达成价值共识。其中一以贯之的主线,便是引导大学生不断地去追问:世界和人是不是可以更加完善、更加美好? 怎样才能促使更加美好、更加完善的世界的到来? 从而将"我—他"工具关系演进为以网络为媒介的"我—你"关系,从而建构出主体间的深层对话关系。

3.融合式教学实践探索

(1)优化教学次序:"学—教—学"三位一体依次展开。

第一步,在网络平台提前发布讨论主题,这些主题必须紧紧围绕教材各章节内容;

第二步,学生围绕这些主题在线上"预热"(主题讨论是教学的中心环节,但要和教学视频及练习作业一起提前发布,这样可以让学生有充分的思考和准备时间,避免在课堂讨论时不经思考地随意发言);

第三步,教师在课堂导入主题讨论;

第四步,学生展开主题讨论(鼓励、提倡乃至要求融入"时事评论""读写议""家乡美");

第五步,教师总结主题、提炼主旨。

在上述意义上,主题讨论是师生一起面对现实生活世界对真理的阐释过程。

教学案例:艺术生的思政课怎么上? 于希勇跨界教案设计。

课程开始,老师在讲台上拿出厚厚的一叠学生作品。 不久前,老师要求班上的学生以红色记忆为主题作画,他手上拿着的正是学生交上来的随堂作业。

这位马克思主义理论专业的思政课老师,正尝试跨界给学生上一堂红色设计课。

课程先从点评学生的作业入手。PPT上出现一幅铅笔画作品,以带着五角星的地图为背景,地图上方一只头戴孙悟空头饰的熊猫乘云飞翔,画中还融入了茶元素。

"上次上课忘记带水彩笔了。"这幅画的作者、美术1701班的李紫晨有些不好意思地解释说,"这幅画我想用茶、祥云、菊花、熊猫、孙悟空及五星红旗等元素体现中国特色,茶杯里的水汽慢慢上升形成熊猫脚下的祥云,这只变身为孙悟空的熊猫,正乘着祥云在祖国大地上飞腾。"

"看了这些作品,大家不难发现,所有的作品都是用特定的元素和色彩,去表达作者的设计理念。既然主题是'红色记忆',几乎所有人都用到了红色,所有的设计都融入了五星红旗的形象。"老师点评说。

在点评作业时,有人提到了五星红旗,于是趁热打铁,跟学生聊起了国旗的故事。"你们知道,我们中华人民共和国国旗的设计,背后有什么深意吗?"

"党的十八大主题鲜明地宣示了,中国共产党举什么旗、走什么路、以什么样的精神状态朝着什么样的目标继续前进,这是关系到党和国家工作全局的重要问题。所以旗帜是非常重要的,它不仅仅是一件艺术设计,也代表了一个国家前进的方向。"老师说道。

接着,PPT上出现了许多用美食拼出来的国旗,意大利面、热狗、鸡蛋等。"大家在图片上看到了什么?"老师笑着问。

因为早上第一堂课,许多学生还没来得及吃早饭。见到黑板上出现用食物拼出来的国旗,大家立马来了兴致,盯着画面仔细地看起来。

"吃货看到这些图片,注意到的往往是美食。而在艺术家眼里,这些作品的设计元素都有着特别的寓意。越是优秀的艺术家,文化素养越深厚,许多艺术作品都有非常深刻的政治寓意。"

"就拿国旗来说,一面旗帜就能看出一个国家的治国理念、民族精神。"老师说,中华人民共和国的国旗五星红旗是红色的,"红色是革命的象征,象征着党和国家的朝气和进步,也蕴含着我们中华儿女的奋斗精神。在新时代,习近平总书记对红色做出了精辟的解读,它是开天辟地、敢为人先的首创精神,是坚定理想、百折不挠的奋斗精神,是立党为公、忠诚为民的奉献精神。"

结合学生特点设置不同的上课内容和环节,是于希勇的特点。在引导学生学习党的十九大报告时,他曾让学生分别用自己家乡的方言来朗读,课堂氛围一下子就活了,学生的学习兴趣也很快就浓了起来。

教师心得:"许多老师都怕给艺术学院的大学生上思政课,因为觉得他们太有个性,课不好上,我倒觉得给他们上课挺有意思。"

学生评价:

"我们很喜欢上于老师的课,他经常让我们在思政课上设计创意作品。"浙工商大美术 1701 班的姚文君说。

"我能感觉到于老师很努力地在用新时代更接近年轻人的方式给我们讲课。通常,这些思想政治课程会很枯燥,而于老师用一些大学生喜闻乐见的方式,解释这些看上去很复杂的理论知识,会让我们觉得新鲜有趣,学起来更容易。"姚文君说。

"于老师上思政课和其他老师不一样,他在布置作业时,总是能和艺术结合起来,比如这次的红色记忆主题的设计。他讲课时,也会加入很多艺术设计的元素,感觉于老师备课时花了很多心思。"环境设计 1701 班的周家妮说,"老师经常会在班级群里布置一些有趣题目让我们思考,这些问题又都和我们的专业有些关系,因此大家都很积极。比如前段时间他提问,为什么人民币上的头像是毛泽东。这些问题我们以前从来没想过,查了不少资料才弄明白。"

正是在这种潜移默化中,大学生慢慢接受了一些价值观念,乐于接受思政教育了。

附:艺术生思政作品示例。

这幅作品画的是 Q 版军人,旨在表达"军人是最可爱的人"。

这张画的是祖国的花朵,寓意各民族团结。

中国书法。背景是米字格,"中国"两个字由各地的一些地标,如长城、东方明珠塔、水立方、央视大楼等构成,寓意祖国繁荣昌盛。

化身孙悟空的熊猫,脚踩祥云,寓意祖国蒸蒸日上。

(根据《钱江晚报》等媒体整理)

(二)习近平新时代中国特色社会主义思想进"民族理论与民族政策"课程——基于总书记关心少数民族生动案例的理论逻辑与情感逻辑

1.案例意义

课程的教学目标:本课程通过系统讲授马克思主义的民族理论和党的民族政策,帮助学生树立习近平新时代中国特色社会主义民族观,了解党的民族政策,正确认识和处理我国在革命、建设和改革中的民族、民族关系等问题,为中国特色社会主义事业培育少数民族的建设者和接班人。

通过"课程思政"案例教学要重点解决的问题:重点解决习近平新时代中国特色社会主义思想进"民族理论与民族政策"课的理论逻辑与情感逻辑之统一问题。习近平新时代中国特色社会主义思想不是抽象的教条,习近平新时代中国特色社会主义思想进"民族理论与民族政策"课程不仅是原则,也应该转化为理论逻辑与情感逻辑。本课程以习近平新时代中国特色社会主义思想为指导,充分活学活用"总书记写给少数民族的信""习近平金句"等案例,通过教学内容体系改革,有助于提炼教学内容、增强课程吸引力与学生获得感。

选用案例的意义:有助于提纲挈领,按照理论逻辑与情感逻辑重新整合和完善教学内容,建立科学、合理、精确、严谨的教学内容体系,充分体现本门课独一无二的课程特质。如在讲述"要全面贯彻党的民族政策,高举各民族大团结旗帜,引导少数民族学生增强对伟大祖国、中华民族、中华文化、中国共产党、中国特色社会主义的认同"时,引用总书记金句"像爱护自己的眼睛一样爱护民族团结,像珍视自己的生命一样珍视民族团结,像石榴籽那样紧紧抱在一起";在讲述"同心共筑中国梦"时,引用总书记金句"我国56个民族共同构成了你中有我、我中有你、谁也离不开谁的中华民族命运共同体。实现中华民族伟大复兴的中国梦是各民族大家的梦,也是我们各民族自己的梦";在阐释习近平总书记对少数民族的关爱时,运用书信体模拟情境互动等。

2. 案例描述

以习近平新时代中国特色社会主义思想为指导,通过适切的案例教学,解除现行教学内容体系对整个教学活动和各个教学环节所带来的困扰,充分展现高校课堂应有的自主性和灵活性。

以习近平新时代中国特色社会主义思想为指导,充分显现课程性质和民族色彩,发挥"民族理论与民族政策"课程思政教学功能。譬如,设置"家乡美"教学环节——让少数民族学生介绍家乡的"美食""美景""美人"(优秀人物),帮助同学在爱乡的同时增强中华民族归属感;模拟给习近平总书记写信,通过这个环节,帮助少数民族同胞更加拥护以习近平同志为核心的党中央,更深刻体会中国特色社会主义给中国带来的变化,增强对伟大祖国的热爱之情。

3. 案例展示

纸短情长:"总书记写给少数民族的信"＋民族生给习近平总书记的信。

总书记给云南省贡山县独龙江乡群众的回信(摘录)

你们乡党委来信说,去年独龙族实现了整族脱贫,乡亲们日子越过越好。得知这个消息,我很高兴,向你们表示衷心的祝贺!

让各族群众都过上好日子，是我一直以来的心愿，也是我们共同奋斗的目标。新中国成立后，独龙族告别了刀耕火种的原始生活。进入新时代，独龙族摆脱了长期存在的贫困状况。这生动说明，有党的坚强领导，有广大人民群众的团结奋斗，人民追求幸福生活的梦想一定能够实现。

脱贫只是第一步，更好的日子还在后头。希望乡亲们再接再厉、奋发图强，同心协力建设好家乡、守护好边疆，努力创造独龙族更加美好的明天！

少数民族学生给习近平总书记的信（情景模拟）
（注：共收集数十篇，因篇幅所限，此处仅选登 1 篇）

尊敬的习总书记：

记得您说过："要坚定不移地走中国特色处理民族问题的正确途径，坚持中国特色社会主义道路，是新形势下做好民族工作必须牢牢把握的正确政治方向，中华人民共和国国成立 70 年来，党的民族理论和方针政策是正确的，中国特色解决民族问题的道路是正确的，我国民族关系总体是和谐的，我国民族工作做的是成功的。"

……这些年来我的家乡发生了翻天覆地的变化，从房屋到道路，从生活吃穿到娱乐活动都有了很大的改善，以前没通路的地方现在都通了路，以前的土路现在都变成了柏油路和水泥路，以前出行很不方便，现在好多人家里都买了车。很多现代化的东西也引进了我的家乡，例如移动支付、高铁、共享单车等。我想这一系列的变化都离不开党的正确领导，党和国家非常鼓励我们少数民族聚居地根据自己的民族特色来发展自己的经济，特别是这两年，许多的少数民族聚居地旅游业逐渐兴起，百姓利用旅游业兴起的机会开始大办农家乐。旅游业的发展提高了百姓的生活水平，改善了百姓的生活质量。我们云南的独龙乡江村还因为旅游业的发展找回了丢失多年的唢呐文化，丰富了当地人民的生活，带动了乡村旅游业的发展，真正让民族文化变成了收入。

我很感谢党和国家为我们少数民族同胞所做的一系列保护工作，也很庆幸自己是少数民族同胞中的一员，这几年看着家乡发生的一点一滴的变化，使我深有感触，我希望自己以后有能力为自己的家乡做一点贡献，为民族团结尽一份心、出一份力。希望您以后能来我的家乡看一看我们的秀丽山水，体会一下我们民族大团结的温馨氛围，我代表大理的各少数民族同胞诚心邀请您,并期待您的到来!

云南省大理白族自治州白族学生

4.思政元素融入情况

在教学各个章节,都尽力融入了习近平新时代中国特色社会主义思想关于民族问题的论述内容。阐明"多民族是我国的一大特色"等重大论断,彰显中国共产党始终致力于推动各民族共同团结奋斗、共同繁荣发展的政治情怀和政治胸怀,彰显中国共产党做好民族工作的坚定自信。

在教学方式方法上,通过理论推演法,强化习近平新时代中国特色社会主义思想的内在逻辑,并与本课程的教学逻辑相契合;通过文本研讨法,对习近平总书记的讲话、书信文本进行文本分析与话语分析,从中梳理生动鲜活的现实案例;通过情感互动法,将冰冷的理论情境化,在互动中关切当下少数民族的现实生活世界。

5.效果分析

经过习近平新时代中国特色社会主义思想进"民族理论与民族政策"课的案例教学,助推其在教学领域的深化改革,学生得到了切实的体验感与幸福感。

需要进一步改进的是,因浙江工商大学民族生人数有限,要想为浙江省其他兄弟院校及民族院校带来借鉴价值,还需进一步凝练案例特色,加大推广力度。

附:学生评价。

民族生 A:让我感触最为深刻的,就是本学期结合习近平总书记的讲话和给少数民族的回信,开展了时事评论等活动。各位同学也从不同的民族、不同的政策、不同的角度非常直观地展现了少数民族生活水平的改善与经济的发展。并且通过少数民族旅游业的发展,民族文化遗产的传承与保护,少数民族地区脱贫等多个少数民族发展问题的深入分析,发现少数民族的发展离不开国家的支持与保护,离不开汉族同胞的鼓励与帮助,也离不开各少数民族同胞的团结与努力。就像习近平总书记说过的一句话:"民族团结是各族人民的生命线。"我国是一个统一的多民族国家,在这个大家庭中,汉族离不开少数民族,同样少数民族也离不开汉族,各民族之间应该相互团结、相互帮助、共同进步,实现祖国的伟大复兴。

民族生 B:班里的同学,大家来自不同的少数民族,来自不同的少数民族地区,所接触的是不同的少数民族文化的习俗,但这并不妨碍大家玩在一起,凝聚在一起。正如老师所阐述的习近平总书记的思想,各民族要像石榴籽一样紧紧地抱在一起。成熟的石榴就如我们各民族相互学习、相互了解、相互包容、相互尊重。在我们的民族理论与民族政策课上,老师也通过生动的案例,让我们更加了解目前少数民族的发展历史等,让我们对习近平新时代中国特色社会主义思想的话语有了更深刻的理解。

相信有全体"思政课"老师的使命担当,我们一定会在这份职业热爱中度过一生,愿每位老师都能找到自己的定位,在获得价值感的同时增强大学生的获得感。

如是,思政课由"器"入"道",实现着理论逻辑、政治逻辑、历史逻辑与情感逻辑之统一。唯其如此,高校思想政治理论课教学才足以让当代大学生"真心喜欢、终身受益",方足以激励、浸润他们的一生,成为他们不断回望的精神家园。

让我们以泰戈尔《飞鸟集》中的诗句共勉:"般若波罗蜜,一声一声/生如夏花,死如秋叶/还在乎拥有什么。"

参考文献

[1] 恩斯物·卡西尔.人论[M].甘阳,译.上海:上海人民出版社,1985.

[2] 马丁·海德格尔.存在与时间[M].陈嘉映,王庆节,译.北京:生活·读书·新知三联书店,2006.

[3] 雅斯贝尔斯.什么是教育[M].邹进,译.北京:生活·读书·新知三联书店,1991.

[4] 尤尔根·哈贝马斯.作为"意识形态"的技术与科学[M].李黎,郭官义,译.上海:学林出版社,1999.

[5] 尼古拉·别尔加耶夫.论人的使命[M].张百春,译.上海:上海人民出版社,2007.

[6] 米歇尔·福柯.词与物——人文科学考古学[M].莫伟民,译.上海:上海三联书店,2001.

[7] 亚里士多德.尼各马可伦理学[M].廖申白,译.北京:商务印书馆,2003.

[8] 阿雷恩·鲍尔德温.文化研究导论[M].陶东风,译.北京:高等教育出版社,2004.

[9] 戴维·迈尔斯.社会心理学[M].侯玉波,乐国安,张智勇,译.北京:人民邮电出版社,2006.

[10] 赫伯特·马尔库塞.单向度的人[M].刘继,译.上海:上海译文出版社,1989.

[11] 约翰·杜威.民主主义与教育[M].王承绪,译.北京:人民教育出版社,2001.

[12] 约翰·奈斯比特.大趋势——改变我们生活的十个新方向[M].梅艳,译.北京:中国社会科学出版社,1984.

[13] 本书编写组.十九大报告关键词[M].北京:党建读物出版社,2017.

[14] 本书编写组.中国共产党思想政治工作大事记(1921—1999 年)[M].北京:学习出版社,2000.

[15] 陈登才,董京泉.中国共产党思想政治工作史[M].长沙:湖南人民出版社,2001.

[16] 陈旭远.课程与教学论[M].长春:东北师范大学出版社,2002.

[17] 陈占安.牢固树立新的教育教学理念 坚决贯彻以学生为本的思想[J].思想理论教育导刊,2005(2).

[18] 邓小平.邓小平文选:第 2 卷[M].北京:人民出版社,1994.

[19] 邓小平.邓小平文选:第 3 卷[M].北京:人民出版社,1994.

[20] 段忠桥.建国以来普通高校马克思主义理论课和思想品德课课程设置及教学内容历史沿革资料汇编[M].北京:高等教育出版社,2004.

[21] 郭明飞.网络发展与我国意识形态安全[M].北京:中国社会科学出版社,2009.

[22] 何东昌.中华人民共和国重要教育文献(1949—1975)[M].海口:海南出版社,1998.

[23] 黑格尔.法哲学原理[M].范扬,张企泰,译.北京:商务印书馆,2010.

[24] 胡锦涛.胡锦涛文选:第 2 卷 [M].北京:人民出版社,2016.

[25] 黄楠.新媒体环境下"把关人"理论的变异与危机管理[M].上海:复旦大学出版社,2008.

[26] 江泽民.江泽民文选:第 3 卷 [M].北京:人民出版社,2006.

[27] 教育部社会科学司.普通高校思想政治理论课文献选编(1949—2003)[M].北京:中国人民大学出版社,2003.

[28] 金耀基.中国民本思想史[M].北京:北京法律出版社,2008.

[29] 莱恩·多亚尔,伊恩·高夫.人的需要理论[M].汪淳波,张宝堂,译.北京:商务印书馆,2008.

[30] 李甦,白柯晨.翻转课堂教学设计与实践问题研究[J].成人教育,2019(4).

[31] 李伟.对高校思想政治理论课改革方案的思考[J].大庆师范学院学报,2008(3).

[32] 李学勤.尚书正义:十三经注疏标点本[M].北京:北京大学出版社,1999.

[33] 列宁.列宁选集:第 3 卷[M].北京:人民出版社,1995.

[34] 鲁洁,朱小蔓.道德教育论丛[M].南京:南京师范大学出版社,2000.

[35] 鲁洁.教育的返本归真——德育之根基所在[M]//朱小蔓.道德教育论丛:第2卷.南京:南京师范大学出版社,2002.

[36] 鲁洁.培养有理想的人——世纪之交对德育的一点思考[M]//朱小蔓.道德教育论丛:第1卷.南京:南京师范大学出版社,2000.

[37] 本书编写组.思想道德修养与法律基础[M].北京:高等教育出版社,2009.

[38] 中共中央马克思恩格斯列宁斯大林著作编译局.马克思恩格斯全集:第46卷[M].北京:人民出版社,1979.

[39] 中共中央马克思恩格斯列宁斯大林著作编译局.马克思恩格斯选集:第1卷[M].北京:人民出版社,1995.

[40] 毛泽东.毛泽东同志论教育工作[M].北京:人民教育出版社,1992.

[41] 中共中央文献研究室.毛泽东文集:第7卷[M].北京:人民出版社,1999.

[42] 毛泽东.毛泽东选集:第1卷[M].北京:人民出版社,1991.

[43] 毛泽东.毛泽东选集:第2卷[M].北京:人民出版社,1991.

[44] 毛泽东.毛泽东选集:第3卷[M].北京:人民出版社,1991.

[45] 毛泽东.毛泽东著作选读:下[M].北京:人民出版社,1986.

[46] 彭燕,王琦,余胜泉.翻转课堂中促进深度学习的教育内容策展模式[J].现代教育技术杂志,2019(3).

[47] 施良方.课程理论:课程的基础原理与问题[M].北京:教育科学出版社,1996.

[48] 中共中央文献研究室.十五大以来重要文献选编:中[M].北京:人民出版社,2001.

[49] 《思想理论教育导刊》记者.高校思想政治理论课新课程方案及其实施——访教育部社会科学司司长杨光[J].思想理论教育导刊,2006(4).

[50] 孙慧.大学英语翻转课堂的反馈研究——基于SPSS 22.0的归因分析[J].教育现代化,2015,(11):184-187.

[51] 孙正聿.属人的世界[M].长春:吉林人民出版社,2007.

[52] 谭旭运.获得感——一种社会心理分析[M].北京:社会科学文献出版社,2020.

[53] 王荣发.德育的逻辑[M].上海:华东理工大学出版社,2013.

[54] 文学国,吕静,韩育哲.马克思恩格斯列宁论教育[M].北京:人民教育出版社,1993.

[55] 吴玲,孙玉娟.高校思想政治理论课教育教学改革的新途径[J].边疆经济与文化,2007(12).

[56] 吴式颖,任钟印.外国教育思想通史:第2卷[M].长沙:湖南教育出版社,2002.

[57] 习近平.干在实处　走在前列——推进浙江新发展的思考与实践[M].北京:中共中央党校出版社,2016.

[58] 习近平.在文艺工作座谈会上的讲话[M].北京:人民出版社,2015.

[59] 张兵磊.美国小学高年级翻转课堂的教学模式及其启示[J].教学与管理,2019(3).

[60] 张珊明,刘述钢,罗匡.大学生心理健康教育翻转课堂教学模式设计[J].当代教育理论与实践,2015(7).

[61] 张树军.十八大以来全面深化改革纪事(2012—2017)[M].石家庄:河北人民出版社,2017.

[62] 张耀灿,郑永廷.现代思想政治教育学[M].北京:人民出版社,2007.

[63] 章少哨.翻转课堂教学模式在"大学生心理健康教育"课程中的应用探索[J].安徽文学,2018(10).

[64] 赵俊芳,崔莹,郑鑫瑶.我国高校翻转课堂的实践问题及对策研究[J].现代大学教育,2018(6).

[65] 赵汀阳.论可能生活[M].北京:中国人民大学出版社,2010.

[66] 郑永廷.思想政治教育方法论[M].北京:高等教育出版社,2015.

[67] 中共中央办公厅,国务院办公厅.关于实施中华优秀传统文化传承发展工程的意见[N].人民日报,2017-01-26(6).

[68] 中共中央党校毛泽东思想研究室编选组.思想政治工作文献选编[M].北京:中共中央党校出版社,1989.

[69] 中共中央文献研究室.建国以来重要文献选编[M].北京:中央文献出版社,1992.

[70] 中宣部.习近平总书记系列讲话读本[M].北京:学习出版社,人民出版社,2016.

[71] 钟启泉.现代课程论[M].上海:上海教育出版社,2003.

［72］周浩波.教育哲学［M］.北京:人民教育出版社,2000.

［73］周珊,郝毅.思想政治教育学导论［M］.北京:电子科技大学出版社,2016.

后　记

　　思政理论课是意识形态工作的重要阵地,浙江工商大学高度重视思政理论课建设,马克思主义学院在学校党政的领导下,持续推进教学改革,取得了一定的成绩。2017 年,根据教育部教社科司函〔2017〕13 号"关于 2017 年度高校示范马克思主义学院和优秀教学科研团队建设项目申报工作的通知",我们组织了申报本项目;并于 2017 年 7 月 27 日收到教社科司函〔2017〕147 号"2017 年度教育部高校示范马克思主义学院和优秀教学科研团队建设项目立项通知书",申报的"增强大学生对思想政治理论课的获得感研究"课题,经我部组织专家评审并经公示,入选示范优秀教学科研团队建设项目重点选题,正式批准为 2017 年度高校示范马克思主义学院和优秀教学科研团队建设项目,项目批准号为 17JDSZK049,批准经费为 40 万元,立项时间为 2017 年 7 月 27 日。批文要求入选学校和牵头人要按照"项目带动、全员参与、形成特色、重在建设、典型示范"的要求,根据《教育部人文社会科学研究项目管理办法》的规定,认真完成项目申请评审书中的各项工作任务,确保项目按期保质保量完成。项目开展要着眼于切实加强马克思主义学院建设,有效培育思想政治理论课优秀教学科研团队,充分发挥示范引领作用。项目批复以后,项目组多次召开会议、开展工作。并与学校思政课建设工作结合,进行深入的研究工作。根据项目规划,我们组织撰写本书。本书在项目研究的基础上,搜集整理了浙江工商大学思政课建设的相关资料,总结梳理了一些实践经验和教学法。因此,本书既是思政课建设的理论研究,也是实践的经验总结。本书由项目负责人陈寿灿同志负责,各章节进行了分工。因此,本书是浙江工商大学许多思政课教师开展思政课教学改革实践的共同成果。

　　根据本课题的研究内容和思政课改革实践,整理形成了本书。本书分为十个章节,各章节作者如下。

　　代　序　增强获得感:提高思想政治理论课程实效性的关键路径　陈寿灿

　　第一章　增强大学生思想政治理论课获得感的理论思考与路径研究　郑根成

　　第二章　当代大学生思想政治理论课学习状况　陆丽青　王　婷

　　第三章　大学生思想政治理论课学习的影响因素　陆丽青　李媛媛　王　婷

　　第四章　增强大学生思想政治理论课学习获得感的路径　崔　杰　徐　威

　　第五章　增强大学生思想政治理论课获得感的改革实践　崔　杰

　　第六章　高校思想政治理论课教学方法的创新探索(一)

　　　　一、传统教学方法如何出彩　何丽野

　　　　二、"读写议"教学法的实践　杜利平

　　　　三、基于作业的互动教学法　魏彩霞　陆丽青

　　　　四、"翻转课堂"教学模式的应用　李梦云

　　　　五、时事评论教学法的实践探索　杜利平

　　第七章　高校思想政治理论课教学方法的创新探索(二)

　　　　一、问题链教学法初探　杜利平

　　　　二、现场教学法的实践和经验　吴太贵

　　　　三、竞赛教学法的实践探索　崔　杰

　　　　四、创意视频教学法　魏彩霞

　　　　五、辩论教学法的实践　郭　飞

　　第八章　合理利用中华传统文化中的思想政治理论教育资源　魏彩霞

　　第九章　社会思潮对大学生思政课获得感的影响及其对策　崔华前

　　第十章　形成课程思政与思政课程的协同效应　于希勇

　　第五章是对浙江工商大学思政课教学改革的归纳总结,采用了许多教师的教学改革研究成果和资料,主要包括杜利平、詹真荣、李梦云、魏彩霞、陆丽青等老师撰写的教改文章或书面材料。第六章、第七章是浙江工商大

学部分思政课教师撰写或发表的教学改革的经验和教学法方面研究成果，本书在原文基础上进行了适当编写，作为单独一节，作者仍是原作者。其他各章根据分工以章为单位确定作者，陈寿灿同志提供序部分，最后由郑根成老师统稿成书。

　　本书得以出版得益于教育部社科司的立项和资助，在研究和撰写过程中，得到浙江工商大学各级领导以及党委宣传部等许多部门和课程教师、浙江工商大学出版社等方面的关心、支持和帮助，在此一并表示感谢。

作者

2021 年 5 月